RELIGION, FOI, INCROYANCE
Etude psychologique

PSYCHOLOGIE ET SCIENCES HUMAINES

Antoine Vergote

religion, foi, incroyance
étude psychologique

2ᵉ *édition*

PIERRE MARDAGA, EDITEUR
2, GALERIE DES PRINCES, BRUXELLES

© by Pierre Mardaga, éditeur
37, rue de la ProvInce, 4020 Liège
2, Galerie des Princes, 1000 Bruxelles
D. 1987-0024-16

Préface

L'étonnant développement des sciences humaines au vingtième siècle n'a pas laissé intacte la religion. Dès le début, les sciences humaines ont essayé de comprendre ce qui est en jeu. Avec une ardeur intrépide, avec une souveraineté partiale aussi, la psychologie, la sociologie et l'anthropologie culturelle ont construit des théories afin d'expliquer la genèse et l'essence de la religion. Ce rêve d'une théorie explicative est bien fini maintenant, non par le défaut temporaire des démonstrations théoriques, croyons-nous, mais parce que la juridiction des sciences humaines est intrinsèquement limitée.

Plus contenues dans leur ambition, plus justes dans leur visée, de multiples recherches se sont, depuis, attachées à déceler les dynamismes et les structures psychiques qui fonctionnent dans la religion ou dans l'incroyance. La psychologie peut effectivement éclairer bien des phénomènes qui appartiennent au domaine religieux, ceux précisément où la religion vient au contact des désirs, des peurs et des mécanismes de défense, des expériences de la vie et du monde. Aussi ne séparons-nous pas, dans notre étude, la religion et l'incroyance, car toutes deux sont des positions dans lesquelles opèrent des processus psychologiques, à la frontière de la conscience lucide. Loin d'être simplement extérieures l'une à l'autre, ces positions représentent souvent les pôles mouvants d'une histoire personnelle.

Nous rassemblons nos vues sur tout cela dans un livre synthétique. Il s'appuie sur de nombreuses recherches empiriques, faites par d'autres et par nous-même. Le travail que nous avons pu faire avec nos collaborateurs et avec nos étudiants nous a apporté de précieuses informations sur des questions qui nous semblaient importantes et sur lesquelles il y avait sans doute lieu de réviser les conceptions. Nous évitons cependant d'accabler le lecteur par la présentation de l'appareillage technique auquel recourt celui qui travaille sur le terrain; les nombreuses notes en fin de volume donnent les références qui garantissent les idées avancées; à un certain degré, car l'interprétation psychologique est presque toujours plus ou moins conjecturale.

Toute synthèse est une entreprise hasardeuse que le chercheur ne tente pas sans scrupules. Mais s'il ne s'y essaie pas, il lui manquera la perspective dans laquelle se posent les vraies questions et il risque, selon le mot de Nietzsche, de faire de la science à propos de ce qui est insignifiant. Et celui qui s'intéresse à l'homme et à la religion attend légitimement du chercheur qu'un jour il rassemble les fruits de nombreux travaux faits sur de multiples champs.

La psychologie porte son regard au-delà de la surface et elle met au jour ce que l'on ne voit pas directement en soi-même, éventuellement ce que l'on répugne à voir. Elle est une école de vérité. Nous espérons qu'on appréciera notre effort en vue d'atteindre la liberté par la vérité et la vérité par la liberté.

Chapitre I
Religion et psychologie

Le projet d'une psychologie de la religion peut paraître une entreprise doublement naïve et insolente. D'une part, l'univers religieux est immense et il fourmille de différences internes. D'autre part, la définition du psychique, l'objet de la psychologie, est plutôt problématique, vu la diversité des doctrines et la multiplicité des provinces que comporte «la psychologie», au point que l'on a même le sentiment d'avoir affaire à une science éclatée. Néanmoins la pratique des sciences de la religion semble bien attester qu'elles se réfèrent à une réalité culturelle distincte et qui mérite d'être appelée «religion»; on peut en inférer qu'un centre d'intérêt relie, dans une certaine unité, les phénomènes identifiés en tant que religieux. Et depuis bientôt un siècle, des psychologues s'efforcent d'étudier les données religieuses comme des faits psychiques. L'histoire de la psychologie de la religion[1] fait certainement apparaître une pluralité de perspectives et d'oppositions théoriques autant que de filiations. Le terme de psychologie de la religion paraît cependant se justifier par l'intention commune autour de laquelle s'ordonnent les recherches, les interprétations et les théories.

La composition d'une étude psychologique sur la religion s'autorise donc d'une tradition scientifique; mais l'étendue du champ religieux et la pluralité des conceptions de la psychologie nous montrent aussi combien illusoire serait le projet d'une psychologie totalitaire de la religion en général. Il nous faut dès lors prendre plusieurs options, que nous essayons de justifier, mais dont nous savons bien qu'elles ne font pas l'objet d'un consentement unanime. Ce sont ces options que nous exposons dans ce chapitre préliminaire. Il nous faut d'abord délimiter la religion en tant qu'objet de notre étude. En deuxième lieu, nous dirons quelle optique psychologique sera la nôtre. En fait, notre conception de la religion et de la psychologie s'influencent réciproquement. Comme toujours dans une science humaine, l'idée qu'on a de la culture détermine celle qu'on a de la psychologie et inversement.

I. La religion

I.1. Un phénomène culturel spécifique

Une définition réelle de la religion est indispensable à notre entreprise; elle nous désignera les phénomènes à étudier. Par définition réelle, nous entendons celle qui décrit la religion telle qu'elle se présente dans la culture, sans imposer d'emblée une théorie explicative, comme le font les définitions fonctionnalistes. Dire, par exemple, que la religion est la « formation d'une conception sacrale du cosmos par laquelle l'homme surmonte le chaos »[2] consiste à la définir par la fonction qu'elle est supposée accomplir dans la société ou dans le psychisme. On pourrait peut-être conclure que la religion s'explique par cette fonction au terme d'une étude. Mettre cet énoncé au départ, ce serait enfermer l'objet à étudier dans une théorie préconçue[3].

Le disparate des définitions avancées montre la difficulté qu'il y a à s'accorder sur la délimitation du religieux. C'est là pourtant la fonction essentielle d'une définition. La diversité des religions ne pose pas de problème insoluble. En faisant confiance à la sagesse du langage culturel, qui comporte la catégorie « religion », nous croyons que, d'un univers religieux à l'autre, une comparaison est possible, encore que les mêmes mots — Dieu, Esprit, prière, sacrifice — n'ont pas tout à fait le même sens ici et là. Ce qui soulève bien des controverses dans la délimitation du religieux, c'est la question de savoir s'il faut y inclure ou non la référence à Dieu, aux dieux ou à une instance équivalente. En effet, lorsqu'on estime que l'essentiel de ces croyances peut se trouver préservé sans elles, on élargit volontiers la définition de la religion. Ainsi pour T. Parsons la religion est « une conception généralisée et organisée ... de la nature, de la place de l'homme en celle-ci, de la relation de l'homme à autrui et de ce qui est désirable et non désirable relativement à l'environnement humain et aux relations interhumaines »[4]. E. Fromm entend par religion « tout système de pensée et d'action partagé par un groupe, qui donne à l'individu un cadre d'orientation et un objet auquel il peut se consacrer»[5]. En fait, ces définitions sont fonctionnalistes. L'absurdité à laquelle elles risquent de conduire appert dans la conclusion que Fromm en tire intrépidement. Tout homme est religieux, écrit-il, car même la passion de l'argent et du sexe ou le souci de la propreté hygiénique représentent encore une religion selon la définition donnée.

La volonté de dépasser de l'intérieur la religion au sens strict et de l'incorporer dans un système considéré comme plus intégral, pousse à élargir le concept de religion. Convaincu que la religion au sens traditionnel disparaîtra par la progressive sécularisation, T. Luckmann[6] appelle «religion invisible» l'attachement aux valeurs humanitaires héritées de l'ancienne religion. R. Bellah[7], pour sa part, considère comme «religion civile» l'éthique communautaire qui subsiste «au-delà de la croyance» à une réalité surnaturelle. Pour des raisons analogues le bouddhisme original mériterait le nom de religion, même si, à la religion tenue pour une illusion, il substitue une sagesse d'allure mystique[8]. De son côté, E. Schillebeeckx[9] adopte une définition élargie pour des motifs d'œcuménisme apologétique; il préfère amener à la religion de Dieu à partir de la «religion» universellement humaine en tant qu'«intégration englobante, totalité de sens..., perception de l'infini dans le fini».

A mettre ainsi le concept de religion à la dérive, on perd tout repère: le théisme et l'athéisme, la morale et la sagesse, la religion et le commentaire qui la nie pour la dépasser perdent tout contour et passent l'un dans l'autre. Comment encore discerner la conversion religieuse et la «déconversion»? Et pourquoi attribuer une religion à un Marx ou à un Freud alors qu'ils exposent leurs raisons pour la refuser? En assimilant la religion à la région indécise des valeurs englobantes, on veut la ramener au sol sur lequel elle est supposée s'établir, soit pour l'élever et la garantir, soit pour la déconstruire et sauvegarder ce qui n'est pas strictement religieux en elle. Une interprétation théorique discutable préside à cette conception, mise au service d'une apologétique athée ou théologique. De toute façon, pour différencier la religion au sens strict à l'intérieur du magma de la religion élargie, il faudra encore forger un concept qui permette un discours sensé sur les différentes modalités de religion.

Personnellement nous préférons maintenir l'idée de religion qu'atteste la tradition culturelle et qui, par sa délimitation, nous donne l'objet spécifique d'une psychologie de la religion sans imposer anticipativement des conceptions théoriques. La religion, pour nous, est l'ensemble du langage, des sentiments, des comportements et des signes qui se rapportent à un être (ou à des êtres) surnaturel(s). «Surnaturel» signifie ce qui n'appartient ni aux forces naturelles ni aux instances humaines, mais ce qui transcende celles-ci. Bien sûr, les catégories de nature et de transcendance, faisant partie de la tradition occidentale, portent un héritage philosophique et scientifique. Pour définir une réalité, force nous est de recourir au trésor sémantique de la civilisation qui s'est efforcée de penser la différence entre les phénomènes. D'autres cultures la formulent sans doute autrement ou bien elles l'ont vécue sans la mettre en pleine clarté par la réflexion. De la même manière est-il légitime de retenir le terme de religion pour désigner des comportements et des symboles religieux des peuples qui ne les identifient pas par ce terme.

Notre définition ne nous interdit pas la reconnaissance des phénomènes mixtes et limitrophes. Bien au contraire, ayant identifié la positivité culturelle de la religion, la psychologie pourra examiner les connexions entre la religion et les données qui présentent une certaine similitude avec elle, comme le sont le pèlerinage des foules russes vers la dépouille embaumée de Lénine, le respect scientifique devant l'énigme de la nature, l'enthousiasme nationaliste ou l'émotion esthétique. Dans cette optique, la psychologie pourrait même avec pertinence examiner la signification du langage baroque ou frivole qui transfère les termes du registre religieux sur toutes sortes d'exaltations (la religion, la messe, les grands-prêtres du rock-and-roll!) ou sur des groupements particuliers (la religion freudienne, les églises psychanalytiques, le pape de ...!). Ces transferts insolites de langage ne nous apprennent pas grand-chose sur la religion, mais ils présentent une intéressante matière pour l'étude des parades maniéristes ou des séductions polémiques.

En voilà assez, non pas pour dire ce qu'est l'essence profonde de la religion, mais pour la définir opérationnellement. Bien entendu, la religion qui existe dans la réalité a toujours une identité particulière. Notre définition est une idée directrice pour l'étude que nous entreprenons. Mais étant une science empirique, la psychologie s'attache à l'examen des phénomènes religieux concrets. Dans ce qui suit, notre attention ira vers le christianisme, tout en restant ouverte aux informations que nous pourrions recueillir sur d'autres religions. Des raisons simples commandent ce choix: le christianisme, religion majoritaire dans notre culture, nous est le plus directement accessible et la plupart des recherches psychologiques portent sur des populations chrétiennes. Si le travail que voici a quelque portée universelle, comme l'a toute étude sur une variable religieuse, ce sera précisément parce qu'il évite d'envelopper les différences dans un brouillard comparatiste où toutes les vaches sont grises.

I.2. La religion : système symbolique, institution sociale et vie subjective

Les religions se réclament d'une origine surnaturelle : un dieu ou des ancêtres mythiques auraient communiqué aux hommes les vérités, les lois et les pratiques fondatrices de leur religion. En ce sens toute religion est révélée, la religion biblique méritant cependant le nom spécifique de religion révélée en tant qu'elle affirme s'originer dans une révélation particulière qui a eu lieu dans le temps historique. A tout bien considérer, une religion ne peut pas se penser autrement, car seul le divin est en mesure de franchir la distance qui le sépare de l'humain ; si la religion se concevait comme étant de fabrication humaine, elle ne pourrait pas faire prévaloir son titre à une communication avec ce qui est extra-humain. Or les sciences de la religion qui se donnaient pour but d'en rendre raison, prenaient le contrepied de l'interprétation religieuse de la religion en projetant de l'expliquer comme une donnée humaine. Une philosophie critique, en particulier depuis le siècle des Lumières, avait déjà essayé de comprendre la religion en tant que production humaine[10]. Les sciences humaines ont repris ce projet en y apportant leurs outils scientifiques. Deux sciences se présentent à cet effet : la sociologie et la psychologie. Elles se forment comme sciences des faits humains en adoptant l'idée régulatrice de l'évolutionnisme généralisé qui a dominé les esprits depuis le 19e siècle. L'explication scientifique de la religion devait dès lors consister à la ramener, selon le schème génétique, aux éléments naturels qui lui ont donné naissance.

Illustrons cette optique en évoquant la théorie d'E. Durkheim, un des principaux initiateurs de la sociologie religieuse. Pour Durkheim, la religion est psycho-sociale dans son origine. C'est dans la « vie très particulière qui se dégage des hommes assemblés » qu'il faut chercher « une source d'énergies supérieures à celles dont dispose l'individu, et qui pourtant puissent se communiquer à lui »[11]. S'originant dans la conscience collective, la religion est de part en part sociale dans son contenu et dans sa finalité. Dans le totémisme qui est la religion la plus primitive, d'après Durkheim bien entendu, l'expérience tribale de puissance s'est transférée sur le totem, le constituant ainsi en corps divin visible. Par le transfert se forme la divinité comme incarnation de l'énergie supérieure éprouvée en société. Une formule lapidaire résume la théorie de Durkheim : « les dieux sont les peuples pensés symboliquement »[12]. Il s'ensuit que la sociologie, et elle seule, est en mesure d'étudier la totalité du phénomène religieux, celui-ci étant intégralement un fait social. D'autre part, toute sociologie est sociologie de la religion puisque la société, en tant qu'organisme qui transcende les individus, est de nature religieuse. On sait les critiques pertinentes que les anthropologues ont adressées à cette reconstitution imaginaire des «formes élémentaires de la vie religieuse»[13]. Remarquons surtout la surimpression de concepts que comporte la théorie de Durkheim, comme toute théorie d'ailleurs qui, voulant refaire la production idéelle de la religion, essaie de retracer la genèse de la société. Le social originaire se conçoit en fait comme du psychique: l'expérience que font les individus de l'énergie tribale. La société prend forme ensuite par la constitution d'un symbole sacré. Ainsi la religion fonde le social comme entité structurée; mais, d'autre part, on explique la religion comme un fait social.

La psychologie, sœur jumelle de la sociologie, s'est également donné pour tâche d'expliquer la religion en tant que production humaine. Pour W. James[14] la religion est essentiellement un fait de la conscience subjective et elle relève donc de la psychologie et non pas de la sociologie. La source et l'essence de la religion résident dans une expérience émotionnelle. Les doctrines et les institutions religieuses ne constituent pas le cœur de la religion et elles doivent dès lors s'expliquer comme des formations secondaires à partir de l'expérience religieuse. Comme nous l'exposerons dans notre chapitre sur l'expérience religieuse, James avoue indirectement l'impasse dans laquelle le conduit sa théorie; car il doit finalement reconnaître que seul «l'objet religieux» permet d'identifier la qualité religieuse de l'expérience. Autant dire que la religion est indissociablement une réalité sociale et subjective et que la psychologie n'est pas en mesure de l'expliquer.

Seul S. Freud propose une théorie psychologique de la religion qui s'efforce d'en reconstituer entièrement la formation. En centrant la religion sur ce qui lui paraît être son noyau, le rapport à un Dieu conçu comme une figure paternelle, Freud essaie de montrer que la religion est intrinsèquement liée à la genèse de la culture à partir de la nature. Toute la civilisation, avec la morale et la religion, est sortie des rapports au père. Par une lente évolution, faite de relations ambivalentes et de conflits méconnus, l'humanité a créé le monothéisme et finalement le christianisme[15]. L'idée de Dieu est le déplacement, sur une figure paternelle agrandie, des désirs et de la dramatique qui caractérisent le rapport au père. Nous reviendrons en temps opportun sur des éléments de la thèse freudienne. Par cette brève notice nous voulons seulement exemplifier l'ambition qu'avait la psychologie naissante, parallèlement à la sociologie : celle d'expliquer la religion en la reconstituant avec des éléments de nature psychologique.

On pensait résoudre le problème de la religion en dévoilant ses origines. Mais voilà que l'anthropologie culturelle et l'histoire des religions ont démontré que toutes les théories sur «les formes élémentaires de la vie religieuse» ne sont que des bricolages insolites. Prenons acte de la conclusion à laquelle aboutit E. Evans-Pritchard, anthropologue bien informé : «Je dirai, pour conclure, que les différentes théories que nous avons examinées, isolément ou dans leur ensemble, ne nous apportent guère que des conjectures du bon sens et, pour la plupart d'entre elles, n'atteignent pas leur but»[16]. Ne nous méprenons pas sur la portée de cette conclusion. Le problème n'est pas que jusqu'à présent les psychologues et les sociologues ne sont pas encore parvenus à construire une théorie explicative adéquate. Plus fondamentalement, c'est le statut même des sciences humaines qui est en question. D'accord avec Evans-Pritchard, nous aussi nous sommes convaincu que «origines et essences ne concernent pas la science; celle-ci s'occupe de relations. Dans la mesure où les faits religieux primitifs peuvent s'expliquer sociologiquement (et psychologiquement), ils se rapportent à d'autres faits, ceux avec lesquels ils fondent un système d'idées et de pratiques et avec d'autres phénomènes sociaux qui leur sont associés»[17]. Nulle part on n'observe une trace de religion en état d'émergence ou primitive. Toute religion connue a derrière elle une longue et complexe histoire. Et les reconstitutions hypothétiques de ses origines par la psychologie ou par la sociologie se font nécessairement sur la base des religions connues. Par une fiction théorique on met au départ ce dont les religions devraient sortir. Mais ce qu'on reproduit ainsi ne correspond pas aux phénomènes observables, comme le montre la revue critique que fait Evans-Pritchard des différentes théories. La réalité qu'étudient les sciences humaines se compose d'ensembles articulés qui sont en relation les uns avec les autres. Celui qui veut en retracer la genèse présuppose ce qu'il veut engendrer par la théorie. Ainsi Durkheim fonde le social comme entité structurée sur le religieux mais il explique la religion comme fait social. James veut établir la religion sur l'expérience affective, mais il doit faire appel à «l'objet religieux» pour distinguer les expériences religieuses. Freud, lui, entend faire naître la morale et la religion du conflit avec le père, mais il donne déjà implicitement à la fonction paternelle la signigication d'une autorité morale[18]. On tourne en rond, comme dans la chanson populaire : «Saint Christophe porte l'Enfant Jésus; l'Enfant Jésus porte le monde; qu'est-ce qui porte alors les pieds de saint Christophe?»

Il fallait se souvenir des projets illusoires et des échecs des sciences humaines pour déterminer avec clarté la compétence de la psychologie par rapport à la religion. Comme pour toute science, la psychologie a à se régler sur son objet. Or la religion dont elle peut s'occuper est une réalité présente dans la culture. La reconnaître comme phénomène culturel libère de la fausse alternative qui ferait choisir entre l'interprétation religieuse ou l'explication scientifique de la religion en tant que production humaine. Certes, la religion vient avec l'homme, mais il est impossible de la reconstituer comme faite par l'homme, pas plus qu'une psychologie ne peut refabriquer le langage qui, lui aussi, apparaît avec l'homme. La réalité religieuse à laquelle la psychologie a affaire est toujours celle des hommes qui sont devenus religieux à l'intérieur de références religieuses prédonnées. Celles-ci ne coïncident pas avec les deux faces observables de la religion, l'ensemble social et la vie religieuse des sujets. En effet, aussi bien les sujets que les groupes religieux se réfèrent à « leur religion ».

La religion, en ce sens, est une entité identifiable dans la tradition culturelle. Pour la caractériser sous cet aspect nous reprenons la définition qu'en donne Cl. Geertz au terme d'une réflexion critique sur les approches et les impasses des anthropologues qui ne considèrent que les pôles subjectifs ou sociaux : « ... la religion est : 1) un système de symboles, 2) qui agit de manière à susciter chez les hommes des motivations et des dispositions puissantes, profondes et durables, 3) en formulant des conceptions d'ordre général sur l'existence 4) et en donnant à ces conceptions une telle apparence (au sens de caractère) de réalité 5) que ces motivations et dispositions semblent (apparaissent comme) ne s'appuyer que sur le réel ».[19] « Apparence » et « semblent » sont des termes descriptifs qui veulent rapporter la manière dont les sujets perçoivent les énoncés religieux, sans que l'anthropologue prenne position. Remarquons aussi que l'auteur ne spécifie pas les « conceptions d'ordre général », alors que nous optons pour un concept plus strict de religion. L'intérêt majeur de cette définition est qu'elle affirme le statut de la religion dont le psychologue et le sociologue doivent tenir compte. Le terme « symbole » prend ici la signification large de signes ; ce sont : le langage, le rite, les objets, les personnes représentatives qui font partie de la religion et qui la rendent manifeste. Les symboles qui la composent forment système. Un rite, par exemple, n'a de signification qu'à l'intérieur de l'ensemble des rites et l'ordre des rites prend son sens par rapport à ce que le langage religieux énonce sur le monde et sur la divinité. S'il est impossible de comprendre un élément de la religion en le prenant à l'état isolé, on ne pourra pas non plus expliquer la religion par la genèse à partir d'un élément. Par ailleurs, la religion que l'observateur peut étudier sur le terrain, celle des hommes et des sociétés, est toujours devancée par la religion en tant que système symbolique. Celui-ci exerce une action sur les hommes et sur les sociétés qu'étudient le psychologue et le sociologue. La psychologie se pervertit en psychologisme si, pour des raisons de neutralité scientifique, elle se place dans l'hypothèse que c'est l'homme qui produit la religion. Ce qu'énonce la définition de Geertz correspond à la réalité qu'observe le psychologue : en tant que système symbolique, la religion produit des motivations, des dispositions et des expériences religieuses. Bien sûr, elle ne pourrait pas le faire si, de son côté, le psychisme n'allait pas au-devant de la religion et ne lui prêtait pas sa vie. Le système symbolique de la religion, tout comme celui du langage, se compare ainsi au code génétique qui gouverne le vivant; il s'en distingue pourtant en ce qu'il ne commande pas la conduite par une causalité interne puisqu'il est externe à l'homme, localisé dans les signes culturels [20]. Le système symbolique religieux exerce un effet déterminant mais non pas nécessitant sur l'homme, en l'engageant à s'y confronter, à infuser la vie aux symboles disponibles ou à se faire sans eux et contre eux.

II. La psychologie de la religion

II.1. L'optique de la psychologie

La formule classique, «l'étude du comportement religieux», ne lève pas les malentendus, car, sous cet énoncé hérité d'une école de psychologie, les psychologues mettent des conceptions bien différentes et ce n'est que par un tour de passe-passe que sous le vocable de comportement on range des données aussi diverses que les sentiments, les expériences ou les représentations. Essayons plutôt d'aller «vers les choses elles-mêmes», car toute science doit se régler sur son objet. Si la religion est ce que nous avons dit, la psychologie de la religion ne peut être que l'étude de ce qu'il y a de psychique dans la religion. L'apparente tautologie de notre formulation indique au moins le problème de la psychologie de la religion, le même d'ailleurs que de toute psychologie. Puisque la religion vient avec l'homme, tout dans la religion est psychologique; mais toute la religion n'est pas psychologique, car, en tant que système symbolique, la religion ne coïncide pas avec sa face psychologique. Il en va ici comme de l'étude psychologique du langage; on trouverait bien naïve ou présomptueuse une psychologie du langage qui prétendrait expliquer les lois que découvre la linguistique et qui contribuent à régir le «comportement» du locuteur. La tâche de la psychologie est par conséquent d'explorer ce qui est psychologique dans la religion, de fabriquer les instruments adéquats à cet effet et de construire les concepts théoriques qui permettent de rassembler et d'interpréter les données observées, éventuellement de formuler des lois.

Dans une première approximation, l'expérience générale de l'homme nous indique ce qui est psychologique; ce sont, par exemple, les sentiments, les traits de personnalité, les besoins, les motivations ... Mais il revient aux recherches empiriques de cerner avec précision ce qui est psychologique dans la religion. Elles le font, entre autres, en examinant les variables non religieuses qui se trouvent liées à la religion vécue, à un certain type de religion ou à l'un des éléments qui composent la religion. Ainsi les psychologues de la religion ont-ils fait d'innombrables études de corrélations statistiques.

Il faut cependant s'interroger sur la validité de cette démarche. Tout d'abord, il importe de préciser «la religion» que l'on met en correspondance avec les variables non religieuses. Bien des recherches manquent de pertinence parce qu'elles considèrent la religion comme une donnée univoque, alors que la mesure et la qualité de l'engagement religieux sont bien différentes chez les sujets qui déclarent appartenir à une religion. Sans doute l'idée directrice, fausse selon nous, d'après laquelle des facteurs psychologiques pourraient finalement expliquer «la religion», a-t-elle orienté nombre de ces recherches. Pour avoir égard à la réalité de l'homme religieux, de l'homme qui adhère à une religion, il importe d'observer rigoureusement les éléments de la religion que cet homme fait siens et la manière dont il vit sa religion. La religion vécue, dans sa réalité empiriquement observable, est un ensemble extrêmement complexe d'énoncés ayant la nature de la croyance ou de la foi, de pratiques diverses, de sentiments, de conséquences qui se répercutent sur d'autres champs d'existence. Une tâche importante consiste à observer et à décrire avec précision les composantes et les formes de la conduite religieuse. Il ne suffit pas de recourir à des indices externes, telle la fréquence de la pratique, ou de s'informer des convictions doctrinales; ces informations ne donnent aucune évidence sur la signification de la religion effective des sujets et trop d'études de corrélation ne permettent pas d'interpréter les résultats parce qu'elles s'appuient sur ce genre d'indices.

Du point de vue d'un savoir qui se veut critique, il s'agit d'amener les sujets à réagir à des signes qui sont porteurs de significations. Ainsi avons-nous essayé, nous aussi, de construire des instruments qui se composent d'expressions sémantiques ou qui les provoquent: tests de nature projective, échelles d'attitude ou échelles sémantiques. Un des buts importants de la psychologie de la religion est, d'une part, de mettre au jour des significations et des intentions latentes qui font partie de la religion vécue et dont les sujets n'ont pas nécessairement une claire conscience; d'autre part, d'examiner comment ces significations et ces intentions s'organisent et forment la structure de la religion personnelle. Si on identifie la science avec le modèle scolaire de la vérification d'une hypothèse explicative, on estimera que ces types de recherches ne sont que descriptives ou exploratoires et ne répondent pas à l'idéal de la véritable science. Mais le progrès des sciences, même de la nature, ne consiste-t-il pas pour une part essentielle à mieux connaître les composantes et les structures de l'objet dont on s'occupe?

Le deuxième problème que soulèvent les études de corrélation est celui de l'interprétation des résultats. En toute rigueur, une corrélation statistique ne permet pas une décision sur la causalité. Si la corrélation dégage un lien entre un trait de personnalité et une conviction ou une conduite religieuse, est-ce le facteur psychologique qui détermine la modalité religieuse observée? Ou l'inverse? Ou y a-t-il influence réciproque des deux données? Ou bien un troisième facteur, peut-être un ensemble d'éléments, détermine-t-il les deux éléments étudiés? Comme aucune étude de corrélations ne donne une évidence apodictique sur la causalité en jeu, il est des praticiens de la psychologie de la religion qui proposent d'abandonner ce genre de recherches, estimant que cette psychologie ne sera réellement scientifique que si elle procède à des recherches expérimentales. En effet, seule la manipulation expérimentale est en mesure d'établir des lois au sens précis du terme: le lien constant entre un antécédent, rigoureusement contrôlé, et un conséquent ou effet[21]. Les recherches strictement expérimentales sont fort rares en psychologie de la religion. Pas plus rares, cependant, que dans les autres domaines de la psychologie qui concernent la personnalité. La réalité elle-même ne s'y prête guère. Comment provoquer expérimentalement une conduite spécifiquement religieuse? Cela semble aussi insolite que de déclencher en laboratoire une véritable névrose ou un trait de personnalité. En deuxième lieu, on se demande si l'idée d'une explication par causalité univoque, dont la vérification est déjà rare dans les sciences de la nature, pourrait trouver de nombreuses applications dans un domaine aussi complexe que la religion où tant de facteurs psychologiques et religieux sont en interaction. Ce sera en tout cas un de nos soucis constants de rester attentif à l'éventuelle réciprocité causale du psychique et du religieux.

Il s'agit en tout cas d'observer et d'interpréter le lien relationnel entre des éléments psychiques et la religion, et non seulement d'analyser les composantes de la religion et leur structure. A cet effet nous recourrons également à des stratégies, qui sont expérimentales au sens large du terme. Faire réagir à des tests projectifs ou à des échelles sémantiques, c'est solliciter des expressions significatives en réponse à des signes porteurs de significations. Bien sûr, ces procédés ne légitiment pas l'établissement de lois au sens où l'entend la psychologie expérimentale. Il faudra interpréter les résultats observés, en tenant compte de la logique interne des faits et en les mettant sous l'éclairage de la compréhension de l'homme telle que l'ont élaborée d'autres observations sur la personnalité. La psychologie de la religion n'est cependant pas une psychologie appliquée. Cette expression n'a d'ailleurs de sens que dans l'utilisation de la psychologie à des fins pratiques. Mais, comme en toute disposition ou conduite l'homme manifeste pour une part sa manière d'être, toute étude peut s'instruire des recherches faites en d'autres domaines et servir en même temps de test critique pour les conceptions théoriques qui s'avèrent inadéquates à l'objet étudié. La psychologie de la religion met ainsi à l'épreuve les théories de la personnalité. Rigoureusement parlant, les interprétations qui procèdent de cette façon sont toujours conjecturales. Mais toute science ne travaille-t-elle pas en construisant des schèmes interprétatifs que les faits ne garantissent jamais entièrement[22]? Dans les chapitres qui suivent, nous avancerons de temps à autre, à titre de lois, des interprétations qui nous paraissent suffisamment assurées; par exemple concernant les effets des motivations non proprement religieuses de la religion, ou concernant la relation entre la foi et l'expérience religieuse.

Toutes ces considérations nous conduisent à une détermination générale de l'optique de la psychologie. Premièrement, elle vise à dégager les facteurs inconscients, au sens large ou bien au sens proprement psychanalytique du terme, qui sous-tendent, influencent ou déterminent les dispositions ou les conduites de nature religieuse. L'homme n'est pas simplement l'être rationnel qui maîtrise lucidement ses raisons d'être ou de ne pas être religieux. Il n'est pas non plus le pur produit de son milieu et de son éducation. Il s'engage envers la religion avec tout ce qui compose sa vie individuelle et qui déborde la conscience claire qu'il a de lui-même; cela autant dans ses dérobades et ses méconnaissances que dans ses ferveurs et ses fidélités. C'est d'ailleurs pour cette raison que sa religion peut être une vie et pas seulement une conception quasi philosophique. Des représentations, des intérêts, des dynamismes et des processus qui appartiennent au psychisme, tel que le forme le contact avec le monde et avec autrui, rencontrent les symboles de la religion et inclinent l'homme à les interpréter, à leur donner ou à leur refuser l'adhésion, et cela de manière variable, évolutive et sélective. Autrement dit, ce qu'on étudie, c'est l'effet de l'archéologie psychique sur la réception du système symbolique de la religion.

Deuxièmement, la rencontre entre l'homme et la religion a pour conséquence que les symboles religieux impriment leur sceau dans le psychisme. L'influence ne peut être que réciproque. N'en va-t-il pas ainsi dans tous les domaines qui ont une signification pour l'existence? Si le choix d'une profession correspond à des représentations et à des tendances qui y prédestinent plus ou moins le sujet, la profession lui donne en retour de s'organiser et de se développer d'une manière particulière. Rien en psychologie ne se laisse ramener à une causalité linéaire. Dans toutes nos interprétations, nous avons à tenir compte de cet échange entre le psychique et les symboles religieux. L'influence de la religion ne se limite pas aux seules conséquences pratiques, d'ordre éthique ou social. Pour discerner ce qui vient du psychisme et ce qui vient de la religion, nous devrons dès lors tenir sous le regard la religion objective à laquelle se réfèrent les sujets.

II.2. Neutralité bienveillante et critique

II.2.1. Neutralité méthodologique

Science empirique, la psychologie religieuse s'adresse aux phénomènes observables et elle les explique partiellement en les rapportant au fonctionnement de la vie subjective. Elle ne porte pas les phénomènes dans un éclairage ontologique et elle ne les interprète pas d'après les principes de la théologie. Elle n'a donc pas la compétence pour se prononcer sur la réalité et sur les propriétés du surnaturel auquel se réfère la religion. A l'orée de la psychologie religieuse, le psychiatre Flournoy a établi ce principe et il lui a donné une formulation rigoureuse en prônant «l'exclusion méthodologique du transcendant». En nous inspirant d'une formule de Husserl, nous pouvons encore appeler ce principe: la mise entre parenthèses du transcendant. La psychologie n'assume pas elle-même l'affirmation ou la négation de la réalité du divin mais elle se maintient dans une position extérieure par rapport aux intentionnalités relationnelles qu'accomplit ou que refuse le sujet de son étude.

Les implications de ce principe sont doubles. Tout d'abord, la psychologie religieuse n'est pas habilitée pour démontrer ou pour réfuter les propositions proprement religieuses. En psychologie, des énoncés comme «Dieu existe», «le Christ est ressuscité» sont dénués de sens si on les prend dans leur acception religieuse, celle du sujet qui, par un acte de consentement, s'engage pour la vérité que ces énoncés ont l'intention de proposer. S'il en est ainsi, une proposition telle que «Dieu n'est qu'une projection de l'homme» est tout aussi dénuée de sens. A supposer même que le mécanisme psychologique de la projection soit régulièrement observé et suffisamment élucidé et qu'on ait constaté son effet sur la production subjective de la représentation de Dieu, il faudrait encore démontrer que l'affirmation religieuse de Dieu résulte entièrement de ce mécanisme. Il est méthodologiquement exclu qu'on soutienne pareille thèse par une généralisation inductive. En outre, on ne voit pas comment on reconstruirait de cette manière toute idée religieuse de Dieu, celle, par exemple, qui, selon l'intention religieuse, sollicite apparemment une mise en question des projections humaines en requérant une «conversion». Ce qui appartient à la compétence de la psychologie, c'est d'examiner, entre autres, la part de projection qui détermine l'appropriation subjective de la relation à Dieu telle que la propose le discours religieux et de voir quels en sont les effets.

La deuxième implication découle logiquement de la première: l'incompétence de la psychologie quant à la réalité effective du surnaturel lui interdit d'introduire l'action du surnaturel à titre d'élément explicatif. Il appartient en propre à la religion de croire que les êtres surnaturels se manifestent dans le monde visible et interviennent par des actions spécifiques. Ainsi le chrétien croit-il que l'Esprit de Dieu illumine l'intelligence et la dispose pour comprendre les paroles du Christ. La prière et les rites comportent la foi en l'action divine, au moins dans les dispositions du sujet religieux. A l'intérieur de la religion on explique donc par la conjonction entre l'action divine et l'initiative humaine non seulement les faits exceptionnels comme certaines conversions ou certaines expériences mystiques, mais la foi elle-même. La psychologie peut observer ces croyances et elle doit en tenir compte, puisque ce sont là aussi des phénomènes psychologiques. Mais, pris selon leur signification proprement religieuse, ces énoncés de foi n'ont pas de sens à l'intérieur d'une science, puisqu'ils ne sont susceptibles ni de vérification ni de falsification empirique. Il n'appartient donc pas à la psychologie religieuse de distinguer entre vraie et fausse mystique, ni entre vraie et fausse possession diabolique, car selon le système religieux où ces expressions prennent leur sens, elles signifient que le surnaturel opère dans certains cas mais que, dans d'autre cas, l'intervention surnaturelle n'est pas attestée selon les critères religieux.

II.2.2. Le jugement de vérité psychologique

Le projet de rapporter les contenus religieux aux facteurs psychologiques implique une prise de recul par rapport aux comportements traités. Tout en nous prémunissant contre un impérialisme psychologique, nous faisons dès lors jouer l'exigence critique de la science qui, dans notre domaine, conduit à porter des jugements de vérité partiels et circonstanciels. Partons d'un exemple simple. Lorsqu'on observe que le non-exaucement d'une prière de demande amène à déclarer la foi religieuse un leurre, on mettra en lumière la motivation déterminante de cette prière ainsi que la représentation de Dieu qui la soutient. Ce faisant, on dégagera la nature illusoire de cette croyance et on explique sa dissipation par l'expérience de non-réponse que font les sujets. Si la psychologie observe que d'autres sujets modifient leur conception de Dieu et leur pratique, consécutivement à cette expérience, elle dégagera comme loi fragmentaire l'effet ambivalent qu'a l'expérience de déception. En accumulant et en étendant ces observations, elle peut dégager les processus par lesquels l'homme s'approprie les virtualités qu'offre le système symbolique de la religion. Pareil jugement de vérité ne porte que sur des types de la conduite religieuse. Les critères sont de trois ordres. On analyse les motivations et les intentions; on les replace dans le monde qui est l'environnement du sujet et sur lequel le psychologue a lui aussi formé ses convictions; on situe également la conduite religieuse dans le système de références que présente la religion. La conjonction de ces trois critères permet d'éviter des jugements d'ordre philosophique, voire de nature ethnocentrique.

A certains égards, les jugements critiques de la psychologie rejoignent ceux que la théologie spirituelle ou la sagesse religieuse ont pratiqués en tout temps. Les visées ne sont cependant pas les mêmes ici et là. La psychologie n'a pas pour but d'arriver à de pareils jugements; ils découlent de ses explications pour autant que la pratique de la psychologie se fait naturellement dans la préoccupation, commune à toute science, de libérer la vérité sur l'homme et sur le monde. Lorsque la religion adopte elle aussi cette attitude, elle s'appuie sur la psychologie comme porteuse de vérité. Ainsi fait la psychologie pastorale, qui est une psychologie religieuse au sens où l'adjectif qualifie non pas l'objet, mais l'intention de la psychologie. Le but explicite de la psychologie pastorale est de promouvoir ce qui est pour elle la rectitude religieuse.

II.2.3. L'auto-implication du psychologue

Dans la pratique, les convictions personnelles des praticiens de la psychologie religieuse exercent inévitablement une pression sur leurs concepts opératoires et sur leurs théories explicatives. S'il en est déjà ainsi dans toute science, la compénétration entre les intérêts personnels et les concepts de base est forcément plus étroite en psychologie, surtout lorsqu'elle s'occupe des dimensions essentielles de la personnalité. La religion, en particulier, semble se prêter difficilement à une étude réglée par la neutralité exigible en science. Sans doute est-ce la raison pour laquelle les congrès de psychologie ne font qu'exceptionnellement une place à la psychologie religieuse. On craint apparemment que le chercheur ne s'y implique trop pour que ses instruments méthodologiques et ses concepts puissent présenter un terrain commun d'échanges.

Qu'en psychologie religieuse les présupposés du milieu et les intérêts personnels se glissent facilement dans les concepts et les méthodes qui, en principe, devraient être à tous, l'histoire l'atteste. D'en prendre conscience ne peut qu'aiguiser notre vigilance. Evoquons, en guise d'illustration, deux grands initiateurs de la psychologie religieuse et qui furent des contemporains: W. James et S. Freud. La psychologie de James porte toutes les marques de son milieu culturel. Le protestantisme libéral y a remplacé la référence au christianisme ecclésiologique par l'idée d'une lumière religieuse qui est au fond du cœur. La tradition très particulière des mouvements de conversion amène à privilégier les moments d'une intense conscience subjective. Et comme à cette époque la société américaine accorde une fonction éthique importante à la religion, on attend de la psychologie naissante qu'elle étudie et qu'elle garantisse la dimension religieuse de l'homme. Combinés avec une conception introspectionniste de la psychologie et avec sa visée quasi philosophique, ces facteurs contextuels donnent lieu à une psychologie religieuse qui se polarise sur l'expérience religieuse et qui cherche à fonder la religion sur les sentiments. Freud, par contre, se méfie de la conscience subjective, car l'expérience clinique l'a instruit sur les méconnaissances et les leurres de la conscience et de la psychologie de l'introspection. De plus, athée convaincu et nourri par un rationalisme scientiste, il tient personnellement la religion pour un archaïsme culturel. Malgré ses déclarations sur la neutralité principielle de la psychanalyse par rapport à la religion[23], il lui consacre plusieurs études, dans le but d'en élucider l'énigme et de montrer qu'elle est une illusion, somme toute plus nocive que bénéfique.

Les positions personnelles infléchissent indéniablement la perception des signes et l'élaboration de leur interprétation. Les mêmes mots et les mêmes gestes peuvent prendre une signification différente selon que l'on se trouve à l'extérieur ou à l'intérieur d'une conviction et d'une pratique. Or ces premières observations pré-scientifiques influent sur la formation des concepts interprétatifs et, par voie de conséquence, sur les instruments d'observation qu'ils inspirent. L'incroyant risque d'être moins attentif à certains phénomènes ou de les aborder d'emblée avec des hypothèses qui ne tiennent pas compte des significations religieuses. Le croyant les replacera souvent plus aisément dans l'ensemble qui leur donne leur sens; mais, tout en formant le projet de relever tout ce qui est psychologique dans la religion, le croyant risque de moins bien percevoir ce que la face religieuse cache d'autre. La controverse et la considération critique des différentes théories, si elles ne donnent pas la clef d'une science rigoureuse et pure, garantissent au moins une variation imaginaire dans la formation des hypothèses. Une sérieuse connaissance de la religion dont on s'occupe est de toute façon indispensable, sinon on fait de la psychologie imaginaire du style: « Si j'étais un cheval ... ». Il est difficile d'acquérir cette connaissance sans une certaine sympathie. L'interdire au psychologue, faire de l'abstention religieuse même une condition d'objectivité serait en tout cas une étrange conception. On ne demande pas à celui qui étudie le langage ou la sexualité qu'il s'abstienne de les pratiquer.

III. Pour une psychologie dynamique

La psychologie apporte ses propres perspectives sur la religion. Elle ne perçoit néanmoins correctement l'élément étudié que si elle le replace dans l'ordre de la religion à laquelle il appartient, puisque la religion est un système symbolique. Dans l'ouvrage que voici, il est d'autant plus nécessaire d'accorder les principes de la psychologie avec ceux de la religion que nous essayons de composer une étude synthétique de la psychologie religieuse. Une psychologie de la religion n'est pas un catalogue de recherches et de points de vue sur les différentes composantes et pratiques de la religion, mais un essai de compréhension psychologique de l'homme religieux.

Nous partons de l'idée que, de nos jours, la religion est une conviction et une conduite, en d'autres termes, qu'elle est toujours une manière de vivre l'existence en relation au surnaturel, ou plus explicitement à Dieu, dans le christianisme par exemple. Nous ne sommes pas de ceux pour qui la religion contemporaine est un musée où se conservent les retombées de quelque déflagration mystique. Ainsi que nous l'exposerons dans le chapitre sur l'expérience religieuse, nous ne croyons pas que les religions sont nées d'une expérience effervescente d'un sacré élémentaire ou divin. Ce que nous avons exposé sur la nature de la religion s'oppose d'ailleurs aux théories nostalgiques qui voient dans la religion constituée la sédimentation refroidie d'une antique irruption volcanique. Dans l'interjeu entre les symboles religieux et les dynamismes psychologiques, la vie religieuse renaît toujours ci et là, fragile, plus ou moins asservie à des intérêts qui l'accaparent, ou créatrice. C'est là notre centre de perspective. Il nous semble congruent avec la réalité de la religion aussi bien qu'avec la visée d'une psychologie qui s'attache à comprendre comment l'homme effectue son humanité.

Pour préciser davantage la perspective que nous adoptons et la mise en ordre conséquente de notre ouvrage, nous nous tournons à nouveau vers la religion.

III.1. L'ordre religieux

La religion tend à unifier les aspects compossibles de la vie et du monde, mais son principe d'intégration n'est pas celui d'un arrangement de concepts. Il est dans ce qui est essentiel à la religion : la relation au surnaturel. La signification de cette relation n'est évidemment pas la même dans toute religion. Là où la permanence et la fécondité de la vie du groupe représentent la valeur centrale, celles-ci enveloppent le rapport au surnaturel et la finalité de la religion est de soutenir et d'exhausser la vie du groupe en le faisant participer à sa source surnaturelle. Une religion du salut, comme l'est le christianisme, entend non seulement exhausser l'existence des individus et la vie de la communauté, mais aussi la transformer en la faisant participer à la vie d'un Dieu personnel. Le rapport y est bien plus personnel, étant celui de personne à personne. Toujours est-il que la relation au surnaturel est le centre unifiant des phénomènes dont fourmillent les religions. Cette relation accomplit un double mouvement, celui, systolique, par lequel elle se concentre dans le rapport au divin, et celui, diastolique, par lequel elle anime les réalités du monde, prend appui sur elles et puise dans ses intérêts et dans ses représentations.

Essayons de voir comment la religion s'organise autour de son axe relationnel. Nous suivons d'abord la démarche des sociologues C.Y. Glock et R. Stark[24]. L'analyse factorielle des résultats obtenus par l'application d'une échelle les conduit à ramener les facettes de la religion à cinq catégories homogènes qu'ils considèrent comme les cinq dimensions de la religion. Ce sont : la dimension idéologique (qui comporte, par exemple, les prières et la dévotion), la pratique rituelle, l'expérience religieuse (par exemple, l'expérience qui est à l'origine de la conversion ou celle qui est de nature mystique), la dimension intellectuelle (le contenu de la croyance), et celle de l'importance de la religion pour la vie (la *consequential dimension,* qui se manifeste, entre autres, dans les effets de la religion sur d'autres domaines de la vie). L'expression «dimension idéologique» ne doit pas nous tromper; il s'agit, en effet, de la conviction de croyance telle qu'elle a son lieu dans l'intimité subjective et que, par une curieuse volonté de neutralité scientifique, les auteurs assimilent aux «idées». Suite à leur recherche ultérieure, les auteurs affirment que la dimension idéologique permet la meilleure prédiction pour les quatre autres aspects[25]; autrement dit: elle est le noyau de la religion. Le confirment les études qu'ont faites avec le même instrument R.R. Clayton et J.W. Gladden[26]. Ils en concluent que la religion est essentiellement un engagement envers «une idéologie» et que la force de cet engagement s'exprime dans la croyance. La religion est secondairement la participation à la pratique rituelle, un ensemble de connaissances, l'interprétation religieuse de l'expérience et une action d'ordre moral.

A vrai dire, ces observations ne sont pas pour nous surprendre. Si la religion est un phénomène spécifique, elle l'est par le rapport à l'invisible divin. Dire que l'homme religieux s'engage envers une idéologie, n'est évidemment pas une description adéquate, car pour l'homme religieux le divin est un être vivant dont il a une certaine représentation, comme c'est le cas pour la relation avec n'importe quel être. On ne prie pas des idées et on ne leur offre pas un sacrifice rituel! Le terme «croire» peut évidemment aussi s'appliquer à l'acceptation d'une idéologie; il est juste de dire que les hommes croient au libéralisme ou au marxisme. Mais le croire de l'homme religieux n'est pas une manière de voir le monde et son avenir; il se rapporte à un être dont il affirme la réalité.

La distinction entre les cinq dimensions et l'observation de leur unité, articulée autour de la croyance, nous montre bien l'organisation du champ religieux. Le rapport au divin s'exprime et se réalise dans les actions symboliques que sont les rites. Il se répand dans la vie affective et donne lieu à des expériences. Il se nourrit et se déploie dans les récits qui commémorent les événements fondateurs de la religion et dans les représentations du divin et de son rapport à l'homme. Il inspire des règles pour la conduite dans la société. Les dimensions de la religion sont au fond celles de l'homme: être qui s'exprime en gestes symboliques, être de sentiment, de raison et d'action; plus fondamentalement encore: être relationnel. Il est logique que la dimension relationnelle, celle de l'engagement croyant, sous-tende les quatre autres dimensions. Cela ne signifie cependant pas qu'elle les détermine sans plus. Il est vraisemblable que les dimensions secondaires renforcent la dimension nodale selon la mesure de leur mise en œuvre.

Les observations rapportées s'accordent avec ce que nous-même nous avons répétitivement constaté. Nous avons construit une simple échelle d'auto-évaluation de la conviction religieuse. Les cinq degrés sont: 1) je crois absolument en l'existence de Dieu; 2) j'incline à croire, mais je me pose des questions; 3) je doute de l'existence de Dieu; 4) j'incline plutôt à ne pas croire; 5) je ne crois absolument pas. En appliquant cette échelle en même temps que d'autres instruments de psychologie de la religion, nous avons toujours observé une corrélation significative entre le degré de croyance ou d'incroyance et les autres données religieuses.

Bien sûr, ce que nous venons d'exposer vaut pour la civilisation occidentale, marquée par la religion biblique. Il est fort probable que les études rapportées pourraient difficilement se faire sur des religions «primitives» où la conscience subjective d'un engagement de croyance n'est pas développée et où les mythes sont fort fragmentaires, mais où la vie religieuse se concentre dans les rites communautaires, significatifs dans leur symbolisme, mais peu interprétés.

Poussons plus loin notre exploration de l'ordre religieux et attachons-nous explicitement à la dimension relationnelle, car nous présumons que la dimension nodale est elle-même déjà un ensemble d'éléments différenciés. Deux stratégies sont possibles ici: on peut porter l'attention sur la relation comme telle, ou bien on peut étudier le pôle objectif de la relation. A titre de première approximation, nous nous bornerons à la dernière démarche, laissant pour la suite des chapitres la considération des études qui ont examiné directement les composantes et la structure de la relation. Une recherche faite par G. Vercruysse[27] nous paraît fournir de précieuses indications sur la structure de la relation religieuse. Vu le caractère exploratoire de notre interrogation présente, nous rapportons seulement ce que G. Vercruysse observe sur l'échantillon adulte de la population étudiée. Elle a soumis à ses sujets une échelle d'items qui présentent une variété d'idées par lesquelles on peut exprimer ce qu'est Dieu, non pas en tant que concept spéculatif ou théologique, mais en tant que pôle objectal d'une relation. Trois facteurs se dégagent par l'analyse factorielle. Le plus important affirme que Dieu est un être personnel avec lequel l'homme est lié dans une relation réciproque. En considérant le contenu des expressions, on y distingue trois composantes. La moins importante est celle de Dieu providence et secours auquel on s'adresse dans les difficultés. Seul obtient un score relativement élevé l'item «celui qui prend soin du bien et de la souffrance de chacun», item qui exprime, non pas l'appel à une intervention particulière de Dieu, mais la confiance générale en la providence divine. Plus important est l'affirmation de la présence réciproque; cette conscience d'une présence divine qui a sa valeur en elle-même, nous l'appelons volontiers l'élément mystique de la religion. La composante la plus prégnante, dans ce premier facteur, est celle qui conjoint la dimension éthique et l'expérance: on s'affirme responsable devant Dieu et on croit avec confiance que Dieu achèvera, pour son meilleur bien, l'engagement de l'homme.

Selon le deuxième facteur, on se réfère à Dieu comme à un divin anonyme perceptible dans le monde: il est une force dynamique dans le vivant, une réalité mystérieuse omniprésente, ce qui est au plus profond de soi-même. Un Dieu donc avec lequel on a un contact, mais qui, sous cet aspect, ne représente pas le pôle d'une relation personnelle, encore que l'on rapporte ce sens du divin au même Dieu avec lequel on a conscience de vivre une relation de personne à personne. Dans le deuxième facteur, nous reconnaissons un type d'expérience religieuse, celle que nous appellerons l'expérience du sacré.

Le troisième facteur, le deuxième en importance, pose Dieu en réponse aux questions de l'homme relativement au sens de son existence et du monde, à l'origine et à la fin ultime. Nous appelons cette composante l'élément métaphysique qui est en germe dans la croyance religieuse. Soulignons qu'il s'y agit plutôt de sens que d'explication.

L'analyse factorielle fait encore ressortir un quatrième facteur qui est bipolaire; il ne contient aucun élément nouveau, mais il manifeste l'opposition entre, d'une part, l'affirmation que le terme «Dieu» n'est qu'un pur nom donné au mystère du monde et, d'autre part, l'engagement croyant dans une relation avec Dieu qu'on tient pour essentielle dans l'existence. Lorsque les hommes conservent le nom de Dieu à titre de chiffre pour désigner une puissance énigmatique diffuse dans le monde[28], on a affaire à un reste de référence religieuse, vidée de son contenu proprement religieux. Il y en a, bien sûr, qui estiment ramener l'antique religion à sa vérité philosophique en déplaçant ainsi la signification du signifiant «Dieu». Cette conviction ne nous concerne que dans la mesure où la psychologie peut l'éclaircir.

Les trois dimensions de l'idée de Dieu s'accordent avec trois des cinq dimensions de Glock et Stark: la dimension idéologique, celle de l'expérience et celle du contenu intellectuel de la croyance. L'absence d'items, dans l'échelle de Vercruysse, relativement à la pratique rituelle et aux conséquences éthiques de la religion, ne permet pas de retrouver les deux autres dimensions. Quant aux conséquences éthiques, cependant, l'étude de Vercruysse montre bien que leur principe fait partie intégrante de la composante relationnelle, celle qui est la plus importante. En effet, la conscience de la responsabilité devant Dieu, associée à la confiance, y est même l'élément dominant. Il nous semble également que cette étude fait mieux apprécier l'unité des différentes dimensions de la religion. Vu de l'extérieur, ce qu'on appelle religion paraît éclater en tant de manifestations diverses qu'on comprend l'intention de certains qui, comme James ou Durkheim, voudraient la ramener à une cellule originaire. En réalité, aucun élément simple ne constitue l'essence de la religion, car, étant relation, elle est à la fois une et complexe comme l'est toute relation. Dans l'agencement de notre psychologie, nous tiendrons compte de cet état des choses. Mais nous allons d'abord relever une conséquence importante qui découle de ce que nous venons de voir.

III.2. *Une psychologie qui étudie conjointement la religion et l'incroyance*

Vu l'importance décisive de la dimension «idéologique» ou du facteur relationnel dans l'idée de Dieu, l'engagement croyant envers Dieu sera le point fixe des perspectives où se tiendra notre étude psychologique. S'il en est ainsi, il est indiqué que l'incroyance fasse également l'objet de nos interprétations. On ne peut comprendre psychologiquement ni la croyance ni l'incroyance l'une sans l'autre.

L'intitulé «psychologie religieuse» est trompeur à cet égard, car il laisse entendre que la religion représente un domaine singulier qui, autrement que l'incroyance, appelle une explication psychologique particulière. Dans cette optique, on peut suivre deux voies. Ou bien on rapproche la psychologie de la religion de la parapsychologie et on cherche à expliquer la religion par les expériences para-normales dont la nature aurait doté certains hommes. Ou bien on intègre la psychologie de la religion dans la psychologie générale et on explique la religion par des éléments non religieux, universellement humains, dont l'effet religieux particulier serait dû à l'intervention de certaines causes psychiques. En d'autres termes, la psychologie religieuse réduirait ce qui est proprement religieux à des facteurs généraux. Nous aurons à examiner l'une ou l'autre de ces théories «réductrices». Pour notre propos présent, il s'agit de poser correctement les questions initiales.

La situation culturelle de la religion, telle que nous l'avons évoquée, nous oblige à englober dans l'objet de la psychologie religieuse aussi bien l'incroyance — ou l'athéisme — que le comportement religieux. L'incroyant ne représente pas la «personnalité de base» sur le sol duquel se formerait la religion, pour des raisons particulières que la psychologie expliquerait. L'incroyance, du moins si elle n'est pas pure absence de questions et d'intérêts religieux, est également une réponse à la sollicitation que la religion adresse à l'homme. Outre les raisons intellectuelles qu'elle avance, cette réponse négative résulte également de raisons d'ordre psychologique, autant que la foi religieuse. Encore serait-ce méconnaître la réalité que de juxtaposer simplement les deux types de réponses, négative ou positive. Un peu d'expérience des hommes nous apprend que, dans l'attitude religieuse, se produisent régulièrement des interrogations, aussi bien psychologiquement qu'intellectuellement motivées, qui placent devant le choix de l'adhésion religieuse ou de son refus. Ce qui soutient un type de religion peut, à d'autres moments ou pour d'autres sujets, se transformer en réticence ou en mouvement contraire. La vie religieuse n'est pas une somme de pratiques que l'on observe ni un ensemble d'énoncés auxquels on consent. Elle compose une histoire significative faite de tensions, de carrefours et de péripéties. Elle passe par des conflits dont la solution la transforme; du moins en est-il ainsi dans notre culture présente. D'une part, la religion présente une solution possible à des conflits humains; d'autre part, en étant souvent en travers des tendances humaines, elle engendre des conflits. Son développement est dès lors variablement sinueux et il aboutit soit à une attitude religieuse subjectivement confirmée, soit à un doute qui suspend partiellement l'engagement et qui laisse intérieurement divisé, soit à un rejet, provisoire ou définitif. Il faudra donc comprendre la religion et l'incroyance en référence l'une à l'autre car, tout en s'opposant dans leur visée, elles sont pour une part intérieures l'une à l'autre lors de leur formation et de leur transformation.

III.3. *Nos perspectives psychologiques et leur articulation*

L'homme qui, par des processus de nature psychique, devient religieux ou non en réponse aux sollicitations émanant des symboles religieux, voilà l'objet de notre étude. Devenir est un processus dynamique et la psychologie du devenir est, au sens fondamental du terme, génétique. Notre psychologie reprend ainsi la visée de la psychologie qui voulait expliquer la religion, mais en la libérant du préjugé psychologiste qui a encombré l'histoire de la psychologie de la religion. L'objectif de notre psychologie est de comprendre comment l'homme produit ou non la relation religieuse comme significative pour sa vie, non pas comment il crée la religion. La religion comme système symbolique contient un pouvoir de suscitation, mais l'homme, de son coté, se fait religieux s'il reprend la religion dans une initiative personnelle. Or l'initiative humaine n'est ni fortuite ni guidée par la seule logique de la raison; elle s'appuie sur des forces et sur des processus psychiques qui ont leur propre logique, celle qu'étudie précisément la psychologie.

En situant la religion vécue dans l'échange entre le système symbolique et l'initiative humaine, nous faisons place non seulement aux histoires individuelles, mais aussi aux expressions créatrices qui assument les références religieuses dans des contextes nouveaux. Mais nous n'envisageons pas la création de «nouvelles religions». Des sociologues ont désigné par ce terme la formation de groupements religieux, en particulier en Californie, qui, il y a quelques années, amalgamaient des idées empruntées à des religions ou à des pratiques de l'Orient, en y ajoutant parfois des souvenirs bibliques ou chrétiens. Ces «religions nouvelles» ne paraissent pas avoir une longue vie. L'expression «religions nouvelles» nous paraît d'ailleurs discutable, car un vague syncrétisme ne représente pas encore une création. De toute façon, ne pouvant pas couvrir toutes les formes de religiosité, nous ne les avons pas examinées.

Il y a sans doute plusieurs perspectives à partir desquelles on peut se placer pour tenter l'étude que nous proposons. Il en est une qui a semblé s'imposer à l'enquête psychologique : la recherche des traits de personnalité qui amènent ou qui, à tout le moins, prédisposent des hommes à devenir ou à être religieux. L'idée philosophique de l'*homo religiosus* s'est transcrite en langage psychologique. Bon nombre d'études corrélationnelles ont essayé d'établir les caractéristiques de l'homme religieux. Les discordances entre les résultats obtenus obligent à conclure que «le type religieux» n'existe pas[29]. Cela n'étonne sûrement pas ceux qui connaissent un peu la religion et son histoire du dedans et savent combien sont variés, par exemple dans le christianisme, les «types de spiritualité».

Notre option est de prendre pour centre de perspective la relation au divin ou à Dieu, qui représente l'élément fondamental dans les composantes de la religion. Nous envisageons cette relation comme une histoire qui se développe, dans le sens d'un devenir religieux ou dans celui d'une «déconversion».

Dans un premier moment, nous examinons les expériences humaines qui poussent aux conduites et à la croyance religieuses. Ainsi la détresse, la question de la mort, la culpabilité, les nécessités sociales d'une éthique peuvent-elles motiver la conduite religieuse. Ce chapitre sera donc consacré aux motivations de la religion qui n'ont pas de finalité proprement religieuse. A l'hypothèse, falsifiée, des traits de la personnalité religieuse, nous substituons celle des situations de vie qui appartiennent à tout homme.

Nous faisons ensuite un demi-tour pour explorer ce qui vient à l'homme comme signes du divin ou de Dieu, de la part du monde que «l'œil écoute» ou de la part du message religieux qui, dans certaines circonstances de vie, prend une puissance oraculaire. C'est dire que le chapitre en question examinera l'expérience religieuse.

Après, nous nous installons dans la relation religieuse pour la considérer dans son engagement spécifique de foi religieuse. Cet aspect essentiel était encore latent dans les deux chapitres précédents, recouvert par la finalité humaine des motivations et indécis dans l'expérience religieuse. De par son engagement et sa finalité résolument religieuse, la foi a à traverser des moments critiques qui lui sont propres et que la psychologie peut élucider. Accompagnant déjà les études des motivations et de l'expérience religieuse, l'analyse de l'incroyance sera particulièrement poursuivie dans ce chapitre sur la foi, puisque l'engagement de foi est la solution religieuse des crises de la foi.

Dans le dernier chapitre, nous nous attacherons à quelques analyses psychologiques de la pratique religieuse : la prière, le rite et l'éthique. «Pratique» signifie la mise en œuvre. Si l'homme n'est pas religieux de par sa nature psychologique, mais qu'il peut le devenir, il ne le devient qu'en actualisant sa religion. Une psychologie de la religion manquerait son objet si elle n'était pas attentive aux formes de vie dans lesquelles l'homme produit précisément pour lui-même la religion à laquelle il adhère.

NOTES

[1] On trouvera une bonne présentation de l'histoire et des tendances de la psychologie religieuse dans: NEWTON MALORY H., *Current perspectives in the psychology of religion*, Grand Rapids, W.B. Eerdman Publishing Cy, 1977; PRUYSER P.W., *A dynamic psychology of religion*, New York-London, Harper & Row, 1968, p. 1-20; GODIN A., dans les *Cahiers de Psychologie Religieuse*, Bruxelles, Lumen Vitae (cinq volumes parus entre 1957 et 1971); TUFARI P., Sixty years of psychology of religion: notes and comments on a recent survey, *Social Compass*, 7 (1960), p. 341-359.

[2] BERGER P., *The sacred canopy. Elements of a sociological theory of religion*, New York, Doubleday, 1967, p. 25-27.

[3] Nous sommes en désaccord avec DOBBELAERE K. et LAUWERS J. pour qui seule la définition fonctionnaliste est scientifiquement neutre: Definition of religion. A sociological critique, *Social Compass*, 20 (1973) 4, p. 535-552.

[4] *The social system*, New York, The Free Press, 1951, p. 368.

[5] *Psychoanalysis and religion*, New Haven, Yale University Press, 1950, p. 21-64.

[6] *The invisible religion*, New York, MacMillan, 1967.

[7] *Beyond belief*, New York, Harper & Row, 1970.

[8] DESROCHES H., *L'homme et ses religions*, Paris, Cerf, 1972, p. 29-31.

[9] Godsdienst van en voor de mensen, *Tijdschrift voor Theologie*, 17 (1977) 3.

[10] Voir les études de DUX G., LÜBBE H. et RENDTORFF T. dans: *Religion als Problem der Aufklärung*, RENDTORFF T. (éd.), Göttingen, Vandenhoeck & Ruprecht, 1980.

[11] Le sentiment religieux à l'heure actuelle, *Archives de Sociologie des Religions*, 27 (1969), p. 71 (Réimpression d'une conférence de 1914).

[12] *Textes* (rééd. par KARADY V.), Paris, Ed. de Minuit, 1975, vol. II, p. 23, (la citation est empruntée à une conférence de 1913: *Le problème religieux et la dualité de la famille*).

[13] *Les formes élémentaires de la vie religieuse*, Paris, F. Alcan (P.U.F.), 1912.

[14] *L'expérience religieuse. Essai de psychologie descriptive*, Paris, F. Alcan, 1931; trad. de *The varieties of religious experience. A study in human nature* de 1902.

[15] *Totem et tabou*, Paris, Payot, 1972.

[16] *La religion des primitifs à travers les théories des anthropologues*, Paris, Payot, 1971, p. 142.

[17] *Ibid.*, p. 131.

[18] Nous nous sommes expliqué la-dessus dans notre étude: La psychanalyse devant la religion, *Etudes d'anthropologie philosophique*, Louvain-Paris, Vrin-Peeters, 1980, p. 74-96.

[19] La religion comme système culturel, dans *Essais d'anthropologie religieuse*, Paris, N.R.F., p. 23.

[20] Nous partageons largement la conception sur l'autonomie relative des réalités culturelles que développe POPPER K. dans: *Objective knowledge*[5], London, Oxford University Press, 1979, particulièrement le chap. III.

[21] On lira une défense vigoureuse de la psychologie religieuse expérimentale dans: BATSON C.D. et DECONCHY J.-P., Psychologie de la religion et expérimentation, *Archives de sciences sociales des religions*, 46 (1978), p. 169-192.

[22] LADRIERE J. le montre de façon convaincante dans *L'articulation du sens*, Paris, Aubier, 1970, p. 30-39, 73-87.

[23] *S. Freud - O. Pfister Briefe 1909-1939*, Frankfurt a.M., S. Fischer, 1963, e.a. la lettre du 9.2.1909.

[24] On the study of religious commitment, *Religious Education*, 57 (1962), *Research Supplement*, p. 98-110.

[25] GLOCK C.Y. et STARK R., *Christian beliefs and antisemitism*, New York, Harper & Row, 1966.
[26] 5 - D or 1, *Journal for the Scientific Study of Religion*, 10 (1971), p. 37-40.
[27] The meaning of God: a factoranalytic study, *Social Compass* (Louvain), 19 (1972) 3, p. 347-364.
[28] Ceci fait souvent l'ambiguïté des enquêtes de sociologie religieuse comme celle qui est rapportée dans: GODDIJN W., SMETS H., VAN TILLO G., *Opnieuw: God in Nederland*, Amsterdam, De Tijd, 1979; voir les interprétations et les réflexions de plusieurs auteurs dans: *Hebben de Kerken nog toekomst*, Baarn, Ambo, 1981.
[29] Voir ARGYLE M. et BEIT-HALLAHMI B., *The social psychology of religion*, London - Boston, Routledge and Kegan, 1975, p. 99.

Chapitre II
Les motivations et leurs ambivalences

I. L'explication psychologique par la motivation

On attend d'abord de la psychologie qu'elle réponde à la question, vieille comme l'étonnement humain : pourquoi l'homme se comporte-t-il ainsi ? Il y a eu psychologie au sens scientifique du terme à partir du moment où cette question a pris la forme d'une exploration systématique. Le concept de motivation joue un rôle important dans cette science de la conduite humaine, car la question «pourquoi?» et la motivation se correspondent. La longue tradition philosophique dont la psychologie est dérivée, avait déjà élaboré l'idée de la motivation au sens de «pour quel motif?». Mais la psychologie entend faire une étude scientifique de la conduite humaine et elle ne s'attache pas de préférence, comme la philosophie, à l'analyse de l'intention consciente et finalisée qu'évoque le terme «le motif pour lequel» l'homme agit. Son exploration systématique amène la psychologie à développer d'autres concepts explicatifs, comme ceux de Gestalt, de structure, de processus structurants. On a rassemblé dès lors les différents champs et points de vue de la psychologie dans la formulation canonique qui la définit : l'observation du comportement et son explication par les variables dont il est fonction. Cependant, cette définition ne fait l'unanimité des psychologues que grâce à sa généralité fort abstraite. L'entente se brise dès que les psychologues donnent un contenu opérationnel à chacun des termes[1]. Même les écoles qui font du terme de motivation un concept-clé sont divisées entre elles quant à son contenu et quant à l'idée d'explication qu'il comporte. Ces divergences ne sont pas pour nous étonner, car les préconceptions implicites ou réfléchies exercent toujours leur pression dans les sciences humaines, et ce n'est pas l'utilisation des outils techniques qui les rend sans plus scientifiquement « objectives ». Si nous voulons clarifier le projet de ce chapitre sur la motivation, force nous est donc de présenter préliminairement notre conception du terme théorique « la motivation ».

I.1. Critique du concept de besoin religieux

Il y a une curieuse filiation de concepts en certaines psychologies: la question « pourquoi ? » engendre l'idée de la motivation et celle-ci engendre l'idée du besoin. On comprend l'intention des auteurs: voulant donner au concept de motivation un statut psychologique et non pas philosophique, ils recourent à un concept emprunté à la vie naturelle, et qui semble caractériser l'homme en tant qu'objet d'une étude scientifique. On le regarde du dehors, comme un organisme vivant et qui, à l'instar de tout organisme, agit pour satisfaire ses besoins. Observant que la majorité des humains manifestent jusqu'à présent des activités dites religieuses, on postule un besoin religieux. Ce raisonnement appelle deux considérations critiques. De nature psychologique d'abord: qu'explique-t-on ainsi? Ensuite, quant au phénomène à expliquer: la religion se présente-t-elle comme un besoin?

Par méthodologie scientifique, le behavioriste rejette d'emblée le recours à de tels besoins parce qu'ils seraient inutiles et fermeraient la recherche par un simple mot. On a envie de lui donner raison. En disant que l'homme a besoin de religion comme il a besoin de respirer l'air ou d'être aimé ou d'être agressif, ne déguise-t-on pas sous un mot l'absence d'explication? La comparaison s'impose avec la médecine dont s'amuse Molière lorsqu'elle « explique » le sommeil par la *virtus dormitiva*. On pense également à la philosophie de la nature d'Aristote, expliquant que la pierre tombe parce qu'elle se dirige vers la place qui lui est naturelle.

L'ambiguïté du procédé éclate d'ailleurs dans un curieux renversement. Pour donner une certaine consistance psychologique au concept de besoin religieux on le remplit d'un contenu plus immédiatement psychologique et plus universel, par exemple: le besoin de protection; ou encore: le besoin de se situer dans un système englobant de référence, autrement dit: le besoin d'une vision du monde. Mais beaucoup de données répondent au besoin de protection: la maison, la sécurité sociale, la famille. Et plusieurs visions du monde se présentent pour répondre au « besoin religieux ». Si on croit expliquer la conduite religieuse par ces besoins, il faudra élargir en retour l'idée de religion. C'est à quoi arrive par exemple E. Fromm, comme nous l'avons vu. Ce type d'explication dissout finalement dans la généralité abstraite ce qu'il y a à expliquer. Cette curieuse façon d'expliquer tente pourtant bien des esprits. Ainsi, témoin du cortège des Russes qui défilent respectueusement durant des heures sur la Place Rouge pour rendre un hommage à Lénine embaumé, on invoque volontiers un besoin religieux. Mais si tout geste de vénération exprime un besoin religieux, qu'est-ce qui explique alors la conduite spécifiquement religieuse? Il faut choisir: ou bien l'hommage à Lénine est une forme dérivée et détournée d'un besoin proprement religieux, ou bien ce qui s'appelle religion est une forme dérivée d'un besoin qui n'est pas de soi religieux. Dans une option comme dans l'autre, toute l'explication reste à faire.

Nous ne voudrions pas, à la suite du behaviorisme, récuser sans plus la recherche des variables intermédiaires entre le sujet et ses activités. Expliquer certains comportements par l'« agressivité » a apparemment un sens. Encore l'appel à de telles variables intermédiaires n'est-il vraiment éclairant que si on peut détecter, par exemple, comment l'agressivité a des sources proprement psychologiques et comment elle prend des formes différentes en s'alliant à d'autres tendances. Mais, de nouveau, parler de besoin d'agressivité n'est qu'un cache-misère théorique. A proprement parler, le terme de besoin désigne les nécessités vitales de l'organisme; mais dans le comportement psychologique de « l'organisme humain », les besoins, même élémentaires, sont marqués par des motivations qu'on ne peut plus concevoir en termes de besoin. A moins de prendre le mot de besoin au sens métaphorique, il est inapproprié pour désigner les motivations humaines. Mais est-ce bien une bonne métaphore, une métaphore qui produit un sens nouveau? A notre avis, il s'agit d'une mauvaise métaphore, celle qui recouvre et occulte le phénomène à étudier.

Si nous nous tournons maintenant vers le contenu, le phénomène religieux, on a bien l'impression que le concept de besoin religieux lâche le réel pour l'ombre d'un mot. Certes, les gens demandent à leurs dieux beaucoup de choses qu'ils désirent et dont, de quelque manière, ils éprouvent avoir besoin. Mais, passer du besoin des choses qu'on demande aux dieux au « besoin religieux », c'est enjamber les variables intermédiaires qui tournent les besoins en comportements religieux.

Plus essentiellement, on se demande ce que signifie encore l'explication de l'adoration, de la célébration, de la jouissance mystique par un besoin d'adoration... Ce concept n'est pas seulement inutile ici; il est incongru, parce que non congruent avec ce qu'il désigne. Au regard de plusieurs formes spécifiques d'activité religieuse, le concept de besoin détruit même ce qu'il devrait fonder. Cela apparaît clairement lorsqu'on prend en compte le caractère cyclique des besoins, du moins dans leur signification propre. Toute activité de l'organisme qui vise à satisfaire ses besoins éteint ceux-ci momentanément; ainsi en est-il du besoin de nourriture, de mouvement, de sommeil. Peut-être en va-t-il ainsi de certains comportements religieux qui prennent leur source dans les besoins. Mais on ne voit pas que le rythme du culte relève d'une cyclicité vitale, pas plus que la sexualité humaine, quel que soit l'impact des besoins physiologiques, ne se règle par les lois de la temporalisation qui sont celles du besoin ou de l'instinct.

Ceux qui adoptent le concept de besoin religieux lui donnent généralement un sens en le rattachant, comme une fonction particulière, à un dynamisme englobant. Ainsi G. Allport[2] qui met la tendance à se réaliser soi-même au cœur de la personnalité. Elle serait la motivation centrale qui anime, unifie et règle toutes les autres. La valeur de vérité d'une telle psychologie holistique doit se juger d'après son pouvoir de rendre compte des motivations observables. Or, pour ce qui est de la conduite religieuse en tout cas, nous ne voyons pas qu'elle a un lien essentiel avec ce dynamisme englobant. Les croyants sont certainement rares à répondre qu'ils sont religieux pour se réaliser eux-mêmes, alors qu'ils affirment volontiers que cette motivation donne le sens de certains de leurs comportements. Il peut y avoir des hommes qui, en toute activité, visent l'affirmation et l'expansion du propre moi. Certains milieux promeuvent sans doute cette motivation en idéal. Mais il y a apparemment plus d'intérêts dans l'humanité que celui-là.

Certes, on peut estimer que la religion donne à l'homme de se réaliser lui-même. De ce jugement rétroactif et évaluatif sur un accomplissement réalisé, peut-on pour autant inférer un dynamisme finalisé qui aurait une valeur d'explication psychologique? A supposer qu'il y ait un tel dynamisme au fond de toutes les motivations, il faudrait encore montrer comment il fonctionne de manière diversifiée dans les différents «besoins», et cela même dans les conduites où le sujet ne poursuit pas explicitement la réalisation de lui-même.

Le concept de besoin et celui de la réalisation de soi-même nous paraissent être les deux concepts-pièges d'une psychologie de la personnalité. On emprunte le premier à la vie naturelle et on forge le deuxième pour restituer ensuite une unité dynamique à la personne conçue selon le modèle de l'organisme. Comme ces concepts ne sont pas conformes à la réalité religieuse, nous nous efforcerons d'élucider le concept de motivation en le replaçant dans le mouvement concret de la conduite religieuse.

Pour des raisons qui leur sont propres, certains psychologues chrétiens utilisent également l'idée du besoin religieux comme un concept-clé. Ils donnent une valeur d'absolu à l'aspiration à la paix et au bonheur ou à la recherche du sens de la vie. Et dans cet «absolu» ils voient la présence latente de Dieu. Il suffirait, d'après eux, d'un éclairage religieux pour que l'orientation supposée religieuse s'avoue et se confirme. Pour valider leur interprétation ils invoquent volontiers les témoignages de ceux qui attestent que leur désir a cherché et trouvé son apaisement en Dieu. Ainsi la confession de saint Augustin: «Mon cœur est sans répit tant qu'il ne repose en Toi». Ou le mot du psalmiste: «Comme la biche soupire après les eaux courantes, ainsi mon âme soupire après Toi, ô Dieu».

Il est vrai que toute valeur recherchée a naturellement une dimension illimitée. Il est cependant abusif de voir dans ces aspirations une orientation vers un Dieu inconnu. La pensée spéculative n'autorise pas ce «passage à un autre genre»[3] et l'expérience psychologique nous montre que ces aspirations «absolues» sont plus lourdes d'utopies illusoires que de latence divine. Affirmer, sur l'appui de pareil raisonnement, que le besoin religieux est inscrit dans la nature humaine, n'est qu'un quiproquo psychologique. C'est à tort aussi qu'on invoque les témoignages cités. Un désir insistant de Dieu s'y énonce certainement. Mais il est le fait d'hommes qui se sont intensément attachés à Dieu, qui aspirent dès lors à l'expérience de sa présence ou qui jouissent de leur désir apaisé. Après coup ces hommes peuvent se dire que, dans leurs tâtonnements et dans leurs errances, c'est Dieu qu'ils ont cherché. Cette interprétation rétroactive, pour juste qu'elle soit au regard de leur cheminement accompli, ne permet pas de rétroprojeter l'orientation religieuse dans les aspirations qui précèdent leur conversion. Ce serait faire fi de la transformation par laquelle ils sont passés d'un état à l'autre. Du fait que le désir de Dieu s'exprime dans les métaphores du besoin, comme dans le texte du psalmiste cité, on ne peut pas non plus conclure à un besoin naturel de Dieu. Le désir religieux peut se former à l'intérieur d'un attachement croyant, mais il n'a pas le caractère naturel des besoins. Mettre le désir de Dieu à l'origine de la croyance religieuse, comme une motivation cachée mais déterminante, serait aussi injustifié que de vouloir *a priori* le réduire à des motivations déplacées. Notre développement aura entre autres à examiner comment il peut se former. Il résulte d'une transformation du psychisme et il ne peut donc pas constituer notre point de départ.

I.2. Motivation et intention

Laissant là le concept de besoin religieux, inutile ou trop équivoque, nous reprendrons la question de la motivation en écoutant le langage ordinaire où elle s'exprime: celui de l'intention. A sa manière la psychologie repose au fond les questions de la rhétorique classique en rapport aux activités humaines: quoi? qui? quand? comment? pourquoi? Ainsi on observe un comportement spécifique, on décrit le sujet (la plupart du temps on identifie statistiquement une population), on situe le comportement dans son contexte, on décrit la forme particulière du comportement et on essaie de connaître ses raisons. Ce dernier élément, décisif pour l'explication, est évidemment le plus problématique. Le behavioriste le met hors circuit, par souci de méthodologie scientifique plus que par conviction doctrinale, dit-il[4]. Au regard du behavioriste, en effet, tenir compte de l'intention consiste à l'introduire comme une cause du comportement, c'est-à-dire à la poser en tant qu'entité mentale, antécédente au comportement et qui aurait celui-ci pour son effet. Et on dénonce le mentalisme, lié au dualisme, qui ferme la recherche par un semblant d'explication. Nous sommes d'accord sur ceci: le mobilier mental de l'intention et de la volonté n'explique pas plus que la cuisine des besoins. Observer un rite religieux et dire, sur la foi du pratiquant, que par son geste il a l'intention d'adorer Dieu, c'est décrire un comportement, mais ce n'est évidemment pas donner une «explication» psychologique. Ce serait cependant se méprendre sur la prise en compte de l'intention que d'y voir une théorie explicative. Bien des analyses très fines ont suffisamment montré que l'intention n'est pas un antécédent à l'action mais qu'elle est inhérente à sa mise en œuvre et à son déroulement[5]. L'intention motive le comportement mais ne le cause pas. C'est précisément en tant que l'intention motivante détermine ce que le comportement signifie pour le sujet qu'elle fait corps avec son action et que le psychologue a aussi à la connaître. L'intention religieuse détermine le comportement du chrétien qui, dans le baptême, se laisse verser l'eau sur la tête, et une intention religieuse différente fait partie du bain sacré de l'Hindou dans le Gange. Le croyant qui allume un cierge pour en faire une offrande, et qui à un autre moment, allume une chandelle sur sa table, accomplit évidemment deux activités différentes parce que son intention n'est pas la même dans les deux cas. L'intention religieuse ne suffit même pas pour qualifier le premier comportement; il faut encore spécifier, d'après l'intention, s'il s'agit d'un acte de demande, de remerciement ou de simple adoration.

Déterminer par l'intention le sens d'un comportement, c'est aussi le comprendre, car l'intention rapporte l'activité à une réalité objective, qu'elle soit naturelle ou culturelle. On comprend le geste baptismal du chrétien ou le bain rituel de l'Hindou si on les replace dans l'ensemble du système symbolique de leur religion. C'est par cette interprétation objective que doivent commencer la psychologie, la sociologie, la philosophie.

L'intention n'est qu'un élément de la motivation. Un comportement est une action, qu'il soit extérieurement visible comme un rite, ou reste intérieur et privé comme une prière silencieuse. Or l'action suppose un dynamisme, une force qui fait agir sélectivement de cette manière-là. En introduisant le concept de force, on présente une certaine explication causale. Celle-ci ne s'oppose cependant pas à l'interprétation par l'intention du sujet. La causalité psychique ne coïncide pas avec l'intention, mais elle ne lui est pas extérieure non plus[6]. La psychologie rend dès lors compte d'un comportement, d'une part, en introduisant un dynamisme comme variable intermédiaire entre le sujet agissant et son comportement observable, d'autre part, en décrivant l'intention qui en dit le sens.

Il n'y aurait cependant pas de psychologie comme recherche si les relations entre les dynamismes et les intentions n'étaient pas plus complexes. Lorsque le psychologue observe par exemple un comportement agressif, qu'il prend connaissance de l'intention particulière du sujet et qu'il conclut à une force qui pousse à agir de cette manière-là, il voudra savoir pourquoi ce sujet réagit en agressant l'autre alors que d'autres sujets, en des circonstances analogues, font prévaloir d'autres intentions. Cette question conduit le psychologue à examiner les multiples facteurs qui ont pu favoriser, voire déterminer ce type de comportement.

En psychologie clinique le problème se complique encore, car elle a affaire à des comportements dont le sens échappe au sujet lui-même. Ce fut la découverte géniale de Freud d'expliquer les comportements de non-sens par le sens caché, inconscient. L'inconscient lui-même, étant pleinement psychique, se définit par les deux faces: une intention inconsciente, consignée dans la représentation inconsciente et qui donne sa forme significative à la pulsion.

La conduite religieuse présente un problème particulier, dont on trouve cependant bien des analogies dans les relations entre les hommes. Analysons l'exemple simple de la prière. Différentes intentions peuvent l'animer. Nous l'avons déjà noté, il se peut qu'un désir proprement religieux détermine le sens de la prière. La psychologie pourra examiner ce que représente une telle intention, car il ne va pas de soi qu'un dynamisme psychologique se conjoigne à pareille intention. La question qui se pose est de savoir si et comment, dans ce cas, l'intention a pu transformer les dynamismes au point de les faire soutenir l'intention religieuse. Nous laissons cette question pour plus tard. Nous commençons par ce qui est plus directement accessible à notre analyse, le comportement tel que la prière de demande pour un bénéfice humain, comme la guérison d'un malade. Dans ce cas, l'intention est dédoublée. La première, celle qui commande le comportement, est le désir d'obtenir la guérison. On peut s'adresser pour cela au médecin. On peut en plus la demander à Dieu. Il est clair que ce comportement religieux est motivé par un intérêt humain. Le dynamisme qui le déclenche appartient aux forces de la vie qui n'ont de soi rien de religieux. On explique donc ce comportement religieux par une motivation non religieuse. Entièrement ou partiellement? Cela reste précisément à examiner. De toute manière, la question de la croyance religieuse comme telle ne se trouve pas encore engagée par l'analyse de pareil type de comportement.

Dans le chapitre sur la motivation nous prendrons le concept de motivation dans le sens précis des intérêts non religieux qui peuvent pousser l'homme au comportement religieux et qui sont susceptibles de soutenir sa croyance religieuse. Ce faisant, nous ne posons pas en principe que le concept de motivation ne pourrait pas s'appliquer à des conduites dont l'intention poursuit un but proprement religieux et où le dynamisme est ajusté à cette intention. Pour la clarté de l'exposé, nous appellerons cependant cette motivation «désir religieux» et nous réservons le terme de motivation à la situation où l'intention religieuse est fonction d'une intention spécifique humaine. Cette délimitation du concept de motivation nous semble d'autant moins arbitraire que les motivations fonctionnelles pour la religion nous paraissent génétiquement dominantes et que l'intention proprement religieuse, même si elle peut très tôt se former, requiert une transformation de la motivation pour se maintenir en se développant.

Nous avons donc affaire à un champ à plusieurs directions intentionnelles et traversé par plusieurs dynamismes. Nous analyserons distinctement les motivations prépondérantes, mais l'on sait d'expérience qu'en des degrés divers de multiples motivations mobilisent l'homme. Il est hors de propos de présenter un profil de la population religieuse, comme on peut composer la courbe qui représente la répartition du quotient d'intelligence. Ce projet est techniquement irréalisable. D'ailleurs notre intérêt est autre. Il importe bien plus de manifester, par quelques sondages, les mouvements qui traversent le champ psychologique de la religion et leurs effets. On soupçonne, en effet, que les différents pôles motivationnels ne s'allient pas paisiblement entre eux mais que des tensions et des conflits entraînent des réactions en sens divers. C'est là un deuxième moment d'explication causale psychologique. Celui qui vit sa religion, ne prend pas, au moment même, conscience des causes qui opèrent en lui. C'est en ce sens, entre autres, que toute psychologie de la religion examine, comme nous avons dit, les éléments inconscients, au sens large du terme. Et là où le sujet éprouve des conflits, il les résout encore à sa manière en élucidant ses intentions et ses raisons conscientes, sans voir pour autant les forces qui le poussent dans telle ou telle direction.

Observer les motivations — les intentions-forces — qui traversent le champ psychologique de la religion, leurs tensions et les résolutions de celles-ci, c'est prendre distance par rapport au comportement religieux. L'explication par l'observateur fait apparaître la logique psychologique de certains enchaînements motivationnels. Elle permet de prédire les résolutions possibles des conflits, mais elle ne permet jamais de prévoir quelle voie prendra un sujet déterminé, ni même de prédire avec certitude, dans quelle direction évoluera une population. Trop d'éléments différents dans le contexte culturel et religieux sollicitent les sujets et trop de souvenirs et de tendances habitent leur psychisme.

Par la prise de distance objectivante, propre au regard scientifique, le psychologue cesse de vivre dans les évidences religieuses. Sans doute est-ce là une des raisons pour laquelle dans certains pays les psychologues représentent la population la moins croyante[7]. L'étalement des forces motivationnelles du champ religieux conduit à construire les théories qui proposent l'explication de *la* religion par les motivations promues en «sources de la religion». Nous aurons à nous y confronter et nous évaluerons leur part de vérité au regard des données empiriques. Ce qui précède donne déjà nos raisons pour ne pas simplement assimiler les motivations aux sources de la religion.

I.3. *Les lieux motivationnels de la religion*

Grand est l'embarras des psychologues lorsqu'ils essaient de composer les cartes des besoins ou des motivations avec lesquelles l'humain prend part au jeu de la vie. Freud s'en amusait déjà: «Vous savez de quelle manière l'on se représente communément les instincts; il en a été créé pour répondre à tous les besoins : instinct d'orgueil, d'imitation, de jeu, instinct social et bien d'autres encore »[8]. Et G. Allport[9] cite l'inventaire qu'avait fait un psychologue qui voulait en avoir le cœur net sur ce type d'explication : en 1924 il comptait déjà 14.000 « instincts » différents dans la littérature psychologique. Est-ce si étonnant ? L'esprit y procède comme dans la nomination des couleurs : dans le spectre continu des projets, le langage d'une communauté culturelle découpe des tranches et les constitue en unités de base ; dans celles-ci il découpe ensuite d'autres unités et en fait des sous-catégories. Et tout comme différentes communautés de langage articulent différemment le spectre des couleurs, ainsi des écoles psychologiques organisent différemment les besoins et les motivations. Une logique conduit la démarche, bien sûr ; on recueille les expressions du langage ordinaire par lequel les hommes désignent ce qu'ils font et ce qu'ils veulent. On les organise en grandes catégories. Ensuite on ramène celles-ci à des dynamismes psychiques. Cette dernière étape est évidemment la plus délicate et la plus incertaine. Certains prennent simplement la liste sémantique des objets (choses, personnes, réalités culturelles) vers lesquels l'homme tend et les transcrivent en tendances psychiques, appelées besoins ou motivations. Mais la psychologie donne-t-elle alors plus que la description d'un état de système ? L'information ainsi acquise, pour utile qu'elle soit, n'engendre pas de meilleure compréhension, car la terminologie psychologique, en ajoutant l'idée de besoin ou de motivation aux buts poursuivis, n'ajoute rien qui ne soit déjà contenu dans la forme visible du comportement.

Pour nous, le moment psychologique de la motivation se trouve dans le motif qui vient avant un comportement spécifique, qui le prépare et le conditionne, qui y pousse, mais qui, cependant, ne s'intériorise pas dans son intention. C'est bien ce qu'on signifie en posant la question : pourquoi l'homme est-il religieux ? C'est également ce qu'énonce de manière sceptique celui qui demande « à quoi la religion peut-elle bien servir ? » Ce dernier met en doute ou nie la valeur des motivations pour la religion. Du point de vue de l'intention proprement religieuse, la seule réponse à donner serait évidemment : « à rien » ; entendons : à rien d'autre qu'à elle-même ; elle ne se motive que si elle se motive par elle-même, pour ce qu'elle offre elle-même. Cette réponse nous met évidemment au-delà des motivations telles que nous les étudions ici ; elle appelle une autre approche psychologique.

Dans l'optique qui est la nôtre, nous n'avons donc pas à nous préoccuper des listes de motivations. Nous observons et nous écoutons, et les phénomènes eux-mêmes devront nous apprendre quelles sont les motivations humaines, non proprement religieuses, qui portent néanmoins vers une conduite religieuse, quitte à s'en détourner lorsque la discordance entre la motivation et l'intention religieuse devient conflictuelle. Ces moments de conflit sont même des révélateurs, au sens qu'a le terme en photographie, de l'importance qu'avaient les motivations.

Trois lieux de motivation apparaissent alors qui commandent ou influencent la croyance et l'activité religieuses : celui des désirs et de l'impuissance de l'homme, celui de l'éthique nécessaire à la société et celui de la raison qui cherche l'assurance dans une vision unifiée du monde. En établissant cette topologie nous ne concluons pas d'emblée à des dynamismes psychologiques de base. La réalité psychique est certainement plus stratifiée et nous essayerons au fur et à mesure de l'analyser.

II. Les désirs aux prises avec l'impuissance

A écouter le murmure et la clameur des prières dans l'humanité, on entend une marée de supplications qui monte vers le ciel depuis les âges les plus lointains. L'homme religieux ne serait-il pas surtout une figure de suppliant et Dieu le supplié ? Le mot de l'activité religieuse par excellence, prier, signifie d'ailleurs, en dehors de son contexte religieux : implorer, solliciter, supplier, et au sens faible, comme terme de politesse : demander. « Prière » retient ce sens de son origine dans le latin médiéval : *precaria*. La précarité de l'existence porte donc l'homme vers Dieu. Certes, dans son sens religieux, « prière » dit tout mouvement de l'homme vers Dieu, aussi bien l'expression de la reconnaissance ou de l'amour que la demande. On observe néanmoins que la liturgie catholique, après le chant qui célèbre la gloire de Dieu, invite les fidèles à « prier », comme si la demande était plus vraiment une prière que la célébration.

Le croyant adresse ses demandes à son Dieu parce qu'il Le croit puissant, actif et bienveillant, ou du moins disposé à être apaisé par la supplication. Le psychologue, averti des motivations qui travaillent derrière le dos des intentions conscientes, se demande, à la suite des philosophes sceptiques de l'antiquité, si l'homme ne croit pas en un dieu parce qu'il désire qu'il y en ait un qui réponde à ses supplications. Freud a essayé d'établir cette théorie de la religion et Marx interprète, de manière analogue, la religion comme une compensation. Mais ne peut-on pas aussi bien retourner l'argument : n'est-ce pas parce que l'homme croit en Dieu qu'il Lui adresse aussi ses demandes, tout comme l'enfant recourt à sa mère et à son père parce que de multiples expériences soutiennent la confiance qu'il place en eux? Quoi qu'il en soit, la détresse humaine semble bien importante dans le comportement religieux et elle s'impose comme la première motivation à examiner. Nous y distinguerons deux types de situation: celles qui concernent la vie et celle qui concerne la mort et l'au-delà de la vie. A la fin du chapitre nous considérerons l'idée, souvent avancée mais en fait psychologiquement confuse, de la religion comme compensation pour la frustration.

II.1. *Désir de vie*

II.1.1. *Les faits*

Les prières et les offrandes confient tous les soucis humains aux dieux, aux esprits, à Dieu ou aux saints qui ont part à la puissance divine ou qui sont bien placés pour intervenir auprès de Lui. Dans nombre de religions anciennes et contemporaines, les *ex-voto* témoignent de la reconnaissance de ceux qui se croient les bénéficiaires d'une réponse bienveillante à leur prière. Ce comportement est si universel que le psychologue y soupçonne une spontanéité venant des sources psychologiques profondes et non pas simplement de la conviction croyante. S'il n'y avait pas une spontanéité qui précède structuralement la croyance religieuse et soutient celle-ci, l'homme serait-il si convaincu que quelque part dans l'univers insondable un être invisible, plus fort que les tempêtes, les maladies, les armées ennemies... est à son écoute et veut bien se soucier de lui? Le discours religieux pourrait-il par lui seul implanter une croyance si étonnante? Certes, le discours religieux est bien plus étendu et ce qu'il propose sur la providence divine prend aussi de l'autorité sur l'homme en raison des autres éléments.

Aucune observation n'impose avec évidence la spontanéité proprement psychique de ce comportement religieux, puisqu'il a toujours lieu dans le contexte d'un système de références religieuses qui le sollicite. Néanmoins, certaines coordonnées ont la valeur d'un signe. Une petite enquête que nous avons menée en 1963 confirme ce que tout le monde sait d'expérience: que la plupart des gens pensent spontanément à Dieu lorsqu'ils sont en difficulté morale ou matérielle. Ainsi parmi les 84 prières spontanées que mentionnent 50 ouvrières italiennes interviewées, 40 se rapportent à la prière dans la misère matérielle, 13 dans les difficultés morales. Chez 180 élèves d'humanités (11-18 ans) la répartition est la suivante: 15 % évoquent les difficultés matérielles; 41 % les difficultés morales; 11 % des moments de bonheur; 7 % la beauté de la nature. Sans doute les chiffres seraient-ils actuellement moins élevés; cela n'entamerait pas notre argumentation mais prouverait seulement que le mécanisme psychologique dont il est question ne joue jamais à l'état pur, ce sur quoi nous insistons toujours. Si, par ailleurs, on présente aux mêmes sujets une échelle d'items, exprimant la variété des relations à Dieu, les facteurs des difficultés morales et matérielles apparaissent nettement moins importants, au point qu'ils ne prédominent dans aucun groupe[10]. De ces résultats comparés nous inférons premièrement que, dans une intention religieuse qui répond à la sollicitation du langage religieux, la prière de demande ne représente qu'une part assez réduite; deuxièmement, qu'en dehors de cette situation religieuse, chez un nombre élevé de sujets, ce sont les difficultés qui incitent à la pensée religieuse, tandis que les expériences positives de la vie et du monde n'évoquent pas spontanément la présence de Dieu. Devant de telles observations certains se disent sans doute que la réaction spontanée est la plus vraie et que l'autre n'exprime qu'une tendance à se conformer à ce que la religion attend d'eux et ne nous apprend dès lors rien sur la psychologie de l'homme religieux. Pareille interprétation est trop simple; elle méconnaît une donnée fondamentale: les réalités culturelles — la science, l'éthique, l'art aussi bien que la religion — demandent que l'homme s'y conforme en dépassant ses mouvements spontanés, pour se les approprier et les intérioriser.

Alignons encore quelques observations qui vont dans le même sens. Poursuivant la recherche avec l'échelle de relation religieuse que nous venons de mentionner, M. Vanaerde[11] observe l'influence importante de la profession et du niveau économique et social. Les professions supérieures et les religieux présentent peu de différences entre eux. Comparés à eux, les agriculteurs et les ouvriers donnent des scores moins élevés sur la sous-échelle «Dieu qui pardonne», mais leurs scores sont plus élevés sur trois sous-échelles: Dieu aide dans les difficultés matérielles, dans les difficultés morales, révolte contre Dieu. Ils font plus appel à l'aide divine, sont reconnaissants lorsqu'ils ont le sentiment d'avoir été aidés, mais se révoltent lorsqu'ils sont déçus. D. Hutsebaut[12] a retravaillé, validé et factorisé le même instrument et il observe la même différence, statistiquement significative. Il constate également que les scores des malades chroniques sont proches de ceux de la classe socio-économique inférieure. Nous avons encore testé cette idée de la spontanéité psychique d'une religion de demande en la mettant à l'épreuve d'une recherche quasi expérimentale inspirée de A. Welford[13]. On invitait les sujets à se mettre imaginairement et affectivement dans 4 situations frustrantes, 4 agréables, 2 ambivalentes et on leur demandait de dire l'intensité de l'émotion ressentie par les personnages vivant les situations ainsi que leur première réaction, éventuellement la tendance à prier. On constate que les situations frustrantes l'emportent sur les autres en intensité émotive : en premier lieu celle d'un extrême danger de noyade, ensuite celle d'une femme qui attend anxieusement devant une mine effondrée où travaillait son mari et celle d'un père devant le lit de sa femme malade apparemment condamnée par le médecin. La noyade suscite également le plus la tendance à prier. Dans cette situation, ce sont les sujets qui se représentent lutter pour survivre qui expriment le plus nettement le recours à Dieu, beaucoup plus que ceux qui s'efforcent de se résigner, espérant qu'une aide humaine surviendra, et ceux-là encore plus que les sujets qui s'imaginent pris de désespoir. Ce qui porte le plus à recourir spontanément à la providence divine, c'est la détresse qui est la plus intensément éprouvée, celle où la vie même se trouve menacée. Cependant, pour que la détresse pousse l'homme à appeler l'intervention divine, il faut encore que son vouloir vivre l'emporte sur l'angoisse. Nous inclinons à élargir cette observation : les sentiments purement négatifs, comme le désespoir ou la dépression, ne soutiennent jamais un mouvement vers Dieu, quel qu'il soit; ils s'y opposent en lui retirant le dynamisme nécessaire.

Cette petite recherche confirme ce qu'on a souvent observé. Le rapport de Stouffer et collaborateurs[14] sur les enquêtes faites dans l'armée américaine durant et après la deuxième guerre mondiale signale des faits similaires. 75 % des soldats affirment que la prière, plus que n'importe quelle autre pensée, les a beaucoup aidés quand la situation était périlleuse; l'affirment le plus les hommes qui étaient le plus exposés au danger et ceux qui éprouvaient le plus la peur, et, ce qui est significatif, cela indépendamment de leur éducation ou du degré de leur conviction religieuse. L'effet à moyen ou à long terme de cette expérience de prier en danger de mort est révélateur. Parmi les hommes qui ont connu le combat, 29 % se disent être devenus plus religieux, 30 % moins, 41 % n'avoir pas changé. Mais pour ce qui est de leur foi en Dieu, 79 % croient plus, 19 % moins, 2 % n'ont pas changé. Pour la foi en Dieu, les chiffres des hommes sans expérience de combat sont respectivement : 54 %, 17 %, 29 %. Sur l'appui des réponses aux interrogations, Allport[15] affirme que la vue des horreurs rend sceptiques les uns, alors que l'expérience de l'effet bienfaisant de la prière rend plus religieux les autres, mais qu'en tout état de cause, l'expérience de la guerre diminue la religiosité traditionnelle et augmente par contre, la foi religieuse essentielle. On peut mettre ceci en parallèle avec les observations de J. Lindenthal *et al.*[16], faites sur 938 adultes citadins aux U.S.A. : la prière personnelle augmente corrélativement avec l'intensité de la détresse (*impairment*), mais la participation au culte diminue proportionnellement avec l'intensité de la crise. Moins les sujets peuvent exercer un contrôle sur la crise (lors de maladies graves ou d'événements catastrophiques), plus on observe cette double corrélation. Les auteurs concluent que « le degré de détresse psychologique se rapporte directement à la dimension plus personnelle ou plus intériorisée du comportement religieux », mais « les hommes en détresse psychologique ne semblent pas utiliser l'institution religieuse pour faire face à la réalité... ou pour une aide en temps de crise ».

II.1.2. Interprétation

Il ne fait aucun doute que la culture ambiante, l'éducation intellectuelle et critique et la formation spécifiquement religieuse influencent pour une part ces données et qu'il est impossible de démêler la force de la spontanéité psychique d'avec ces facteurs. Cette remarque vaut particulièrement pour les comparaisons entre les classes socio-économiques; comment, en effet, distinguer si les sujets recourent plus à l'aide divine en raison de leurs plus grandes difficultés ou en raison d'une formation intellectuelle et religieuse moins éclairée, ou encore en raison d'une tradition religieuse particulière qui les incite plus que les autres à ce comportement ? Les différentes recherches effectuées, par observation, par question ouverte, par échelle religieuse ou par une disposition quasi expérimentale, laissent néanmoins apparaître un lien particulier entre la détresse humaine et le mouvement vers une providence divine. Et s'il y a une influence différenciée de l'éducation, elle va certainement contre la spontanéité de ce mouvement.

Dans *L'avenir d'une illusion* (1927) Freud a présenté une théorie explicative de la religion qui nous semble le mieux rendre compte du phénomène étudié, même si nous aurons à la compléter et à en réduire la prétention théorique [17]. La religion, pour Freud, est un phénomène de civilisation et elle doit se comprendre d'abord par une analyse des forces pulsionnelles qui créent celle-ci. Or la civilisation est l'entreprise utilitaire et technique de l'homme qui cherche à maîtriser les forces de la nature pour les mettre au service de ses besoins et pour se défendre contre les menaces qu'elle fait peser sur lui. La morale, la deuxième composante de la civilisation, consiste dans la discipline que l'homme impose à ses pulsions en vue de rendre possible la collaboration dans le travail et pour protéger les hommes contre les agressions des autres. C'est sur la base de cette philosophie matérialiste, inspirée de Hobbes et explicitée par la théorie de la pulsion de l'autoconservation, que Freud cherche à expliquer la religion. Sans faire l'analyse d'aucun texte religieux ou sans spécifier de quelle religion ou de quel dieu il s'agit, il prend donc pour faits significatifs les phénomènes religieux qu'il estime être les plus élémentaires. Il pose qu'au départ se trouve l'homme livré à la puissance cruelle de la nature. La civilisation ne parvient pas à la dompter: La mort, surtout, demeurera toujours la plus forte. Cependant, plus forte encore que l'*'Ananké'*, la contrainte inéluctable, est la toute-puissance imaginaire des désirs humains. Devant les résistances du réel à ses désirs, l'homme transfère sur lui les caractéristiques de sa propre nature psychique ainsi que sa propre toute-puissance imaginaire. Il fait de la nature un être psychologique qu'il peut conjurer, aduler, rendre bienveillant. Finalement il lui donne le visage d'un père. Sur la réalité il transpose la figure d'un père, protecteur puissant et bienveillant, dont, enfant, il a fait l'expérience lors de ses détresses et de ses désirs. Cette expérience du père, en effet, a définitivement marqué de son empreinte la mémoire profonde de tout humain. Aussi tout adulte qui, devant la réalité hostile, se retrouve à l'état de l'enfant démuni, en appelle à la figure paternelle dont il garde le souvenir et il l'agrandit à la mesure de la puissance qui le menace. En reconstituant la représentation religieuse de Dieu, «Père tout-puissant» la psychologie explique ainsi parfaitement la religion: dans son essence, elle est «une nostalgie du père».

De son propre aveu, Freud reprend l'explication de la religion que des penseurs critiques avaient déjà présentée. Il lui donne cependant un fondement dans l'économie pulsionnelle en lui appliquant le principe de la satisfaction imaginaire des désirs, élaboré dans l'*Interprétation des rêves*. Il complète surtout la théorie généalogique de la religion par la thèse psychanalytique que le souvenir inconscient du père régit l'évolution de la religion. Tous ces éléments combinés amènent à la conclusion que la religion est une illusion. Sa force est celle des désirs. Une illusion n'est pas une erreur, car les désirs n'appartiennent pas à l'ordre de la vérité où seule la science est compétente d'après Freud. Une illusion n'est pas non plus un délire, car elle ne dénie pas la réalité. De la religion on ne peut donc dire ni qu'elle est vraie ni qu'elle est fausse. Mais si le domaine de la vérité se définit aussi étroitement et si les désirs déterminent l'illusion, ne faut-il pas étendre le jugement d'illusion à bien d'autres données, hautement appréciées, comme l'amour, l'art, voire les théories scientifiques elles-mêmes? Freud se pose honnêtement la question. La religion lui paraît cependant appeler une méfiance particulière, car il lui paraît trop invraisemblable que les primitifs, ignorants et incultes qu'ils sont, aient pu, dans leur vision religieuse du monde, percevoir quelque chose des énigmes du monde. Surtout, il lui paraît que l'influence de l'illusion religieuse a été finalement plus nocive que bénéfique pour l'humanité: elle diffuse l'obscurantisme ennemi de la science et elle cause les guerres de religion.

Comme théorie englobante de l'origine et de l'essence de la religion, *L'avenir d'une illusion* représente plutôt un malentendu dérisoire. On donnerait volontiers son accord à G. Sholem, spécialiste de l'histoire de la religion juive, disant qu'on ne parlerait plus de ce livre si Freud ne l'avait pas signé. Trop d'observations en infirment la thèse. Rappelons-nous, par exemple, le peu de poids qu'a cette idée de la providence divine dans l'ensemble de la représentation de Dieu telle qu'elle ressort de l'étude de G. Vercruysse rapportée au chapitre I. On s'étonne que Freud n'ait pas fait une analyse un peu sérieuse de la représentation de la paternité divine dans les religions. Dans ses études cliniques, il sait écouter avec une objectivité exemplaire; mais, dans ce livre, il se permet d'imposer d'emblée ses hypothèses et de reconstruire intrépidement toute la religion à partir d'un élément. Visiblement, il n'emprunte à la religion que ce qui répond à ses trois *a priori*[18]: l'*a priori* naturaliste d'après lequel toute référence à un surnaturel n'est qu'un produit naturel; l'*a priori* généalogique d'après lequel Dieu est l'aboutissement d'un processus évolutif; l'*a priori* de l'inconscient d'après lequel les croyants ignorent les ressources qui dominent et trompent leur conscience.

Reste que *L'avenir d'une illusion* explique partiellement le phénomène qui est ici à l'étude: la spontanéité, chez beaucoup d'hommes en détresse, du recours à une providence divine et le fait que c'est surtout dans la détresse que de nombreux hommes se tournent spontanément vers Dieu. Cependant, ce mouvement se produit à l'intérieur d'une référence à Dieu donnée par la culture et rien ne permet d'expliquer l'origine de cette référence par le mouvement qu'elle favorise.

Ernest Jones, biographe et disciple fidèle de Freud, reprend à son compte sa théorie de la religion. Elle est, dit-il «une dramatisation et une projection cosmique des sentiments, des angoisses et des désirs, qui ont leurs origines dans les rapports de l'enfant aux parents»[19]. Percevant bien la part de philosophie scientiste qui commande la conclusion de Freud, Jones déclare cependant que le croyant peut fort bien accepter l'explication psychanalytique de la religion tout en maintenant son adhésion religieuse «pour des raisons philosophiques». Sans doute faut-il être peu au fait de la religion pour proposer pareille réconciliation par le dualisme psycho-philosophique. Tout d'abord, la religion ne s'appuie pas sur une philosophie. Plus essentiellement, qui pourrait encore adhérer à un Dieu dont il sait que la représentation se compose entièrement des souvenirs archaïques que révèle la psychanalyse ? Si la peinture de Da Vinci s'expliquait totalement par les souvenirs d'une enfance malheureuse, sans que l'artiste les ait substantiellement métaphorisés, elle ne serait qu'un symptôme et non pas une œuvre.

II.1.3. Confirmation et effets des processus analysés

D'après Freud[20], deux observations confirment sa théorie. Les croyants, dit-il, se défendent affectivement contre toute mise en question de leur foi, parce qu'ils savent inconsciemment qu'elle est une illusion. C'est évidemment bien mal connaître les croyants qui, depuis le Siècle des Lumières, sont secoués et souvent accablés par toutes les questions critiques qu'on leur adresse et qui se sont demandés, au moins autant que les incroyants, si leur foi est bien la bonne foi. Freud voit une deuxième confirmation dans le recul de la religion dans tous les domaines où l'homme acquiert progressivement la maîtrise scientifique et technique de la nature. C'est là l'évidence même. La médecine s'est substituée aux cortèges des pèlerins qui allaient demander la guérison aux saints spécialistes pour la maladie des yeux ou du cœur ou pour la stérilité. On attend la réussite de la moisson de la technique agricole et non pas des grâces célestes. En ce sens la religion a perdu énormément de sa fonctionnalité, non seulement dans l'effort de survivre, mais même dans le monde social et politique, au point que psychologues et sociologues s'interrogent sur son avenir[21]. Laissons cette question ouverte pour le moment. Elle engage précisément tout le problème de la motivation. On aura à voir si, sur ce point essentiel, le fait religieux n'oblige pas à révoquer en doute les principes de la science qui s'en occupe. Ce qui est certain et ce qui confirme la part de la théorie freudienne que nous avons retenue, c'est que du moment où l'homme découvre les lois internes qui régissent les affaires du monde et où il apprend à s'en servir, il n'invoque plus la «providence divine» pour qu'elle vienne suppléer à l'impuissance humaine. Tout un pan du comportement religieux spontané s'effondre. Ce comportement était-il illusoire ? Après coup, les hommes le pensent, tout autant que Freud. Mais un tel jugement de vérité n'est plus de la compétence du psychologue, puisqu'il implique un énoncé sur la modalité et sur l'étendue des interventions divines dans les affaires du monde. De toute manière, dans la tradition biblique à laquelle Freud se réfère peut-être, sans qu'il précise jamais de quelle représentation de Dieu il s'agit, l'idée de la «providence divine» ne se réduit pas à celle que restitue *L'avenir d'une illusion*, sous l'enseigne de «la nostalgie du père».

L'importance du processus ci-devant analysé se confirme indirectement par des réactions qui ne se comprennent que comme ses effets. Rappelons une recherche déjà citée. Dans son étude sur les composantes de la relation à Dieu, D. Hutsebaut[22] distingue, suite à l'analyse factorielle: la dépendance (appel à Dieu dans la nécessité et la détresse), l'affirmation de son autonomie, la révolte, le sentiment de culpabilité, l'identification (avec Jésus-Christ comme idéal), la socialité (on se relie à Dieu à travers les hommes), le Dieu norme éthique. La population socio-économique inférieure donne des scores «particulièrement élevés sur les items qui expriment l'aspect de besoin... On peut dire que leur relation à Dieu est caractérisée par les perspectives de fonctionnalité et de nécessité». Ce sont les mêmes sujets qui accentuent également la révolte, la culpabilité et Dieu-norme. Avec l'auteur nous interprétons ce profil comme suit, toutefois sans pouvoir prouver cette hypothèse: l'appel à l'aide encourt des déceptions qui suscitent la révolte; celle-ci produit la culpabilité dont on se libère en s'attachant particulièrement aux lois divines. On pourrait aussi penser que l'accent sur les lois vient directement refréner la révolte et convertit celle-ci en culpabilité. Ou encore, ce qui est le plus probable, que les deux types de causalité jouent en interaction. L'expérience clinique observe régulièrement la circularité causale entre révolte - culpabilité - accentuation de la loi. La révolte peut aussi se résoudre par le rejet de la croyance religieuse. Lors des interviews avec les ouvrières italiennes, citées plus haut, certaines racontaient: «Je ne crois plus en Dieu. Jadis je lui ai demandé de me faire trouver un logement - ou du travail; Il m'a trop déçu; Il n'est pas bon, pas juste. Je l'ai haï. Maintenant je me dis qu'Il n'existe pas». Demande, déception, révolte et haine, incroyance: c'est là une autre séquence dont la logique est également psychologique. Lorsque prédomine, dans l'idée de Dieu, celle de la «providence» et que, dans la relation, la demande de secours dans les détresses l'emporte sur les autres composantes, la déception, déterminée par les circonstances, suscite la révolte et, faute de l'acceptation de la loi et de la culpabilité, la révolte doit se résoudre en incroyance. Pourquoi ce moment intermédiaire de la haine? Enigmatique pour l'intelligence spéculative, il est très révélateur pour la psychologie. La haine est encore la forme négative de l'attachement, non pas son absence. Elle est un lien aussi passionnel que l'amour. Elle prouve de quelle profondeur affective surgit «la nostalgie du père» et elle laisse percevoir l'enracinement inconscient du comportement religieux que nous analysons. A écouter les hommes, on entend régulièrement de telles réactions de déception et de révolte. Le croyant, même éduqué, à qui la maladie arrache brutalement un être cher, demande avec amertume et révolte: «pourquoi Dieu me fait-il cela?». Lorsqu'on attend la protection bienveillante de Dieu, on impute spontanément à la malveillance divine les coups du destin. Le père de la nostalgie humaine est un être bi-facial: providence bienveillante ou ce que les grecs appelaient: le dieu méchant.

L'épreuve du mal remue chez l'homme religieux un tissu complexe dont il faut démêler les fils. La souffrance, surtout des innocents et des petits, pour être universellement connue, n'interroge pas moins les esprits chaque fois qu'on s'y heurte. Comment concilier l'accablante impression qu'on a d'un monde mal fait avec l'idée d'un Dieu créateur et providence? Question pour la raison croyante, argument souvent décisif pour celle qui ne croit pas, cette considération n'est jamais purement théorique. Comme le montrent les réactions citées, des représentations de nature psychologique s'infiltrent dans les raisonnements et les animent. Lorsque le cours des événements est favorable, la providence divine semble aisément s'associer avec l'ordre de la nature. Pour le croyant, celui-ci se déroule en harmonie avec le plan providentiel et là, où la réalité est lacuneuse, la providence intervient pour la corriger. Mais dans le mal, tout se passe comme si une puissance intervenait intentionnellement pour troubler l'ordre désiré. Une interrogation spontanée de l'homme frappé par le malheur présente une première interprétation: «Quel mal ai-je fait que Dieu veuille me punir ainsi?». Mais comme la forme de la question posée l'atteste, la plupart du temps on ne croit pas vraiment à une punition, pas plus que Job, la figure paradigmatique, dans la Bible, du croyant devant l'épreuve du mal. De toute façon la question de la punition ne pourrait pas se poser ainsi s'il n'y avait pas une croyance implicite en un ordre naturel harmonieux, imitant et réalisant le plan providentiel et que la providence divine vient normalement compléter. Dans cette perspective, le mal apparaît comme voulu et effectué par une intervention délibérée. Au plan de la pensée, bien des croyants se sont fait une représentation satisfaisante de l'articulation entre la nature des choses et l'action de Dieu. Que ce n'est pas une tâche légère, les efforts philosophiques et théologiques de toute la tradition chrétienne en témoignent. Ce qui nous a cependant régulièrement frappé, c'est que les hommes, héritiers d'une culture qui a déjà différencié l'ordre naturel et l'idée d'une providence divine, sont à nouveau pris par le problème lorsqu'ils sont touchés personnellement, dans leur existence vive, par l'épreuve du mal. Elle se tourne en épreuve de leur foi. Elle oblige à refaire personnellement le travail d'élucidation intellectuelle, alors qu'avant on avait sans doute plus ou moins repris des réponses apprises. De plus, l'épreuve affective revivifie une interprétation dans la profondeur du psychisme: celle qui est exactement le pendant négatif du processus qu'avec Freud nous appelons, pour le résumer, la nostalgie du père. Si l'homme en détresse incline, par ce processus, à recourir à une providence bienveillante, par cette même disposition il interprète ses souffrances comme causées par une malveillance surnaturelle. La description que nous a donnée l'anthropologie culturelle de la magie partout présente dans les cultures «primitives» a valeur de signe pour le psychologue. On attribue les maladies, les défaites dans les combats, l'insuccès dans la chasse, l'échec de la moisson à une intention hostile des esprits ou d'un ennemi qui a utilisé la magie noire, et les rites magiques sont essentiellement des techniques de défense contre les puissances du mal[23]. Les représentations du monde s'allient ici au processus psychique pour interpréter le mal. On peut penser que ce processus est au fond la reviviscence de ce que la psychanalyste Mélanie Klein[24] a inféré de ses observations cliniques sur les enfants: le stade «paranoïaque» par lequel passe tout enfant très jeune lors de ses premières expériences dépressives. L'interprétation religieuse s'appuierait alors sur cette représentation inconsciente et superposerait sur elle le raisonnement implicite que nous avons décrit.

Une logique de nature psychologique conduit donc de la confiance des désirs à la révolte et même à la haine de Dieu, ce phénomène troublant pour une intelligence qui se meut dans le royaume des concepts philosophiques et théologiques. En d'autres temps, la haine s'exhalait parfois dans les possessions démoniaques[25]. En des milieux restés plus naïfs dans leurs croyances et plus directs dans les comportements expressifs, les intermédiaires entre Dieu et l'homme permettent des gestes de révolte plus familiers: les fervents de saint Antoine, lorsqu'il les déçoit, le punissent en tournant sa statue face au mur et les marins qui n'ont pas fait une bonne pêche le plongent quelque temps dans l'eau pour qu'il se repente.

Dans l'alternative incroyante, les adversités et les insécurités de l'existence ne mobilisent pas moins les mêmes processus psychiques. De nos jours les sociologues observent, en effet, une remarquable extension des pratiques par lesquelles des gens essaient de ruser avec les incertitudes: consultations de cartomanciennes et d'astrologues. Significativement, bien des gens du milieu bourgeois et même de formation universitaire recourent à ces consultations, souvent en secret, honteux de leur superstition. Comment ne pas y voir la croyance à quelque obscure puissance qui régit le cours des choses? Débris d'une croyance religieuse? Notre analyse précédente détrompe pareille interprétation. Il s'agit bien d'une représentation du monde, rarement réfléchie d'ailleurs, ressurgissant depuis des croyances psychologiquement archaïques, et qui peut ou bien soutenir et rendre problématique une foi religieuse, ou bien inciter à des pratiques de «superstition» non religieuse. Certains[26] voient dans ce phénomène l'irruption d'un sacré sauvage, circulant en marge du «sacré» accaparé par les institutions religieuses officielles qui imposent leur pouvoir à la société contemporaine, un sacré libre donc, non apprivoisé par le pouvoir. Nous avouons notre perplexité devant cette interprétation (sauvagement?) sociologique

Ce n'est pas un hasard que le problème théorique du mal et de la souffrance soit si souvent soulevé et qu'à beaucoup il paraisse l'objection majeure contre la foi religieuse. Nous ne voudrions pas éliminer sa pertinence pour la pensée sur l'existence. Les plaies du monde, les gâchis des sociétés, les drames de la vie font crever les spéculations qui convertissent le passé ou le futur en poèmes ou en utopies. Mais justement, pourquoi veut-on souvent que Dieu, s'Il existe, ait fait le monde le meilleur possible? Pourquoi par exemple ajouter spontanément, après la description de l'énorme gâchis au cours de l'évolution vitale, que visiblement elle n'a pas été conduite par un Dieu? N'est-ce pas qu'est latente, dans ces remarques, la même attente que Dieu, s'Il existe, intervienne pour répondre aux désirs humains? Le psychologue n'a pas à prendre position; il observe ce qui ce passe. Il constate aussi que les religions elles-mêmes n'ont pas éludé cette question cruciale et qu'elle a été le moment dialectique d'une révision dans laquelle prend naissance un foi religieuse différente, solidaire d'une représentation de Dieu retravaillée. En témoigne déjà le livre biblique de Job.

Une observation faite aux U.S.A. s'explique peut-être en partie dans ce contexte. Plusieurs enquêtes ont démontré qu'il y a une corrélation entre le radicalisme politique et le rejet de la religion[27]. Les athées déclarés y sont même plus radicaux que les agnostiques. Cela s'explique sans doute pour une part comme une réaction contre nombre de milieux religieux socialement et politiquement conservateurs. Mais l'expérience apprend aussi que le radicalisme, agitant l'utopie d'un monde enfin guéri de ses plaies et régénéré selon les désirs du bien-être, ne s'accommode pas avec l'idée d'un Dieu dont la création semble un chantier en désordre.

Comprise dans sa profondeur psychologique, cette croyance apparemment naïve en une providence divine nous semble expliquer un phénomène plus étendu que la crise provoquée par l'épreuve de la souffrance. Sans disposer de données statistiques, nous sommes certains que bien des gens éduqués religieusement se sont détournés de leur foi d'antan dans la conviction qu'elle est une illusion au sens de Freud. A l'adolescence ou peu après, ils ont eu le sentiment d'avoir le choix entre rester niais ou se libérer de la religion. L'esprit critique du temps y invite et la pression du milieu facilite l'audace de la liberté. Pour ne pas secouer toutes ces vieilles choses, il faudrait même parfois le courage de se faire pieusement mépriser. Pourquoi tout cela? La réponse n'est certainement pas simple. Il y a le désir de se promener sur terre sans contrainte, il y a la volonté d'affirmer son autonomie en opposition avec son éducation et, plus généralement, à tout ce qui appartient au passé; il y a aussi, bien sûr, les questions proprement rationnelles. Mais le sentiment de niaiserie donne à penser que l'idée de Dieu reste liée à la représentation qu'on s'en fait dans l'enfance. L'enfant croit aux idées religieuses comme à des contes de fées[28]. Entre 7 et 12 ans, il se représente Dieu de manière réaliste comme un père. Il demande avec confiance ce qu'il désire[29]. Avec l'âge et quelle que soit la culture religieuse, il croit moins dans l'efficacité matérielle des prières[30]. Le souvenir d'une naïve « nostalgie du père » s'est cependant inscrit dans sa conscience, et, latent dans la vie adolescente ou adulte, il forme l'humus où germent les doutes et les malaises. Ou bien on rompt avec une référence religieuse indissolublement attachée à l'enfance, ou bien on reste, parfois longtemps, indécis entre la rupture avec la foi, identifiée à la naïveté infantile, et l'exigence, entrevue, de la renouveler.

II.1.4. Conclusion

Au regard des grandes traditions religieuses et de ce que laissent voir des croyants, *L'avenir d'une illusion* paraît dérisoire. Ce livre a cependant le mérite de contribuer à expliquer certains comportements religieux spontanés et de mettre en lumière les processus qui collaborent à la formation d'une certaine idée de Dieu. C'est pour cela qu'il interroge bien des croyants hésitants; leur propre peur d'être mystifiés pousse des antennes sensibles vers les critiques de l'illusion religieuse.

Dans la culture occidentale contemporaine, l'homme ne reste croyant qu'en le devenant par un travail sur l'idée inconsciente de Dieu qu'il porte en lui, fabriquée par la spontanéité de son psychisme et imprégnée dans son souvenir par sa foi infantile. Comment la transformation peut-elle s'opérer? Il y faut certainement des conditions objectives et subjectives. Elle ne pourra s'accomplir que si le langage religieux et les pratiques symboliques présentent d'autres significations et d'autres modèles de comportement. L'excédent de la religion objective sur les intentions vécues peut éveiller des virtualités latentes dans celles-ci. Nous le verrons en étudiant le symbole du père qui est autrement significatif, dans les rapports humains et dans la tradition religieuse, que le père défini par les qualités de puissance et de protection. Mais il arrive que, par des bouleversements sociaux et culturels, la religion objective se rétrécisse, perde sa dimension de symbolisme cosmique et dégénère en pratique de demandes utilitaires, offrant ainsi une compensation pour les frustrations de la vie quotidienne. Fr. Houtart[31] a observé ce phénomène collectif à Sri-Lanka. La religion comme «nostalgie du père» n'y est pas la forme première et la source de la religion, mais l'aboutissement d'une évolution qui finit par rejoindre l'imaginaire infantile.

Par conditions subjectives nous entendons les éléments psychologiques qui font résoudre les conflits par la transformation du rapport à l'Autre. Il est évidemment bien difficile d'observer et d'analyser ces transformations au moment de leur accomplissement. Mais nous pouvons poser que l'étude des autres dimensions qui composent la relation religieuse nous apprendra ce que requiert cette transformation, entre autres, la capacité d'éprouver une expérience religieuse et celle de soutenir la tension entre autonomie et dépendance.

II.2. Mort et désir de survie et de récompense

II.2.1. Une interprétation populaire

Nos observations précédentes amènent d'elles-mêmes la question de savoir si la détresse que représente la mort n'est pas une motivation importante qui expliquerait, sinon la religion, du moins la préoccupation religieuse. C'est là une interprétation populaire, qui circule dans le discours public; elle reprend quelques notions de psychologie, mais ne se doute pas de la complexité des choses.

Une distinction s'impose cependant d'emblée. La motivation doit jouer différemment par rapport à la mort selon que celle-ci est perçue comme une menace à laquelle on peut encore parer ou qu'elle s'impose comme incontournable. Nous avons considéré le premier aspect sous la rubrique «désirs de la vie» et nous y avons vu que la pulsion d'autoconservation est un puissant ressort de comportement religieux lorsque la vie est agressée mais que l'espoir de triompher des puissances hostiles demeure combatif. Toute autre est la situation de l'homme confronté à la fin inéluctable. La mort dérobe alors à la pulsion d'autoconservation son objet direct. Cette pulsion se porte-t-elle d'emblée sur la survie, la vie dans l'au-delà? C'est ce que doivent penser ceux qui voient dans l'angoisse de la mort la source essentielle de la religion. Laissant entre parenthèses tout ce qu'il faudrait pour reconstituer une religion sur la base de l'angoisse de la mort, nous nous occuperons de la question limitée de la mort comme motivation de la religion. Y a-t-il angoisse de la mort et déclenche-t-elle le désir de survie? Plus précisément, la présence de la mort inéluctable mobilise-t-elle aussi directement que le danger la pulsion d'autoconservation et celle-ci se reporte-t-elle immédiatement et spontanément au-delà de son objet premier, sur une survie? Et quelle survie?

Freud[32] lui aussi pense qu'on confère aux dieux la tâche de «nous réconcilier avec la cruauté du destin, telle qu'elle se manifeste en particulier dans la mort», de faire de celle-ci «le début d'une nouvelle sorte d'existence, étape sur la route d'une plus haute évolution». En plus, la survie prendrait le sens d'une récompense. La tâche des dieux serait aussi de «nous dédommager des souffrances et des privations que la vie en commun des civilisés impose à l'homme». «Le bien trouve toujours en fin de compte sa récompense, le mal son châtiment, si ce n'est pas dans cette vie-ci, du moins dans les existences ultérieures qui commencent après la mort». Ces deux motivations, en plus de celle étudiée plus haut, se résument dans la nostalgie du père. «Ainsi se constitue un trésor d'idées, né du besoin de rendre supportable la détresse humaine, édifié avec le matériel fourni par les souvenirs de la détresse où se trouvait l'homme lors de sa propre enfance comme aux temps de l'enfance du genre humain».

Il y a une évidente concordance entre ces explications par une psychologie des motivations et un certain langage religieux. On prend des thèmes du message religieux et des prières et on les retranscrit en termes de tendances psychologiques, estimant *a priori* que ces thèmes doivent avoir leur source dans les désirs humains. Bien sûr, s'il n'y avait aucune convenance entre les dynamismes psychologiques et le langage religieux, celui-ci resterait dénué de sens pour quiconque. Mais postuler sans plus que ces idées émanent des désirs, sont créées par eux, n'est-ce pas céder au psychologisme, traduire les réalités culturelles en termes psychologiques de besoins et s'imaginer qu'on explique ainsi la croyance en l'au-delà?

II.2.2. Recherches empiriques

Tous les sondages faits depuis 50 ans dans l'aire occidentale révèlent un décalage entre la croyance en Dieu et celle en l'au-delà. Un sondage fait en 1968 par Gallup Poll[33] donne le pourcentage pour dix pays européens:

Pays	Croyez-vous en une vie après la mort?			... au ciel?	... à l'enfer?	... en Dieu?		
	oui	non	je ne sais pas			oui	non	je ne sais pas
France	35	53	12	52	22	73	21	6
Autriche	38	56	6	44	26	85	10	5
Grande-Bretagne	38	35	27	54	23	77	11	12
Suède	38	47	15	43	17	60	26	14
Allemagne (RFA)	41	45	14	43	25	81	10	9
Pays-Bas	50	35	15	54	28	79	13	8
Suisse	50	41	9	50	25	84	11	5
Norvège	54	25	21	60	36	73	12	15
Finlande	55	23	22	62	29	83	7	10
Grèce (Athènes)	57	28	15	65	62	96	2	2

On remarquera la croyance plus faible en l'enfer qu'au ciel, mais surtout la croyance au ciel presque partout plus forte qu'en «une vie après la mort». Ce dernier écart montre combien il est difficile d'apprécier le sens des réponses données à de tels sondages. On reste surtout dans l'incertitude relativement à la signification du terme «croire». Une enquête de P. Delooz[34] menée en 1969 auprès de jeunes avec des questions différenciées, atteste l'incidence des expressions utilisées:

Crois-tu, c'est-à-dire est-il vrai pour toi... *oui*
- que Dieu existe? 86,1 %
- que Jésus-Christ est ressuscité le jour de Pâques? 67,7 %
- que la mort est l'entrée dans la vie éternelle? 65,9 %
- qu'après la mort tu vis toujours? 55,8 %
- que tu ressusciteras? 44,8 %

La question abstraite (la vie éternelle) emporte plus d'adhésions que la formulation personnalisée (tu vis toujours) et celle-ci plus que l'affirmation de la résurrection personnelle. La foi en la résurrection de Jésus-Christ obtient plus d'adhésions que celle en sa propre résurrection future. Comment interpréter? P. Delooz souligne que ces écarts marquent la différence entre des formulations abstraites ou apprises («formule du catéchisme» concernant Jésus-Christ) et la croyance personnelle. Est-ce à dire que les premières ne sont qu'un langage appris et nous renseignent peu sur la croyance personnelle? Ces différences d'adhésion nous semblent révélatrices des difficultés particulières que suscite chaque expression. On peut penser que la personnalité de Jésus-Christ facilite la croyance enseignée en sa résurrection comme destinée divine particulière. Mais quand il s'agit de la destinée humaine, plus l'expression remplit l'idée d'un au-delà par un contenu défini (vivre toujours, ressusciter), plus les difficultés intellectuelles augmentent et plus, sans doute, le sujet se sent aussi personnellement interpellé dans ses désirs et ses méfiances.

Ces observations intriguent celui qui réfléchit, car, spontanément, il s'attend à ce que la mort ait une plus grande importance dans la religion. Si on peut faire confiance à une étude expérimentale en ces matières, la peur de la mort ne semble même pas déterminer la croyance en la survie. En effet, la recherche de M. Osarchuck et S.J. Tatz[35], induisant la peur de la mort par des diapositives, soulignées par une musique appropriée, fait observer une augmentation importante de l'expression de la croyance en l'au-delà chez ceux qui avaient déjà manifesté un haut degré de croyance.

Tous ces faits nous font déjà présupposer qu'aucune théorie simple ne saurait rendre compte ni de la signification de la mort pour la croyance religieuse ou pour le comportement religieux, ni de l'impact de la foi religieuse sur l'attitude envers la mort. La signification vécue des deux phénomènes est trop surdéterminée.

II.2.3. La nature paradoxale de la mort

Avant de recenser les recherches sur les rapports entre la mort et la foi religieuse, il nous a paru nécessaire de les situer dans un ensemble de considérations sur les interrogations et les idées qui entourent la mort. Pour donner une assise plus ferme aux interprétations des données empiriques, il faut d'abord prendre conscience de la nature paradoxale que prend pour l'homme sa condition mortelle. Nous rappellerons également quelques données de l'histoire religieuse, car une psychologie qui ne les tiendrait pas sous le regard, s'expose à méconnaître la portée de ses observations.

Dans la mesure où nos considérations s'appuient sur des réflexions lues ou entendues, elles ne présentent pas la garantie de vérité qu'on aimerait leur donner. Dans un domaine qui concerne aussi crucialement l'existence, il est bien difficile de faire systématiquement des observations fines du vécu concret, seules pourtant qualifiées pour guider les interprétations.

Il serait vain de vouloir cerner l'expérience de la mort. Dans toutes les recherches empiriques, il ne s'agit toujours que de la représentation qu'on se fait de sa propre mort, de l'observation de la mort des autres ou de l'expérience du deuil. La mort est l'objet d'un savoir objectif et certain (*mors certa, hora incerta*), non pas d'une expérience, car elle ne se donne pas dans «l'immédiateté dans laquelle s'atteste irrésistiblement la présence de ce dont on fait l'expérience»[36]. Demander aux psychologues qu'ils observent empiriquement l'expérience de la mort, serait méconnaître la réalité de la mort. Elle est la fin de toute expérience et elle se soustrait à l'expérience autant qu'y échappe la naissance, le commencement de toute expérience possible. L'on peut seulement connaître plus ou moins la manière dont les hommes se représentent anticipativement la mort. C'est d'ailleurs la seule chose importante, car elle détermine pour une part le sens que l'on donne à l'existence. Mais, comme il y a toujours en psychologie une détermination réciproque, le sens donné à l'existence détermine aussi le rapport à la mort.

Confronté à l'idée de la mort, l'homme ne se dépouille pas des notions, des jugements critiques, ou des appréciations affectives dont le milieu social et culturel a entouré la mort, sous de multiples influences, économiques, urbanistiques, médicales, religieuses et idéologiques. La mort change relativement de sens d'une culture à l'autre et d'une époque à l'autre[37]. On peut dès lors s'attendre à des divergences entre les résultats de différentes recherches; le sujet d'une observation n'est jamais l'homme tel qu'il est en lui-même devant la mort ou devant Dieu, l'homme isolé et inculte, ayant sa mort et sa foi à soi seul. Le psychologue ne rejoindra pas la perception de la mort culturellement nue. En montrant les illusions et les défenses par lesquelles le psychisme réagit, complice avec soi-même et avec le milieu, il peut cependant contribuer à libérer l'homme de l'emprise du milieu et de l'empire de son propre imaginaire.

Pour comprendre les attitudes envers la mort et leurs relations éventuelles avec la religion, il faut d'abord considérer la réalité paradoxale qu'est la mort pour l'homme: tout à la fois naturelle et adversité.

L'enfant connaît très tôt la mort des êtres vivants parce qu'il voit qu'on tue les insectes, et l'idée de la mort le préoccupe beaucoup. Mais d'après certaines observations la mort reste extérieure à son existence; il ne relie pas la mort aux images de la vieillesse[38]. L'idée de la mort immanente à la vie ne se développerait que tardivement, vers 14-15 ans d'après Portz, retardée encore par la présentation massive de la mort violente dans les moyens de diffusion[39]. Selon d'autres recherches, au contraire, l'enfant perçoit un lien entre la vieillesse et la mort[40]. Nous croyons que la contradiction entre ces résultats n'est qu'apparente. Il semble bien, en effet, que le lien entre la mort et la vieillesse, s'il est perçu, n'implique qu'une connexion immédiate entre l'âge avancé et la proximité de la mort, mais non pas celle entre le vivant, la durée d'une vie et la mort. L'enfant qui sait que les vieilles personnes vont bientôt mourir, ne se perçoit pas encore lui-même comme engagé dans une existence temporelle qui progresse vers sa fin. Pour concevoir la mort naturelle il faut en tout cas que se forme le concept objectif de la nature de la vie. Cela montre précisément l'extériorité de la mort par rapport à l'existence. Immanente au cycle de la vie, objet d'un savoir objectif, elle n'est pas immanente à l'expérience de la vie. Naturelle pour le vivant, elle ne l'est pas pour l'existance vivante. Sartre dénonce vigoureusement la confusion entre vie et existence, entre mort naturelle et mort humaine «...elle [la mort] est un *fait* contingent qui, en tant que tel, m'échappe par principe et ressortit originellement à ma facticité... La mort est un pur fait, comme ma naissance; elle vient à nous de dehors et elle nous transforme en dehors»[41]. Bien sûr, ce fait naturel concerne la condition corporelle de l'existence de l'homme. Il cherche dès lors à donner un sens à ce fait. La dualité de la mort, naturelle et étrangère, relève du double aspect du corps; car, d'après la très juste expression du philosophe G. Marcel, l'homme est son corps et il a son corps[42].

Les deux aspects de la mort motivent deux attitudes opposées, coexistant la plupart du temps, et que renforcent, élaborent ou répriment les pratiques et les idées régnantes: la résignation et la protestation. Ces deux attitudes se combinent diversement car «les conceptions objective et subjective, biologique et existentielle de la mort se mélangent de multiples manières»[43].

Depuis l'antiquité le savoir de la mort inéluctable a inspiré une sagesse résignée qui veut libérer l'homme de ses rêves en accordant l'attitude subjective à la réalité objective. L'effort de résignation inspire régulièrement un mépris pour le désir ou pour l'espoir d'un au-delà. La mystique vitaliste de L. Klages[44] exalte même l'appartenance au flux de la vie cosmique. Il s'indigne de la croyance à une immortalité ou à une résurrection personnelle; elle est «une atteinte criminelle au droit de la nature qui exige le renoncement à la conservation précisément en raison de l'éternité de la vie». Curieuse confusion entre la durée de la vie cosmique et la vie «éternelle» que les religions, certainement la croyance biblique, situent justement «au-delà» et non pas dans le prolongement de la vie naturelle.

L'homme vivant est un dépositaire momentané du flux vital, mais il s'en détache aussi en sa qualité d'existant et en raison de son appartenance à l'ordre symbolique de la culture. De tout temps il a nié la simple naturalité de sa mort comme de sa vie et il leur a assigné une signification dans un ordre symbolique, en donnant un nom à celui qui vient au monde et en entourant la mort par des rites. Aussi haut dans le temps que portent les observations, les signes symboliques qu'elles rencontrent attestent la conscience que «le mort» ne coïncide pas simplement avec le corps mort. C'est l'énigme avec laquelle toutes les cultures se sont débattues. La conscience de transcender l'ordre naturel de la vie explique, croyons-nous, qu'en Occident la très grande majorité des hommes souhaitent avoir des funérailles religieuses alors qu'ils ne croient pas en la résurrection ni même en un au-delà[45]. Avec quelque expérience de l'inconscient humain, on peut se demander si certains, tout en ne pouvant pas y croire, se sentent quand même si assurés dans leur refus. Le sens manifeste et le plus important de leur souhait doit cependant être le désir de voir honoré par un rite symbolique la dignité de leur être qui, tout en étant mortel comme tout vivant, transcende le vivant naturel. Or, dans les sociétés modernes comme dans les cultures antiques, c'est la religion qui est considérée comme la gardienne et comme l'expression symbolique de ce qu'il y a de sacré en l'homme. Nous aurons à approfondir cette donnée dans le chapitre suivant. Cette situation pose un problème pour les responsables des groupes religieux : de voir des «fidèles» expulser la religion du monde des vivants pour la réduire à la fonction d'un ultime service symbolique, vidé de son contenu proprement religieux.

Dans ce qui précède, on entrevoit déjà la portée limitée que doit avoir l'éventuelle anxiété devant la mort pour la croyance en un au-delà. Si on analyse de près ce que signifie l'angoisse, on ne voit pas comment elle pourrait engendrer cette croyance. Disons que l'angoisse est le signal qu'envoie à la conscience l'existence corporelle qui se sent menacée de destruction. Si l'individu ne s'en trouve pas paralysé, ses défenses vitales se déclenchent spontanément. Mais comment passerait-il de cela à l'idée d'une existence au-delà de la mort ? Il faut déjà qu'il ait la conscience de ne pas coïncider simplement avec la vie naturelle. Faire surgir le désir d'immortalité de l'angoisse de la mort, c'est subrepticement introduire dans l'angoisse ce qu'elle est supposée produire. A supposer donc qu'on observerait une corrélation constante entre l'anxiété devant la mort et la croyance en l'au-delà, il faudrait conclure que l'anxiété aiguise particulièrement la conscience d'une déhiscence par rapport au cycle naturel de la vie. Certes, cette conscience de transcender la vie mortelle n'est pas qu'une idée plus ou moins raisonnée. Nous verrons que s'y mêlent des représentations libidinales comme le narcissisme. Encore ces représentations ne s'expliquent-elles pas par l'angoisse, car l'angoisse est humaine en ce qu'elle signale précisément la blessure que la mort inflige au narcissisme. Celui-ci est une des formes affectives par laquelle se constitue justement la conscience qu'a l'homme de lui-même en tant que «moi», différent donc du simple vivant.

L'histoire nous apprend aussi que la mort totale devient plus impensable et scandaleuse lorsque la religion revêt l'homme d'une dignité divine. Les pharaons étaient immortels parce que divins et la statuaire du haut empire figure les vivants dans l'immobilité hiératique pour exprimer l'éternité divine qui leur est déléguée. Dans la conception créationniste de la Bible par contre, la mort devient l'énigme majeure, parce que la soumission de l'homme à la condition mortelle de la nature paraît contraire à l'origine surnaturelle de son existence créée à l'image et à la ressemblance de l'Eternel. En exhaussant la conception de son humanité, la religion de la Bible accentue l'aporie de la mort. Et c'est seulement après des siècles de protestations contre la mort, après l'avoir interprétée comme l'œuvre d'une puissance qui agresse l'œuvre divine, et après avoir longuement médité sur la fidélité de son Dieu, que le peuple biblique commence à concevoir une nouvelle vie au-delà de la mort. Si une des importantes fonctions des religions avait été de réconcilier l'homme avec la mort, elles ne l'auraient en tout cas que très imparfaitement accompli. Elles ont elles-mêmes donné voix à la protestation humaine et il a fallu au peuple biblique tout un développement de sa conception de Dieu pour penser l'au-delà autrement que comme une existence réduite à l'état d'une ombre errante.

En tant que systèmes symboliques, les religions cherchent à proposer des conceptions englobantes et cohérentes entre elles. Le sens qu'elles donnent à la vie humaine et au monde, en référence au divin, commande leur conception de la mort et de l'après-mort. La psychologie qui examine les attitudes envers la mort et envers les croyances relativement à l'au-delà, doit soigneusement se garder de vouloir tout expliquer par la seule psychologie individuelle, comme si les désirs et les angoisses jouaient dans un vide culturel.

II.2.4. Observations et interprétations

La signification paradoxale de la mort nous aide à interpréter psychologiquement bien des attitudes, des idées et des comportements. Comme il a été dit, il faut également tenir compte des coutumes, des idéologies et des difficultés que comportent les conceptions religieuses et les réactions affectives qu'elles provoquent.

L'homme devant la mort

On a souvent essayé d'explorer la relation entre l'attitude envers la mort et la croyance religieuse. La mort fait-elle plus penser à Dieu? Les croyants pensent-ils plus à la mort? La craignent-ils plus, ou moins, que les incroyants? Certaines recherches n'observent aucun lien entre ces deux données; d'autres en découvrent un, mais leurs résultats s'opposent quant à la nature de la relation[46]. Visiblement, trop de variables — dénomination, degré de croyance religieuse, disposition affective — influencent les résultats. On peut supposer qu'une vie religieuse intense[47] et orientée par l'espérance de la résurrection ferait envisager la mort plus positivement. Mais la référence au jugement divin peut augmenter la peur de la mort[48]. L'influence de la foi religieuse peut donc s'exercer en sens divers. Elle peut aussi être plus ou moins grande selon qu'elle insiste ou non sur son message concernant l'au-delà ou selon le degré d'acceptation de ce message. Une recherche, qui mérite d'être répétée, observe une faible relation entre le refoulement de la pensée de la mort et une religion extrinsèque (déterminée par l'échelle de G. Allport: religion qui sert de moyen fragile de protection ou de dignité sociale) et une faible relation entre la religion intrinsèque, plus intériorisée, et l'aveu de la peur de mort[49].

Les messages religieux ne suppriment pas non plus la réalité psychique, telle que contribuent à la forger aussi bien l'histoire personnelle et le type de culture. La sérénité ou l'angoisse devant la pensée de la mort expriment une disposition psychologique diffuse dans toute l'existence et on ne voit pas qu'une foi religieuse ou son absence puissent la modifier fondamentalement, sinon dans les cas exceptionnels d'une foi ou d'une sagesse qui auraient fondamentalement transformé l'existence. Pour tout homme, croyant aussi bien qu'incroyant, la mort peut donner un prix à la vie en la signant comme l'existence unique qui lui est confiée[50]. Aussi a-t-on observé que la conscience d'avoir bien rempli sa vie favorise la sereine acceptation de la mort[51]. Maslow[52] relève même un désir de mort chez ceux qui se sont «supérieurement réalisés» durant leur existence; la mort la consacre et lui donne même une certaine valeur d'éternité où Maslow voit une valeur religieuse, comme nous le verrons dans le prochain chapitre. On peut rappeler ici l'énoncé gnomique de Freud: *Si vis vitam, para mortem*, si tu veux vivre, prépare ta mort. Interprétons: la pensée de la mort intensifie le projet de la vie; ou encore: le refoulement de l'idée de la mort mutile la vie, car celui qui se défend ainsi, fait le mort pour ne pas s'exposer à la mort.

L'expérience clinique enseigne, en effet, que l'homme peut refouler la pensée de la mort autant que la sexualité ou la haine. Cela rend incertaines les enquêtes sur la mort. Ce qu'on affirme est, certes, une première vérité, mais n'est probablement, en bien des cas, qu'une demi-vérité. La pensée de la mort n'est pas un savoir neutre. Elle a une fonction psychologiquement significative, autant que l'évitement de cette pensée. L'on sait que la neutralisation intellectuelle est une stratégie de défense à laquelle recourt le psychisme pour se défendre contre une réalité douloureuse; tout en la reconnaissant objectivement, il en méconnaît la signification personnelle. D'autre part, l'homme peut aussi se défendre par le refoulement, que renforce l'évitement de ce qui lui rappelle la réalité traumatisante [53]. Ces mécanismes de défense que révèlent les séances thérapeutiques sont universellement humains. L'excellente recherche de Klas Magni [54] le confirme largement. Il a mesuré les temps de latence de la perception d'images de mort et d'images neutres (un temps de latence plus bref aux images de mort signifie une plus grande anxiété latente), il établit les corrélations de ces données avec la «peur de la mort» mesurée par des échelles verbales ainsi qu'avec des traits de personnalité examinés par le MMPI. Il fait les constatations suivantes. L'anxiété latente à propos de la mort est en général plus élevée chez des sujets qui, à différentes échelles verbales, révèlent moins d'appréhension de la mort; ce sont les sujets qui donnent les scores plus élevés au Hy (hystérie) du MMPI. Par contre, ceux qui manifestent une moindre anxiété latente, montrent, aux échelles verbales, plus d'anxiété manifeste: ce sont les Pt («psychasthénie») au MMPI. Rappelons-nous que d'après l'expérience psychanalytique, les sujets de structure hystérique tendent à refouler les représentations anxiogènes, alors que les personnes de structure obsessionnelle, ce qui correspond au Pt du MMPI, utilisent les processus d'intellectualisation pour se confronter avec les traumatismes. Ceux qui, aux tests verbaux, reconnaissent leur préoccupation de la mort témoignent donc d'une anxiété manifeste qui s'exprime. L'expression est une manière d'assumer une réalité douloureuse, la blessure narcissique irréparable, selon Freud. Ceux qui ne manifestent apparemment pas d'anxiété, par contre, ne l'assument pas consciemment. L'évitement peut-il être une défense efficace? Cela dépend.

Dans une étude de valeur scientifique discutable, E. Kübler-Ross [55] observe la révolte contre Dieu à l'annonce d'une mort prochaine probable. Nous y reconnaissons le processus spontané, analysé plus haut, par lequel le croyant a tendance à rendre Dieu responsable des malheurs humains. Devant la mort comme devant d'autres souffrances, cette crise se résout ou bien par le rejet de Dieu ou bien par la purification de la foi. Une recherche que nous avons dirigée et qui utilise un test composé de photos [56], nous a appris la même révolte, suivie d'un remaniement analogue de l'attitude religieuse, devant la mort d'un enfant, devant une mort cruelle et injuste (fusillade) et devant le deuil pour une personne jeune. Parmi les six situations évoquées par le test (amour sexuel, naissance...), la mort obtient les scores les plus élevés sur l'échelle de l'intensité affective. La mort est aussi la situation qui évoque le plus la pensée à Dieu. Elle n'est pas la situation d'une expérience religieuse, mais d'une mise en question de la foi.

La croyance en l'au-delà

Les sondages imposent un fait massif: en Occident, une grande part de la population religieusement croyante, et même de ceux qui confessent la foi dans la résurrection de Jésus-Christ, ne croient pas en un au-delà de la mort. Pour nous, ce phénomène est une donnée significative qui demande, elle aussi, une explication psychologique. Il ne s'agit pas simplement d'une absence de croyance, mais d'une négation en opposition avec la religion à laquelle on adhère. Cependant, les recherches psychologiques sur la relation à la mort et sur la croyance en l'au-delà ne se sont pas attachées à ce problème [57]. Cela nous paraît symptomatique de leurs préconceptions. L'incroyance ne semble pas poser une question psychologique. Les sociologues la constatent et cherchent les influences des situations qui induisent un autre état d'esprit et qui diminuent l'impact des institutions religieuses. Les psychologues qui raisonnent en termes de causalité motivationnelle expliquent les croyances religieuses par les fonctions qu'elles sont supposées remplir et l'absence des croyances par le fait que d'autres biens remplissent ces fonctions ou tout simplement par la disparition de celles-ci. Les multiples recherches sur l'anxiété à la pensée de la mort sont significatives à cet égard; au fond on se demande si les croyances ne s'expliquent pas par l'anxiété. Le concept opérationnel trop simple, démystifié par Kl. Magni cité précédemment, laisse même entrevoir la préconception idéologique qui impose l'idéal normatif de l'homme serein devant les questions de vie et de mort. Les grands auteurs spirituels et les psychologues cliniciens présentent une vue moins idyllique de la réalité psychique. Ce n'est pas manquer de neutralité scientifique que de tenir compte de ce qu'ils nous apprennent à propos de chaque segment de la vie, également de la religion: les défenses, les replis sur soi, les méconnaissances. Nous n'affirmons pas que «l'homme normal» devrait croire en l'au-delà, pas plus que nous n'estimons normal de ne pas y croire. Comme toujours nous voulons comprendre la manière dont l'homme se confronte avec les données que lui propose la religion à laquelle il se réfère ou à laquelle il s'oppose. Pour la question qui nous occupe à présent, nous ne disposons guère de recherches, et pour cause. Nos interprétations s'autorisent surtout des réflexions que nous avons maintes fois entendues et que nous croyons pouvoir éclairer par ce que nous savons de la psychologie humaine. Nous essayerons particulièrement de comprendre le phénomène négatif de l'incroyance, puisqu'il est le fait le plus significatif dans le contexte occidental.

Partons d'une observation communément faite: les personnes âgées croient plus que les autres en l'au-delà. Les sondages faits en différents pays le confirment[58]. A croire Hésiode, il devait déjà en être ainsi dans l'antiquité grecque:
   «Aux jeunes gens, les durs travaux; aux hommes mûrs
   La méditation et les conseils; aux vieux,
   La prière, et un cœur qui se souvient des dieux»[59].
La décroissance de la croyance en l'au-delà, démontrée par les enquêtes menées depuis plusieurs années, indique l'influence d'un facteur sociologique dont il est impossible de mesurer le poids. Nous ne doutons cependant pas de la présence d'un élément psychologique. En des temps de plus grande stabilité religieuse, on a toujours remarqué «un cœur qui se souvient des dieux» chez la personne âgée. «Sentant venir sa fin prochaine», on prend plus au sérieux le langage sur l'au-delà. Effet d'une plus grande anxiété devant «sa fin prochaine» et recherche d'une consolation? Ou l'âge avancé fait-il moins occulter la mort et favorise-t-il une confiance décrispée? Ou les deux? En l'absence de vérification, sans doute impossible à faire vu la complexité de l'anxiété et de la confiance, on interprète volontiers selon ses propres dispositions, soit comme faiblesse, soit comme sagesse.

Trois éléments composent le message chrétien sur l'au-delà: le rappel de la mort, la mise de l'existence sous le jugement divin et la proclamation de la résurrection. A ne pas les distinguer on ne saurait interpréter la croyance ou l'incroyance en «l'au-delà».

En proposant sa doctrine sur l'au-delà, la religion rend présente la perspective de la mort. Indissolublement liée à celle de la mort, l'idée de l'au-delà doit susciter les résistances affectives et les évitements conséquents que nous avons déjà commentés. Avant d'être objet de désir, la croyance en l'au-delà partage avec la mort les effets d'un non-vouloir-savoir. Tout lucide qu'il soit, l'homme n'est pas moins communément porté par un vouloir vivre. La remarque pertinente de Freud sur la blessure narcissique qu'inflige la mort, fait sentir la densité psychologique qui remplit, en profondeur, le vouloir vivre qu'on prendrait parfois pour un dynamisme bio-psychologique élémentaire. Par son narcissisme normal, œuvrant dans sa tendance à se réaliser soi-même et à jouir, l'homme se vit, dans les replis imaginaires de sa conscience, comme s'il était immortel, alors même qu'il ne voudrait pas éternellement se promener sur terre. La religion grecque le savait lorsqu'à Delphes elle disait aux hommes: «connais-toi toi-même et sache que tu es un mortel et non pas un dieu». La religion chrétienne est, elle aussi, consciente de l'imaginaire qui habite l'homme et, pour le rendre disponible à son annonce de la résurrection, elle commence par lui rappeler que, «fait de poussière, en poussière il retournera». Si le narcissisme imaginaire d'immortalité n'animait pas l'homme secrètement, on ne comprendrait pas non plus le tabou qui a entouré la mort dans l'ère moderne, au point que, selon l'expression d'un sociologue, elle est devenue la seule réalité obscène. L'intention médicale qui veut autant que possible triompher de la mort n'aurait pas privé l'homme de sa mort personnelle ni caché à l'humanité la mort inéliminable, si elle n'avait pas correspondu au vœu souterrain d'ignorer la mort. Les enquêtes où l'acceptation tranquille de la mort voisine avec le refus d'un au-delà nous révèlent la surface consciente des pensées. Ce qui est au travail, en silence, nous l'ignorons, mais il est probable et normal que le désir de la vie impose toujours un peu le silence de la mort à la question de l'au-delà.

La métaphorisation de la mort en est un frappant emblème. Le poète R.M. Rilke, qui avait l'idée chrétienne de la résurrection en horreur, s'y est appliqué avec ferveur: «L'heure de la mort n'est qu'une de nos heures et non pas exceptionnelle. Notre être va toujours de transformation en transformation et celles-ci ne sont peut-être pas moins intenses que ce que la mort apporte de nouveau, de proche, de ce qui vient ensuite»[60]. Lâcher l'instant fugace pour produire l'instant suivant, c'est vivre le temps. La mort peut être la métaphore de sa fugacité; mais penser la mort par la métaphore du temps, c'est transformer le non-être en être et intérioriser imaginairement en expérience l'irreprésentable manque radical.

La perspective du jugement divin décourage plutôt la croyance en l'au-delà. Freud pense que les croyants le sont, entre autres, parce qu'ils désirent le dédommagement pour leurs renoncements pulsionnels en faveur de l'humanité et qu'ils aspirent à une justice ultime et supérieure qui récompensera le bien et punira le mal. Il traduit ainsi le langage religieux en termes psychologiques. Il oubliera son explication lorsque, deux ans plus tard, il écrira, dans *Malaise dans la civilisation*, que les plus saints des hommes souffrent le plus de la culpabilité; ce qui est d'ailleurs mal comprendre le sens du péché. Nous pensons que, de fait, les croyants sont ambivalents à l'égard du jugement divin. Une exigence de justice habite l'homme et «la parabole des travailleurs de la onzième heure» la met précisément en question. Mais l'idée du jugement divin est à double tranchant. Sauf le paranoïaque qui s'identifie au vrai et au bien et qui convoque les autres devant son tribunal suprême[61], les croyants ne se sentent pas tellement assurés à l'idée d'un jugement qui scrute les reins et les cœurs. Cette oscillation entre l'exigence de justice et la mauvaise conscience qui espère le pardon, nous l'avons observée à répétition dans une recherche sur l'attitude des jeunes devant la figure de Jésus-Christ. On sympathise sans plus avec sa bienveillance devant la femme adultère; on se trouve évidemment un peu de son bord. Mais on reçoit le commandement de pardonner le mal avec une antipathie prononcée; il heurte trop le désir que justice soit faite. Lorsqu'il s'agit de l'au-delà, la conscience des propres fautes fait certainement se taire le désir de se trouver dédommagé par la justice du jugement.

H. Feifel a observé que les personnes appartenant à une religion «fondamentaliste», accentuant la sévérité du jugement divin, ont plus peur de mourir[62]; mais les fondamentalistes ne rejettent évidemment pas la résurrection pour cette raison. D'après l'analyse d'entretiens sur la mort, faite par A. Godin[63], «l'idée que la croyance en l'au-delà modifierait la façon de vivre présentement (par exemple, par la crainte du jugement et du châtiment) est pratiquement absente de tout le discours des croyants». Seulement, il s'agit d'une population qui est socialement une élite. L'on sait que, dans cette population, l'aveu de pareille crainte n'est pas socialement appréciée. Ce qui plus est, ce n'est jamais, surtout pas de nos jours, une idée qu'on aime consciemment entretenir car elle blesse le narcissisme pour plusieurs raisons; on le perçoit dans le rejet émotif du jugement divin. Aussi nous estimons, contre Freud, que l'idée du jugement motive plutôt l'incroyance que la croyance dans l'au-delà.

L'idée chrétienne de la résurrection rencontre des réticences qui lui sont propres. De l'écart, régulièrement observé par les enquêtes, entre la croyance, assurée ou incertaine, à une survie et celle en la résurrection, on peut déduire que le doute et le scepticisme ont leurs raisons intellectuelles. Des arguments de nature philosophique peuvent encore soutenir l'idée que quelque chose doit survivre, mais assurément pas la croyance en un corps radicalement transformé dont on ne peut se faire aucune représentation. Un dualisme philosophique, vulgarisé dans notre culture et entretenu par l'objectivation médicale du corps, alourdit la difficulté. L'idée de la résurrection se trouve en outre enveloppée dans celle du miraculeux dont la culture contemporaine se méfie autant que les siècles précédents en étaient avides. Tout cela rend sans doute compréhensible qu'une aspiration à la foi en la résurrection est plus forte que la croyance effective, comme le montre l'enquête faite au XXᵉ arrondissement de Paris[64]. Nous pensons même que le désir d'y croire est une forme de croire, comme un cadre qui est vide, parce qu'on ne sait pas le remplir par un contenu représentationnel.

Des raisons affectives, stimulées par la culture critique, militent également contre la foi en la résurrection. Comme l'observe A. Godin[65], l'alliance, dans le discours chrétien, entre le thème de la résurrection et celui de la consolation heurte l'affectivité contemporaine. Contrairement à ce que pense le sociologue B. Wilson[66], l'idée d'être consolé dans le deuil par la perspective de retrouver l'être aimé dans l'au-delà, paraît trop répondre au désir pour être vraie. Généralement on soupçonne d'illusion naïve toute satisfaction divine des désirs. Pour croire, l'homme doit aujourd'hui toujours croire un peu malgré ses désirs. Cette méfiance envers la consolation pour sa propre mort ou pour celle d'un être aimé, peut coexister avec l'aspiration à la croyance. Dans celle-ci, il s'agit probablement, bien plus que de consolation pour la mort, d'un sens divin qui agrandit la vie et le monde par un achèvement dont la valeur rejaillit sur toute l'existence.

La méfiance envers la consolation inspire aussi une volonté fière d'assumer la mort en écartant l'idée chrétienne de la résurrection interprétée comme une négation de la mort. Pourtant, cette idée comporte une affirmation tranchée de la mort, puisqu'elle n'a rien de commun avec la croyance philosophique en une durée immortelle et spirituelle. En affirmant la création par Dieu d'une nouvelle existence corporelle, l'idée de résurrection est même si différente de celle d'une immortalité déterminée par la nature de l'esprit, qu'elle se heurte à des difficultés intellectuelles qui lui sont propres. Il en fut déjà ainsi dans le milieu des premiers chrétiens qui étaient influencés par le dualisme de la philosophie grecque. La réticence affective envers l'idée de résurrection, vaguement confondue avec celle d'une immortalité naturelle, se comprend par le lien qui peut se tisser entre le langage chrétien et des représentations psychologiquement archaïques. L'expérience clinique, en effet, fait régulièrement observer que la réaction affective de mépris représente une défense contre un imaginaire infantile, dépassé dans la vie consciente mais néanmoins latent et permanent dans la mémoire psychologique profonde. Or, il ne fait pas de doute que, si la mort est une blessure narcissique, le narcissisme porte l'enfant et, inconsciemment, l'adulte à se représenter immortel. Rappelons l'observation indéniable du refoulement de la mort. Le soupçon de désir infantile qui accueille l'idée de résurrection s'explique donc par les représentations infantiles qui se superposent spontanément sur elle et la remplissent de leur contenu.

A tout considérer on ne s'étonne pas devant le recul de la foi en la résurrection et devant l'écart entre l'adhésion à la religion chrétienne et la croyance en une de ses doctrines essentielles. La surdétermination psychologique de l'idée de résurrection donne à penser que cette croyance doit triompher de tant de résistances qu'elle ne peut s'établir que par le travail d'un profond remaniement de l'orientation religieuse.

Nos analyses se sont limitées à la mort, fin de la vie, et à son au-delà. Nous n'avons pas considéré ce thème très important dans tous les textes et les rites religieux, mais pratiquement absent des recherches psychologiques : celui du mourir. La psychologie n'observe pas le mourir et elle ne fait pas parler les morts. L'étude des réactions affectives devant l'imminence représentée ou annoncée de la mort a toujours pour objet l'idée qu'on s'en fait et les réactions affectives qu'elle provoque, sans aucun doute exacerbées par la prégnance de l'idée à ce moment. Ce qui frappe dans les textes des anciens rites chrétiens[67], c'est leur mise en scène de la mort en tant qu'acte de mourir. Deux schèmes symboliques s'y conjoignent pour transformer la facticité de la mort subie en un accomplissement ultime : celui du combat, emprunté à la notion biologique de la vie qui lutte contre la mort (« agonie »), et celui du voyage, hérité de la mythologie antique. Les rites chrétiens remplissent ces schèmes symboliques de leur contenu. Le mourir est un itinéraire périlleux vers une autre destinée, car les antagonistes de Dieu harcèlent les pèlerins. Accompagnés et soutenus dans leur combat par les saints et les anges, et forts du viatique, ils disposent cependant des ressources nécessaires pour triompher des puissances hostiles et poursuivre leur route vers la Sainte Face. L'éloignement progressif de ce thème à l'intérieur du christianisme occidental s'explique sans doute par plusieurs causes. La technique médicale a eu pour effet d'occulter la mort. L'avancée de la rationalité a produit une réticence à l'égard de la teneur mythologique de ce symbolisme. Celui-ci avait l'avantage psychologique d'inviter à convertir l'acceptation résignée en l'épreuve d'un extrême dépassement. Au lieu d'irriter par la seule consolation suspecte du futur bienheureux, il conférait à la mort une grandeur dramatique. Et tout en appelant à la conscience subjective, il décentrait l'homme de lui-même et l'intégrait dans une histoire universelle où s'affrontent les puissances obscures et les compagnons divins.

Là où s'arrête la psychologie, devant le mourir, des textes et des rites religieux ont rempli le vide irreprésentable entre la vie et l'au-delà par un réseau symbolique. Comme seule peut le faire une poétique religieuse, ils convient le mourant à entrer dans la mort en combattant contre la mort spirituelle, pour la nouvelle vie. Le psychologue ne peut qu'analyser cette fonction que remplit la religion. Il pourrait aussi examiner comment on perçoit de nos jours cette poétique religieuse de la mort et il pourrait la comparer avec l'entreprise des accompagnateurs de la mort, cette nouvelle profession née de la réaction humanitaire contre le tabou de la mort.

III. L'éthique et les raisons sociales

III.1. Ethique et religion

Toute religion formule des lois morales qui visent à mettre la conduite de la vie et de la société en harmonie avec les vérités qu'elle énonce. Ainsi, dans toutes les civilisations anciennes, l'éthique et le droit étaient indissolublement liés à la religion. Dire qu'ils étaient fondés sur le sacré ne cerne même pas la réalité; ils étaient sacrés[68]. Cela ne signifie cependant pas que le sacré coïncidait avec la conscience que la société avait d'elle-même, comme le présente E. Durkheim dans *Les formes élémentaires de la vie religieuse* (1912). L'intégration de la religion, de l'éthique et du droit y est cependant si totale qu'au départ il n'existe même pas de termes pour désigner l'éthique et le droit. L'évolution de la culture les différencie de la religion et leur autonomie se confirme progressivement. La religion a été la matrice de l'éthique, mais, passée une certaine étape de la conscience que l'homme prend de lui-même et de la vie sociale, il se rend compte que la raison fonde l'éthique sur les exigences immanentes à l'humanité de l'homme. Le christianisme lui-même légitime explicitement l'autonomie de l'éthique en référence à la création qui a doué la raison humaine de la lumière divine des premiers principes théoriques et pratiques[69]. L'existence religieuse peut unifier l'éthique et la foi et, sans désavouer l'autonomie de l'éthique, l'assumer dans une intention qui l'intègre dans la relation religieuse. Nous avons vu que, dans une population intellectuelle, une dimension essentielle du rapport à Dieu est précisément celle de la responsabilité éthique jointe à la confiance que Dieu accomplira ce que l'homme fait de bien[70]. Mais l'éthique est l'objet de divers intérêts proprement humains. Vu le rapport subtil de lien et d'autonomie qui existe présentement entre religion et éthique, nous pouvons *a priori* construire l'hypothèse suivante: puisque la religion implique une éthique et puisque l'éthique est porteuse d'intérêts humains, il est probable que des hommes demandent à la religion de remplir la fonction de gardienne de l'éthique et cela pour les intérêts que représente l'éthique. Nous avons alors affaire à un lien de motivation entre éthique et religion. C'est ce type de motivation et ses effets que nous allons d'abord étudier. Nous envisageons ensuite les rapports motivationnels entre la religion et la conscience de la faute morale, inhérente, semble-t-il, à l'éthique.

III.2. La dimension sociale de l'éthique

III.2.1. Fonction et motivation sociales de la religion

De par son angle de vue la sociologie est particulièrement attentive à la fonction d'intégration sociale que la religion peut remplir. Dans le cadre d'une sociologie de la connaissance, on voit la religion comme une «construction sociale de la réalité»[71]; elle unit les hommes sur la base d'un système d'orientation qui interprète la réalité et définit l'être humain[72] et elle contribue ainsi au bon fonctionnement de la société. Les sociologues qui s'attachent à l'éthique des valeurs soulignent l'harmonisation qu'opère la religion entre les aspirations individuelles et les exigences de la société, par le fait qu'elle présente des valeurs qui sont communes aux individus et à la société. Ainsi pour T. Parsons la fonction essentielle de la religion au service de la société consiste à «régler l'équilibre entre l'engagement motivationnel de l'individu en faveur des valeurs de sa société et son engagement, par la médiation de ces valeurs, pour son rôle dans cette société»[73]. R. Bellah résume vigoureusement ces deux aspects solidaires: «La religion représente le mécanisme le plus général pour l'intégration du sens (*meaning*) et de la motivation en des systèmes d'action»[74].

Ces théories sociologiques s'appuient d'abord sur l'observation de la fonction que la religion a remplie dans le passé, comme matrice de la culture, avons-nous dit. On cherche ensuite à savoir si et de quelle manière elle continue de pourvoir à la fonction de l'intégration sociale.

Tout en refusant les étroitesses du fonctionnalisme exclusif, nous présumons que l'offre fonctionnelle de la religion répond à une demande et qu'une motivation psychologique des individus la sollicite. Sans tout expliquer par la psychologie individuelle, ni même par la motivation, c'est sur cette part de motivation chez les individus en société que nous portons ici notre attention. Durkheim[75], un des fondateurs de la sociologie de la religion, la relève d'ailleurs. D'après lui, les symboles religieux, une fois créés par l'énergie collective, sont les moyens par lesquels la société prend conscience d'elle-même et dont elle se sert pour imposer la discipline nécessaire aux impulsions égoïstes de ses membres. Freud, pour sa part, associe en la matière un fonctionnalisme radical avec une explication de la société par une psychologie individuelle. Il pense que l'homme fonde la société parce qu'il en a besoin. D'abord, «le maintien de l'humanité face aux forces supérieures de la nature» (*L'avenir*..., p. 22) exige que les hommes se rapprochent et créent ensemble la civilisation. Puis «son organisation, ses institutions et ses lois se mettent au service de cette tâche» en défendant la civilisation «contre les impulsions hostiles des hommes» (p. 9). En outre, la civilisation est appelée à protéger les hommes les uns contre les autres, car tous sont menacés par l'agressivité meurtrière et la jalousie de possession des autres. Néanmoins, «chaque individu est virtuellement un ennemi de la civilisation qui cependant est elle-même dans l'intérêt de l'humanité en général» (p. 9). Car «... toute culture repose sur la contrainte au travail et le renoncement aux instincts, et par suite provoque inévitablement l'opposition de ceux que frappent ces exigences...» (p. 15). Heureusement il «... est conforme à notre évolution que la contrainte externe soit peu à peu intériorisée, par ceci qu'une instance psychique particulière, le *surmoi* de l'homme, la prend à sa charge. Chacun de nos enfants est à son tour le théâtre de cette transformation; ce n'est que grâce à elle qu'il devient un être moral et social» (p. 17). En raison de l'hostilité fondamentale entre les individus et les lois morales et sociales, les hommes cherchent cependant à les protéger en confiant aux dieux de veiller sur elles. Les dieux sont la «cour de justice plus haute [qui] veille à leur observation avec incomparablement plus de force et de logique» (p. 27).

Ne discutons pas l'explication de la civilisation, de la société, de la morale et de la religion par les besoins physiques de l'homme, comme si l'homme n'était pas d'abord social et moral parce qu'il est l'être qui parle. Il est pour le moins paradoxal de trouver un fonctionnalisme si brutal sous la plume de celui qui a consacré la majeure part de sa vie à étudier les effets du langage et de la parole. En mettant l'accent sur l'hostilité spontanée entre, d'une part, les pulsions libidinales et agressives, et, de l'autre, les lois morales, Freud, tout comme Durkheim, s'accorde avec ce que tout homme sait d'expérience et avec ce qu'apprend l'analyse du langage moral. Les lois morales s'énoncent souvent sous une forme négative, imposant ainsi des restrictions aux impulsions. Rappelons-nous le décalogue: tu ne tueras point... Et la formulation positive d'une loi normative impose encore un idéal qui est à réaliser par l'homme. La morale ne constate pas des tendances qui sont naturelles, mais elle prescrit ce qui est au-delà des tendances et donc en un certain degré en conflit avec elles. Tout cela sont des évidences qui gênent seulement ceux qui rêvent d'une harmonie préétablie qu'aurait perturbée «le système social». Il est également vrai que cette nature conflictuelle de la morale éveille la question inquiète de son maintien et du fondement qui peut lui donner une plus grande force de persuasion. Leur utilité ne suffit pas, dit Freud; les hommes ont senti le besoin d'invoquer la garantie des dieux. Le problème de l'autorité est de se justifier, d'après Max Weber. Pour Durkheim il fallait des symboles religieux. On sait que Dostoïevski était épouvanté devant l'athéisme, car «si Dieu n'existe pas, tout est permis». Et A. Soljenitsyne, témoin horrifié de la déshumanisation de sa société athée et de sa propre dégradation morale, solidaire avec celle de son milieu, a fait le retour au fondement religieux qu'il estime nécessaire au maintien des valeurs humanitaires. Nous n'avons pas à juger ces convictions, et nous n'estimons pas qu'elles réduisent nécessairement la religion à sa fonction sociale. Mais elles disent à voix forte ce qui peut motiver chez les hommes, les individus comme les pouvoirs responsables, une certaine forme d'adhésion religieuse.

Quelques observations attestent en fait de cette motivation. En réponse à une enquête, faite en 1958[76], 75 % des Français de 18 à 30 ans répondent qu'ils donneraient ou donnent une éducation religieuse à leurs enfants; 30 % pour des raisons d'usage; 28 % parce que la religion donne une morale et aide dans l'éducation; 12 % pour des motifs directement religieux. Aux U.S.A., C.Z. Munn[77] observe que des parents utilisent même les références religieuses pour imposer leur discipline aux enfants; il constate que cette «alliance avec Dieu» renforce une relation autoritaire et produit des personnalités «autoritaires». Même sans informations empiriques sur les effets religieux de pareille éducation, on ne peut pas penser qu'ils soient très favorables.

III.2.2. Intolérance et conservatisme religieux

Des recherches, essentiellement poursuivies aux U.S.A. durant les années de l'après-guerre, ont à répétition observé que des chrétiens, surtout des pratiquants, sont plus intolérants ou ont plus de préjugés envers les autres races, les délinquants et les marginaux que les incroyants qui, eux, sont plus «humanitaires»[78]. D'elle-même la religion secrète-t-elle alors l'intolérance? L'accumulation des corrélations observées semblait suggérer cette explication causale, encore qu'une corrélation significative ne justifie pas par elle-même l'inférence d'une causalité. On a cependant constaté que l'intolérance est également en corrélation avec d'autres variables des populations testées, telles le niveau d'éducation et le milieu social et géographique. Là où il y a un lien entre religiosité et intolérance, il est donc surdéterminé. Ce qui nous intéresse ici particulièrement, c'est que la différence d'attitude, intolérante ou humanitaire, ne dépend pas seulement des facteurs sociologiques mais du type de motivation religieuse, comme c'est le mérite de G. Allport de l'avoir montré [79]. Ainsi que nous l'avons vu, Allport a introduit et rendu opérationnelle la distinction entre «religion extrinsèque et intrinsèque». Rappelons ses définitions. Les personnes ayant une orientation extrinsèque «sont disposées à utiliser la religion pour leurs fins personnelles... Des valeurs extrinsèques sont toujours instrumentales et utilitaires. Des personnes ayant cette orientation peuvent estimer que la religion est utile de différentes manières... Elles adhèrent plus fermement à leur croyance ou bien elles lui donnent une forme qui convienne mieux à leurs besoins primaires». Les personnes ayant une orientation intrinsèque «trouvent leur motivation dominante dans la religion. Elles regardent d'autres besoins, quelque puissants qu'ils soient, comme étant de signification moins ultime et elles les mettent autant qu'elles le peuvent en harmonie avec les croyances et les prescriptions religieuses. Ayant embrassé une foi, l'individu s'efforce de l'intérioriser et de la suivre complètement. En ce sens, il vit sa religion que les autres utilisent». Naturellement, ce sont là deux pôles et «la plupart des gens, s'ils professent une religion, se situent sur un continuum entre ces deux pôles». La réalité est certainement encore plus complexe car, plusieurs l'ont montré, l'échelle construite par Allport mesure en fait différentes variables qui ne se laissent pas sans plus subsumer sous les catégories générales extrinsèque-intrinsèque. Malgré son imperfection, cette distinction, dans la forme que lui donne l'échelle de Allport, a cependant prouvé sa pertinence relative. Quant au problème fort complexe que posait l'observation souvent faite aux U.S.A. que les pratiquants de la religion ont généralement plus de préjugés que les autres concernant d'autres communautés, particulièrement de race différente, Allport arrive à la conclusion: «a) En général, les pratiquants manifestent plus de préjugés ethniques que les non-pratiquants; b) nonobstant cette tendance générale, il existe en fait une corrélation curvilinéaire entre ces deux données; c) ceux qui sont intrinsèquement motivés manifestent significativement moins de préjugés que ceux qui sont extrinsèquement motivés». «Là où la religion est une valeur intrinsèque et prédominante, il n'y a pas de place pour le rejet, le mépris ou la condescendance envers son prochain». Est-ce alors la religion extrinsèque qui d'elle-même porte vers plus d'intolérance surtout lorsqu'elle caractérise l'esprit d'une collectivité? Les corrélations observées entre l'intolérance et des facteurs de milieu l'indiquent. Les éléments sociologiques n'excluent pas l'influence de facteurs proprement psychologiques. Allport avance l'hypothèse suivante: «Il paraît probable que des gens ayant un style de pensée et de sentiment indifférencié ne se trouvent pas en sécurité dans un monde qui demande presque toujours des distinctions fines et précises. L'anxiété diffuse qui s'ensuit peut fort bien les disposer à se saisir de la religion et à se méfier des groupes ethniques étrangers». Mais comment expliquer alors le lien entre ce style cognitif et la religion extrinsèque ?

Nous proposons une explication de nature psycho-sociale. Dans le contexte de l'intolérance, nous interprétons la religion extrinsèque comme la religion qui est particulièrement motivée par sa fonction sociale-éthique. Non pas que ces personnes poursuivent intentionnellement cette finalité et qu'elles utilisent «instrumentalement» la religion dans le but de protéger la société telle qu'elles la conçoivent. D'après nous, les motivations humaines de la religion sont toujours plus ou moins inconscientes. Nous comprenons donc les intolérances observées comme une réaction de défense contre ceux qui, par leur différence de mœurs, de pensée et de style de vie représentent une menace pour le type de société auquel on tient. Ce phénomème n'est pas spécifiquement religieux. L'histoire de l'humanité, la psychologie et la sociologie attestent suffisamment que toutes les différences peuvent engendrer des conflits et des rejets: les différences entre les peuples, entre les classes sociales, entre les caractères, entre les sexes aussi bien que les différences entre les convictions religieuses ou celles entre croyants et incroyants. Les observations que nous interprétons ici montrent cependant que la religion peut rendre intolérant envers des groupes particuliers. Selon nous, il s'agit là d'un rejet qui est spécifiquement d'ordre moral. La religion apprend à départager le bien et le mal. On ne s'étonne dès lors pas que des personnes ou des groupes qui s'attachent particulièrement à la religion en raison de ses principes pour la conduite de la vie et de la société, inclinent à condamner chez les autres ce qu'ils considèrent comme le mal et ce qu'ils estiment dangereux pour leur société. Il y a dans l'intolérance un jugement moral qui vise les personnes et une défense de la société.

Plusieurs facteurs, combinés ou non, favorisent l'intolérance. Moins la religion est intrinsèque et plus la motivation sociale-éthique peut excercer son influence. L'intolérance risque d'être d'autant plus forte que le groupe religieux forme une société fermée; des études sociologiques pourraient sûrement le vérifier. En suivant l'hypothèse de Allport, on présume également que des personnes au «style de pensée indifférenciée», soit de par leur éducation, soit de par leur structure de personnalité, se sentent plus insécurisées devant les différences de mœurs et réagissent plus défensivement.

Mais pourquoi l'intolérance envers d'autre races ? Il faudrait que des recherches approfondissent ce point. L'expérience quotidienne apprend en tout cas que la différence de race prend souvent une valeur symbolique qui est profondément affective et assez inconsciente. La différence d'origine culturelle, de langage gestuel, de sensibilité, de style de vie, de type de relation entre homme et femme font de l'autre «race» par excellence l'étranger et, s'il est minoritaire dans la société, l'intrus. En poursuivant notre interprétation, nous dirions que les populations religieuses peuvent facilement projeter sur cet étranger l'idée qu'elles se font du mal contre lequel la société doit se défendre. Des études d'anthropologie culturelle sont éclairantes à ce sujet. Dans des sociétés closes, on attribue par exemple aux autres groupes ce qu'on a le plus en horreur et ce qui menace le plus l'éthique de la société, le cannibalisme en premier lieu[80]. Il est significatif qu'aux premiers temps du christianisme on portait la même accusation contre la religion nouvelle et minoritaire. Et C.G. Jung, fils d'un pasteur protestant, raconte qu'enfant il pensait avec terreur aux Jésuites mangeurs de petits enfants[81] ! L'antisémitisme des chrétiens en Occident fourmille également de projections du mal sur «le Juif»; l'accusation de déicide n'en est que la formulation la plus spécifiquement religieuse. L'antisémitisme du nazisme et de plusieurs sociétés marxistes n'a rien de religieux, mais il représente le même phénomène de l'exclusion de l'autre qui, par son identité affirmée, se prête à être identifié au mal qui met en danger la société réglée par l'idéologie.

La motivation sociale-éthique entraîne ses effets troubles. Ils le sont d'autant plus qu'à la motivation avérée se mêlent des représentations puissamment affectives, échappant à la conscience, concernant les puissances du mal qui combattent la religion et la société. Ainsi pouvons-nous comprendre comment une religion qui, par ses principes de bienveillance, de pardon et d'amour des hommes, devrait rendre plus humanitaire, produit en fait des hommes qui, dans leur intolérance, sont moins humanitaire que les incroyants.

Si le réflexe de défense vise les étrangers supposés dangereux, il faut s'attendre à ce qu'il raidisse également l'opposition aux changements de la société, jugés eux aussi perturbateurs. De fait, à consulter les enquêtes, il paraît bien que l'appartenance religieuse corrèle souvent avec le conservatisme politique et social. Adorno[82], suivi en cela par d'autres, avance l'idée que l'esprit de soumission à l'autorité caractérise l'attitude religieuse et a pour conséquence le conformisme dont le conservatisme est un des aspects. Les résultats contradictoires des recherches sur les rapports entre la personnalité psychologique et la religion, que nous avons signalés plus haut, font douter de la validité de cette hypothèse. Nous pensons que le lien entre religion et conservatisme s'explique par la même motivation sociale-éthique qui, dans ces cas, détermine les deux données observables.

Ce que nous avons analysé au niveau de la motivation psychologique joue naturellement aussi dans les sociétés comme telles, entre autres dans les micro-sociétés que sont les institutions religieuses. Nous pouvons dès lors accepter l'idée de Th. O'Dea[83] d'après lequel les institutions religieuses renforcent souvent le conservatisme, préoccupées qu'elles sont de réduire les conflits qui ébranlent la stabilité et la continuité des conceptions et des conduites.

Tout cela fait comprendre que, par le passé, la théologie morale a «été nettement individualiste et qu'elle a faiblement développé la dimension communautaire»[84]. A son tour cet enseignement moral a sans aucun doute renforcé le conservatisme.

Quel que soit le poids de la motivation étudiée, on peut s'attendre à ce que les propres exigences éthiques parviendront à infléchir les attitudes que nous venons d'analyser, dans la mesure où la religion devient motivante par elle-même (intrinsèque). Du moins devrait-il en être ainsi dans les grandes religions que nous avons en vue. De fait, des informations actuelles aussi bien que l'histoire nous apprennent que nombre de croyants, prenant conscience des exigences de leur religion, œuvrent pour la justice, résistent au pouvoir injuste, suscitent des mouvements révolutionnaires, promeuvent l'intégration raciale: en Amérique du Sud, en Pologne, aux U.S.A.... Nous pouvons en conclure que l'ambiguïté politique et sociale de la religion est celle des motivations de ses adhérents.

III.3. *La dimension personnelle*

III.3.1. *Motivation éthique de la religion*

La formation morale se fait par l'intériorisation des normes; grâce à ce processus, qui est une histoire complexe, elles deviennent un élément intégré dans la conception que l'homme a de lui-même et de ses rapports aux autres. La spontanéité du jugement pratique qu'on appelle la conscience morale en est le résultat[85]. Psychologiquement la conception de soi-même, ou l'identité recherchée, puise ses ressources dans l'amour de soi-même, dans le narcissisme, selon la terminologie psychanalytique, et dans la transformation du narcissisme par l'identification avec les valeurs que l'homme a appris à estimer. Le précepte évangélique, «aime les autres comme toi-même», énonce finement ce processus. La conclusion à laquelle arrivent P. Benson et B. Spilka[86] dans leur recherche sur «l'image de Dieu comme fonction de l'estime de soi-même et du lieu de contrôle», s'accorde parfaitement avec la psychologie de la formation de la conscience morale: c'est l'estime de soi-même qui détermine essentiellement «l'image de Dieu», celle d'un Dieu aimant ou vengeur, et non pas inversement. L'enseignement religieux renforce naturellement «l'image de Dieu», mais ne la détermine pas principalement. On étend à autrui l'amour ou le mépris qu'on a pour soi-même. Bien sûr, il ne faudrait pas identifier amour de soi et égocentrisme ou égoïsme; selon l'expérience clinique l'amour égoïste de soi-même résulte d'une blessure dans l'amour qu'on a de soi-même, suite à l'expérience, vraie ou imaginaire, de n'avoir pas été estimé et aimé.

L'amour de soi-même qui porte sur l'idéal intériorisé, l'idéal du moi, est une transformation de la puissance libinale. De cette manière, il est un dynamisme psychologique qui a une fonction importante dans la réconciliation des pulsions avec les exigences de la société. Il est donc dans la nature des choses que la référence à soi-même joue un grand rôle dans les jugements moraux et il serait anormal que chez les croyants Dieu s'y substitue simplement. Des recherches faites sur une population adolescente le confirment: les croyants se réfèrent et au soi-même et à Dieu[87]; le groupe de leurs pairs n'y est que le référent secondaire. Ceux qui doutent de l'existence de Dieu, et qui sont surtout les plus jeunes n'ayant pas encore décidé entre foi et incroyance, donnent un score nettement plus bas sur la référence à soi-même et un peu plus bas sur la référence à Dieu. Doute religieux et dépendance du jugement des autres vont de pair, dirions-nous, par une causalité réciproque. On peut évidemment supposer que l'adolescent, en plein travail de constituer une identité consciente, accentue la référence à soi-même plus explicitement que l'adulte. Si elle est plus latente chez l'adulte, le psychologue ne conçoit cependant pas qu'elle fasse défaut; niée, elle «revient au galop».

Le processus de la formation conjointement morale et religieuse impose au croyant la tâche d'harmoniser les deux références, le soi-même et Dieu. Nous avons exposé ailleurs[88] les perturbations pathologiques de cette subtile harmonie. Ici, mais de nouveau sur l'appui d'une expérience des hommes et sans connaître des recherches empiriques à ce sujet, nous voudrions insister sur un autre aspect que la bipolarité des références éthico-religieuses rend possible et de quelque manière inévitable: l'utilisation, involontaire bien sûr, de la référence religieuse au service de la construction d'une identité de soi. On la perçoit régulièrement dans ses conséquences. A certain moment l'adolescent ou l'adulte ayant conscience d'avoir acquis son identité, se dit que la religion ne lui est plus nécessaire pour vivre moralement[89]. Il y en a qui ne renient pas pour autant leur passé religieux, qui estiment même qu'il leur a fait du bien et qui parfois ne désirent pas priver leurs enfants de ce soutien. D'autres affirment leur identité en opposition à leur passé religieux, considéré comme une atteinte à leur autonomie. La religion ne survit à cette crise, normale en raison de l'enracinement motivationnel de la religion, qu'au prix d'un remaniement dans le sens d'une religion « intrinsèque ». Ainsi se répète dans les individus le parcours de la culture occidentale.

III.3.2. Le sentiment de culpabilité

Quelle portée faut-il reconnaître à la culpabilité dans la motivation de la pratique religieuse ? Nietzsche tient la culpabilité pour une « maladie de l'âme », résultant des instincts qui ne trouvent pas à faire irruption au-dehors et qui se retournent vers le dedans. Les prêtres exploiteraient habilement cette maladie de l'âme en lui donnant le nom de péché[90]. La pathologie de la culpabilité serait donc un des ressorts puissants de la religiosité lorsque l'institution religieuse sait l'exploiter. Une comparaison se présente ici à l'esprit : pour Nietzsche la religion s'impose à l'humanité de la même manière que, selon certains, le pouvoir médical assied son empire en exploitant les maladies des hommes, à commencer par le nom que le médecin leur donne et qui laisse supposer que lui sait ce qu'il en est. La déclaration révoltée de Nietzsche traduit bien ce que des croyants ont pensé et éprouvé personnellement, lorsque leur culpabilité psychologique, pour la masturbation par exemple, a été marquée intempestivement du sceau du péché devant Dieu.

Reste le problème du premier moment de l'analyse nietzschéenne : l'introversion des instincts impuissants à se porter librement au-dehors. Le rêve d'une innocence ingénument vitaliste, qui ne connaît ni foi ni loi autres que celles des « instincts », indique que par l'entrée dans la réalité humaine, l'innocence simple cesse d'être possible. Il n'y a pas d'humanité sans la loi éthique devant laquelle on a à répondre et il n'y a pas de responsabilité sans que ne se pose au moins la question de la faute. Dans son fameux ouvrage sur *Totem et tabou* (1914) Freud fait commencer la préhistoire de l'humanité par le parricide qui aurait eu pour conséquence la culpabilité d'où seraient nées la morale et la religion. Ce n'est pas ici le lieu de montrer que cette explication de la conscience morale, par l'introjection de l'agression, présuppose la loi éthique dont elle veut expliquer la genèse, ni de reprendre la critique de cette théorie génétique de la religion. Nous pouvons cependant retenir quatre idées importantes pour notre sujet présent. L'agressivité meurtrière fait partie de la spontanéité pulsionnelle; ce que confirme la loi éthique par son interdit premier: tu ne tueras point. Deuxièmement, la culpabilité résulte du retour sur soi de cette agressivité; une recherche sur des enfants[91] nous a montré que la mauvaise conscience se manifeste très nettement au moment où l'enfant agresse destructivement l'autre ou ce qui lui appartient[92]. Troisièmement, la culpabilité est une réalité psychologique qui n'est pas de soi une pathologie, tout en étant un conflit intérieur, voire un *Malaise dans la civilisation* (1929) d'après Freud. Enfin, la culpabilité n'appartient pas en propre à la religion. Etant universellement humaine, tout homme a à s'expliquer avec elle. Pour cette raison elle peut précéder l'orientation religieuse et la motiver. Mais la religion lui donne la dimension nouvelle de «péché» qui est la faute devant Dieu. Ce faisant, la religion peut introduire la terreur devant le regard d'un Dieu juge sévère qui dévoile et venge impitoyablement toutes les fautes cachées au secret du cœur humain; ou bien, la religion peut aider à convertir le sens du péché en une reconnaissance du Dieu qui pardonne avec bienveillance et qui invite à faire de la conscience du péché l'amorce d'une initiative constructive.

Précisément parce que la culpabilité est une réalité psychique, solidaire de la formation de la conscience morale, Freud pense que la religion peut épargner aux individus une névrose individuelle, consécutive au refoulement de la culpabilité, en offrant à ses fidèles le rite de la confession par lequel la culpabilité s'exprime[93] et qui oriente les pulsions vers une sublimation religieuse. Le pasteur psychanalyste O. Pfister[94] a soutenu et largement illustré la même thèse.

Le soulagement que procure le rite de la confession est de l'expérience commune des pratiquants que n'assiège pas une culpabilité morbide. Des mouvements de conversion se sont souvent appuyés sur la présence d'une culpabilité plus ou moins latente, l'ont exacerbée par des discours suggestifs, pour ensuite, du creux de la misère morale, faire s'opérer le mouvement ascendant de l'aveu et de la conversion[95]. On peut désapprouver la manipulation psychologique; on ne méconnaîtra pas qu'elle doit son efficacité, suspecte, au conflit psychologique qui s'y prête.

Une analyse phénoménologique de la culpabilité[96] confirme en tout cas l'idée de Freud sur l'efficacité psychologique du rite de la confession. Ce qu'on appelle le sentiment de culpabilité constitue en fait toute une séquence dynamique. Le premier sentiment est celui d'une pesanteur: on traîne le poids de la faute; l'aveu libère, par contraste, comme l'apprend aussi l'expérience clinique. Aussi ce que le sujet voudrait enfermer dans le silence, le pousse à le dire; Lady Macbeth de Shakespeare est la figure impressionnante de la faute qui veut prendre la parole. La culpabilité, ensuite, s'éprouve comme la douleur que les langues européennes appellent significativement le remords; entendons: l'agressivité de la faute qui se tourne en dedans. La honte devant soi et devant les autres se rapporte à l'estime de soi; la faute, en effet, brise l'harmonie entre le moi et l'idéal du moi et la disharmonie causée ne permet plus de s'estimer soi-même selon son idéal du moi ni de solliciter l'estime des autres. Consécutivement à cette rupture d'entente avec soi-même et avec les autres, une tendance s'installe à s'isoler, tendance qui peut se trahir par une trop grande timidité et qui peut, à la limite, enfermer dans un sentiment de solitude dépressive. Il faut reconnaître que le rite religieux de l'aveu pare admirablement aux dangers psychologiques de la culpabilité. La parole en première personne de la confession, dans un rapport d'interlocution, n'avoue pas seulement sur le mode d'une constatation, mais elle libère plus essentiellement en transformant l'adhérence à la pesanteur du passé en orientation vers les possibilités de l'avenir. A l'introversion de l'agressivité dans le remords se substitue une peine librement acceptée et qui, bien conçue, a le sens d'un effort au service des autres. La réconciliation avec soi-même et avec la communauté fait sortir du retrait en soi-même. Le régime communiste de Mao a perçu l'efficacité de la réhabilitation personnelle et sociale qu'a le rite de l'aveu et il l'a introduit à l'intérieur de ses références idéologiques[97]. Tout fait donc donner raison à Freud sur l'efficacité psychologique du rite de la confession. Et c'est une des raisons pour laquelle on a pu voir dans la cure psychanalytique un rejeton sécularisé et un substitut de la confession. Le contrat psychanalytique qui demande de «tout dire» n'y est certainement pas l'invitation à l'aveu, mais à l'expression spontanée, à «la libre association» qui laisse progressivement venir à la parole ce qui en a été expulsé et ce qui, dans les symptômes, insiste pourtant. Parmi ces représentations inconscientes qui divisent le sujet contre lui-même, il y en a toujours qui concernent des souhaits ou des actes que le sujet a éprouvés comme coupables et qu'il a refoulés pour cette raison.

La confession du péché devant Dieu est plus et autre chose que l'aveu psychologique de ses failles et de ses fautes. L'intrication de la culpabilité psychologique avec le sens du péché, et l'efficacité psychologique du rite de l'aveu font cependant penser que la culpabilité peut motiver la pratique religieuse. Mais la conscience de cette motivation produit également l'effet contraire. La situation est la même que celle que nous avons observée par rapport à la consolation pour la mort; de nos jours une même conscience critique envers le soulagement psychologique que peut donner la confession, détourne souvent de sa pratique, tenue pour une faiblesse psychologique ou pour de l'hypocrisie. Le «mouvement charismatique» dans le catholicisme contemporain donne à certains qui sont coïncés dans une affectivité réprimée par la suspicion, de retrouver une spontanéité expressive au-delà de la critique et en particulier d'oser se libérer en confessant leurs fautes [98].

III.3.3. Le sens de la dette et la pratique religieuse

A la suite de Freud le psychologue se demande si, plus fondamentalement, toute la pratique religieuse rituelle n'est pas pour une part motivée par la culpabilité [99]. Freud explique le rite par le sentiment de culpabilité, résultant de l'agressivité fratricide ou parricide, comme si la relation religieuse elle-même ne pouvait pas être une dimension de l'existence. Malgré la déficience de l'analyse freudienne du rite, il pourrait y avoir une intuition juste dans l'affirmation du lien entre culpabilité et pratique rituelle. Pourrait le donner à penser le fait frappant que, dans le catholicisme occidental contemporain, un recul général de la pratique rituelle a lieu, en même temps que l'ancienne pratique de la confession s'est effondrée. Ceci contraste avec la plus grande intensité de la pratique rituelle, dans le catholicisme occidental en tout cas, en un temps où les éducateurs religieux insistaient sur le sens du péché au point de créer un esprit collectif de culpabilité.

Ces changements se comprennent par le fait que la culpabilité renforce une disposition plus fondamentale et qui soutient le rite: le sens du devoir ou de la dette envers Dieu. Tout en ne concernant pas directement la faute pour la transgression de normes éthiques, il s'apparente néanmoins à la culpabilité, ce que laissent entendre des langues, comme l'allemand et le néerlandais, qui désignent aussi bien la dette que la faute par le même nom: *Schuld*. Or, parmi les changements importants dans l'aire chrétienne, on note l'éloignement du thème autrefois insistant sinon prédominant du devoir religieux. Il s'explicitait dans l'obligation, prescrite par le catholicisme, de la pratique rituelle. Celle-ci tirait sa force d'un sens d'obligation qui imprégnait l'existence. La Seigneurie de Dieu imposait le devoir de Lui rendre le culte qui Lui est dû. Le devoir envers Dieu était ressenti de manière analogue aux obligations «d'honorer les parents», eux aussi source de l'existence. Le sens de l'obligation envers Dieu n'est pas une motivation extérieure à la foi religieuse, mais en est une composante. Etre religieux, en effet, c'est reconnaître Dieu comme l'origine de l'existence et comme puissance bienfaisante. Comme nous le verrons plus loin, le christianisme transforme la reconnaissance de Dieu en un «je crois en Dieu». Il reste que «la foi» au sens chrétien comporte aussi la reconnaissance de Dieu et, par conséquence, celle de la dette envers Dieu, comparable à celle envers les parents. La religion exprime cette dette, entre autres, par le geste symbolique du sacrifice. Sans doute cette expression de la dette est-elle toujours de quelque manière en opposition à la tendance impérieuse de l'homme à affirmer son autonomie en s'affranchissant de la dette. Il y a donc une séquence dynamique: sens de la dette, mouvement contraire, affirmation et expression symbolique de la dette[100]. En accentuant le sens de l'autonomie humaine, le climat culturel de notre époque a dû intensifier le conflit spontané entre l'autonomie et la reconnaissance de la dette envers Dieu. De cette manière l'idée du «devoir religieux» tend à disparaître et la pratique rituelle perd une de ses importantes motivations intrinsèques.

Le lien entre la dette et son expression rituelle explique, bien sûr en partie, l'abandon important de la participation à la pratique religieuse à l'adolescence, période par excellence de l'affirmation, toujours plus ou moins en révolte, de l'autonomie. Les doutes intellectuels viennent renforcer ce mouvement, mais nous inclinons à leur attribuer une importance secondaire, même si la raison raisonnante s'en autorise en premier lieu.

III.3.4. Dette et angoisse de culpabilité

De quelque manière, la dette fondamentale est insolvable pour celui qui reconnaît la Seigneurie de Dieu, car il Lui demeure redevable de son existence. Sur la base de cette conscience peut se développer le sentiment de ne jamais répondre adéquatement au devoir d'honorer Dieu. La conscience d'être inéluctablement en défaut transforme alors le sens de la dette en une angoisse de culpabilité généralisée. Il en dérive la fameuse peur de Dieu qui a dominé l'existence religieuse à certaines époques de l'Occident chrétien et qui envahit des croyants à certaines phases de leur vie. Nous reprendrons l'analyse de ce phénomène au chapitre IV lorsque nous étudierons les attitudes religieuses et leurs pendants athées. Nous voulons néanmoins déjà l'évoquer dans le contexte de la motivation par la culpabilité, car dans cette forme altérée, le sens du devoir religieux donne souvent sa force et son sens caché à la culpabilité consciente. En effet, lorsque le sens d'une dette insolvable est générateur du sentiment diffus et englobant d'être en défaut par rapport à Dieu, ce sentiment se soustrait à la conscience claire. Il n'en cause pas moins un malaise difficile à supporter. Il appelle dès lors une fixation à des représentations de fautes qu'on peut nommer et dont on peut se libérer en les repérant et en les exprimant. Ainsi la peur de Dieu, issue d'une conscience générale d'être en défaut, se projette de préférence dans la culpabilité pour des fautes identifiables. L'observateur s'y trompe aisément et croit que la peur de Dieu s'explique par une peur exagérée de «commettre des péchés». De fait, la peur du péché, induite par une instruction religieuse obsédée par le mal, peut transformer l'attitude religieuse en un état «de crainte et de tremblement» devant un Dieu perçu comme un juge sévère. Mais en dessous de ce phénomène visible, il y a aussi un processus psychologique plus fondamental, qui échappe à l'observateur extérieur et que seule permet de percevoir l'écoute attentive des hommes religieux : la transformation de la dette éprouvée comme insolvable en culpabilité représentable. Songeons à ce qu'enseigne l'expérience clinique concernant l'angoisse : parce qu'elle est un sentiment sans représentations, elle tend à se fixer à des représentations particulières de danger. Par ce mécanisme psychologique, l'homme reprend une maîtrise sur l'angoisse. Bien qu'elle intensifie la représentation du danger sur laquelle elle se transfère, l'homme surmonte au moins l'angoisse d'être sans défense contre une menace omniprésente parce que non localisable. La connexion entre dette, peur de Dieu, culpabilité pour des fautes, obéit à la même loi psychologique selon laquelle une angoisse indéfinie cherche à se donner une cause identifiable.

Récapitulons nos analyses. Nous avons d'abord vu que la culpabilité est une réalité psychologique qui se forme indépendamment du contexte religieux. C'est précisément en tant que malaise psychologique qu'elle peut orienter vers des conduites religieuses qui aident à s'en libérer. Bien sûr, le rite religieux de l'aveu n'a de sens que pour l'homme qui a une certaine conscience d'être responsable devant Dieu. Cependant, le malaise proprement psychologique de la culpabilité peut peser bien plus lourd que le regret proprement religieux pour l'infidélité envers un Dieu avec lequel on est uni dans un pacte de vie. C'est la raison pour laquelle nous considérons la culpabilité comme une des motivations humaines possibles pour des conduites religieuses. Nous avons ensuite mis en lumière le sens de la dette qui s'exprime comme le devoir d'honorer Dieu. Cette disposition religieuse présente une affinité avec la culpabilité, mais elle s'en distingue par deux caractéristiques : elle est intrinsèque au lien religieux et elle précède tout acte fautif. Cette conviction du devoir envers Dieu, autrefois très importante dans la conscience religieuse, a presque disparu dans la culture contemporaine de l'Occident. Selon nous, le recul de la participation au culte s'explique essentiellement par le retrait de cette motivation religieuse. Enfin, nous avons montré comment la foi religieuse comporte le risque de s'éprouver angoissée par une dette insolvable envers la Seigneurie de Dieu. Il en résulte la «peur de Dieu» qui, pour se maîtriser, se cristallise en peur du péché. Dans ce contexte, une intention nettement propitiatoire s'ajoute à celle d'accomplir son devoir de culte. Or le climat de la culture contemporaine, marqué par la recherche de la jouissance, est réfractaire à l'intention propitiatoire, tout comme l'affirmation de l'autonomie se substitue au sens de la dette.

L'historien observe les transformations de la culture et le psychologue les éclaire partiellement en dégageant les processus psychologiques qui y sont à l'œuvre. Le psychologue de la religion voudrait pousser plus loin l'interrogation. Tenant sous le regard les significations multiples que contient la religion, virtuellement ou explicitement, il constate qu'elles débordent de beaucoup celles que la transformation culturelle a érodées. Il se demande alors pourquoi il n'y a pas plus d'hommes qui donnent un sens nouveau à leur pratique religieuse. Si le culte n'est pas intrinsèquement lié aux formes et aux conceptions qui ont jadis rencontré l'adhésion, pourquoi ne parvient-il pas à rejoindre d'autres intentions, celles qui sont plus en accord avec l'évolution de la culture ? Une psychologie de la religion n'est complète que si elle interprète aussi le déclin des formes de conduite religieuse. Nous essayerons de répondre à la question posée, lorsque nous aurons étudié d'autres données, car il faut l'éclairage convergent de plusieurs observations et interprétations pour comprendre un phénomène aussi complexe.

III.3.5. *La culpabilité refusée*

La distinction classique en psychologie entre culpabilité extra- et intrapunitive nous montre que la culpabilité ne se laisse pas si aisément cerner et que ce n'est pas en vain que nous l'examinons avec sérieux. Par culpabilité intrapunitive on entend la culpabilité intériorisée, en fait ce que nous nommons sans plus le sens de la faute. La culpabilité extrapunitive serait celle qui extériorise la colère en agression. Le mot nous paraît trompeur, car il s'agit soit d'une défense contre la culpabilité, par un acte qui la prévient, soit d'une projection, au sens strict de l'éjection qui retourne l'accusation interne en accusation et en protestation revendicatrice. Freud a analysé avec profondeur ce processus dans son explication de la paranoïa, tout en affirmant que cette projection est un processus universel et non pas spécifique de la psychose. Tout le monde sait d'ailleurs que, sans lucidement mentir, l'enfant pratique spontanément cette projection que lui facilite le transitivisme de son âge. Une corrélation négative entre agressivité effective et culpabilité doit donc pouvoir s'oberver. Comparant des groupes catholiques et protestants, pris dans une population d'étudiants australiens, L.B. Brown[101] observe, en fait, la corrélation. Les catholiques manifestent plus de culpabilité extrapunitive, les protestants, plus de culpabilité intrapunitive. Plus que la différence entre catholiques et protestants, cette corrélation observée nous intéresse pour le rapport entre culpabilité et agression qu'elle met en lumière. Nous y avons insisté dans notre étude de l'éthique: les pulsions s'insurgent contre les renoncements qu'inspire l'éthique de la vie sociale. Si la culpabilité a dans la religion la place que l'on sait, en dehors même de son aggravation morbide dans certaines époques chrétiennes, c'est parce que l'éthique est une partie intégrante de la religion. On n'évitera dès lors pas de se demander ce que produit l'occultation de la culpabilité. Son refoulement peut entraîner la névrose obsessionnelle. Son occultation ne se tourne-t-elle pas en «culpabilité extrapunitive»? L'agressivité qui reflue sur le monde contemporain, l'extension de la petite criminalité revendicatrice et le cortège des vandalismes hargneux et gratuits, ne seraient-ils pas les signes d'une «culpabilité extrapunitive», celle qui, refusant la culpabilité, non seulement donne libre cours à l'agression destructrice et vengeresse, mais projette en plus au-dehors une accusation de soi-même refusée? Et serait-il arbitraire de penser que le recul de la religion qui est contemporain de ce phénomène, lui est intrinsèquement lié? Il n'y a pas de loi de nécessité en cela, mais la coïncidence des phénomènes ne semble pas non plus une pure contingence.

IV. Motivation cognitive et dogmatisme

IV.1. Motivation cognitive

Par son langage sur le divin, la religion le rend présent dans le monde. Ce langage n'est pas celui de la raison raisonnante qui veut conduire à l'affirmation du divin par la force des arguments. La religion ne se présente pas comme une philosophie qui part des questions théoriques que l'homme se pose et elle ne présente pas ses conceptions sur le divin comme une réponse justifiée à ces questions. Elle déclare ce qui est pour elle sa vérité et elle le fait avec l'autorité dont elle s'estime investie de par son origine divine. Tel est, dans la religion, le statut particulier de la vérité.

Les sciences humaines ne se placent pas au point de vue de la religion et elles se demandent si l'homme n'a pas posé le divin pour se donner une réponse à ses questions d'ordre métaphysique ou, plus discrètement, si les croyants n'adhèrent pas à la religion parce qu'elle leur offre une réponse.

Des sociologues et des psychologues qui attribuent une grande importance au besoin et au fonctionnement cognitifs, ont souvent émis l'idée qu'une fonction importante de la religion consiste à satisfaire ce besoin. La définition de la religion, donnée par P. Berger et que nous avons citée et discutée dans le premier chapitre en est un exemple. Elle rassemble les trois fonctions qu'avec Luckmann[102] il reconnaît à la religion et qui l'expliquent: interpréter la réalité, y situer l'homme par une définition de son identité et présenter en conséquence un guide pour la vie. Pour Freud aussi la tentative de résoudre les énigmes du monde et de fournir un «guide de voyage» pour la vie a été un motif pour lequel «les doctrines religieuses ont été créées». Et dans sa *Théorie de la motivation humaine*, J. Nuttin[103] compte parmi les motivations supérieures «le besoin de compréhension intégrale», qui fait partie du «besoin de réalité»; Nuttin note cependant l'ambivalence de ce besoin, car «... l'homme est motivé à se construire — ou à démolir — un système intégral qui le renseigne sur sa place et celle des choses dans l'ordre réel». Nuttin lui-même ne se prononce pas sur l'explication de la religion par le besoin d'une vision du monde, mais on peut expliciter les théories que nous venons de citer par sa conception de la motivation supérieure. Cette interprétation de la religion reprend une tradition philosophique qui, depuis le Siècle des Lumières, s'est attachée à élaborer une philosophie de la religion et qui l'a souvent interprétée comme une vision du monde. Un certain langage officiel et qu'affectionnent les media répercute cette interprétation en classant la religion parmi «les conceptions philosophiques»[104].

Dans le chapitre I, nous avons nous-mêmes montré qu'une des dimensions de la religion consiste dans les références théoriques qu'elle présente en répondant aux questions sur l'origine et sur la destinée du monde et de l'homme. Nous avons souligné le caractère secondaire de cette dimension. La présence de cette dimension «métaphysique» dans l'idée de Dieu se prête à une traduction dans les termes psychologiques de la motivation. C'est ainsi, d'ailleurs, que procèdent les auteurs cités: observant cet aspect de la religion, ils en infèrent qu'elle s'explique, du moins partiellement, par la motivation ou la fonction cognitive. De fait, ceux qui disent que la religion donne un sens à la vie, semblent bien signifier, entre autres, que l'idée d'un Dieu créateur et fin ultime de l'existence répond à un désir de se situer par rapport à une origine et à une destination ultimes. Nous ne voudrions cependant pas exagérer l'importance de cette motivation pour l'adhésion religieuse. Il y a même des raisons qui nous font penser qu'elle joue plutôt après coup, chez ceux qui adhèrent à la religion pour d'autres raisons. Dans la culture occidentale contemporaine on est trop conscient qu'aux énigmes du monde la religion ajoute ses mystères qui défient la raison. On le voit bien dans les doutes intellectuels qui ébranlent la foi religieuse dès que se forme l'intelligence. Il faut alors d'autres raisons pour que se maintienne ou se retrouve la foi religieuse, au-delà et en dépit de la suspicion jetée sur son aspect «vision du monde».

Expliquer l'origine de la religion par le besoin d'une conception du monde serait de toute façon une construction gratuite. Quel psychologue pourrait isoler ce qui, dans les désirs ou les «besoins supérieurs» de l'homme contemporain, vient de son psychisme ou de ce que la culture a greffé sur lui? Et de quel droit pourrait-on placer à l'origine la même motivation que celle de l'homme contemporain alors que celui-ci est le produit d'une longue histoire? L'information qu'on a sur les religions primitives conduit même à se demander si ce ne sont pas les religions qui ont éveillé l'intérêt pour les questions relativement aux origines et à la destinée humaine. La Bible donne à voir comment une conception de portée métaphysique peut se développer à partir d'un autre noyau: la conception créationniste du peuple juif s'est formée comme une conséquence de la foi abrahamique dans le pacte électif de Yahvé avec son peuple.

A tout considérer, on est méfiant à l'égard des théories qui accordent un grand poids à la motivation cognitive de la foi religieuse. Il est probablement caractéristique pour une certaine rationalité occidentale de généraliser la tendance humaine à rechercher un système du monde. Celle-ci fait partie de l'idée critique de vérité systématique, cette «entéléchie historique» de l'Occident, disait Husserl[105], et elle est aussi devenue le biais par lequel des sociologues, psychologues et philosophes ont essayé d'expliquer des phénomènes comme les mythes et la religion.

Il reste qu'après coup l'homme peut s'attacher aux certitudes qu'il trouve dans sa religion et que cet attachement peut engendrer l'intolérance de l'esprit qui a le nom de dogmatisme.

IV.2. Le dogmatisme

Par leur lien étymologique les mots «dogme» et «dogmatisme» se prêtent à des confusions qu'il faut d'abord clarifier. «Dogme» peut signifier un point qu'une doctrine philosophique considère comme fondamental. De soi, ce terme n'a pas un sens péjoratif, mais il connote la ferme conviction avec laquelle on tient une conception. La tradition chrétienne a repris ce terme pour désigner un point de sa doctrine telle la création divine du monde ou la résurrection de Jésus-Christ. Le concept «dogmatisme»[106] fut créé en France au XVIIe siècle. On le trouve chez des auteurs aussi opposés dans leurs conceptions religieuses que Pascal et Montaigne. La philosophie allemande des Lumières (*Aufklärung*) l'adopta comme concept critique pour caractériser une «philosophie d'école», (comme celle de Christian Wolff) qui déduit son système de principes non critiquement examinés. Le sens critique et péjoratif que le terme «dogmatisme» a reçu se dépose par la suite sur ceux de «dogme» et de «dogmatique» de sorte que, dans le langage usuel, influencé par l'esprit critique, toute cette famille de mots évoque habituellement la manière péremptoire et intolérante d'affirmer ses convictions qu'on néglige ou refuse de soumettre à un examen critique. Le déplacement du sens des termes «dogme» et «dogmatique» a pour conséquence qu'en des milieux étrangers à la religion chrétienne, leur signification proprement chrétienne se trouve aisément affectée de la connotation péjorative qui détermine cette famille de mots depuis la formation du concept critique de dogmatisme. Un peu plus d'information et plus précise éviterait pourtant d'assimiler *a priori* la «foi dogmatique» du christianisme au dogmatisme comme esprit autoritaire et intolérant. La «foi dogmatique» des chrétiens consiste dans la croyance aux événements historiques des actions et des révélations divines, en particulier ceux accomplis par Jésus-Christ. Le contenu de cette foi s'appelle dogmatique en tant qu'il se distingue du domaine de la pensée spéculative, de la science, ou encore des croyances religieuses qui ne tirent pas leur origine d'une révélation historique. Aux yeux des croyants chrétiens, l'opposition de principe que font certains entre «foi dogmatique» et liberté scientifique ou «libre examen» relève d'une méconnaissance de la foi chrétienne ou d'un dogmatisme philosophique. Tout dogmatisme, en effet, se reconnaît à la manière de se prononcer sommairement sur les idées des autres[107]. Encore que le problème dépasse donc le domaine du religieux, nous nous limiterons ici à la question de savoir si la religion, surtout si elle est dogmatique au sens chrétien, tend à dégénérer en dogmatisme.

M. Rokeach[108] a consacré de célèbres études au «dogmatisme», entendu comme «la manière autoritaire et intolérante dont des idées ou des croyances sont communiquées à autrui». L'intolérance dogmatique se caractérise par: 1) l'accusation de la différence entre les systèmes de croyance et de non-croyance, entre les propres convictions et celles des autres; 2) la perception de la non pertinence: les arguments qui tendent à montrer les similitudes entre les propres convictions et celles des autres sont perçus comme non pertinents; 3) la stratégie du refus: on juge par exemple «d'une évidente absurdité» les idées qui mettent en question ses propres croyances; 4) la coexistence de contradictions à l'intérieur du système de croyance: on adhère à des croyances contradictoires, comme le refus de la violence et sa légitimation rapide; 5) la tendance à ne pas distinguer les zones centrales et périphériques de son système de croyance ou de celui des autres. Rokeach opérationnalise l'idée de dogmatisme par la construction d'échelles où il essaie de ne pas inclure des contenus, car il s'oppose aux conceptions rudimentaires de ceux qui considèrent toute adhésion à une doctrine religieuse ou autre comme dogmatique au sens psychosocial. Il est évident pour lui que l'attitude hostile à la religion, le scientisme, le marxisme ou d'autres idéologies peuvent être tout aussi «dogmatiques». En effet, comme le montrent les caractéristiques que nous venons d'énumérer, le dogmatisme est affaire de structure cognitive. Celle-ci s'expliquerait comme une défense contre l'anxiété qui entraîne la fermeture de l'esprit et le refus défensif d'échanges et de changement. Or, et ceci nous importe particulièrement, Rokeach observe régulièrement un dogmatisme prononcé chez ceux qui adhèrent à une croyance religieuse.

Une recherche faite à l'Université catholique de Louvain[109] sur une population de prêtres, dont 15 prêtres missionnaires, apporte des corrections importantes et à la théorie de Rokeach et à ses observations concernant le lien entre religion et dogmatisme. Pour tester l'hypothèse explicative de Rokeach, A. Guntern a mesuré la corrélation entre les scores à l'échelle de dogmatisme de Rokeach et ceux à l'échelle d'anxiété de Cattell. Les sujets de cette recherche ont en général pour le dogmatisme un score plus bas que des groupes de comparaison où se trouvent toutes les opinions. Leur niveau d'anxiété est aussi plus bas. Il y a une corrélation positive, mais non significative, entre dogmatisme et anxiété; mais elle est essentiellement due à l'influence des items d'anxiété que Rokeach a déjà inclus dans son échelle de dogmatisme, de sorte que l'hypothèse explicative de Rokeach ne se prête pas à une vérification. En outre, la relation entre anxiété et dogmatisme est curvilinéaire: des scores bas en anxiété sont liés avec des scores en dogmatisme ou bien hauts ou bien moyens. Cela s'explique. Dans l'hypothèse où le dogmatisme est une défense contre l'anxiété, cette défense peut être efficace et réduire l'anxiété. Soulignons aussi qu'un groupe ne manifeste ni anxiété ni dogmatisme. On a également pu montrer que c'est la situation de la vie et le contexte socioculturel qui explique, pour les sujets concernés, leurs caractéristiques particulières, ou bien de haute anxiété liée au dogmatisme réduit ou bien de haut dogmatisme sans anxiété. Une grande solidarité du groupe augmente le dogmatisme et réduit l'anxiété chez les uns; les circonstances particulièrement difficiles chez d'autres, des missionnaires, augmentent l'anxiété sans pour autant les pousser au dogmatisme. Ce qui affaiblit en plus la thèse de Rokeach, c'est que les items qui obtiennent une réponse «dogmatique» sont en particulier ceux qui proposent encore un certain contenu, malgré l'effort que fait Rokeach de vider son échelle de tout contenu pour dégager, par des items purement formels, les types de structure cognitive. Il faut conclure que cette recherche en tout cas ne vérifie pas la thèse du lien préférentiel entre religion, dogmatisme et structure cognitive.

IV.3. Interprétation

Nous interprétons d'abord le dogmatisme en tant qu'il est un phénomène apparenté à l'intolérance. Confronté à ce qui est différent de lui, l'homme dogmatique ou intolérant le perçoit comme une menace pour sa propre identité et il le rend plus étranger en majorant la différence et en l'expulsant. L'intolérance réagit défensivement à l'insécurité que provoque la présence de personnes différentes par les mœurs et par les coutumes. L'intolérance se rapporte directement aux personnes, car les mœurs adhèrent aux personnes et elles sont par définition sociales. Le dogmatisme joue sur le plan des idées et il ne concerne pas directement les personnes car, contrairement aux mœurs, les idées ne font pas corps avec les personnes. On peut donc être intolérant, tout en étant intellectuellement sceptique et sans disposition pour le dogmatisme; d'autre part, on peut juger les idées des autres avec une arrogance dogmatiste, sans manifester de l'intolérance pour des races différentes ou pour les socialement déviants. Il va de soi que les deux dispositions se combineront surtout dans des populations qui adhèrent à des convictions idéologiques ou religieuses où elles trouvent tout à la fois des lumières sur les questions ultimes et sur celles du bien et du mal. Dans certains groupes religieux, par exemple, la position doctrinale est si unitaire et si fermée sur elle-même qu'on s'y représente l'autre comme le négatif de ses propres croyances et de ses propres mœurs. On l'a vu dans la méfiance et l'hostilité entre des groupes catholiques et protestants. Leur communauté de foi plus essentielle importait moins que leurs désaccords, car, comme l'a dit Freud, le narcissisme des petites différences peut accentuer l'intolérance. On a maintes fois observé ce même phénomène dans des mouvements révolutionnaires «gauchistes». Ces faits sont connus de tout le monde et on s'étonne qu'au lieu de ramener le dogmatisme à une structure cognitive sur base d'anxiété, Rokeach n'en ait pas également exploré les raisons psychosociales.

Plusieurs facteurs, personnels et sociaux, peuvent déterminer ces réactions défensives. Une plus grande anxiété personnelle, l'appartenance à un groupe homogène et clos, une formation intellectuelle rudimentaire, la nature plus extrinsèque de l'adhésion religieuse, la violence du défi par lequel on s'éprouve agressé, sont autant d'éléments qui favoriseront l'intolérance et/ou le dogmatisme.

Nous ne croyons pas avoir tout dit du dogmatisme. Qu'il s'origine pour l'essentiel dans une réaction défensive, cela nous paraît certain. On ne saurait cependant méconnaître que la force d'une conviction présente une ressemblance avec le dogmatisme. Loin de nous de les confondre; sinon toute prise de position en faveur ou en défaveur d'une idée tombe sous la suspicion de dogmatisme et, à ce compte-là, le mot n'a plus d'autre valeur que polémique. Nous évoquons seulement la ressemblance entre la force de conviction et le dogmatisme pour souligner que l'énergie d'un engagement convaincu risque effectivement de passer le seuil qui le sépare du dogmatisme. L'énergie qui est mobilisée pour un idéal du monde à faire, porte en elle-même les germes de la volonté de maîtrise, voire de la violence intellectuelle et affective. Dans sa nouvelle «Le Grand-Inquisiteur», Dostoïevski[110] illustre la terreur qu'enfante, à son extrême impatience, «la tentation de faire le bien»[111]. Et l'histoire des révolutions en France et en U.R.S.S. nous rappelle les terreurs que peuvent secréter les idéologies humanistes. Le dogmatisme qui naît du cœur même de l'engagement est certes plus subtil. Il ne consiste pas moins en une volonté d'imposer précipitamment aux autres le bien et le vrai dont on est convaincu. Ce qui est particulier à ce dogmatisme, c'est qu'il ne respecte pas la liberté du cheminement et qu'il manipule les esprits pour les conduire où ils ne veulent pas aller. Certaines des caractéristiques de la structure cognitive qu'analyse Rokeach se retrouvent sans aucun doute dans ce dogmatisme, ainsi la manière d'opposer ses convictions aux «erreurs» des autres ou l'indistinction des vérités centrales et périphériques.

Le dogmatisme est donc une réalité bien plus variée que l'intolérance et il est plus facile d'en décrire les modalités que d'en rechercher les formes et les causes par des instruments méthodologiquement rigoureux[112]. Il y a le dogmatisme qui résulte du mouvement de défense contre le danger que représentent les autres convictions. Il y a celui du purisme idéaliste qui veut mettre ses propres vérités à la place du consentement des autres. Il y a encore celui des personnalités paranoïdes qui découpent le monde en deux sphères ennemies, le bien et le mal, le vrai et le faux, la lumière et les ténèbres.

V. La religion comme compensation pour les frustrations

Nous avons réservé pour la fin l'examen de cette idée, car elle suggère un processus de l'ordre de la motivation. Formulée dans sa généralité abstraite, elle ne dit cependant rien de précis. Elle indique seulement que, par sa conduite religieuse, l'homme, souffrant d'un manque, restaure un équilibre, ou bien qu'il se dédommage d'un désagrément. Il s'agit donc d'une transposition métaphorique du terme qui désigne les réflexes qui commandent les mouvements compensatoires. En principe, on peut appliquer cette idée à bien des activités humaines. Cependant, avancée pour expliquer la religion, l'idée de la compensation pour les frustrations insinue généralement un mécanisme plus déterminé: la substitution d'une activité ou d'une relation en imagination à celles dont on ne jouit pas en réalité, selon le modèle des rêves d'héroïsme, de la relation amoureuse imaginaire ou de n'importe quels «châteaux en Espagne». C'est dans ce sens que C.Y. Glock[113] propose de rendre compte de la religion. Appliquant le principe avec une suite intrépide, il trouve pour chaque type de conduite religieuse la frustration qui l'explique. La secte correspond à la «privation» économique; l'église à la frustration éthique; le culte à la frustration psychique... Devant ces correspondances proposées, on se dit que l'homme religieux est un bon équilibriste sur la corde raide de la vie, car, lorsque son balancier se déséquilibre, il ajoute un poids céleste sur mesure.

Cette psychologie de la compensation, plutôt rudimentaire dans sa généralisation abstraite, s'inspire évidemment d'une option philosophique que Glock énonce, fût-ce avec une marge de prudence: les comportements religieux «compensent probablement les sentiments de privation plutôt que d'éliminer leurs causes». «Probablement», parce qu'une difficulté épistémologique hypothèque naturellement la théorie de la compensation: un sociologue ou un psychologue n'a pas la compétence pour déclarer que, de soi, la religion est la création d'un univers imaginaire par lequel l'homme se donne une gratification affective à la place des satisfactions réelles.

Cette interprétation poursuit incontestablement la thèse de Marx sur la religion et, en la transformant en termes psychologiques, elle la différencie pour l'appliquer à plusieurs catégories de frustration.

Plus dialectique que la psychologie de la compensation, la philosophie marxienne de la religion souligne cependant autant le mouvement positif qui anime la religion. Loin d'être pure fuite dans l'imaginaire affectif, elle exprime aussi la volonté qui s'oppose à la frustration et qui conduira précisément l'humanité à dépasser la religion par un travail qui porte sur la réalité. Ecoutons les formules percutantes de Marx: «C'est l'homme qui fait la religion, ce n'est pas la religion qui fait l'homme... La religion est la conscience de soi et le sentiment de soi, pour l'homme qui ne s'est pas trouvé lui-même ou qui s'est déjà perdu... La religion n'est que le soleil illusoire qui gravite autour de l'homme aussi longtemps que l'homme ne gravite pas autour de lui-même... La misère religieuse est en même temps une expression de la misère réelle et une protestation contre la misère réelle. La religion est le soupir de la créature opprimée, le cœur d'un monde sans cœur et l'esprit d'une condition sans esprit. Elle est l'opium du peuple...»[114]. Contrairement à un certain marxisme vulgarisé, Marx ne dénonce pas d'abord l'utilisation qu'un pouvoir oppressif ferait de la religion pour légitimer son autorité et pour démobiliser l'homme opprimé par la consolation religieuse. L'interprétation marxienne est essentiellement philosophique. Elle applique à la religion la conception du réel et de la vie effective telle que Marx l'a établie dans *L'idéologie allemande* (1845). La vie effective a lieu dans le travail parce que l'homme y réalise les conditions de son existence dans et par la réalité matérielle. Il y réalise (rend réelle) sa conscience tout en humanisant le réel sensible. Par contre, la conscience qui ne s'effectue pas dans le réel sensible demeure dans «la chambre noire» et vit avec les reflets ou les ombres du réel, dans l'illusion de vivre une vie effective. Elle s'aliène dans les *Vor-Stellungen*, les re-présentations. Pourquoi réduit-elle la vie à un théâtre d'ombres dans sa «*camera obscura*» intérieure? L'explication de Marx est importante car elle deviendra le ressort de la théorie de la compensation religieuse: parce que les conditions réelles la déterminent. Et les conditions réelles sont évidemment celles du travail, avec tout ce qu'il implique d'objectivement réel: l'état de la technique, l'organisation sociale, les processus économiques.

Il ne nous revient pas ici d'entrer dans tous les problèmes épistémologiques, anthropologiques et métaphysiques qu'implique la philosophie marxienne de la religion: la thèse de la conscience-reflet, la réduction de l'homme à la dimension du travail, le déterminisme historique... Ce qui est intéressant, dans la perspective de notre recherche, c'est que la philosophie de Marx présente certaines similitudes avec les idées philosophiques de Freud. Pour les deux auteurs la tâche de la civilisation est de maîtriser la nature. Seule la science connaît le réel et donne les moyens pour agir efficacement sur lui; la religion comme l'art ressortissent à l'illusion. Peut-être l'amour humain tout aussi bien, ajoute Freud. Et l'on sait la méfiance de certains régimes marxistes pour cette illusion bourgeoise.

Bien sûr, des observations quotidiennes ou méthodiques présentent des exemples où la religion offre apparemment une compensation imaginaire et affective pour les privations. L'arrière-fond de la philosophie marxienne peut dès lors servir de principe heuristique pour se mettre à la recherche des façons dont la religion satisfait affectivement, tout en inclinant à la résignation. Encore l'idée d'une pure compensation est-elle dangereusement étroite et arrogamment réductrice.

Prenons l'exemple apparemment le plus simple: celui des religions de guérison. On peut penser, comme Glock, que les hommes n'y recourraient pas s'ils connaissaient les causes de leurs souffrances et s'ils disposaient d'une médecine efficace. Cela se vérifie sans aucun doute dans bien des cas. Il n'y a aucun doute que, dans les populations instruites, la médecine a souvent remplacé les rites et les pèlerinages pour les guérisons. Mais il y a aussi des personnes instruites qui s'adressent à une religion de guérison, parfois en recourant en même temps à la médecine. Dans la religion de guérison, ils trouvent une vision qui situe la maladie et la guérison dans le cadre d'une lutte cosmique entre les forces spirituelles du bien et les puissances du mal[115]. On peut estimer que tout cela n'est que le produit de l'imagination; on ne l'expliquera pas rapidement par l'idée de la compensation pour l'incapacité d'agir efficacement.

Des sectes aussi se prêtent à l'explication par la compensation, parce que leurs traits distinctifs correspondent aux privations caractéristiques de leurs membres[116]. Aux ratés et aux laissés pour compte de la société la secte peut offrir une solidarité fraternelle. Il y a les sectes qui attirent ceux qui sont culturellement déracinés; les immigrants ou les membres d'une race minoritaire y trouvent la communauté de langue et de coutumes dont ils sont privés ailleurs. A d'autres une secte axée sur l'imminence de la fin des temps et sur la promesse d'un paradis futur offre le dédommagement pour les injustices subies. Le puritanisme moral de certaines sectes donne de la dignité à ceux qui souffrent de leur pauvreté ou des directives rigoureuses à ceux que l'absence de principes moraux a laissés désemparés et dégoûtés de la société. Dans tous ces cas, la compensation est évidente. Mais que signifie au juste ce terme?

Considérons encore le culte. On ne contestera pas qu'il peut donner une «compensation pour une frustration affective». Il y a des exaltations qui laissent l'impression de puiser à une source de souffrance et de trop vouloir la nier. Il y a des dramatisations affectives, par exemple dans la remémoration de la passion du Christ ou de la Vierge, où semble s'exprimer l'aspiration à s'oublier dans l'émotion plus que l'intention d'être en consonance intime avec les événements que les rites symbolisent. Il est notoire aussi qu'à ces émotions nostalgiques peut succéder la prise de conscience de leur plaisir trouble et une aversion pour ce qui paraît alors n'être qu'un glorieux mensonge. Mais en quoi le culte est-il une compensation affective lorsqu'il a l'intention d'associer et d'accorder l'existence humaine aux événements divins qu'il célèbre? On se demande comment une psychologie de l'affectivité frustrée pourrait mentalement reconstruire le symbolisme rituel, les métaphores religieuses et le contenu doctrinal d'un culte.

Derrière la théorie de la compensation comme satisfacion déplacée hors du réel, il y a évidemment une idée juste : que la religion répond à une insatisfaction et qu'elle veut résoudre les dissonances du monde et de la vie humaine. Mais, si le psychologue ne prend pas une décision sur la réalité des convictions religieuses, il doit envisager les deux possibilités de la compensation que la psychologie distingue : d'une part, celle qui consiste à se réfugier dans l'imagination affective et qui relève de la psychopathologie; d'autre part, l'activité par laquelle on surmonte une faiblesse ou une insatisfaction. Reprenons l'exemple du culte et supposons qu'il donne une satisfaction que ne procure pas ce que l'incroyant considère comme la seule réalité. Si on y suspecte d'emblée la recherche d'une compensation pour ce que la vie affective devrait normalement donner, on méconnaît que l'homme peut éprouver un autre manque que le désir d'une intimité humaine. On peut estimer qu'il y a des tâches plus urgentes vers lesquelles la religion devrait orienter les hommes. Par ses satisfactions affectives, toute célébration festive détournerait les énergies du réel qui est à transformer. Mais à pousser cette préoccupation utilitaire, il faudra également demander à l'art qu'il soit «réaliste» comme il l'a été obligatoirement sous Staline et sous Hitler. La thèse soupçonneuse de la compensation mène loin si on en tire les conséquences. Elle engage la conception qu'on a du réel et du sens de la vie, et elle nous déporte ainsi en dehors de la psychologie, vers des questions philosophiques qu'il fallait dégager des confusions psychologiques mais qu'il n'y a pas lieu d'approfondir ici.

Conclusion

1. Le biais sous lequel nous avons examiné la religion, dans ce chapitre, est celui des dynamismes psychiques qui poussent l'homme à recourir au surnaturel religieux en vue d'assurer les désirs humains. Nous avons rassemblé ces dynamismes sous la rubrique des motivations, parce que ce terme, classique en psychologie, désigne l'ensemble structuré de la disposition active (ce qui meut), de la situation (ce en raison de quoi on agit) et du but (ce en vue de quoi). Or, la psychologie qui s'attache à expliquer la religion, se pose généralement la question de ce qui motive la conduite religieuse. A la question ainsi formulée deux types de réponses sont possibles. Ou bien de la conduite religieuse on infère une motivation proprement religieuse, qu'on appelle la plupart du temps «le besoin religieux»; nous avons dit notre réticence envers ce concept. Ou bien on examine quelles sont les motivations non religieuses qui conduisent à la religion. Ce fut notre approche.

Ayant ainsi déterminé l'idée de motivation, nous aurons à envisager plus tard une troisième optique: celle qui examine la motivation dont la finalité est elle-même religieuse. Il s'agit d'une conduite qui, dans sa motivation, s'est laissée transformer par le sens nouveau et par la finalité nouvelle que la religion entend donner à l'existence. Le concept de motivation prend ici un sens différent; il n'est plus celui du psychisme de l'homme en tant qu'il se réalise dans la sphère du monde.

Notre distinction entre la motivation pour la religion et la religion qui motive correspond à la réalité humaine et à l'objectivité culturelle de la religion. Comme il en va pour tout phénomène culturel, la religion se veut instauratrice de sens et de valeur qui lui sont propres et elle sollicite l'homme à entrer dans la vie qu'elle croit faire advenir. L'homme peut faire sienne cette vie, se l'approprier, y entrer. Mais il le fait avec ses tendances et ses intérêts. Or, lorsque ceux-ci prévalent sur le sens que la religion propose, nous avons affaire à des motivations qui replient la religion sur les finalités humaines.

Dans ces cas, le mot «explication» de la religion prend son vrai sens. On explique, en effet, par une causalité psychique, cette religion-là qu'on observe. Non pas «la religion», parce que, sans la tradition religieuse, cette religion-là n'existerait pas.

Cette explication n'est évidemment toujours que partielle, car celui qui s'adresse à Dieu, pour quelque motif que ce soit, dépasse toujours ses motivations humaines, si peu que ce soit. Il ne peut jamais y avoir de déterminisme absolu par les motivations, puisqu'on invoque l'être surnaturel dont on sait, fût-ce vaguement, qu'Il est celui qu'annonce le message religieux.

2. Les motivations ne sont pas seulement ambiguës du point de vue religieux, elles sont également ambivalentes. Nous avons régulièrement observé qu'elles se retournent contre la religion qui reposait sur elles. La demande s'expose à la déception, celle-ci produit la révolte et la conviction de l'illusion de la croyance. La consolation religieuse se tourne en méfiance envers une automystification et elle semble moins digne que la résignation à la dure réalité. Le souci de garantir et de protéger l'éthique sociale par la religion, ou l'intérêt qu'on prend à la religion comme soutien pour la formation de sa propre identité morale, se défont, car on prend conscience de pouvoir se passer de la religion pour réaliser ces buts. En outre, les critiques des effets d'intolérance que produisent ces intérêts religieux les rendent suspects et jettent une ombre sur la religion elle-même.

En éclairant l'ambivalence des motivations nous rejoignons la constatation, faite par des sociologues, que par l'évolution de la culture la religion a perdu de nombreuses fonctions qu'elle a accomplies par le passé; ils se demandent lesquelles lui pourront encore être réservées dans l'avenir[117]. Notre psychologie de la motivation se distingue cependant de cette sociologie. Tout d'abord, notre optique n'est pas exclusivement fonctionnaliste, puisque nous n'expliquons pas la religion par ses fonctions, sociales ou psychologiques, et que nous maintenons dès lors la possibilité d'une donation de sens original par la religion elle-même. Ensuite, le concept de motivation désigne un dynamisme intrapsychique qui, en s'alliant avec la religion, entretient avec elle un rapport ambivalent et conduit dès lors, non pas à une pure disparition de la fonction religieuse, mais à un conflit. La révolte, le refus de consolation... s'opposent à la croyance religieuse. Or, le conflit est plus que l'absence de religion. En s'opposant, on prend position. Cela peut, bien sûr, conduire à l'abandon qui devient indifférence religieuse suite à la disparition de l'intérêt fonctionnel. Mais le moment du conflit peut aussi être celui de la découverte d'un sens religieux nouveau.

3. Montrer l'ambivalence des motivations, c'est en fait porter un jugement de vérité. Mais d'après quel critère ? A moins de s'ériger en juge transcendantal de vérité et de dépasser son lieu propre et sa compétence, le psychologue ne peut adopter que le critère situationnel de ceux qu'il étudie : tels sujets qui confessent appartenir à telle religion. C'est dire que le critère est celui de la conformité de la conduite religieuse avec la religion confessée. C'est de la même manière qu'un psychologue évalue le comportement linguistique ou celui du travail.

L'ambivalence motivationnelle représente en fait une dissonance interne entre la religion effectivement vécue et les significations présentées par la religion. Le sujet qui s'en détourne pour les raisons de conflit que nous avons analysées, ne prend évidemment pas conscience de cette dissonance, sinon il n'identifierait pas la religion avec le sens qu'il en a assimilé. Le psychologue qui regarde du dehors et qui n'adopte pas *a priori* la conception réduite de la religion de celui qui s'en détourne, mais qui tient sous le regard la religion telle qu'elle se présente dans son langage propre, estime que cette religion motivée est, pour une part au moins, inauthentique, non conforme à ce qu'elle est en elle-même, selon sa véracité. Ce jugement d'inauthenticité n'est pas un jugement moral, cependant, mais un jugement psychologique. Il est évident, en effet, que la dissonance interne n'est ni voulue, ni consciente, car personne ne saurait la vivre comme une duplicité consciente. A preuve la crise religieuse, suivie éventuellement de l'abandon de la religion, lorsque le sujet en prend conscience. Le psychologue peut observer qu'un homme prie Dieu ou participe au culte parce qu'il a confiance que Dieu le protégera dans ses entreprises humaines; il peut même, mais seulement après coup, après l'abandon de la foi, dire que tel homme croyait en Dieu parce qu'il attendait de Lui cette protection. Mais, dans sa conscience, cet homme adresse à Dieu sa demande parce qu'il croit en Lui. L'interprétation du psychologue est à l'inverse de ce que vit le sujet qu'il étudie. Dire que cet homme utilise Dieu ou la religion, est une expression de second ordre mais n'est pas une description de l'intention du sujet. Aussi avons-nous évité ce langage trop rationnel et facilement malveillant. L'intérêt de la psychologie est précisément de révéler, par une observation à distance, les dynamismes qui gouvernent la religion effectivement vécue à l'insu des sujets eux-mêmes. Ces motivations sont donc inconscientes au sens descriptif du terme. Il y a là une spontanéité psychique à l'œuvre qui sélectionne dans l'ensemble religieux des éléments qui s'intègrent dans les intérêts vitaux, narcissiques et sociaux du sujet. Il ne s'y agit pas d'une substitution d'une satisfaction à une autre dont le sujet ne veut rien savoir. Bien au contraire, le but que poursuit la spontanéité psychique est accepté. Ce que le sujet n'y reconnaît pas, c'est que, plutôt que de laisser transformer ses intérêts par l'appel des significations religieuses, il les interprète sélectivement et les adapte à ses buts humains. La théorie de la compensation substitutive, par contre, invoque une méconnaissance et un renoncement involontaire de satisfactions qu'on est psychologiquement incapable de poursuivre. Dans ce cas, il s'agit d'une motivation inconsciente au sens fort du refoulement. Pour se justifier, cette interprétation doit pouvoir montrer qu'il y a réellement refoulement, comme on le fait pour les conduites qui relèvent de la psychopathologie. Rappelons que Freud n'assimile pas l'«illusion» religieuse à la compensation substitutive. Et Marx, dont cette théorie de la religion voudrait s'inspirer, n'avance pas non plus l'idée de la simple compensation affective, puisque, d'après lui, dans le déplacement imaginaire sur la religion, les dynamismes humains conservent leur finalité et finissent par se réaliser.

L'optique de la psychologie motivationnelle fait un découpage dans la religion vécue. L'inconscience même des motivations qui sont discordantes d'avec la religion confessée montre que, même là où les motivations attirent la religion vers leur finalité, l'homme a l'intention de la croyance religieuse; sinon il ne se laisserait pas interpeller par la religion. Obscurcie par les motivations certes, il y a une intention qui les dépasse et qui s'énonce en des termes qui décentrent, du moins pour un peu, l'homme de lui-même et le tournent vers une réalité qui vient à lui, comme la présence d'une autre réalité. L'expression «expérience religieuse» se désigne ici à l'examen par un autre type de psychologie que celle que nous avons pratiquée jusqu'ici.

NOTES

[1] Voir *L'explication en psychologie. Textes du colloque de psychologie scientifique en langue française*, Paris, P.U.F., 1980.
[2] *Pattern and growth in personality*, London-New York, Holt, Rinehart & Winston, 1964, p. 206-218.
[3] Nous nous sommes expliqué là-dessus dans notre: *Interprétation du langage religieux*, Paris, Seuil, 1974, p. 135-160.
[4] RICHELLE M., dans: *L'explication...*, voir note 1, p. 207.
[5] VON WRIGHT G.H., *Explanation and understanding*, London, Routledge & Kegan Paul, 1975, Ithaca-New York, Cornell University Press, 1971; RICŒUR P., Le discours de l'action, dans: *La sémantique de l'action*, C.N.R.S., 1977, p. 3-140.
[6] La critique que fait Peters R.S. du concept de motivation s'appuie sur cette ambiguïté; voir: PETERS R.S., *The concept of motivation*, London, Routledge & Kegan, 1960.
[7] Ceci est particulièrement le cas aux U.S.A.; voir STRUENING E. et SPILKA B., A study of certain social and religious attitudes of university faculty members, *Psychological Newsletter*, 43 (1952), p. 1-18.
[8] *Nouvelles conférences sur la psychanalyse* (trad. Berman), Paris, Gallimard, 1936, VIe conférence, p. 130-131.
[9] *Pattern and growth in personality*, London-New York, Holt, Rinehart & Winston, 1964, p. 201.

[10] VERGOTE A., De l'expérience à l'attitude religieuse, *Archiv für Religions-psychologie*, VIII (1964), p. 99-113; HUTSEBAUT D., The representation of God: two complementary approaches, *Social Compass*, 19 (1972), p. 389-406; cet article s'appuie e.a. sur l'enquête faite par G. STICKLER auprès des ouvrières italiennes; voir: Contribution à l'échelle objective de l'attitude envers Dieu (mémoire de licence en psychologie, non publié), Louvain, 1963.

[11] The attitude of adults towards God, *Social Compass*, 19 (1972), p. 407-413.

[12] Belief as lived relation, *Psychologica Belgica*, 20 (1980), p. 33-47.

[13] Is religious behavior dependent upon affect or frustration?, *Journal of Abnormal and Social Psychology*, (1947), p. 310-319.

[14] *The American soldier*, vol. II. *Combat and its aftermath*, Princeton, Princeton University Press, 1949, p. 180 s.

[15] ALLPORT G.W., GILLESPIE J.M. et YOUNG Jacqueline, The religion of the post-war college student, *Journal of Psychology*, 25 (1948), p. 3-33.

[16] Mental status and religious behavior, *Journal for the Scientific Study of Religion*, 9 (1970), p. 143-149.

[17] Nous avons analysé les interprétations freudiennes de la religion dans : La psychanalyse devant la religion, dans *Etudes d'anthropologie philosophique*, Louvain-Paris, Peeters & Vrin, 1980, p. 74-96.

[18] Nous résumons la bonne analyse faite par d'HARCOURT Ph., Philosophie et modernité, dans: *La confession de la foi*, Paris, Fayard, 1977, p. 11-16.

[19] *Zur Psychoanalyse der Christlichen Religion*, Leipzig-Vienne, Int. Psychoanal. Verlag, 1928, p. 7-13.

[20] *L'avenir d'une illusion*, chap. VI.

[21] WILSON B., *Contemporary transformations of religion*, London-Oxford-New York, Oxford University Press, 1976.

[22] Belief as lived relation, *Psychologica Belgica*, 20 (1980), p. 33-47.

[23] Voir par exemple EVANS-PRITCHARD E.E., *Sorcellerie, oracles et magie chez les Azande*, (trad. Evrard), Paris, Gallimard, 1972, p. 446 s.

[24] *Essais de psychanalyse (1921-1945)*, Paris, Payot, 1967, e.a. p. 324-325, 336-337.

[25] Nous avons analysé ce phénomène dans: *Dette et désir. Deux axes chrétiens et la dérive pathologique*, Paris, Seuil, 1978, p. 277-292.

[26] REMY J. et SERVAIS E., Clandestinité et illégitimité: les fonctions de l'occulte et du mystérieux dans la société contemporaine, *Concilium*, 81 (1973), p. 69-80.

[27] DEMERATH N.J., Irreligion, a-religion, and the rise of the religion-less church: Two case studies in organizational convergence, *Sociological Analysis*, 30 (1969) 4, p. 191-203.

[28] HARMS E., The development of religious experience in children, *American Journal of Sociology*, 50 (1944), p. 112-122.

[29] GOLDMAN R.J., *Religious thinking from childhood to adolescence*, London, Routledge and Kegan, 1966.

[30] BROWN L.B., Quelques attitudes sous-jacentes dans les prières pour demander des faveurs, *Cahiers de Psychologie Religieuse*, 4 (1967), Bruxelles, Lumen Vitae, p. 67-88. Voir aussi FOWLER J.W., Faith and the structuring of meaning, dans *Toward moral and religious maturity*, Morristown (New Jersey), Silver Burdett Cy, 1980, p. 51-85.

[31] HOUTART Fr., *Religion and ideology in Sri Lanka*, Bangalore, TPI, 1974, XVI.

[32] *L'avenir...*, p. 26-27.

[33] *Social Surveys*.

[34] DELOOZ P., Qui croit à l'au-delà? dans: *Mort et présence, Cahiers de Psychologie Religieuse*, 5 (1971), Bruxelles, Lumen Vitae, p. 31.

[35] Effect of induced fear of death on belief in afterlife, *Journal of Personality and Social Psychology*, 27 (1973), p. 256-60.

[36] JASPERS K., dans: *Kleines Philosophisches Wörterbuch*, MULLER M. et HALDER A. (éd.), Freiburg, Herder, 1971, p. 75.
[37] ARIES Ph., *L'homme devant la mort*, Paris, Seuil, 1977.
[38] GODIN A., La fonction historique, *Lumen Vitae*, Bruxelles, 14 (1959) 2, p. 229-250. Ceci a été nettement observé par SKA l., La conception de la mort chez l'enfant (mémoire de licence en psychologie, non publié), Louvain, 1969.
[39] PORTZ A., Le sens de la mort chez l'enfant, dans: *Mort et présence*, p. 143-160.
[40] Nous nous référons à des recherches faites au Centre de psychologie de la religion, Université de Louvain, et dont JASPARD J.-M. prépare la publication.
[41] *L'Etre et le néant*, Paris, Gallimard, 1944, p. 630.
[42] *Etre et avoir*, Paris, Aubier, 1935, p. 12.
[43] VON GEBSATTEL V.E., *Prolegomena zu einer medizinischen Anthropologie*, Berlin, Springer, 1954, p. 400.
[44] *Der Geist als Widersacher der Seele*, Leipzig, Barth, 1932, vol. III, p. 1358.
[45] Qu'il s'agit d'un désir personnel et non pas simplement d'une coutume sociale ou d'une concession à la famille, une enquête faite dans le XXe arrondissement de Paris le prouve. Voir E. PIN, *Religiosité et appartenance à l'Eglise dans le XXe arrondissement de Paris*, Rome, C.I.R.I.S., 1968, p. 18.
[46] LESTER D., Attitudes devant la mort et conduites religieuses, dans: *Mort et présence*, p. 107-127.
[47] SWENSON W.M., Attitudes towards death in an aged population, *Journal of Gerontology*, 16 (1961), p. 49-52; JEFFERS F.C. et al., Attitudes of older persons towards death: a preliminary study, *ibid.*, p. 53-56.
[48] GODIN A., La mort a-t-elle changé? dans: *Mort et présence*, p. 240.
[49] MAGNI K.G., La peur de la mort, dans: *Mort et présence*, p. 129-142.
[50] DANBLON P. et GODIN A., Comment parle-t-on de la mort? dans: *Mort et présence*, p. 60.
[51] GODIN A., La mort a-t-elle changé?, *ibid.*, p. 241-242.
[52] *Toward a psychology of being*, Princeton, Van Nostrand, 1962.
[53] LECLAIRE S., *Démasquer le réel. Un essai sur l'objet en psychanalyse*, Paris, Seuil, 1971, p. 121-146.
[54] Voir note 49.
[55] KUBLER-ROSS E., *On death and dying*, London, Tavistock, 1970.
[56] Publication partielle par DE NEUTER P., Amour, sexualité et religion: enquête par questionnaire et par images d'aperception auprès d'un groupe de collégiens, *Social Compass*, 19 (1972), p. 365-387.
[57] GODIN A., *o.c.*, a perçu ce problème et en présente quelques analyses.
[58] Résultats d'enquêtes dans: DELOOZ P., Qui croit à l'au-delà?, dans: *Mort et présence*, p. 17-38; et dans: ARGYLE M. et BEIT-HALLAHMI B., *The social psychology of religion*, London-Boston, Routledge and Kegan, 1975, p. 68-70.
[59] YOURCENAR Marguerite, *La couronne et la lyre. Poèmes traduits du grec*, Paris, Gallimard, 1979, p. 45.
[60] Extrait d'une lettre citée par VON GEBSATTEL V.E., dans *Prolegomena zu einer medizinischen Anthropologie*, Berlin, Springer, 1954, p. 402. Notre traduction.
[61] DE WAELHENS A., *La psychose. Essai d'interprétation analytique et existentiale*, Louvain-Paris, Nauwelaerts, 1972, p. 142-145.
[62] Attitudes toward death in some normal and mentally ill populations, dans: FEIFEL H. (éd.), *The meaning of death*, New York, Mac Graw-Hill, 1965, p. 114-130.
[63] DANBLON P. et GODIN A., *a.c.*, p. 61.
[64] PIN E., *a.c.*, p. 8-9.
[65] DANBLON P. et GODIN A., *a.c.*, p. 61 et 67.
[66] *Religion in secular society*, London, Watts & Co, 1966.

⁶⁷ Voir MANSELLI R., La chiesa tra il cristiano et la morte: conforto e speranza, dans: *Filosofia e religione di fronte alla morte*, OLIVETTI M. (éd), Padova, Cedam, 1981, p. 435-445.
⁶⁸ ELLUL J., «Loi et sacré», droit et divin. De la loi sacrée au droit divin, dans: *Le sacré*, CASTELLI E. (éd.), Paris, Aubier, 1974, p. 179-200.
⁶⁹ THOMAS D'AQUIN, *Summa Theologia, prima secundae*, qu. 94-96.
⁷⁰ Voir chapitre I, note 27.
⁷¹ Nous reprenons cette expression à SCHMIDTCHEN G., *Was den Deutschen heilig ist. Religiöse und politische Strömungen in der Bundesrepublik Deutschland*, München, Kösel, 1979, p. 200-204.
⁷² BERGER P. et LUCKMANN T., *The social construction of reality*, New York, Doubleday, 1966.
⁷³ *Structure and process in modern society*, Glencoe, Free Press, 1960, p. 302.
⁷⁴ *Beyond belief*, New York, Harper and Row, 1970, p. 12.
⁷⁵ *Les formes élémentaires de la vie religieuse. Le système totémique en Australie*, Paris, Felix Alcan, 1912 (Paris, P.U.F., 1968).
⁷⁶ *Sondages*, Paris, I.F.O.P., 1959 (3), p. 21.
⁷⁷ Child-control through a 'coalition with God', *Child Development*, 35 (1964), p. 417-432.
⁷⁸ ALLPORT G.W. et ROSS J.M., Personal religious orientation and prejudice, *Journal of Personality and Social Psychology*, 5 (1967), p. 432-443.
⁷⁹ Voir l'aperçu de ces recherches dans: ALLPORT et ROSS, a.c.; voir aussi ARGYLE M. et BEIT-HALLAHMI B., *o.c.*, p. 116-120.
⁸⁰ POUILLON J., Manières de table, manières de lit, manières de langage, dans: *Destins du cannibalisme, Nouvelle Revue de Psychanalyse*, 6 (1972), p. 12.
⁸¹ JUNG C.G., *Erinnerungen Traüme Gedanken*, Zürich-Stuttgart, Rascher, 1962, chap. 2.
⁸² *The authoritarian personality*, New York, Harper, 1950.
⁸³ *The sociology of religion*, Englewood-Cliffs, New York, Prentice-Hall, 1966.
⁸⁴ MAC DONAGH E., Moral theology and moral development, dans *Toward moral and religious maturity*, Morristown (New Jersey), Silver Burdett Cy, 1980, p. 319-342.
⁸⁵ Nous avons développé cette conception dans: The dynamics of the family and its significance for moral and religious development, dans: *Toward moral and religious maturity*, Morristown (New Jersey), Silver Burdett Cy, 1980, p. 89-114.
⁸⁶ God-image as a function of self-esteem and locus of control, *Journal for the Scientific Study of Religion*, 12 (1973), p. 297-310.
⁸⁷ HUTSEBAUT D., Reference figures in moral development, dans: *Toward moral and religious maturity*, Morristown (New Jersey), Silver Burdett Cy, 1980, p. 193-221.
⁸⁸ *Dette et désir. Deux axes chrétiens et la dérive pathologique*, Paris, Seuil, 1978, p. 69 s.
⁸⁹ KUHLEN R.G. et ARNOLD Martha, Age differences in religious beliefs and problems during adolescence, *Journal of Genetic Psychology*, 65 (1944), p. 291-300; HILLIARD F.H., The influence of religious education upon the development of children's moral ideas, *British Journal of Educational Psychology*, 29 (1959), p. 50-59.
⁹⁰ NIETZSCHE F., *La généalogie de la morale* (trad. Albert), Paris, Mercure de France, 1908, III.
⁹¹ DRICOT J., Contribution à l'étude de la conduite morale et du jugement moral chez l'enfant de 6 à 8 ans (mémoire de licence en pédagogie, non publié), Louvain, 1962.
⁹² Ceci s'accorde avec la thèse de SZONDI L. selon laquelle la conscience morale résulte du «retournement» de la pulsion agressive et meurtrière: *Moses Antwort auf Kaïn*, Bern, Huber, 1973.
⁹³ *L'avenir...*, p. 62.
⁹⁴ *Das Christentum und die Angst*, Zürich, Artemisverlag, 1944.

[95] Les premières études de psychologie religieuse aux U.S.A. furent consacrées à ce phénomène : LEUBA J., Studies in the psychology of religion, *Journal of Psychology*, 1896, p. 309-385; STARBUCK E.D., *The psychology of religion*, New York-London, Walter Scott, 1899.
[96] Nous nous inspirons ici des enquêtes faites par GILLEN L., *Das Gewissen bei Jugendlichen. Psychologische Untersuchung*, Göttingen, Hogrefe, Verlag für Psychologie, 1956.
[97] PEYREFITTE A., *Quand la Chine s'éveillera...*, Paris, Fayard, 1973, p. 125-127.
[98] Nous nous appuyons sur MAC KEON D.M. : Deliverance. A study of the pastoral response within the contemporary Pentecostal movement to the experience of personal demonic evil (mémoire de Master of arts in moral and religious sciences, non publié), Leuven, 1973.
[99] FREUD S., Actes obsédants et exercices religieux, 1907, publié en annexe dans *L'avenir...*; nous avons critiquement analysé cet article dans : *Dette et désir*, p. 130-138, ainsi que dans notre étude citée, note 18.
[100] Voir *Dette et désir*, p. 156-162.
[101] Agression and denominational membership, *British Journal of Social and Clinical Psychology*, 4 (1965), p. 175-178.
[102] Voir note 72.
[103] Paris, P.U.F., 1980, p. 180-181.
[104] A ce sujet, on trouvera des analyses précieuses dans : *Religion als Problem der Aufklärung. Eine Bilanz aus der religionstheoretischen Forschung*, RENDTORFF T. (éd.), Göttingen, Vandenhoeck & Ruprecht, 1980.
[105] *Die Krisis der europäischen Wissenschaften und die transzendentale Phänomenologie*, Den Haag, Martinus Nijhoff, 1954, p. 72.
[106] Nous nous appuyons sur *Historisches Wörterbuch der Philosophie*, RITTER Joachim (éd.), Darmstadt, Wissenschaftliche Buchgesellschaft, 1972, vol. II, col. 277-279.
[107] MERLEAU-PONTY M., *Signes*, Paris, Gallimard, 1960, p. 185; SARTRE J.-P. donne une belle description de la «foi» rationaliste dans : *Les Mots*, Paris, Gallimard, 1964, p. 78-79.
[108] *The open and closed mind*, New York, Basic Books, 1960; Value systems in religion, *Review of Religious Research*, 11 (1969), p. 3-23. Sur l'œuvre de Rokeach on pourra consulter l'excellente étude de DECONCHY J.-P., Milton Rokeach et la notion de dogmatisme, *Archives de sociologie des religions*, 30 (1970), p. 3-31. Dans notre exposé nous reprenons certaines formulations à l'article de Rokeach : La nature et la signification du dogmatisme, traduit et présenté par DECONCHY dans *Archives de sociologie des religions*, 32 (1971), p. 9-28.
[109] GUNTERN A., Angst und Dogmatismus, *Archiv für Religionspsychologie*, 13 (1978), p. 239-251. GUNTERN A., Glaubenstypen und ihre Verankerung im Menschen (thèse de doctorat en psychologie; publication partielle : voir chap. IV, note 51); BARUFFOL E. et GUNTERN A., Zur Validität des Dogmatismus, Text auswertungsverfahren von Ertel, *Zeitschrift für Sozialpsychologie*, 11 (1980), p. 225-232.
[110] Voir l'étude que TILLIETTE X. a consacrée à cette nouvelle : La tentation de l'autorité, dans CASTELLI E. (éd.), *L'herméneutique de la liberté religieuse*, Paris, Aubier, 1968, p. 177-195.
[111] Voir le livre publié sous ce titre par DUMERY H., Paris, Seuil, 1956.
[112] DECONCHY J.-P., *Orthodoxie religieuse et sciences humaines*, La Haye, Mouton, 1980. Deconchy présente la poursuite de ses recherches psychosociales expérimentales sur ce sujet et sur lesquelles il avait publié précédemment : *L'orthodoxie religieuse. Essai de logique psychosociale*, Paris, Ed. Ouvrières, 1971. Deconchy examine comment le groupe mis à l'épreuve, par exemple, par l'écart entre croyance et rationalité, cherche à restaurer la cohérence par un travail logique et, devant les apories, par un recours à l'autorité de la tradition et de l'institution. Deconchy étudie «l'orthodoxie religieuse»

parce qu'elle lui paraît exemplaire des « autres orthodoxies idéologiques » en ce qu'elle pose comme ultimement invérifiable son objet idéologique (p. 17) et que, par une « structure cognitive à vrai dire extraordinaire » (p. 18), elle « consacre l'impuissance ultime de la raison humaine en la confortant par des arc-boutants qui sont extérieurs à son exercice et qui sont censés lui donner la portée contraignante qu'elle ne saurait se faire reconnaître à elle seule » (p. 18). La religion catholique présente donc l'exemple privilégié qui permet d'analyser comment se nouent « l'invérifiable et la régulation sociale ». Il nous paraît qu'à travers des formules précautionneuses qui veulent préserver la neutralité de la recherche, une perspective philosophique préside néanmoins aux interprétations: celle qui entend reconstruire par les lois de la régulation psychosociale les principes de régulation doctrinale que la religion de la révélation considère comme inhérents à sa nature même. La comparaison avec le même type de recherche expérimentale sur d'autres « idéologies » serait éclairant à cet égard; nous ne sommes pas si sûr que « l'orthodoxie religieuse » est paradigmatique, vu sa particularité.

[113] The role of deprivation in the origin and evolution of religious groups, dans: LEE R. et MARTY M.E. (éd.), *Religion and social conflict*, Oxford-New York, Oxford University Press, 1964, p. 29.

[114] MARX K. et ENGELS F., *Sur la religion*. Textes Choisis, Paris, Ed. Sociales, 1960, passim.

[115] Nous avons observé un modèle de pareille religion de la guérison dans une secte à Brasilia (Vale do Auranbrecer, Planaltina; secte de Tia Neira). Il nous y est apparu que l'idée de la maladie physique y est plutôt le symbole d'une perception plus fondamentale de la faiblesse et de la contingence humaines et le point d'appui symbolique pour l'aspiration à une puissance cosmique et spirituelle. Parmi les praticants on y compte des personnes appartenant aux classes sociales moyennes et supérieures, même diplômées universitaires, qu'on peut difficilement soupçonner de « mal percevoir » les causes de leur souffrances, et cela d'autant moins que leur pratique de cette religion n'exclut pas le recours au traitement médical.

[116] WILSON B., *Religious Sects*, New York, Mc Graw-Hill, 1970; CARRIER H., *Psychosociologie de l'appartenance religieuse*, Rome, Presses de l'Université Grégorienne, 1966.

[117] WILSON B., *Contemporary transformation of religion*, Oxford-New York, Oxford University Press, 1976, p. 7. Cette question est également au cœur des différentes études du volume *Religion als Problem der Aufklärung*, voir note 104.

Chapitre III
L'expérience religieuse

Le discours religieux contemporain pousse en position centrale l'idée d'expérience religieuse alors que le concept d'expérience n'a guère eu de place dans la psychologie académique, exception faite de la psychologie de la religion précisément. Ce contraste frappant appelle notre attention particulière sur la difficulté à définir le statut psychologique de l'expérience.

Son caractère privé en est une première caractéristique. La motivation est à double face, privée et publique, mais l'expérience se dérobe à l'observation du dehors. Une psychologie qui veut se conformer au modèle des sciences positives l'exclura donc de son domaine. On ne peut pourtant pas feindre de l'ignorer comme si elle n'appartenait pas à la réalité psychique de ceux qui en témoignent. Aussi notre option est-elle de la considérer comme faisant partie de la réalité psychique. Nous n'en recueillerons pas les expressions en vue de nous former une idée philosophique sur le divin mais nous essayerons de voir ce que signifie l'expérience religieuse pour ceux qui l'invoquent, quelle est sa fonction dans l'ensemble de leur conduite religieuse, ce qui conditionne sa présence ou son absence. La question de sa portée objective n'est pas de notre ressort. En fait, notre approche sera pareille à celle de la psychologie clinique qui donne la parole aux hommes et qui, en écoutant les énoncés qui se recoupent, se complètent et se corrigent, découvre leur réalité psychique essentielle : leurs amours, leurs angoisses, leurs colères secrètes, leurs espoirs. La tâche du psychologue n'est pas d'en vérifier la réalité ontologique, comme dans la psychologie bâtarde de l'introspection, mais d'évaluer leur réalité psychologique en la replaçant dans l'ensemble de la personnalité et de ses rapports effectifs aux autres et au monde.

L'idée d'expérience résiste aussi aux concepts de la psychologie définie comme l'étude du comportement. En soi-même, l'expérience n'est pas une motivation qui pousse à combler un manque par une action. Elle n'est pas non plus une attitude, au sens d'une prise de position en faveur ou en défaveur de quelqu'un ou de quelque chose. Ceux qui invoquent l'expérience religieuse y puisent pourtant un motif pour leur croyance.

La confusion qui entoure l'expérience religieuse n'en rend pas l'étude psychologique aisée. Depuis que s'est formée l'expression, elle a tendance à absorber tous les contenus. Dans la littérature religieuse, les expressions disparates prolifèrent et se jouxtent bizarrement : expérience transcendantale, ou mystique; expérience du sacré, de Dieu, de Jésus-Christ, voire de la résurrection... Comment dégager des profils dans ce qui paraît une jungle inextricable? Comment distinguer ce qui est une réalité psychique et ce qui n'est qu'un écho de théories qui se balladent dans les esprits, ou ce qui n'est qu'une rhétorique apologétique et paresseuse? On a parfois l'impression que l'expression « expérience religieuse » sert de mot-valise dans lequel enfourner toute conviction religieuse. Ou de clef magique bonne à tout expliquer. La première tâche qui s'impose en tout cas est de définir l'expérience religieuse, d'en délimiter le sens et, corrélativement, d'articuler ses différentes modalités. Pour nous préparer à l'examen de ses coordonnées psychologiques, nous interrogerons ensuite quelques théories de l'expérience religieuse. Notre vigilance critique envers l'inflation actuelle du thème ne devra pas non plus nous faire méconnaître qu'elle est elle-même un fait psychique qui appelle lui aussi une interprétation.

I. Définition et classification

I.1. Définition

Le mot « expérience » désigne généralement un mode empirique de connaissance. Le pur contact avec la chose brute ne constitue pas une expérience; il faut que la chose se donne comme prégnante de signification. L'expérience est dans la conjonction du contact immédiat et de la signification saisie sur la chose. On a beau lire les meilleurs ouvrages sur un pays étranger, seules la fréquentation de ses habitants, la déambulation dans ses villes et la traversée de ses régions viendront remplir d'expérience le savoir appris. Mais celui qui ignore la langue du pays et ne sait rien de ses ressources et de son histoire, n'en fera pas non plus l'expérience, car les signes perçus resteront opaques ou ne lui reflèteront que ses propres idées et manies. Il n'y a d'expérience que là où le sens naît de la chose et où l'interprétation délivre le sens qui y est captif. L'expérience peut donc commencer auprès des choses et, par le langage, les ouvrir progressivement et laisser venir au jour les significations qu'elles recèlent. Ou bien l'expérience peut partir des idées et faire descendre celles-ci sur les choses pour que leur chair donne un corps de réalité aux idées.

L'expérience religieuse se réclame elle aussi d'une saisie immédiate, mais les descriptions qu'en font les témoins sont si différentes qu'on se demande ce qui leur est commun. Leur parenté, la saisie immédiate, indique en tout cas que le sujet, dans sa subjectivité, y est central. L'expérience se réalise dans l'intimité privée. Le langage dans lequel elle s'exprime traduit en outre qu'elle s'accomplit dans ou par l'affectivité. La joie ou la frayeur sont des qualités d'un contact qui est senti. Serait-ce donc l'affectivité qui, de par sa nature fondamentalement subjective, produirait des expériences si différentes entre elles ? Ces expériences seraient-elles les émanations des intériorités et, pour cette raison, aussi discordantes entre elles que ne le sont les subjectivités ? La méfiance dans laquelle les uns tiennent l'expérience religieuse, équivalente à la faveur qu'elle rencontre chez les autres, se comprend et se justifie si l'intériorité affective est la mesure de l'expérience religieuse. Cependant, à écouter les expressions, l'emblème le plus frappant de l'expérience religieuse semble bien être le dépassement de l'opposition entre le subjectif et l'objectif. Elle se présente comme une réelle communication. Les discours qu'on tient sur elle insistent sur le fait qu'un circuit s'y établit entre le sujet et la réalité surnaturelle ; on oppose l'expérience au langage objectif sur un surnaturel séparé de la vie. Le pathétique de certains de ces discours fait craindre que l'expérience soit trop infectée par les sentiments pour être fiable ; ce n'est pas une raison pour nier la fonction que l'affectivité peut avoir dans la religion comme en toute relation où l'homme se trouve impliqué.

La diversité des expériences religieuses et l'importance qu'y a l'affectivité pose à la psychologie le problème complexe, au carrefour de la psychologie et de la théorie de la connaissance, du rapport entre le subjectif et l'objectif. Si on maintient la psychologie sous le régime de la séparation d'avec la philosophie, on ne pourra pas adéquatement traiter le problème. Mais la psychologie de la religion peut suivre ici l'exemple de la psychologie cognitive qui s'est libérée des conséquences obscurantistes de ce cloisonnement. En venant au contact de la philosophie, la psychologie n'a cependant pas pour tâche de statuer sur l'objectivité ontologique des expériences religieuses. Nous ne les analyserons pas pour savoir ce qu'il en est de la réalité surnaturelle, comme le ferait une philosophie empiriste qui utilise l'introspection. Nous nous bornerons à examiner ce que l'expérience représente pour le sujet religieux, ce qui la constitue et quelles sont éventuellement les questions que son caractère subjectif pose au sujet lui-même.

Pour clarifier l'expérience religieuse, nous devons tenir assemblées ses variétés et sa caractéristique commune. La psychologie serait désinvolte si elle prenait pour principe d'explication l'intériorité affective, sans considérer les diverses formes d'expérience dont elle fait partie. La première tâche est donc de voir si la variété représente un certain ordre et si cet ordre fait comprendre à la fois ce qu'il y a de commun et de différencié.

I.2. Classification d'après le contenu

Sur la base de leurs études, Glock et Stark[1] concluent que l'expérience religieuse est une des cinq dimensions de la religion. Elle «inclut tous les sentiments, perceptions et sensations éprouvés par un sujet ou définis par un groupe religieux comme impliquant une certaine communication, quelque légère qu'elle soit, avec une essence divine, c'est-à-dire avec Dieu, avec la réalité ultime, avec une autorité transcendante» (p. 20). Plus brièvement: «l'élément essentiel qui caractérise l'expérience religieuse et qui la distingue de toute autre expérience humaine, c'est un certain sens de contact avec une instance (*agency*) surnaturelle (*supernatural*)» (p. 41). En limitant à bon droit ce qu'ils tiennent pour expérience religieuse, les auteurs n'y incluent pas les états affectifs liés aux rites, à la foi, aux institutions. Devant le disparate que recouvre encore le concept d'expérience religieuse ainsi délimité, les auteurs s'efforcent ensuite d'établir une taxonomie. Leur principe de classement est celui de la complexité de l'expérience. Celle-ci résulte de la rencontre interpersonnelle entre le surnaturel et les niveaux humains de relation constitués par la religion (p. 42). En conséquence, ils définissent une échelle développementale, qui va de l'expérience la moins complexe à la plus complexe (p. 64). Cela donne quatre grandes catégories.

1. L'expérience confirmative (*confirming*): «de telles expériences donnent soudainement le sentiment, la connaissance ou l'intuition que les croyances (ou la foi) qu'on a adoptées sont vraies». Il y a deux

sous-catégories: a) un sens général du sacré: les expériences émotionnelles, difficiles à définir, de respect, d'effroi, de solennité, à la frontière entre le sacré et le profane; b) «une conscience intuitive (*awareness*) et spécifique de la présence de la divinité», autrement dit, le sens de sa proximité particulière.

2. L'expérience de la réponse divine (*responsive*), dans laquelle on éprouve «une présence réciproque». On y distingue trois types: a) l'expérience du salut (*salvational subtype*), selon laquelle Dieu est attentif à l'existence de l'homme et l'inclut dans l'élection pour le salut; b) le type miraculeux: l'expérience d'une intervention divine qui a sauvé l'homme d'un danger ou de la misère; c) l'expérience d'une sanction divine, comme celle d'une intervention punitive.

3. L'expérience extatique, où «la conscience intuitive de la présence mutuelle cède la place à une relation affective apparentée à l'amour ou à l'amitié» (p. 43); elle se caractérise donc par sa grande intimité. Les expériences charismatiques, comme celle d'une visitation par l'Esprit Saint, appartiennent à cette catégorie.

4. Des expériences de révélation, dans lesquelles l'homme s'éprouve le bénéficiaire de messages divins ou reçoit une illumination particulière.

Les auteurs font observer (p. 65), que, selon cet ordre d'échelonnement, les expériences vont de la moindre à la plus grande complexité, de la moindre à la plus grande intimité, qu'elles présentent en degré croissant la présence de visions et de voix, et que l'encouragement qu'elles reçoivent de la part des institutions religieuses va en décroissant.

Cette classification ne nous satisfait pas. L'expérience de réponse divine nous paraît aussi confirmer la foi. Celle qui consiste dans une intuition spécifique de la présence divine est presque toujours également éprouvée comme une réponse, et elle comporte sûrement une «relation affective apparentée à l'amour ou à l'amitié». Nous ne voyons pas non plus comment se justifie l'idée de la croissance en complexité. Apparemment, pour ordonner les formulations que leur ont livrées les sujets des enquêtes ou des textes historiques, les auteurs ont regardé le contenu objectif des expériences et ils ont évalué le degré d'intimité qui s'y exprime. En sociologues, ils ne se sont pas attachés à analyser la structure psychologique des expériences.

I.3. Les modalités de l'expérience religieuse

Notre principe de base est que toute modalité de conscience qui se présente comme une saisie immédiate, est une forme d'expérience, que les sujets eux-mêmes la nomment ainsi ou non. On ne peut donc pas simplement enregistrer les réponses que donnent les sujets à une enquête dont la consigne invite à décrire les expériences religieuses; car ces deux mots sont polyvalents et piégés par les malentendus qui les entourent, de sorte que les uns appellent expérience religieuse ce qui ne l'est pas aux yeux des autres. Ensuite, le principe de classification que nous adoptons est celui du mode de production. Un même contenu perceptif peut être l'objet d'expériences qui sont structuralement différenciées. Le contexte opératoire qui donne lieu à l'expérience permet de décrire l'organisation distincte de la conscience qui reçoit et produit l'expérience. Dans cette optique, nous distinguons cinq modalités que nous décrivons brièvement.

1. La connaissance intuitive, stable et habituellement accessible d'une certaine réalité surnaturelle et qu'on perçoit tout à la fois comme inhérente au monde et/ou à la vie personnelle et comme un mystère qui transparaît dans leurs manifestations. Rappelons les items du deuxième facteur de la recherche sur l'idée de Dieu, citée au chapitre premier : la puissance dynamique en tout ce qui vit, une réalité mystérieuse omniprésente, ce qui est le plus profond en moi-même... Notons que les sujets de l'enquête attribuent ces items au Dieu avec lequel ils entretiennent par ailleurs une relation personnalisée. D'autres sujets diront ne pas croire en un Dieu personnel ou rester indécis à cet égard, mais connaître cette expérience-là. Il en est qui la décrivent, mais qui hésitent à l'appeler une expérience religieuse, parce qu'ils réservent ce terme à la saisie expérientielle du contenu de la foi chrétienne. Certains parlent d'expérience du sacré en reprenant un terme divulgué dans la culture contemporaine. C'est l'expression que nous adopterons plus loin pour désigner cette première catégorie.

Le caractère habituel de cette expérience se signale dans la formulation qui la décrit : «ce dont *j'ai* l'expérience, c'est...». Cette formule peut aussi indiquer la différence que l'on fait entre ce qui est l'objet de l'expérience et la part des croyances religieuses qui dépassent l'expérience.

2. La saisie, souvent profondément affective, d'une réalité surnaturelle qui, en se dévoilant dans sa nouveauté, surprend le sujet, l'interpelle dans son existence personnelle et le transforme, momentanément ou durablement. Cette expérience a le caractère d'un événement en

ce que, survenant de manière inattendue, un sens de la vie et une destinée à peine entrevus imposent soudainement leur évidence. Le terme allemand *Erlebnis* (expérience vécue) caractérise bien cette modalité.

A titre de comparaison, songeons aux bouleversements qu'opère l'intense émotion amoureuse, le deuil d'un être auquel on était très attaché, le premier accouchement et les premiers contacts avec l'enfant. Dans l'ordre religieux, bien des conversions représentent cette expérience. Les circonstances de ces expériences sont les plus variées. Tel raconte qu'il a fait l'expérience indéniable de l'action divine lorsqu'après un accident sa femme a pu, par un effort physique surhumain, soulever la voiture renversée sous laquelle il se trouvait coincé; cette expérience a radicalement transformé sa vie. Il y a aussi des personnes qui sont déjà croyantes et qui font une expérience religieuse si vivace qu'elle inaugure une conversion. L'expérience que Pascal a consignée dans son célèbre *Mémorial* est de cette nature[2]. Une certaine nuit, en méditant la passion du Christ et en réfléchissant sur des textes qui lui étaient familiers depuis longtemps, il éprouve la présence du Christ comme une advenue personnelle et les mots «Mon Dieu sera aussi votre Dieu» prennent soudainement la densité d'une révélation fulgurante. Moins réfléchies et moins dramatiques mais aussi surprenantes pour la personne, sont les expériences de la présence personnelle de Jésus-Christ si réelle qu'on la sent localisée dans l'espace et dans le temps.

L'expérience de ce deuxième type a le caractère d'une découverte illuminatrice. Il s'agit d'une expérience qu'on *fait*. Dans ce cas, se produit un événement qu'à la suite de H. Sündén[3] on peut comparer à la transformation subite d'une *Gestalt* ambiguë, comme dans l'exemple bien connu de la figure de Rubin dans laquelle un vase surgit soudainement à l'avant-plan.

Il nous paraît que de telles expériences religieuses portent toujours sur la réalité, la présence et l'action — miraculeusement ponctuelle ou personnellement salvifiante — de Dieu ou d'un être surnaturel personnel. Ce qui y est découvert et ce qui bouleverse la vie, c'est précisément une réalité surnaturelle qui n'est pas inhérente au monde, comme l'est le sacré, et qui, par sa différence d'avec le monde naturel, n'avait pas le caractère de pleine réalité.

3. La connaissance qui est le fruit d'un contact personnel et prolongé dans lequel on s'est engagé. Cette expérience rassemble une histoire de contacts variés en une compréhension rétrospective et synthétique

de l'identité intime et singulière d'un objet, d'une pratique ou d'une personne. L'homme qui fait état de ce type d'expérience remémore les expériences du passé qui lui ont progressivement manifesté l'objet de l'expérience. Un père peut ainsi dire après plusieurs années: «je sais ce que c'est que d'être père, car, après des années d'expériences de toutes sortes, j'ai l'expérience des enfants». De même celui qui a traversé les doutes et les conflits religieux et qui a fait le travail de purifier sa foi en réponse à l'invocation du message religieux, peut dire qu'il a l'expérience de la foi et de Dieu. Ou celui qui a pratiqué la prière et en connaît les joies et les bienfaits aussi bien que les ennuis, les illusions et les épreuves, peut dire qu'il a l'expérience de la prière. Dans l'expérience religieuse ainsi entendue, la vie avec l'Autre est l'intermédiaire par lequel une connaissance éclairée et intime s'est acquise. La durée du rapport soutenu à travers les vicissitudes de la vie confère à cette expérience la stabilité d'une connaissance qui a dépassé les apparences et les impressions partielles et fugitives. Les oscillations affectives n'entament plus sa permanence essentielle. Alors que l'expérience intensément émotionnelle de la deuxième catégorie consiste dans une soudaine illumination, l'expérience qui résulte d'une vie en relation avec Dieu sait que Dieu est aussi bien celui «qui se cache», selon l'expression du prophète Isaïe, que celui qui se révèle.

4. Si on se réfère aux témoignages de ceux que la tradition religieuse considère comme «les mystiques», l'expérience mystique représente une catégorie particulière d'expérience religieuse. La sémantique du mot n'oblige pas à cette restriction, car «mystique» signifie toute connaissance qui se rapporte à un mystère caché. Celui-ci peut appartenir à la religion; songeons à «l'Agneau mystique» du livre néotestamentaire *La révélation* (l'Apocalypse) que représente le célèbre tableau de ce nom, peint par Van Eyck. Si on propose d'autres voies d'accès à des mystères cachés, que les révélations religieuses, la sémantique du mot permet encore de les appeler mystiques; alors est mystique, par exemple, la connaissance du mystère de l'être que G. Bataille cherche à atteindre par les voies imaginaires de l'érotisme transgressif et de la douleur[4]. Par extension, on en arrive à appeler mystique toute exaltation, toute ferveur, tout enthousiasme communautaire, toute impression d'illumination, tout sentiment de fusion, tout savoir ésotérique. En fin de compte, la fascination de l'irrationalité s'est accrochée au mot «mystique» et elle l'a fait dériver loin de son ancrage religieux, vers l'océan des obscures expériences affectives. Un courant d'idées a sans doute porté cette dérive sémantique: l'idée que les «extases» sont l'essentiel de la mystique religieuse et qu'elles émanent des profondeurs irrationnelles[5]. A la lecture des mystiques, il est pourtant

tout à fait clair que leur expérience religieuse est le fruit d'un long cheminement et d'une application systématique, faite de prière, de méditation et de la purification de l'imagination, de l'affectivité et de la raison raisonnante. Les phénomènes «extatiques», les visions et les ravissements ne sont que des épisodes d'un itinéraire qui parcourt aussi bien des phases de déréliction, d'angoisse et de mort affective. En cela, l'expérience mystique est comparable à l'expérience au sens de la troisième catégorie. Ce qui l'en distingue, c'est le travail soutenu et systématique des mystiques pour se disposer à recevoir «le don» de l'union expérientielle désirée.

Par son mode de production et par son objet, l'expérience mystique, au sens de l'expérience des mystiques, est donc particulière. Elle englobe l'expérience de la première catégorie; elle comporte des moments de la deuxième catégorie; par son parcours et par son aboutissement elle se compare à celle de la troisième catégorie. Mais elle élabore plus systématiquement les expériences et elle les conduit plus loin. Les multiples nuances de signification qu'a le terme d'expérience dans les textes mystiques qui l'utilisent, déploient les différents moments de la démarche mystique. On le voit bien chez saint Bernard qui commente abondamment «l'expérience». Elle est pour lui la connaissance intuitive de Dieu que donne la lecture méditative des saintes Ecritures et la progressive adéquation croyante de l'affectivité et de la volonté à Dieu tel qu'Il se donne à connaître dans les textes sacrés[6].

5. Les visions et les révélations privées sont évidemment une connaissance immédiate par la perception: la vue, l'ouïe, parfois le contact sensible. Le réalisme de la perception en fait une catégorie à part. Glock et Stark les considèrent comme présentant le degré le plus élevé d'intimité. A y regarder de plus près, on en doute. Si l'expérience religieuse est une connaissance par contact, la question de l'intimité de la connaissance ne se décide pas seulement en regard des moyens de connaissance mais autant d'après ce qui se dévoile à l'expérience. La vue d'un homme et l'écoute de ses paroles réalisent certes un contact intime au sens de la proximité physique, mais de telles communications ne livrent souvent que des «informations» anecdotiques. Si on prend pour critère la profondeur de la connaissance, il ne fait aucun doute que les mystiques ont une expérience bien plus intime de leur Dieu que les visionnaires.

Du point de vue de la manière dont la personnalité se trouve impliquée dans la production des expériences, les quatre premières catégories forment une série progressive d'expérience remplie. Nous mettons la cinquième catégorie à part, car elle ne s'explique plus par les lois qui régissent normalement le psychisme. Personnellement nous y voyons des phénomènes hallucinatoires, qui ne sont pas forcément des symptômes psychotiques[7].

Nous traitons des deux premières catégories dans ce chapitre-ci et remettons aux chapitres IV et V la considération de la troisième et de la quatrième catégories.

II. Théories de la religion comme expérience affective

L'expression «expérience religieuse» est un legs des théories qui, au début du XXe siècle, ont essayé d'expliquer l'origine de la religion et de justifier sa vérité et sa valeur en la fondant sur un mode de connaissance originel et affectif. Si l'expression s'est répandue hors de son lieu théorique premier et a fait florès dans le langage contemporain, c'est évidemment parce qu'elle exprime une forme de conscience nouvelle, marquée par l'attention à la subjectivité affective et à la conscience de soi. L'apparition de l'expression et sa conquête des esprits coïncident d'ailleurs avec l'avènement et avec l'expansion de la psychologie. Cette localisation historique de l'expérience religieuse ne la discrédite pas et elle n'implique pas que la réalité visée est sans plus absente dans les époques qui en ignoraient la formulation par le langage. Elle atteste cependant une transformation de la scène religieuse. Une psychologie de la religion doit en prendre conscience, car les coordonnées culturelles qui ont donné naissance à cette idée, en déterminent l'intérêt que les sujets y trouvent et les problèmes qu'ils y rencontrent. Il est donc utile de revenir un moment sur les théories qui ont fortement contribué à former la nouvelle conscience religieuse et qui lui ont légué des idées dont elle vit encore.

Le thème de l'expérience religieuse dérive de deux sources nettement distinctes, mais dont les flux se sont mélangés en des degrés variables: l'empirisme anglo-saxon et la philosophie allemande issue du romantisme.

II.1. *William James: une psychologie empiriste des sentiments religieux*[8]

Assurément, au commencement de l'expérience religieuse il y a James. S'il n'a pas créé l'expression, son œuvre monumentale de 1902 l'a imposée. Pour la psychologie de la religion qui était en train de naître cette œuvre a été une option fondatrice. Il a fallu s'en libérer ensuite, sortir de l'impasse où elle avait engagé la nouvelle science et adopter d'autres concepts théoriques et des méthodes autrement rigoureuses, pour redécouvrir ensuite la signification de l'expérience. C'est précisément notre intérêt nouveau pour l'expérience qui nous pousse à retourner un moment vers son moment inaugural, car les failles évidentes de l'appareil conceptuel de James nous apprennent quels sont les problèmes posés et quelle est la manière dont il ne faut pas les résoudre.

Le but que se propose James est de saisir ce qui est spécifiquement religieux dans les processus qu'on appelle religieux, ou encore : la particularité essentielle du bonheur religieux. Et c'est par une méthode purement empirique qu'il veut dégager l'essence de la religion. Il confère donc à la psychologie la tâche d'étudier consciemment et méthodiquement «la sphère distinctement religieuse d'expérience». «Une étude de la nature humaine», telle veut être l'ouvrage selon le sous-titre. L'observation des «variétés de l'expérience religieuse», ainsi que le propose le titre principal, est la voie méthodique pour étudier la nature religieuse de l'homme et pour prouver la valeur de la religion.

Si l'observation de l'expérience intérieure peut révéler l'essence de la religion, c'est naturellement parce que James identifie celle-ci avec l'expérience intérieure. «La religion personnelle est quelque chose de plus fondamental que les systèmes théologiques et les institutions ecclésiastiques». «Cette communication [avec Dieu ou le divin] directe est la racine de toute religion» (p. 27). Cette communication est un sentiment, puisque les idées, les rites et les institutions sont des formes secondaires qui découlent de la source expériencielle. Cependant, aucun sentiment n'est spécifiquement religieux, mais tout sentiment peut le devenir lorsqu'il porte sur un objet religieux (p. 24-25). Il y a pourtant un trait commun aux expériences religieuses, un trait que James nomme également une forme de sentiment : les expériences religieuses sont solennelles, autrement dit : empreintes du sentiment de gravité (p. 34). Cette qualité s'ajoute aux autres sentiments (joie, crainte...) lorsqu'ils portent sur un objet religieux.

On se demande évidemment ce qui constitue l'objet religieux et comment il se donne à l'expérience. D'une part, James se réfère visiblement aux religions pour qualifier le sentiment comme religieux en raison de son rapport à l'objet religieux. D'autre part, en considérant l'expérience, identifiée aux sentiments, comme le cœur et la source des religions, il devrait normalement faire surgir «l'objet religieux» depuis l'expérience affective. La solution de ce problème tient en sa conception de l'intensité du sentiment qui ouvre l'accès à l'invisible. En s'opposant au matérialisme médical de son milieu, James lui reprend l'idée que la religion, tout comme l'art, s'origine dans une sensibilité affective particulière, «névropathique»; mais il croit que la condition névropathique de l'expérience religieuse ne légitime pas plus le mépris pour la religion que pour les autres créations humaines. «Dans le tempérament du névropathe, nous trouvons la facilité aux émotions, qui est la condition nécessaire de la perception morale; nous trouvons l'intensité de sentiment et la tendance à tout prendre au sérieux, qui sont l'essence même de l'énergie morale et de l'activité pratique; nous trouvons enfin l'amour des idées métaphysiques et des intuitions mystiques qui emportent l'âme bien loin du monde sensible et de ses intérêts vulgaires. N'est-il pas tout naturel que, grâce à ce tempérament, nous puissions pénétrer dans les recoins mystérieux de l'univers, dans ces régions de vérité religieuse, où ne parviendra certes jamais l'épais bourgeois au système nerveux robuste, qui vous fait sans cesse tâter ses biceps et, bombant fièrement sa poitrine, se glorifie d'avoir une santé à toute épreuve?» (p. 23). Ce texte donne le ton des discussions sur la normalité qu'a introduites une certaine médecine qui soumettait à son quadrillage psychiatrique la mystique, les rites de possession, les conversions religieuses, ou, tout simplement, «le sentiment religieux». En s'insurgeant contre la folie du «positivisme médical», James en reprend le parti-pris et décide que la religion n'est personnelle qu'à titre de fait interne, de sentiment, et encore bien de dérèglement affectif; mais à cette expérience fébrile il accorde la dignité d'une positivité révélatrice. Tout en dérivant de la source «névropathique» qu'est le sentiment déréglé par son intensité, la religion doit se juger d'après les trois critères: la jouissance, l'accord avec le reste de la pensée et les heureuses conséquences (p. 15). On reconnaît l'arbre à ses fruits (p. 19). De fait «le sentiment religieux constitue chez celui qui l'éprouve une nouvelle source d'énergie, un accroissement absolu de la vie» (p. 41). L'intensité affective fait dépasser les frontières normales de la connaissance et met en communication avec la source invisible de la vie, à laquelle les religions donnent entre autres le nom de Dieu. Mais les conceptions théologiques de ce mystère caché sont des constructions notionnelles plutôt contingentes. Car la foi elle aussi dérive du «sentiment de présence». «La foi en un objet divin est en proportion du sentiment qu'éprouve le croyant de la réalité présente de cet objet; à mesure que ce sentiment devient plus intense ou plus vague, la foi devient plus vive ou plus faible» (p. 54). Décidément, tout en se référant aux mystiques, James ne les a pas bien lus, car ils tiennent «la nuit des sentiments» pour une épreuve cruciale qui permet de purifier la foi et de la faire accéder à l'expérience mystique de la présence divine, au-delà des excitations affectives et des intermittences du sentiment.

La théorie de James est trop lacuneuse à tout point de vue pour qu'on s'y attarde dans une optique strictement scientifique. Pour le psychologue de la religion elle garde cependant son intérêt en ce qu'elle est exemplaire d'une conception qui circule encore dans les esprits. Les remarques critiques qu'appelle le livre de James seront donc l'occasion de clarifier déjà un peu la question de l'expérience religieuse, cet obscur objet du désir des uns et de la méfiance des autres.

Le philosophe s'interrogera sur la validité de l'empirisme épistémologique qui s'appuie sur des témoignages d'expériences intérieures pour acquérir une intellection du fondement invisible de l'existence et du monde. On s'en méfiera d'autant plus que du côté des psychologues, Freud et Nietzsche, et du côté des témoins de l'expérience religieuse, les mystiques ont dénoncé les illusions et les automystifications possibles des sentiments. Le critère pragmatique des fruits de l'expérience a certes une valeur indicatrice. Mais une véritable validation philosophique de l'expérience exige que son contenu et que le sens de ses effets soient intégrés dans une vision d'ensemble qui les justifie devant la raison théorique. W.E. Hocking et H. Bergson[9] ont, chacun à sa manière, repris et poursuivi la démarche de James. Ils ont dépassé son irrationalisme positiviste et ils ont essayé de fonder le fait anthropologique des expériences religieuses sur une élucidation philosophique de la vie universelle.

Le psychologue sait gré à James d'avoir clairement affirmé qu'il n'existe pas de sentiment spécifiquement religieux. C'est pourtant l'incroyable malentendu qui persiste, surtout dans le chef des psychologues étrangers à la psychologie de la religion. Combien de fois ne nous a-t-on pas suggéré de faire une recherche psychologique qui compare méthodiquement les sentiments universellement humains et les sentiments dits religieux, pour voir s'il existe vraiment des sentiments proprement religieux! Bien des incroyants parlent de la même manière et déclarent ne pas être religieux parce qu'ils n'ont pas de sentiment religieux. On a ou on n'a pas, selon que la nature nous a faits, tout comme elle a fait pousser des cheveux noirs chez les uns et blonds chez les autres...

Frère jumeau mais ennemi du positivisme médical, James pense lui aussi qu'on a ou qu'on n'a pas de sentiments religieux (p. 34). Certes, aucun sentiment n'est religieux par la qualité affective, mais l'intensité des sentiments les fait passer à un autre genre. L'argument est manifestement le suivant. L'homme religieux saisit par les sentiments une réalité invisible au-delà ou en deçà du monde quotidien; c'est l'intensité affective dont la nature a doué certaines personnes, qui les fait passer outre le visible et percevoir affectivement un surplus de réalité. On tourne en rond dans un brouillard théorique. La religion est sentiment mais aucun sentiment n'est religieux. C'est par l'intensité de l'expérience affective que l'homme religieux atteint le mystère caché aux autres, mais il faut savoir de par ailleurs ce qui est religieux pour que la névropathie prenne le sens d'une expérience religieuse. Et pourtant la doctrine et les institutions qui indiquent l'objet religieux ne sont que des constructions aléatoires... En fait James choisit ses exemples chez des personnes appartenant à une religion constituée.

En raison de sa polarisation sur l'expérience et de sa conception de l'affectivité, l'œuvre de James a eu un effet stérilisant sur la psychologie de la religion que son prestige a entraînée quelque temps dans son sillage. Elle a eu fort à faire pour se libérer des œillères que James lui a mises. C'est pour cela précisément que cette œuvre a sollicité notre attention. Le retentissement de cette œuvre est un révélateur, au sens qu'a ce mot en photographie, des aspirations à faire des expériences religieuses. Cette aspiration se poursuit encore chez ceux qui cherchent à ouvrir une fenêtre sur le mystère invisible en excitant leurs sens et en intensifiant leurs sentiments par des moyens chimiques. Le prestige qu'a eu cette œuvre nous montre aussi ce qu'on attendait — ou attend encore — de la psychologie de la religion: qu'en étudiant les sentiments, elle révèle la source secrète des religions. Devant l'échec de la tentative de James, on est en tout cas amené à rejeter cette conception. Et quant au problème de l'expérience religieuse, il faudra de toute évidence ne pas l'identifier avec les sentiments.

II.2. *Rudolf Otto: une philosophie idéaliste des sentiments religieux*

La psychologie de l'expérience religieuse doit à l'ouvrage philosophique de R. Otto, *Das Heilige* (1917) l'idée problématique d'une expérience affective spécifique: celle du sacré[10]. Il est utile de rappeler l'origine de ce thème, car sa reprise par la psychologie de la religion pose un double problème: celui de la validité de ce concept et celui de la légitimité de son transfert en psychologie.

Il se trouve qu'avant Otto tout un courant de pensée cherchait à établir l'identité du religieux par le concept de sacré. Il faut ici distinguer l'école française, sociologique, et l'école allemande, philologique, théologique et philosophique. Sans doute est-ce le romantisme allemand qui a légué à la tradition allemande ce thème du sacré. La poésie et la philosophie du romantisme allemand étaient obsédées par la nostalgie de la sacralité du monde que symbolisaient, dans leur esprit, les dieux de la Grèce antique, habitant les éléments naturels et les remplissant de leur splendeur[11]. De diverses manières on a essayé, par la suite, de montrer que le concept du sacré est le concept-clé de la religion. Des philologues, tels M. Heyne[12] et W. Kroll[13], des philosophes, tel W. Windelband[14], des psychologues-ethnologues, tel W. Wundt[15], des historiens de la religion, tel N. Söderblom[16], ont consacré des études au terme *das Heilige*, le saint ou le sacré. On voulait élargir le concept de religion pour y inclure des formes religieuses où l'idée de Dieu ou des dieux ne paraîtrait pas centrale. Surtout, selon la conception évolutionniste du temps, on voulait fonder l'idée de Dieu sur ce qu'on croyait être le fait primitif de la religion: le concept de «mana» ou le sens de la puissance sacrée, impersonnelle et diffuse. C'est cette idée du sacré qui remplit le concept de Dieu de sa signification religieuse, écrit N. Söderblom: «Ce que la religion inclut, ce n'est pas la simple existence de la divinité, mais son *mana*, sa puissance, sa sainteté»[17]. Le sens du sacré consiste dans l'expérience de l'effroi qu'inspire la puissance divine.

A la même époque, l'école sociologique française s'appliquait à saisir l'essence du religieux par l'étude des religions primitives. En s'inspirant de R. Smith[18], on y définit aussi le religieux par le sacré, mais on caractérise le sacré par l'opposition au profane. En 1904 H. Hubert résume rigoureusement l'interprétation de la religion par le sacré: «C'est l'idée mère de la religion. Les mythes et les dogmes en analysent à leur manière le contenu, les rites en utilisent les propriétés, la moralité religieuse en dérive, les sacerdoces l'incorporent, les sanctuaires, lieux sacrés, monuments religieux la fixent au sol et l'enracinent. La religion est l'administration du sacré»[19]. Dans la même année, M. Mauss écrit: «La notion de dieu se résout, en dernière analyse, en la notion du sacré»[20]. Mais l'école française ne se contente pas d'expliquer toutes les données religieuses comme les productions arborescentes d'une seule et même racine; elle prétend également expliquer l'origine du sacré lui-même. Selon E. Durkheim la bipartition du sacré et du profane provient de celle de la société et de l'individu. S'inspirant de la psychologie des foules qui était à la mode, Durkheim pose que l'individu en groupe éprouve une puissance mystérieuse, supérieure à celle des individus et qu'il objective cette impression de puissance dans des symboles qui, de ce fait, sont séparés et interdits.

Dans les sciences de la religion, le concept de sacré est donc polyvalent, mais il a toujours la même fonction : expliquer l'origine et l'unité des différentes religions par un élément unique et originel. Ces écoles ont en commun la conception que le sacré originaire consiste dans l'idée d'une puissance impersonnelle. D'après Durkheim, cette puissance est de nature sociale et ne devient sacrée que par l'objectivation en symboles qui la sépare du profane. Pour Söderblom, qui représente bien la tradition allemande, le sacré *est* la puissance originaire, suprahumaine qui, en se manifestant, suscite le sentiment d'effroi.

Le passage de l'idée du sacré, comme fondement des religions, à celle de l'expérience du sacré se fait par le transfert de la phénoménologie des religions à la psychologie philosophique. A la différence de la sociologie de Durkheim qui réduit le sacré à l'objectivation sociale, la psychologie de l'expérience du sacré veut montrer son caractère irréductible. Le théologien Fr. Schleiermacher[21], dont l'influence sur le protestantisme allemand a été immense, inaugure cette psychologie. Il s'oppose au rationalisme et au moralisme de la philosophie des Lumières qui réduisait la religion à une conception du monde en langage imagé et à une tentative de fonder la morale. Convaincu qu'il y a une «province» propre de la religion, il la place dans l'intuition qu'il conçoit comme sentiment. La religion est «le sens et le goût de l'infini». L'expérience religieuse est la conscience de la dépendance et la saisie de l'infini immanent dans tout être fini. La religion est donc affaire de *Gemüt*, la «réalité plus profonde que l'entendement et la raison,... source d'émotion et de volition comme de pensée»[22]. Schleiermacher ne s'attache pas aux expériences extatiques, mais au sentiment universellement humain qui est supposé inspirer toute religion; car, en Allemagne, le thème de l'expérience religieuse a d'abord le sens d'une confrontation avec le rationalisme philosophique.

Dans son célèbre livre *Das Heilige* (1917), traduit sous le titre *Le sacré*, Otto reprend cette visée. Alors que James relève la diversité des sentiments «au contact de l'objet religieux», Otto les rassemble et en fait les éléments d'une unique structure dont les harmoniques et les tensions affectives composeraient un sentiment spécifique : le sens du sacré. Comme Otto estime que cette expérience est absolument spécifique, pour désigner ce que par ailleurs il appelle régulièrement le sacré (*das Heilige*), il forge un terme nouveau : le «numineux», dérivé de *numen* (le divin; la souveraineté divine), comme lumineux l'est de *lumen*. Par ce terme, Otto veut désigner une «... catégorie... absolument *sui generis*» (p. 22), qui est plus large que celle de saint (*quadoch* en hébreu; *hagios* en grec; *sanctus* en latin). «Saint» ajoute à la catégorie du numineux la connotation d'une perfection éthique et désigne le sacré «au plus haut degré de son développement», tel qu'il se dit, dans la Bible, par exemple, de Dieu. La formation d'un nouveau terme répond à la difficulté propre à la langue allemande où le neutre *das Heilige* (le sacré) est dérivé de *heilig* (saint) et peut donner lieu à une confusion entre les deux catégories. Le néologisme «le numineux» a fait fortune et il a été repris par des auteurs qui se réclament plus ou moins d'Otto, par exemple par C.G. Jung et par M. Eliade. Nous utiliserons le terme de sacré qui est plus usuel dans la littérature de langue française.

Dans l'expérience du sacré, les sentiments qui la composent sont transformés par leur reprise dans une structure affective, de sorte que ces sentiments n'y présentent plus qu'une analogie avec les expériences ordinaires. Dans l'expérience du sacré, l'amour, la peur... ne sont plus, selon Otto, les sentiments communs qui sont appliqués à un objet religieux ainsi que le disait James. Une grande polarité, en effet, caractérise le sentiment religieux, celle du *tremendum* et du *fascinosum*, l'expérience de ce qui tient à distance et de ce qui séduit et attire. Ensemble ces deux composantes forment «une étrange harmonie de contrastes» qui «s'atteste dans toute l'histoire des religions» (p. 57). Les modalités du *tremendum* sont diverses: brusque, sauvage, démoniaque même, ou purifiée et sublimée, comme le montrent la «frayeur panique» des Grecs, la terreur qui prend à certains moments les juifs de la Bible, la stupeur devant les miracles de Jésus, le silence interdit des mystiques devant le mystère ineffable. Au *tremendum* s'associe le sens de la *majestas*, le sentiment de la surpuissance divine, dont le sentiment de dépendance est «le réflexe subjectif» (p. 38), et non pas l'expérience originaire, comme le pensait Schleiermacher. L'élément d'énergie, de vie et d'activité est le troisième élément du *tremendum* qui apparaît dans toute sa puissance dans la mystique; il s'oppose le plus radicalement à la conception philosophique de Dieu. Le divin, tel qu'il est le corrélat de l'expérience, est donc «tout autre» que ce qui appartient au monde commun. Le sens du «*mystère*», quatrième élément du *tremendum*, est un saut, au-delà d'un étonnement devant les énigmes du monde, vers «le Tout Autre», le radicalement différent. En contraste avec l'infini respect et avec la frayeur, le divin fascine aussi, séduit, émerveille, communique un bonheur si plénier qu'on l'appelle béatitude, bonheur éprouvé jusqu'au ravissement mystique.

Signalons qu'Otto ne se limite pas à décrire l'expérience religieuse. Il s'inscrit dans la tradition philosophique issue de Kant, mais il veut, lui aussi, corriger la réduction du religieux à l'éthique et à la pensée rationnelle. En s'appuyant sur ses observations, il conclut que le schème affectif du numineux constitue un *a priori* formel de l'affectivité, analogue à l'*a priori* Kantien de l'entendement. Par la spontanéité affective l'homme est donc aussi naturellement doué du sens religieux qu'il est porteur des catégories de la raison.

On comprend la fascination qu'a exercée le livre d'Otto. Dans ses descriptions résonne la puissance poétique des textes religieux, perdue, bien sûr, dans le résumé squelettique que nous en donnons. A lire les récits bibliques sur le feu divin qui traverse le sacrifice d'Abraham, sur les manifestations divines à Moïse dans le buisson ardent ou sur le mont Horeb, ou le récit de la transfiguration de Jésus sur une montagne, à contempler le temple de Ségeste, à écouter certains textes grecs, on voudrait donner raison à Otto. Un saisissement par le mystère divin s'y exprime, qui n'a plus de commune mesure avec les autres expériences de l'homme. Et on a le sentiment que, sans le surgissement de ce mystère, le langage religieux s'effondre. Cependant, il y a des observations sur les religions qui ne rencontrent pas l'expression de pareille expérience du numineux. Ainsi Evans-Pritchard ne la retrouve-t-il pas dans la religion des Azande; leur «pensée mystique», dit-il, n'a pas cette nature affective[23].

C'est surtout le procédé pratiqué par Otto qui appelle la critique. Son argumentation repose sur un cercle herméneutique défectueux. Il relève les sentiments contrastés que suscitent les expériences de certains phénomènes naturels ou de la mort. Et parce qu'il retrouve cette harmonie de contrastes également dans les expériences religieuses intenses, il en conclut que ce schème affectif est, de nature, religieux, même s'il ne se produit pas dans un contexte religieux identifié et même s'il ne s'exprime pas en termes religieux.

Malgré la référence à Kant, la démonstration d'un schème affectif *a priori* ne convainc pas plus. Le manque de rigueur est particulièrement sensible dans la contradiction entre l'affirmation d'un *a priori* formel et la description qui, de fait, présente des contenus empruntés à toutes sortes de textes religieux.

Ces deux remarques critiques se rejoignent. Otto rassemble des expressions de sentiments religieux, il les organise en une structure d'ensemble, il montre qu'il y a des analogies avec des sentiments non spécifiquement religieux, et il conclut qu'il y a une structure affective innée, formelle, parce que indépendante du contenu spécifiquement religieux, et il appelle cette structure le sentiment du sacré. Ensuite il pose cette structure à l'origine de la religion. Ainsi, au concept du sacré, construit par une théorie de la religion, il essaie de donner un fondement dans la nature psychologique de l'homme. C.G. Jung, le fondateur de la «psychologie analytique» reprend la thèse d'Otto et il rattache le numineux aux archétypes, les formes symboliques innées et constitutives de l'inconscient collectif. Il envisage alors les religions comme les modalités culturellement différenciées d'exprimer les archétypes et de prendre conscience de la puissance numineuse qui les investit.

M. Eliade affirme assumer la thèse d'Otto et la monnayer dans sa phénoménologie de la religion. Ce faisant, il déplace le regard du sujet, habité par le sens du numineux, vers les objets dans lesquels il se projette et auxquels il confère dès lors la valeur d'une «hiérophanie», d'une manifestation du sacré. Cette projection dans les choses a pour effet de les arracher au monde commun, de leur faire porter la qualité du «Tout-Autre», de les rendre sacrées donc et de créer l'opposition sacré-profane[24], qui définit essentiellement le sacré selon Eliade. Ce processus explique que «tout ce que l'homme a manié, senti, rencontré ou aimé, a pu devenir une hiérophanie»[25]: pierres, arbres, montagnes, bâtiments, gestes... Se prêtent particulièrement à supporter le sacré, toutes les réalités qui ont une apparence extraordinaire, par leur puissance, leur beauté ou leur laideur, leur occurrence rare... De toute façon, pour qu'il y ait hiérophanie, pour qu'il y ait donc opposition sacré-profane, il faut que la culture opère un choix, isole certaines données et les érige en signes dans lesquels s'incarne et se manifeste symboliquement le sacré.

En cautionnant la thèse que l'expérience du sacré est l'essence des religions, en interprétant celles-ci comme des expressions symboliques du sacré, Eliade est finalement amené à identifier la sacré en termes ontologiques: il est «réalité, éternité, puissance énergétique»[26]. A l'extrémité de l'expérience, on vit un «panontisme». Par son opposition structurale au sacré, le profane se réduit dès lors à de «l'irréel ou du pseudo-réel». Avec nostalgie Eliade se tourne vers le mysticisme oriental qui tient le temps pour une illusion ou vers les cultures archaïques qu'il se représente pénétré de part en part de sacré: «En transformant... tous les actes physiologiques en cérémonies, l'homme archaïque s'efforce de 'passer outre', de se projeter au-delà du temps (du devenir), dans l'éternité...»[27].

Pour nous borner à ce qui est ici notre propos, relevons le renversement qui se produit dans l'interprétation d'Eliade. Dans son pur noyau, la religion, comme expérience du sacré, précède structuralement et fonde les symboles comme les mythes et, accomplie dans sa visée essentielle, cette expérience les dépasse dans une sorte de mystique panontiste. D'autre part, les symboles sont hiérophaniques tout comme les mythes; c'est dire que par leurs manifestations en signes, les religions créent ou, du moins, suscitent l'expérience du sacré. N'est-ce pas avouer implicitement qu'il n'y a pas d'expérience religieuse en dehors des religions, et que celles-ci ne se laissent pas comprendre par le seul appel à l'expérience? D'une autre manière, nous retrouvons ici le mauvais cercle d'interprétation que nous avons dénoncé chez James et chez Otto. Retenons cependant cette idée: les symboles religieux ont un pouvoir hiérophanique et ils éveillent l'expérience religieuse.

II.3. Fable et réalité dans la question du sacré

1. Au début du XXe siècle les sciences de la religion ont fabriqué la fable du «Sacré» pour expliquer les religions. C'est un concept corvéable à merci et qui donne l'illusion de l'explication parce qu'il évoque précisément la qualité occulte de l'irrationnel. A gauche, si l'on peut dire, il y a ceux qui, tel Durkheim, opposent l'irrationnel des primitifs sauvages à l'esprit éclairé de l'Occident moderne; pour eux le concept du sacré désigne le mode primitif de concevoir le monde comme imprégné de puissances surnaturelles. A droite, on trouve l'école allemande qui établit la thèse de l'*homo religiosus* en affirmant la continuité évolutive entre le sacré sauvage et ses formes purifiées dans l'expérience affective de la sainteté du Dieu biblique. A gauche et à droite, on tient l'expérience affective du sacré pour la mère des religions. Pour la gauche, elle fait partie d'un mode de pensée révolu[28]. Pour la droite, elle est la dimension la plus fondamentale de l'homme. Outre son apparente commodité théorique, la notion de sacré présente donc l'avantage d'une ambiguïté œcuménique qui permet parfois de réunir autour d'elle des historiens des religions et de leur ménager un lieu neutre, difficile à trouver en cette matière.

De part et d'autre, le sacré se définit par son opposition au profane. Pour «la gauche» cette opposition n'est autre que l'articulation de la différence société-individu; le sacré est interdit ou tabou parce qu'il est le symbole par lequel se constitue et se préserve la société. Pour Otto, le sacré s'oppose au profane parce qu'il représente l'irruption du Tout-Autre, de l'absolument différent, de ce qui sans plus n'appartient pas au monde et au temps.

De cette fable du sacré est sortie une psychologie confortable et vulgarisée qui marie le concept du sacré avec celui du besoin déjà naturalisé en psychologie : les rites expriment le besoin de sacraliser la naissance ou l'entrée dans l'âge adulte; les foules qui accueillent le pape et celles qui se mettent en route vers le lieu d'un «miracle», manifestent leur besoin du sacré. D'abord objet occulte des sciences de la religion, le sacré a fini par rejoindre le dépotoir de la psychologie des besoins.

Si le sacré, selon la conception de l'école sociologique ou selon la psychologie transcendantale d'Otto, était réellement l'idée-mère des religions, le psychologue devrait en tenir compte et il devrait envisager cette théorie au moins comme une sérieuse hypothèse de travail. A la vérité, trop d'études ont démontré que le concept du sacré, entendu comme réalité religieuse première, est une construction artificielle.

L'opposition entre le sacré et le profane, tenue pour fondamentale, quoique dans un sens différent dans les deux écoles, ne correspond pas non plus avec la réalité des religions. L'expérience intensément émotionnelle du sacré comme du tout-autre (Otto) ne se retrouve pas dans les religions africaines où le «sacré» est l'enveloppement de toute la vie naturelle par le surnaturel. Celui-ci n'est pas essentiellement le fait d'une expérience affective, mais l'objet d'une intention soutenue qui s'actualise par la ritualisation de la vie[29]. Au regard de la compénétration de toute la vie par le surnaturel, l'idée de profane n'a pas de sens. Cela ne signifie pourtant pas non plus qu'il n'y a pas de monde naturel; sinon il ne faudrait pas ritualiser la vie naturelle. On ne voit pas non plus comment l'opposition entre le sacré et le profane s'appliquerait à la religion biblique. Cette distinction ne coïncide pas non plus avec celle que fait le christianisme entre la nature et la surnature. Là où cette opposition existe, elle n'est pas première, mais l'effet d'une séparation rituelle.

2. Il reste que le terme de sacré s'est répandu dans la culture occidentale et qu'indépendamment des théories qui l'ont créé, il est devenu le chiffre d'un intérêt religieux ou d'une expérience à consonance religieuse. Sous cet aspect, deux problèmes se présentent à la recherche psychologique.

En premier lieu, on pourrait faire une étude de la sémantique des sentiments religieux. Donnons l'exemple d'une recherche que nous avons dirigée[30]. On a présenté à des enfants le récit de Moïse devant la théophanie du «Buisson ardent» (*Exode III*) et on leur a demandé de faire un dessin et de le commenter. On constate qu'à partir de huit ans ils perçoivent la nature symbolique du feu et du geste de Moïse qui enlève ses sandales. Dans leurs commentaires, ils expriment une polarité affective qu'avec Otto on peut nommer celle du *tremendum* et du *fascinosum*. Un nouveau type de rapport à Dieu se manifeste là, conditionné par ses coordonnées psychologiques. Nous songeons aussi à la réaction affective de saint Augustin au moment de sa conversion: «Qui peut donc comprendre cette merveille?... Je me sens plein d'effroi et tout embrasé d'amour; d'effroi, dans la mesure où je suis tout différent de cet inconnu; d'amour, dans la mesure où je m'y sens pourtant semblable»[31]. Il faudrait voir à quels moments et chez qui on retrouve cette polarité si nette. Il y a certainement une variété de rapports affectifs, dépendant de l'époque culturelle, de la religion, des personnalités et des âges. Au lieu de braconner dans les textes pour en extraire un schème apparemment commun, il faudrait faire une étude de la sémantique différenciée des sentiments religieux, les considérer comme les révélateurs des attitudes religieuses particulières et situer celles-ci dans leur contexte religieux, culturel et psychologique.

En deuxième lieu, en s'inspirant de la phénoménologie des religions, on peut examiner si et en quel sens le monde visible est le lieu d'une expérience religieuse. Comme nous l'avons dit, en définissant la première catégorie de l'expérience religieuse, on peut l'appeler «expérience du sacré», sans pour autant reprendre la théorie qui a formé cette expression. Dans ce qui suit, nous nous attacherons à cette dernière question.

III. La perception religieuse du monde et le sens du sacré

Suite aux théories discutées, la question de l'expérience religieuse a été souvent posée sous l'enseigne de l'expérience du sacré. Des sociologues de la religion ont avancé la thèse que la civilisation occidentale contemporaine a éliminé cette expérience. Nous verrons sur quels arguments repose cette thèse et nous rapporterons ensuite quelques recherches, en essayant de préciser en quel sens il s'y agit du «sacré». Puis nous étudierons le sens que ce terme a pour les contemporains. Ces deux approches distinctes devraient nous éclairer sur la présence et sur la signification de l'expérience du sacré.

III.1. Evanescence du sacré?

A en croire des sociologues, la mentalité technicienne aurait «désacralisé» le monde. Au regard des nombreuses observations sur les expériences du sacré ou du divin, on peut douter que cette thèse soit bien étayée par des observations systématiques.

Considérons d'abord les arguments. On observe, en premier lieu, un déclin de la religion dans les pays de technologie avancée et on compare ce phénomène à l'absence d'un véritable athéisme dans les cultures plus archaïques. La connexion entre la mentalité technicienne et l'athéisme semble s'imposer. L'analyse de cette mentalité devrait ensuite rendre intelligible la connexion constatée. Celle qu'ont faite H. Cox[32] et S. Acquaviva[33] est exemplaire à cet égard. D'après eux, le principe de la civilisation technique, celui de l'efficacité, transforme radicalement notre perception du monde, de la société et de nous-mêmes. Devenu l'objet de l'exploitation pour une production libérée de ses limites, le monde perd sa valeur symbolique. L'homme n'est plus estimé d'après des critères éthiques ou religieux mais d'après son adéquation aux exigences d'une société industrielle. La formation elle-même, condition pour l'efficacité du travail, donne l'armature rationnelle qui maintient et renforce l'esprit de domination technique et tend à éliminer d'autres manières de percevoir le monde et l'homme. Dans cette mentalité, il n'y a plus de mystères, mais seulement des problèmes et des énigmes que l'esprit, fort de sa rationalité et de ses conquêtes, a confiance de pouvoir résoudre un jour. Le contraste avec les civilisations archaïques paraît d'autant plus grand qu'on les suppose à la fois pénétrées de sacré et dépourvues de rationalité. Une vision mystique des civilisations archaïques et l'analyse de la mentalité technicienne se confirment ainsi réciproquement et leur mise en contraste semble expliquer le déclin de la religion dans l'Occident industrialisé. Par le progrès de la rationalité la religion serait privée de son fondement dans le sens du sacré.

L'idéologie du progrès qui domine ces interprétations globalisantes les rend suspectes. Cette idéologie n'aurait sans doute pas influencé la pensée si des réalités observables ne l'avait pas confirmée. Mais l'élément irrationnel qui anime cette idéologie et qui est d'autant plus méconnu qu'elle se pose en conquête de la rationalité pousse à composer des tableaux totalisants et contrastés. Bien des études mettent en tout cas en cause les conceptions que nous venons d'évoquer.

L'idée que la raison évolue depuis une pensée « mystique » vers la rationalité opératoire a été combattue sur plusieurs terrains. Aussi bien l'épistémologie que l'anthropologie culturelle[34] l'ont sérieusement ébranlée. Les cultures anciennes n'étaient pas dépourvues de rationalité et la civilisation « technicienne » est pénétrée de pensée symbolique, cela jusque dans la formation de l'esprit scientifique lui-même. L'évolution de la raison chez l'individu qui participe à la rationalité occidentale n'accomplit pas non plus le progrès unilinéaire qu'a présenté la psychologie génétique de Piaget, car, au lieu de dépasser la pensée symbolique, l'intelligence qui se développe, conquiert en même temps la capacité d'une symbolisation plus riche[35]. A ceux pour qui chaque progrès de rationalité était une défaite du sacré, le phénomène japonais a fait découvrir une étonnante harmonie entre une formation technicienne des plus poussées et un style de vie empreint de rites et de symboles. Et quant à la « déchristianisation » de l'Occident, les théories synthétiques et rapides paraissent insolentes au contact des interrogations et des mises au point apportées par des historiens. De toute manière, trop de facteurs sont en cause dans les vicissitudes de la religion pour qu'on puisse expliquer son évolution par la mutation de l'un ou l'autre élément de l'histoire culturelle, sociale ou personnelle.

Il est bien vrai que les contextes culturel et religieux se sont profondément transformés. Les contemporains ne vénèrent plus comme un dieu le fleuve dans lequel ils mettent les turbines... Mais n'est-ce pas trop simple de penser que les anciens l'identifiaient sans plus à une divinité... alors qu'ils naviguaient sur lui ? Dans les anciennes religions, les références mythologiques remplissaient de sacré le monde perçu et elles contribuaient à ajouter leur qualité divine aux choses reconnues naturelles. Le caillou lunaire dont on a vu les prises de vues a sans doute perdu son auréole de déesse et on sait que les étoiles ne sont pas des lucioles spirituelles. Les profondeurs des espaces stellaires sont-elles pour autant dépouillées de tout rayonnement poétique, voire de tout mystère sacré ? Autant dire que, pour la perception contemporaine, la connaissance des lois physiques et acoustiques réduit la musique à un ébranlement réglé de molécules. A tout bien considérer, la thèse de la désacralisation du monde paraît bien être une généralisation hâtive inspirée par une idéologie du progrès en opposition avec une théorie mythique de l'ancien sacré.

De nos jours d'ailleurs, l'idée de la désacralisation du monde, à la mode il y a quelques années, n'est plus une évidence pour tous ceux qui s'interrogent sur le destin de la religion. Une explosion de mysticisme, sauvage, de saveur orientale ou réglé rituellement par des groupes charismatiques, a fait se retourner des sociologues, comme H. Cox, autrefois prophètes ou Cassandre de la désacralisation. De leur côté, les mouvements écologiques veulent restaurer les valeurs verdoyantes de la vie au contact de la nature et, s'ils ne sont pas de soi religieux, ils semblent rejoindre souvent une perception quasi religieuse de la nature. Ces mouvements se produisent dans les pays qui représentent la flèche de l'entreprise technicienne. S'ils modifient le contexte de l'expérience du sacré, on n'en conclura pas qu'ils « resacralisent » le monde qui, il y a à peine quelques années, aurait été désacralisé. Ils sont nés de la prise de conscience de valeurs qui étaient toujours là et qu'une civilisation outrancièrement technicienne risque d'étouffer. Si une tension peut exister entre la mentalité technicienne et l'expérience du sacré, les deux ne s'opposent donc pas nécessairement. Somme toute, l'idée de la désacralisation fatale du monde technicien paraît bien être une déduction spéculative à partir de mauvaises prémisses.

III.2. Recherches sur la perception religieuse du monde

Sceptique envers l'idée massive de la désacralisation du monde, depuis vingt ans nous avons avec nos collaborateurs fait quelques recherches sur la perception religieuse du monde. Ces recherches ne sont qu'exploratoires dans la mesure où elles sont inévitablement faites sur quelques échantillons de la population. Nous espérons néanmoins que s'en dégage une connaissance assez juste sur le contenu et les coordonnées d'une telle expérience religieuse.

Dans l'optique exposée plus haut, la méthode de l'enquête devait pouvoir déceler ce type d'expérience religieuse là où les sujets ne lui donneraient pas ce nom. Plutôt que d'interroger simplement les sujets sur leurs souvenirs, nous avons donc préféré reproduire actuellement, dans l'imagination et dans la sensibilité, les perceptions que nous estimions susceptibles d'induire une expérience religieuse.

III.2.1 Les situations d'aperception thématique

A titre d'hypothèse, nous avons choisi six situations qui paraissent bien être des expériences privilégiées à cet égard, en ce qu'elles peuvent ouvrir l'existence à un mystère qui la dépasse tout en lui étant intérieur. Ce sont: la naissance, la mort, la nature, la solitude, l'amour du couple et l'amour parental. Tout donne à penser que l'homme y est saisi par une réalité qui l'émeut, qui l'interpelle et à laquelle il n'a jamais fini de répondre. Ce sont donc bien des expériences, et elles sont naturelles parce qu'elles font partie de la vie universellement humaine. Nous n'avons pas inclus le travail parmi ces situations, car, tout en étant universel, il n'est pas une expérience au sens indiqué mais une activité motivée et finalisée par laquelle l'homme utilise la réalité et crée un monde exosomatique.

La recherche sur ces expériences a été réalisée à l'aide d'un test de 58 photos construit à cet effet et nommé « Images de situations d'aperception thématique » (ISAT)[36]. Elles représentent diverses modalités de ces six situations et elles furent sélectionnées selon leur valeur de représentation du thème, leur charge affective et leur pouvoir d'évocation. On examine l'intensité affective du vécu, le degré de probabilité et le contenu de l'expérience religieuse éventuelle et l'évaluation esthétique des photos. On s'informe explicitement de l'expérience religieuse des personnages représentés, car l'expérience apprend qu'en réponse à une consigne neutre, invitant simplement à interpréter les personnages et les situations, les sujets rapportent si peu d'expériences religieuses qu'il est indiqué de penser que la neutralité même de la consigne fausse l'enquête. En effet, en s'adaptant spontanément à l'intention supposée purement psychologique de l'enquêteur, on forclôt involontairement les associations religieuses, et cela d'autant plus qu'une pudeur religieuse en contient l'expression. On sait en outre que la perception elle-même, en tant que conscience perceptive, se structure selon les points de vue que le langage rend disponibles.

Réitérée sur plusieurs populations d'éducation catholique, cette recherche donne pour l'essentiel les mêmes résultats que ceux des deux tableaux que voici[37].

Rangements en fonction de la valeur de profondeur.
Médians pour le groupe des 100 collégiens et catégories correspondantes.

Rg.	Titres	Catégories de profondeur du vécu[1]	Md.	Diff. rg.[2]
A. Rangement des 11 séries de photos				
1	Mort de l'enfant	Très profond	1.51	0
2	Amour du couple	Profond	2.19	+ 8
3	Amour de la mère	Profond	2.36	+ 3
4	Mort	Profond	2.53	− 2
5	Etre seul négatif	Assez profond	2.62	+ 2
6	Naissance de la vie	Assez profond	2.72	− 2
7	Amour parental	Assez profond	2.86	+ 2
8	Amour du père	Assez profond	2.98	+ 3
9	Amour familial	Assez profond	3.05	− 1
10	Nature/Etre seul	Assez profond	3.18	− 5
11	Nature	Assez profond	3.25	− 8

[1] Catégories proposées: Très profond; Profond; Assez profond; Assez superficiel; Superficiel.
[2] Le rang de la valeur religieuse est soustrait au rang de la valeur de profondeur.

Rangements en fonction de la valeur religieuse.
Médians pour le groupe des 100 collégiens et catégories correspondantes.

Rg.	Titres	Catégories de probabilités des sentiments et réflexions concernant Dieu[1]	Md.
A. Rangement des 11 séries de photos			
1	Mort de l'enfant	Probables	1.52
2	Mort	Probables	2.39
3	Nature	Moyennement probables	2.67
4	Naissance de la vie	Moyennement probables	2.81
5	Nature/Etre seul	Moyennement probables	2.86
6	Amour de la mère	Moyennement probables	2.90
7	Etre seul négatif	Moyennement probables	3.08
8	Amour familial	Moyennement probables	3.48
9	Amour parental	Assez improbables	3.51
10	Amour du couple	Assez improbables	3.59
11	Amour du père	Assez improbables	3.68

[1] Catégories proposées: Très probables; Probables; Moyennement probables; Assez improbables et Improbables.

Nous interpréterons ces résultats en prenant appui sur les associations fournies par les sujets des enquêtes. Mais pour faire apparaître la signification de ces associations, nous devons ressaisir et expliciter ce qui est tacitement présent dans ces traces expressives.

1. *La mort*, en particulier celle d'un enfant, représente la seule situation qui obtient un score élevé pour l'intensité et pour la signification religieuse. Les associations religieuses sont cependant fort ambivalentes. La mort irrévocable heurte manifestement les aspirations humaines, elle fait douter de Dieu et inspire la révolte. Confronté à la mort incontournable, on s'interroge sur son sens et c'est par l'interrogation à laquelle elle oblige, qu'elle peut ouvrir au sens religieux de l'existence. A travers le moment de révolte, à nos sujets éduqués dans la foi chrétienne, la mort rappelle que Dieu est l'origine et la fin et que l'homme est responsable devant le jugement divin. Généralement elle suscite ensuite une disposition de prière: on demande à Dieu qu'Il aide l'homme à bien traverser l'épreuve de la mort. Ainsi le questionnement et la révolte que provoque la mort se transforment dans un travail que la foi religieuse fait sur elle-même, au bout duquel on regarde avec confiance au-delà de la mort. C'est là la démarche que nous avons régulièrement observée.

Si le but de nos recherches avait été de dessiner des profils de personnalités religieuses ou incroyantes, il aurait fallu chiffrer les réactions différentes et les mettre en corrélation avec de nombreuses autres données. Mais dans cette recherche-ci, notre projet était de déceler les lieux et les structures de l'expérience religieuse. Or, il appert de notre rapport qu'on ne peut appeler la mort le lieu d'une expérience qu'à condition de donner à ce terme un sens impropre. Loin d'être le signe perçu d'une certaine présence divine, la mort représente un événement où, en raison des motivations humaines, Dieu paraît en premier lieu comme l'objet improbable d'un discours religieux. C'est ce que nous désirions vérifier en incluant la mort dans un test sur l'expérience religieuse.

2. Les photos qui représentent la situation de la *solitude* déclenchent le même type de réactions, quoique avec une intensité bien plus réduite. Il y a cependant une exception remarquable[38]: le groupe de religieux et de religieuses appartenant à un ordre contemplatif éprouvent, contrairement aux autres, la solitude comme remplie de la présence divine. La différence de réaction entre les deux types de population est intéressante pour notre propos. Elle montre que l'absence de présence humaine ou de signes évocateurs prend une signification négative chez les uns, mais devient chez les contemplatifs le lieu d'une présence divine. Chez ces derniers, le sens de la présence divine n'a pas besoin d'être stimulé par des emblèmes spécifiques. Le terme d'expérience prend un autre sens dans ce cas, celui de la troisième catégorie que nous avons distinguée.

3. Par rapport à la situation *amour du couple*, on est frappé par le contraste entre le score élevé donné à la rubrique de l'intensité éprouvée et le score très bas pour la probabilité de l'expérience religieuse. Seule la photo du mariage religieux présente une situation où les pensées religieuses sont estimées «probables». Vient ensuite la photo qui représente un couple de personnes âgées: ici c'est la proximité de la mort qui donne une valence religieuse à la situation. Celle qui représente un couple dans une forêt prend la troisième place pour la valeur religieuse; dans ce cas, c'est la nature ambiante qui surimpose la référence religieuse à l'amour du couple. Mais là où l'amour est présenté comme expérience sexuelle, il ne prend qu'une valeur minimale ou nulle d'évocation religieuse. L'interprétation nous semble claire: l'expérience érotique s'éprouve naturellement comme intense du fait qu'elle envahit le corps et exalte le sentiment. Par elle-même, elle n'est pas le lieu de l'expérience d'une présence divine, car elle forme un circuit de plénitude affective et imaginaire qui se ferme sur lui-même. Comme l'écrit A. De Waelhens: «... un trait fondamental de l'existence humaine comme sexuelle est qu'elle veut vaincre cette inexhaustivité (de toute perception) dans la présence réciproque des

corps. *La sexualité est une expérience d'exhaustivité; dans le dépassement de l'opposition du moi et de l'autre*»[39]. Si l'intention inhérente à la sexualité est de vaincre l'inexhaustivité de toute perception, on comprend qu'elle n'est pas la situation d'une perception religieuse.

Une interprétation différente nous a été proposée: les sujets de ces enquêtes ne reconnaîtraient pas que l'amour sexuel s'ouvre sur une expérience religieuse parce qu'ils sont éduqués dans la méfiance chrétienne envers la sexualité. Sans faire une analyse de l'intention affective et imaginaire de la sexualité, cette interprétation présuppose que d'elle-même, elle devrait se prolonger dans un sens religieux. D'où vient cette idée, plus généreuse que psychologique? Ne serait-elle pas caractéristique d'une idéologie chrétienne récente? Celle qui voudrait à tout prix faire se rejoindre les grandes vérités chrétiennes et l'humain vécu et, réagissant contre le puritanisme du passé, voudrait faire de l'amour sexuel l'amorce de l'expérience du Dieu-amour? La métaphore mystique du mariage spirituel sert l'implantation artificielle de l'expériences religieuse dans l'amour sexuel. Au regard des faits observés et de la logique interne de l'expérience sexuelle, le discours qui enveloppe la sexualité dans l'expérience religieuse nous paraît un embaumement de la sexualité et un artifice apologétique. Le mot «amour» y exerce ses effets magiques et il fait s'effacer les différences psychologiques dans un fluide quasi mythique.

Si l'expérience de l'amour sexuel tend à se clore sur son exhaustivité, par la logique même de son intentionnalité affective et imaginaire, elle tend à être exclusive et hégémonique. Elle contient donc une opposition virtuelle au désir religieux, tout comme elle développe d'elle-même un conflit avec la sublimation sociale et culturelle, ainsi que l'affirme Freud. Nous aurons à revenir sur ce point au chapitre suivant.

Ce moment érotique n'est pas le tout de l'amour du couple. C'est en un autre moment que s'inscrivent les pensées religieuses spontanées: celui du mariage. Présenté, dans le test, par l'image du rite religieux choisie par les sujets de la pré-enquête, ce moment devait inéluctablement induire les associations religieuses. Est-ce une faute de l'instrument? Le choix de cette image, lors de la composition du test, est déjà significatif. Les sujets ont situé le moment de l'engagement de vie dans un contexte religieux. Ensuite, les associations fournies lors des enquêtes sont également significatives. Ce sont, selon l'ordre d'importance: la demande que la Providence aide, protège et bénisse l'amour; la pensée à Dieu comme origine de l'amour; la conscience de s'engager devant Dieu-témoin; la référence à Dieu comme norme pour l'amour; l'idée de la présence d'un Dieu-amour; la conscience que Dieu consacre l'amour, c'est-à-dire le rend sacré. Le mariage représente donc un moment nodal où plusieurs significations religieuses se rejoignent. Comment en serait-il autrement s'il est un carrefour capital de l'existence? Aucune formule d'interprétation ne peut donc tout contenir.

La demande que formule la première association est de l'ordre de la motivation; l'engagement pour l'avenir fait mesurer la fragilité de l'amour et le désir du bonheur qu'il promet en appelle à la Providence qui, selon la conception religieuse, accompagne cet amour de son vœu paternel. Nous pourrions rappeler ici les analyses de l'ambiguïté des motivations. Bornons-nous à remarquer que le rite religieux perd sa vraie signification, si la demande domine l'intention religieuse, ce qui peut être le cas lorsque la pratique religieuse se limite au mariage religieux. Mais la demande que Dieu bénisse l'amour peut tout aussi bien manifester la conscience lucide que l'amour est effectivement fragile et elle peut exprimer la conviction, religieusement authentique, que la bienveillance divine a le pouvoir d'éclairer et de soutenir un amour exposé à bien des périls.

Penser à Dieu comme origine de l'amour, représente un élément d'expérience religieuse, en ce que l'expérience humaine d'un bonheur qualifié est perçu comme le signe d'une qualité essentielle de Dieu. La cinquième signification, celle de la présence d'un Dieu-amour, nous paraît formuler autrement la même idée: origine, Dieu l'est également au présent, par sa présence. L'interprétation de la troisième association — la conscience de s'engager devant Dieu-témoin — demanderait un développement qui dépasse la psychologie et qui s'attacherait à l'analyse de la structure de la parole par laquelle l'homme s'engage envers un autre. En effet, le mariage en tant que parole donnée, est par excellence un acte de langage performatif. Cette parole s'accomplit comme un serment. Conscient de poser une parole qui anticipe l'avenir et qui dépasse la certitude du moment, l'homme se réfère, au-delà de la communauté humaine, elle aussi témoin, à l'Autre qu'est Dieu. Lui seul est le témoin éternel et le garant absolu de la vérité d'une parole par laquelle l'homme faillible s'engage à un moment déterminé de son existence[40].

La référence à Dieu comme norme éthique pour l'amour se comprend facilement. L'amour en tant que projet d'une vie, comporte évidemment une éthique. L'éthique, qui enseigne ce que l'homme doit faire pour correspondre à ce qu'il tient pour vérité sur l'homme, a, pour le croyant, un sens qui est indissociablement humain et divin.

La dernière association exprime la conscience que Dieu consacre l'amour. Formulation dont la brièveté rend l'interprétation difficile. Simple écho d'un discours rituel auquel on est accoutumé? Peut-être. Même s'il en est ainsi, l'expression témoigne encore d'une perception que la psychologie de la religion ne saurait négliger. L'amour est lui-même quelque chose de sacré pour l'homme qui s'engage; toutes les associations l'indiquent. C'est pour cette raison qu'il appelle une consécration rituelle par laquelle Dieu authentifie et confirme ce qu'il est déjà en lui-même. Nous sommes ici en présence de ce qui définit la structure du rite religieux, ainsi que l'illustre l'ouvrage de E. Zuesse cité plus haut: *Ritual Cosmos*. Rappelons aussi ce que nous avons écrit sur la demande de funérailles religieuses: au moment où se défait l'homme corporel, on a conscience que l'homme est plus que le corps, ensemble de systèmes biologiques, et on désire que ce qui est «sacré» dans la vie humaine soit consacré, même si on ne sait pas croire en un au-delà de la vie terrestre. Par rapport à l'amour humain, le désir qu'il soit consacré par Dieu peut encore avoir un sens plus profond, la plupart du temps caché aux yeux des autres, plus ou moins soustrait d'ailleurs à la conscience de ceux qui en demandent la consécration, mais dont l'expérience nous a appris à connaître la présence et l'importance. C'est précisément l'intention de la sexualité de se fermer dans l'exhaustivité qui peut appeler, chez le croyant, la consécration divine. Elle lui rend une innocence en l'intégrant dans l'ordre divin, le libère de sa démesure imaginaire et lui confère sa vérité. Difficile à étayer par des recherches, cette interprétation gênera en outre certains «esprits forts» qui n'y verront que les séquelles d'une culpabilité morbide; d'autres, soucieux de bienséance chrétienne, écarteront précisément ce qui leur paraît dissonant d'avec les plaidoyers exaltants pour l'expérience amoureuse religieuse.

Ces observations s'inscrivent évidemment dans un contexte culturel déterminé. Il serait éclairant de les comparer avec des observations faites dans d'autres cultures. L'anthropologie culturelle nous montre, en effet, qu'en d'autres civilisations, la sexualité prend bien plus le sens de la participation à la poussée créatrice du flux vital qui entrelace l'homme et la nature et qui noue les générations entre elles. Par la sexualité l'homme se trouve enté sur la vie qui est le grand mystère sacré. Les rites et interdits qui enveloppent la sexualité dans leur réseau de signification religieuse, ne sacralisent pas ce qui n'est pas sacré en soi, mais ils actualisent et protègent ce qui, par sa nature même, se rattache au sacré de la vie génératrice. Au contact de ces civilisations on mesure la profonde transformation qui s'est accomplie en Occident dans les rapports de l'homme avec la nature et la vie.

Qu'on regrette les valeurs perdues ou qu'on exalte le gain en liberté et en conscience subjective, une chose est sûre: le bouleversement est profond et il ne laisse pas intacte la religion. Nous ne dirions pas que la religion biblique a désacralisé une «érotique démoniaque» et donc opposée au culte du «vrai Dieu»[41]. Pourquoi, en effet, la religion biblique ne pourrait-elle pas intégrer la sexualité comme participation au sacré de la vie? Domaine intermédiaire entre la divinité et le monde, la vie en tant que mystère sacré peut s'insérer dans plusieurs systèmes symboliques. Ce qui a «désacralisé» la sexualité, c'est le centrage sur l'expérience subjective et sur l'amour comme destin personnel et intersubjectif et, par voie de conséquence, la déconnexion qui s'est faite entre la sexualité et la vie, réalité transindividuelle et de nature quasi divine. «Désacralisation» signifie ici: perte de lien avec une réalité qui lui donnait autrefois sa signification profonde et religieuse. Cependant, la sexualité ne s'en trouve pas nécessairement et entièrement désacralisée. Nous l'avons vu, détachée du mystère de la vie transindividuelle, elle s'inscrit dans un projet de vie où l'amour, par sa dimension éthique et par son analogie avec le Dieu-amour, devient le lieu d'une nouvelle expérience religieuse. L'engagement personnel dans le projet de l'amour s'accorde avec le rapport personnel avec Dieu dans la religion chrétienne. Dans les civilisations centrées sur la durée de la vie, c'est l'esprit collectif qui confère à la sexualité son sens religieux. L'esprit collectif y est comme une seconde nature, en relation étroite avec la vie transindividuelle, à la fois naturelle et surnaturelle. Il n'est pas exclu que l'Occident, conscient de ce que sa raison, sa liberté et ses mythes émotionnels lui ont fait perdre, retrouve une nouvelle balance entre la sexualité comme expérience personnelle et comme participation à la vie. Il se peut que l'érotique devienne alors à nouveau le lieu d'une expérience religieuse médiatisée par le sacré du mystère de la vie.

4. *La nature* est par excellence le lieu de la perception religieuse, cela légèrement plus pour les femmes que pour les hommes. Elle obtient le score le plus bas à l'échelle de l'intensité de l'expérience, mais elle est la seule situation où la valeur esthétique des images est en corrélation positive avec leur valeur religieuse. Ce n'est donc décidément pas l'intensité «névropathique», chère à James, qui détermine la qualité religieuse des sentiments. Le contraste avec l'expérience de l'amour érotique est frappant. La beauté de la nature émeut mais elle n'ébranle pas la violence affective. Il faut distinguer la profondeur et l'intensité de l'expérience. Les associations données aux photos de la nature nous apprennent que, touché par sa beauté, l'homme se libère des soucis qui le préoccupent (littéralement: qui prennent possession

de lui) et qu'il se livre à l'admiration contemplative. Ainsi transparaissent dans la nature les signes d'un divin, ou de Dieu, immanent à la nature et apparaissant en elle comme son au-delà invisible. Les sujets de ces enquêtes seraient-ils des romantiques attardés? Rien ne le laisse supposer. Sans doute l'homme contemporain, même celui de la ville, demeure-t-il plus fondamentalement que ne le pensent les théoriciens du monde désacralisé, l'homme «qui habite le monde en poète» (Hölderlin). Des recherches qui s'attachent particulièrement à l'expérience religieuse dans la nature le confirment.

III.2.2. Recherches approfondies sur la perception religieuse de la nature

J.Bachs[42] a étudié l'expérience religieuse de la nature sur un groupe de 60 hommes de Barcelone, tous diplômés universitaires de l'âge moyen de 35 ans. Son test se compose de 36 photos méthodiquement choisies. De sa recherche très fouillée, particulièrement attentive au rapport entre le symbolisme varié de la nature et les connotations religieuses de l'expérience, nous ne retenons que les éléments les plus significatifs. Il observe une corrélation significative entre la profondeur de l'expérience de la nature et sa signification religieuse (pp. 137, 318), ainsi qu'entre l'index de foi religieuse et la perception religieuse de la nature (p. 144). Les photos du travail dans la nature donnent l'expérience de la nature la moins profonde et sont presque dépourvues de sens religieux. Par contre, les photos du premier homme sur la lune et de la cordée en montagne donnent les scores les plus élevés pour la profondeur et l'expérience religieuse (pp. 139-143, 244). D'après les commentaires, l'homme vit dans ces situations une attitude caractérisée par la polarité de participation active et de contemplation. Il éprouve les sentiments antithétiques de sa grandeur dans l'effort victorieux et gratuit, et de sa petitesse, et il perçoit l'immensité transcendante de Dieu et sa proximité mystérieuse. Cette dernière observation est psychologiquement très significative. Le sentiment de la grandeur de la réalisation humaine intensifie la disposition contemplative lorsque l'homme fait en même temps l'expérience d'une grandeur qui le dépasse infiniment. Dans ce cas, la contemplation n'est pas la passivité qui se réfugie dans une intimité fermée, ni le sentiment d'une annihilation par une immensité angoissante, mais elle devient participation à la puissance et à la beauté qui se manifeste. Il faudrait que des comparaisons entre des populations examinent si nous avons ici une loi générale de psychologie de la religion ou seulement une caractéristique d'un groupe masculin. La recherche que nous présenterons ci-après donne à penser que ce type d'expérience religieuse, par participation contemplative se rencontre moins dans la population féminine de l'Occident contemporain.

E. Orens[43] a composé un test de 24 photos, dont 12 représentent des personnages qui expriment une attitude contemplative devant la nature, et 12 des personnages dans le mouvement d'une action. Elle a soumis son test à 30 fermières du Nord de la France, toutes des femmes croyantes et qui ont accompli au moins les études secondaires supérieures. Les sujets ont également passé le test de Rorschach et ont répondu au test sémantique des figures parentales[44]. Pour tous ces sujets, la nature n'est pas seulement le lieu habituel d'un dur travail, elle est également la situation privilégiée de la perception religieuse du monde. Participant à l'exploitation de fermes de 300 à 400 hectares, engagées donc dans des entreprises qui exigent une technologie poussée, elles n'ont apparemment pas été bouleversées par la prétendue opposition entre la mentalité technicienne et le sens du sacré. L'intérêt particulier de cette recherche est de tirer au jour les ressorts psychologiques qui organisent et orientent les perceptions religieuses différenciées. Car le Rorschach permet de distinguer deux types de personnalités. Un groupe de 22 sujets présente une tendance introversive accentuée, se manifestant dans un besoin d'évasion et dans l'attitude ludique par laquelle elles compensent en fantaisie leurs conflits. Leurs réactions aux planches «maternelles» expriment leur affinité privilégiée pour l'image maternelle, vue comme protectrice et prenant avec tendresse soin de la vie. Leur agressivité, contrainte, s'exprime par voies détournées. Leur contact social est déficient et leur saisie de la réalité concrète insuffisante.

Le deuxième groupe, comportant 8 femmes, manifeste une tendance extratensive fort accentuée. Elles expriment librement leurs sentiments, entre autres l'agressivité. Elles font preuve de pensée précise et d'observation attentive. Leur sociabilité favorise le contact avec l'environnement humain et naturel, mais leur intérêt pour la personne humaine paraît plutôt limité. Leurs réactions aux planches «paternelles» indiquent leur attraction pour l'image paternelle, caractérisée par le savoir, l'activité, la force, le dynamisme et l'intelligence apte à ordonner le réel.

Le groupe à tendance introversive accentuée donne nettement plus d'associations aux photos de la série «contemplative» (65 %) qu'à celles de la série «active» (34 %). Dans le groupe extratensif le rapport s'inverse (39 % contre 60 %). Comme on pouvait s'y attendre, les sujets introversifs appartiennent donc à la catégorie psychologique des personnalités qu'avec un terme emprunté au langage religieux nous nommons : les contemplatives. On pourrait penser que leurs caractéristiques psychologiques les prédestinent à l'expérience religieuse dans la nature. En fait, le groupe actif s'y accorde tout autant, mais différemment. Les femmes introversives et qu'interpelle surtout la série contemplative, perçoivent Dieu, selon l'ordre d'importance, comme source de vie, bonté qui donne, amour qui est tendresse, l'infini transcendant, beauté, lumière qui éclaire l'esprit, créateur, refuge, présent partout, but vers lequel on tend et celui qui récompense les efforts. Dans la nature elles perçoivent avant tout la symbolique féminine et elle leur manifeste un Dieu aux qualités maternelles accentuées. Le groupe des personnalités extratensives et que la série «active» inspire plus que la série «contemplative», perçoivent d'abord dans la majesté de la nature le Dieu transcendant; la nature leur révèle en deuxième lieu le créateur qui invite l'homme à participer à sa création; viennent ensuite les catégories: la beauté de Dieu, son mystère caché, sa bonté généreuse, le silence qui invite à la contemplation, le Dieu-amour qu'on perçoit dans la vie quotidienne avec les autres, la toute-puissance et la force divines, le Dieu qui invite à l'effort, Dieu qui est lumière-vérité. Ici la représentation de Dieu participe à parts à peu près égales aux qualités paternelles et maternelles, ces dernières étant légèrement plus accentuées.

De cette étude se dégagent deux conclusions dont nous aurons à tenir compte dans notre interprétation. Ces femmes ne désignent pas l'inhérence divine au monde, dont elles font l'expérience, par le terme de sacré. Ce qu'elles expriment est pourtant de la même nature que ce que d'autres signifient souvent par ce terme d'origine savante. Chez ces sujets l'expression spontanée de l'expérience religieuse se coule dans le langage religieux qui, dans le contexte chrétien, se réfère à Dieu. Parler de l'expérience du sacré implique déjà une distance critique envers le langage religieux.

Dans leur perception religieuse du monde, les sujets sélectionnent les signes évocateurs qui correspondent à leur propre disposition psychologique. Chez les introversives-contemplatives l'expérience émotionnelle de la nature est plus réceptive et elles prélèvent préférentiellement les qualités qui évoquent une présence désirée et bénéfique, celle qui donne vie, joie et tendresse. Les extratensives-actives perçoivent plus la nature en consonance avec leur dynamisme expansif : sa majesté s'étend vers le haut, et elle symbolise la verticalité du Dieu transcendant, origine créatrice qui se déploie dans son œuvre et dans l'homme qu'Il y associe. Ces femmes n'en sont pas moins sensibles à la beauté manifestée et elles savent contempler en silence. Il faut y insister: l'expérience, comme perception affectivement investie, ne se réduit pas à la sensibilité réceptive et esthétique. Les «sentiments religieux» peuvent s'étendre sur tout le registre affectif au contact avec le monde dans lequel l'homme se trouve impliqué.

III.2.3. La perception religieuse de la musique

Parmi les perceptions, l'ouïe met également au contact d'un monde symbolique, plus nettement même que la vision qui incline à ramener l'univers au spectacle des choses dominées par le regard. Le compositeur de musique sacrée, en donnant forme expressive à ses intentions et émotions religieuses, crée un univers sonore qui peut réveiller chez d'autres le pouvoir d'éprouver les mêmes intentions et émotions et de les exprimer par une participation silencieuse. On le sait, l'audition de musique sacrée est pour bien des hommes un mode d'expérience religieuse. Symbolique par son rythme et l'harmonie de ses notes conjointes, la musique sacrée incorpore des intentions religieuses que l'auditeur perçoit même s'il ne comprend pas les textes. Pour cette raison aussi la musique sacrée peut susciter une expérience qui se meut dans le champ ouvert sur la religion mais qui demeure en deçà de la foi religieuse. Il est bien connu qu'à écouter la musique sacrée, des incroyants perçoivent ce qui peut s'appeler un sacré sans Dieu. Une recherche sur l'audition de musique sacrée représente donc un intérêt particulier: elle permet de discerner les éléments symboliques qui manifestent «le sacré» et qui peuvent se lire à plusieurs portées[45]. Dans cette intention furent présentés à l'audition de croyants et d'incroyants, parmi lesquels 52 universitaires et 48 musiciens, deux *hymnes ambrosiennes*, le dernier choral et le chorus final de la *Passion selon saint Matthieu* de J.S. Bach, l'*Incarnatus est* de la messe en ut mineur de Mozart, un extrait du *Requiem* de Ligeti, la *Dernière Cène* de *Jésus-Christ Super-Star*. Les textes, négligés par la grande majorité des auditeurs, n'ont pas d'effets sur la perception religieuse. Seules les musiques de Bach et les hymnes ambrosiennes ont une valeur religieuse pour les sujets de cette enquête. Ce sont aussi les deux musiques les plus appréciées pour leur esthétique, Bach pour sa beauté et sa richesse, l'ambrosien pour sa beauté et son dépouillement. Ces deux œuvres créent un espace de paix, de calme et de sérénité et toutes deux favorisent l'intuition d'une réalité distante. En réponse à la question sur la perception symbolique de la profondeur et/ou de la hauteur, les auditeurs perçoivent en Bach ces deux dimensions symboliques. Les sentiments qu'il suscite sont ceux de: profondeur-recueillement, équilibre, sérénité et élévation (décrite entre autres par les symboles: la lumière, le soleil, la flamme, l'oiseau qui s'élève, les mains tendues). Eprouvé comme profond, l'ambrosien n'est pas perçu selon la dimension symbolique de la hauteur mais selon celle du lointain, parce que monacal et étranger à l'esprit contemporain. Aussi l'œuvre de Bach est-elle la plus religieuse, avant l'ambrosien. La musique «sacrée» de Mozart et celle de *Jésus-Christ Super-Star* n'ont rien de sacré pour les auditeurs, précisément parce que ces qualités symboliques leur manquent. Le *Requiem* de Ligeti, diversement apprécié du point de vue musical, n'est que peu caractérisé par la profondeur ou par la hauteur, mais il est essentiellement ressenti comme lointain. Il favorise l'angoisse et les sentiments d'obscurité et d'anéantissement. Par ces résonances, il suscite le nombre le plus élevé de réflexions sur le sens de l'existence. Dans ses effets, il est donc comparable à la situation de la mort dans la recherche précédente. Pour les sentiments qu'ils suscitent et pour leurs dimensions symboliques, Bach et, dans une moindre mesure, l'ambrosien peuvent se comparer au pouvoir évocateur de la nature.

Bach et l'ambrosien sont les musiques les plus priantes pour les croyants. Ce qui est significatif, c'est qu'elles le sont pour les mêmes qualités affectives et symboliques qu'y perçoivent les incroyants. Elles sont des «musiques sacrées» pour les deux groupes, non pas à cause de leur texte religieux, mais en raison des expériences affectives et symboliques qu'elles favorisent. Aussi les incroyants choisissent-ils Bach et l'ambrosien comme convenant à l'expression de la foi religieuse; mais l'expérience du sacré n'amène pas les incroyants à l'acte religieux de la prière.

III.3. *La signification des mots «sacré» et «le sacré»*

Les sujets des enquêtes rapportées, qui témoignent d'une expérience religieuse, se réfèrent à Dieu, parce qu'ils sont des croyants chrétiens. Le terme de sacré n'appartient pas à leur langage religieux spontané. Dans l'enquête sur la musique sacrée, l'expression codifiée elle-même induit évidemment la reprise du mot «sacré». Vu l'absence du terme «sacré» dans le langage religieux ordinaire, et pour savoir s'il y a correspondance entre ce terme et les expériences religieuses analysées, nous devons examiner explicitement le sens que nos contemporains donnent à ce terme. Cette enquête contribuera également à vérifier nos critiques sur les théories pour lesquelles l'expérience du sacré serait le cœur, ou «la mère», des religions. Il n'a malheureusement pas été possible de faire ces recherches sur les populations des enquêtes concernant l'expérience religieuse. Les résultats n'en donnent pas moins des indications significatives.

III.3.1. L'adjectif « sacré »

En un premier temps, nous nous sommes attaché à l'adjectif, « sacré » pour une population francophone, « *heilig* » pour un groupe néerlandophone[46]. Notons que le néerlandais, tout comme l'allemand, ne dispose que du seul terme « *heilig* » qui signifie aussi bien sacré que saint. La méthode était celle de la comparaison pairée de plusieurs qualificatifs, appliquée à des concepts comme l'église, le prêtre, le mariage, la patrie. D'après cette recherche, l'adjectif sacré (*heilig*) a deux sens nettement distincts. Il peut signifier le caractère sacré qui affecte des personnes, des lieux ou des objets du culte en raison de leur consécration rituelle. Par cette consécration, ils sont éventuellement considérés comme investis par une présence ou une puissance divine. Selon cette signification, « sacré » n'évoque pas l'objet d'une expérience mais celui d'un acte institutionnel et rituel qui le rattache à la sphère divine. Par cette séparation rituelle, ce qui reste en dehors du sacré prend la signification de profane. Nous retrouvons ici la signification du mot *sancire* (délimiter, circonscrire), dont sacré est dérivé. En deuxième lieu, « sacré » exprime la valeur particulière qu'ont certaines réalités en vertu de leur nature propre. On qualifie le mariage de sacré pour la profondeur qu'il donne à l'existence, pour la valeur d'éternité que lui donnent sa stabilité et sa durée et pour l'impératif d'inviolabilité qu'il comporte. Si on le croit fondé sur une institution divine et si on le relie au rite religieux, son caractère naturellement sacré se trouve renforcé par son rattachement à l'ordre divin. La patrie elle aussi est sacrée pour ce qu'elle représente comme valeur affective et comme idéal, ensuite pour le devoir qu'elle impose de la servir, de la respecter et de la défendre. Exceptionnellement les sujets de notre enquête lui reconnaissent en plus un caractère sacré en raison de sa légitimation par une disposition divine.

La qualification de sacré s'étend sans aucun doute à d'autres réalités humaines, comme le droit à la liberté de pensée. Par ailleurs, il y a évidemment des populations pour lesquelles la patrie ou le mariage ne sont pas sacrés. Il est du plus haut intérêt pour une sociologie de la culture d'examiner ce que des groupes humains tiennent pour sacré, à condition que les enquêtes puissent déterminer le sens que les différentes populations donnent à ce terme[47]. Dans notre optique, il s'agit seulement de dégager le rapport du sacré avec le religieux. Dans cette perspective, nous n'avons pas fait une enquête sur tout ce qu'une population tient pour sacré ni sur les connotations du terme « sacré », pris comme mot abstrait; nous avons mis en correspondance les valeurs attribuées à certaines réalités humaines et la mesure de leurs qualifications comme sacrées.

La bipartition du terme «sacré» est instructive. L'origine du mot est religieuse et, dans son acception non religieuse, il garde le souvenir de son origine. Le rite religieux rend sacrées des réalités du monde, créant ainsi un lien entre le monde et la sphère divine, l'autre du monde. Dans ce cas-ci, le rite ne consacre pas ce qui est de nature plus ou moins sacré, mais il a la fonction de créer des médiateurs explicitement désignés comme tels. La religion qui institue ces choses sacrées détermine le jugement de valeur qu'on porte sur elles. En deuxième lieu, des réalités proprement humaines mais qui s'imposent à l'expérience avec une valeur particulière, sont qualifiées par le même terme religieux. On assiste à une métaphorisation au sens précis du terme: en raison d'une similitude dans l'appréciation de valeur, on étend le terme rituel à des réalités qui n'appartiennent pas directement au domaine religieux. Ce qui caractérise les deux réalités étudiées, c'est qu'elles sont à la fois communautaires et profondément personnelles; on partage et on réalise avec autrui ce qui donne à la vie la valeur d'être vécue. Pour ce motif, ces valeurs sont confiées à l'homme, lui imposent le devoir de les promouvoir et de les défendre. «Sacré» garde la double valence du terme religieux: celui de la donation de sens et celui du devoir de respect. Nous présumons que, dans notre culture, sont considérées comme sacrées les réalités humaines auxquelles s'attache cette double qualification. Les «droits de l'homme» sont exemplaires à cet égard.

De la ressemblance et de la différence entre les deux significations de l'adjectif «sacré» nous pouvons conclure, premièrement, que l'opposition entre sacré et profane n'est pas le fait d'une expérience mais qu'elle est l'effet d'un acte rituel; deuxièmement, que des réalités estimées essentielles pour l'humanité de l'homme, et qui sont profanes au sens de l'opposition précédente, ne le sont pas absolument, car elles présentent une parenté avec le religieux. On présume déjà que ces réalités profanes-sacrées présentent un ancrage psychologique pour l'insertion du religieux en l'homme. L'histoire nous donne d'ailleurs assez d'exemples de l'alliance éventuellement ambiguë, voire mystificatrice, entre la religion et la famille et la patrie.

III.3.2. Le substantif «le sacré»

Notre hypothèse est que le terme, en s'éloignant du système théorique qui l'a mis en circulation, porte des significations où s'exprime la disposition religieuse des contemporains. Une interprétation des textes où des auteurs et des sujets d'enquêtes décrivent leurs éventuelles «expériences du sacré», nous instruirait sans doute sur leur signification. Mais l'inflation du terme d'expérience et la tendance idéologique qu'ont certains milieux intellectuels, d'englober tout le religieux dans «le sacré», rendent aléatoire toute enquête directe. L'attachement au «sens du sacré» qu'affirment des contemporains qui ne croient pas en Dieu, nous indique aussi que les deux données ne coïncident pas nécessairement. Il importe également de savoir ce qu'il en est chez des croyants dont les expériences religieuses, avons-nous vu, se réfèrent à Dieu. Pour élucider ce que signifie le sacré dans une population croyante et pour saisir son rapport à la foi en Dieu, nous avons dès lors opté pour une recherche indirecte à l'aide d'une échelle sémantique[48]. La littérature et une enquête préliminaire avaient donné à penser que les expressions appartenant aux dimensions symboliques de la profondeur et de la hauteur étaient les plus aptes à révéler le sens des idées «le sacré» et «Dieu». Après la composition des deux échelles qui différencient pour nos sujets la profondeur et la hauteur, les items mélangés sont appliqués successivement aux entités «le sacré» et «Dieu», ou dans l'ordre inverse, selon une échelle de Lickert de sept degrés.

Tableau de la dimension du sacré

Variable profondeur		Variable hauteur	
qui touche à ce que nous avons de plus personnel	6,48	fierté	4,23
intime	6,07	sublime	3,97
secret	6,02	me porte à l'admiration	3,91
touche au cœur du sentiment	5,97	dépassement	3,71
intériorité	5,56	qui fascine	3,59
révèle à l'homme son unique valeur	4,99	souverain	3,12
qui envahit tout l'être	4,96	puissance	2,99
on y accède en rentrant en soi	4,87	force	2,93
fait accéder à l'authenticité	4,65	manifeste la gloire	2,92
qui est source et origine	4,50	conquête	2,90
donne du sérieux, du poids aux choses	4,26	majestueux	2,90
qui est fécond	4,20	qui domine	2,89
s'enracine dans les forces vitales	4,07	éminent	2,87
mystère	4,05	héroïque	2,70
caché	3,85	qui est imposant	2,56
obscur	2,85		

Tableau de la dimension divine

Variable profondeur		Variable hauteur	
mystère	5,62	force	5,34
intime	5,45	dépassement	5,22
on y accède en rentrant en soi	5,42	puissance	5,13
qui est source et origine	5,22	souverain	4,83
touche au cœur du sentiment	5,05	majestueux	4,77
intériorité	4,95	qui domine	4,72
qui envahit tout l'être	4,89	sublime	4,48
qui touche à ce que nous avons de plus personnel	4,84	qui fascine	4,40
qui est fécond	4,44	manifeste la gloire	4,16
révèle à l'homme son unique valeur	4,40	me porte à l'admiration	4,05
obscur	4,30	éminent	3,85
caché	4,18	qui est imposant	3,78
fait accéder à l'authenticité	4,07	fierté	3,02
s'enracine dans les forces vitales	4,06	héroïque	2,87
donne du sérieux, du poids aux choses	3,97	conquête	2,87
secret	3,58		

Il appert que le sacré intègre hautement les valeurs de la profondeur et peu celles de la hauteur. Les termes attributifs (souverain, puissance, force, qui manifeste sa gloire, majestueux) sont particulièrement impropres à définir le sacré. «Dieu», par contre, intègre équivalemment les deux variables. Ce qui spécifie surtout l'idée de Dieu par rapport au sacré, c'est la variable hauteur dans ses expressions attributives. Certaines expressions de l'échelle de la hauteur ne sont cependant pas sensiblement plus attribuées à Dieu qu'au sacré. Apparemment leur signification paraît trop anthropomorphique, comme c'est également le cas pour «fierté», significativement plus accentué dans le sacré que dans l'idée de Dieu. Il faudrait donc pousser plus loin cette recherche. Malgré ses limites, elle montre déjà de manière convaincante la similitude et la différence entre le sacré et Dieu. L'idée de Dieu est plus complexe que le sacré, puisqu'elle englobe équivalemment les deux dimensions symboliques. Le sacré et l'idée de Dieu ne se superposent que partiellement, car Dieu se distingue du sacré par la symbolique de la hauteur, celle qui désigne précisément son altérité.

Disons encore qu'il faut distinguer deux groupes d'items symboliques de la profondeur. Il y a ceux qui désignent les qualités dynamiques de la nature: qui est fécond, envahit tout l'être, s'enracine dans les forces vitales. Les autres items se rapportent à l'existence humaine et en qualifient plutôt la dimension éthique: révèle à l'homme son unique valeur, donne du sérieux et du poids aux choses, donne accès à ce qui est authentique. Il est frappant qu'un groupe d'items qui expriment le sens de la profondeur de l'existence humaine, obtiennent un score élevé sur le concept «le sacré» et un score nettement plus bas sur celui de Dieu; ce sont: ce qui nous concerne en ce que nous avons de plus personnel (la valeur de profondeur la plus caractéristique du sacré), intime, qui touche au cœur des sentiments, intériorité. Tous ces items expriment la conscience de l'homme qui se centre sur son immanence en lui-même et qui perçoit affectivement sa particularité. Il y a apparemment une polarité dans la conscience de la profondeur de l'existence humaine, éprouvée comme étant du sacré. La perception affective de soi-même replie sur soi-même; mais au fond de soi-même, on prend également conscience qu'il y a un sacré qui n'est pas entièrement immanent à l'existence, un sacré qui vient «révéler» l'homme à lui-même et lui «donne» d'accéder à sa véritable humanité. Ce sacré de nature dynamique peut faire le lien entre l'existence et Dieu. Sans doute retrouvons-nous ici la même polarité observée à propos de l'expérience religieuse dans la nature où le moment de l'affirmation de soi se retourne, sans se supprimer, en la perception d'une grandeur qui dépasse infiniment l'homme et qui manifeste Dieu.

Faite avec une échelle sémantique, cette enquête n'a pas demandé s'il s'agit d'une expérience du sacré. Toutefois l'idée même de la dimension symbolique de la profondeur indique qu'il s'agit bien de la saisie intuitive des qualités constitutives d'une telle expérience. Et celle-ci doit être qualifiée de religieuse. Le terme de sacré l'indique déjà. La large similitude entre, d'une part, le sacré et, de l'autre, Dieu considéré sous l'aspect symbolique de la profondeur, le confirme. S'il en est ainsi, il s'ensuit que l'homme fait l'expérience de Dieu pour autant qu'Il est présent dans le sacré. Mais Dieu ne coïncide pas avec le sacré et le sacré n'est pas le Tout-Autre, comme l'affirme Otto. En ce cas, comme le donnait à voir également la recherche sur l'adjectif «sacré», le sacré ne s'oppose pas sans plus au profane. Le «profane» n'existe comme tel que dans l'opposition à ce qui est spécifiquement religieux. Le sacré appartient au monde et à l'existence humaine, mais il y dénote ce qui n'y est plus simplement contingent, superficiel, inessentiel ou inauthentique. Il est un domaine transitionnel entre le monde purement profane et le Dieu de la religion. Aussi le rapport à Dieu inclut-il une part d'expérience et une part qui la dépasse.

III.4. Interprétation

III.4.1. La structure de l'expérience religieuse perceptive

La catégorie d'expérience religieuse que nous présentent les quelques enquêtes rapportées plus haut, n'appelle pas une explication psychologique particulière, car elle ressortit à la structure universelle de la perception du monde et de soi-même. Elle dépend, certes, de conditions culturelles et psychologiques décelables, mais celles-ci appartiennent encore aux lois de la perception [49]. Il faut donc commencer par détacher cette expérience religieuse des phénomènes sensationnels qu'affectionne W. James. Les mauvaises raisons théoriques qui font repérer l'expérience religieuse du côté des expériences singulières, font d'ailleurs penser que toute expérience religieuse se laisse élucider par la psychologie normale, les phénomènes hallucinatoires exceptés. Parce que l'homme est une unité et qu'en lui les sens, l'affect et le langage se compénètrent, il peut déjà et d'abord y avoir expérience religieuse dans un voir qui n'est pas voyance, dans un entendre qui ne reçoit pas de message inouï, dans un sentir de soi-même qui n'est pas une transe. L'expérience se produit lorsque le sujet de la perception se laisse affecter par les formes sensibles qui sont en correspondance avec des significations religieuses que véhicule le langage de sa culture et dont il conserve la mémoire, même involontaire et préconsciente. Il faut donc que, dans la perception, un échange s'opère entre ces trois éléments: l'affectivité, les formes perceptuelles et le langage religieux.

Dans la musique sacrée, l'homme a donné un corps sonore à ses intuitions et à ses sentiments religieux. Elle est hiérophanique, manifestatrice du sacré qui s'y est incarné. Celui qui écoute et qui est suffisamment familiarisé avec les formes entendues, se glisse dans les harmonies et dans le rythme et il accorde avec eux son propre rythme d'existence et ses propres voix intérieures. Le sentiment, dans ce cas, n'est pas le retrait dans un îlot subjectif, mais la reprise, dans la subjectivité, des formes expressives qui transforment le sujet, le décentrent de lui-même et le mettent en consonance avec le corps subtil qu'a pris le sacré. L'expérience religieuse est tout à la fois un événement intérieur, subjectif et la rencontre avec ce qui se manifeste. En prenant en soi le corps musical du sacré, comme un corps sacramentel, l'homme est capable, par son accord intérieur, de percevoir ce qui le dépasse mais vient à lui pour se dévoiler. L'expérience religieuse n'est d'aucune façon un envahissement fusionnel, car «co-naissant» intérieurement avec les sons, comme avec les choses vues qui l'enveloppent, l'homme y saisit une présence autre qui, en se dévoilant, reste voilée, et qui, par la proximité ressentie, fait sentir sa différence.

La perception religieuse de la nature présente la même structure dynamique de l'échange entre l'affectivité, les formes vues et le langage religieux. Certes, dans ce cas-ci, les formes visibles n'expriment pas les intentions d'un artisan. Pour y percevoir la beauté ou la majesté, l'homme doit les animer, involontairement bien entendu, comme s'il en était le créateur. Mais il sait les animer par ses intentions affectives, parce qu'il les perçoit comme signifiantes, par leurs formes, du sens de la beauté ou de la majesté qui sommeille en lui. Ainsi ce sont les formes vues qui investissent l'homme et le transforment en réveillant en lui des possibilités latentes d'expression. Affecté par les formes que, par la vision, il prend en lui (percevoir), l'homme en exprime le sens symbolique, ne fût-ce que par le langage silencieux qui en dit intérieurement le sens. Dans l'expérience affective, il y a toujours une participation expressive. Comme nous y avons déjà insisté, l'affectivité est une manière de connaître; en co-naissant intérieurement avec ce qui se donne à voir ou à entendre, elle le connaît en l'exprimant. L'expérience perceptive devient religieuse, lorsque cette expression en langage intérieur réveille les significations correspondantes du langage religieux que le sujet conserve par devers lui ou garde présent à son souvenir actuel. En s'exprimant pour lui-même les significations symboliques perçues, et en participant ainsi inchoativement à leur création, l'homme se trouve intérieurement en correspondance avec les qualités divines que ces significations symboliques évoquent. L'homme, le monde et Dieu se compénètrent sans fusionner. De cette manière, l'homme perçoit sensiblement la présence divine. Il n'y a pas de raisonnement, ni déductif ni inductif à ce moment, mais expérience parce que participation expressive à ce qui se montre comme signe d'une présence. La perception religieuse de la nature ne peut donc être comparée au déchiffrement d'une trace laissée par une figure mystérieuse qui serait passée par là, de la manière dont Robinson Crusoé conclut qu'une trace volontairement brouillée ne pouvait être que le signe d'une présence humaine. La réflexion raisonnante peut prédisposer à l'expérience perceptive de la nature et celle-ci peut se poursuivre dans une interrogation critique. Au moment même, on perçoit la présence qui prend figure visuelle, presque comme on lit dans les yeux et dans les traits des visages la qualité distincte de la présence intentionnelle de l'autre.

On pourrait étayer l'analyse de la perception religieuse par ce que les études psychologiques ont avancé relativement à la perception. Comme le dit J. Bruner, «toute expériencce perceptive est nécessairement le produit final d'un processus de catégorisation»[50]. Contre les associationismes du passé, il faut tenir que les références du langage sont intérieures à l'expérience perceptive. De même faut-il tenir, contre les anciennes conceptions de l'affectivité, que le sentiment est un mode du connaître et qu'elle oriente et remplit la perception[51]. Interpréter la perception émotionnelle comme une projection de ses sentiments sur le monde, n'est qu'une mauvaise tentative de l'expliquer, en la regardant du dehors et en réduisant le perçu à l'objet sans qualités révélatrices[52].

La perception affective du monde devient donc expérience religieuse lorsque la perception donne au langage religieux les formes qui le remplissent de vie et lorsque ce langage remplit les formes perçues de ses significations correspondantes. Ces formes, dans lesquelles la perception et le langage religieux se rencontrent, ont toujours un sens qualitatif et symbolique: de paix, de majesté, de profondeur, de hauteur... C'est l'affectivité qui, en animant le corps perceptif, les connaît. Les «sentiments religieux» sont l'aboutissement du processus dans lequel collaborent les trois éléments analysés. Le sacré qui est l'objet de ces expériences, c'est la qualité intrinsèque à des réalités du monde et qui, inexplicable causalement, fait percevoir le mystère quasi divin du monde et de l'existence.

III.4.2. Signification: l'expérience religieuse comparée à la motivation

Comme saisie d'une présence plus ou moins divine, personnelle ou anonyme, qui est inhérente aux qualités perceptuelles, l'expérience n'est pas en soi l'objet d'une recherche active. Même si elle est désirée, elle est l'accueil d'une présence qui se donne et celle-ci est elle-même la source des mouvements psychiques qu'elle suscite. L'expérience religieuse impose incontestablement un renversement de la perspective qu'a dégagée notre analyse des motivations du comportement religieux. Pour faire ressortir cette différence, nous allons les opposer point par point.

1) N'importe quel exemple illustre ce que suggère déjà le terme d'expérience: il n'y s'agit plus d'un comportement que met en mouvement un état de détresse ou d'insuffisance non acceptées, mais au contraire, de la survenue d'une réalité nouvelle qui se communique. Cela est même vrai des expériences affectives dont nous ferons l'analyse plus tard. Songeons à ceux qui, après un temps d'inquiétude, voire d'angoisse, affirment se trouver libérés par l'intense expérience d'être sauvé par Dieu; même dans ces cas complexes, l'expérience est encore l'impression de l'irruption dans l'existence d'une réalité divine qui surprend parce qu'elle n'apparaît pas comme le résultat d'une démarche active. 2) L'expérience religieuse a, par conséquent, un caractère de gratuité; elle ne correspond plus à ce qui est de l'ordre des besoins.

3) Alors que le comportement motivé part d'une tension désagréable et tend à sa réduction, éprouvée comme une satisfaction, l'expérience suit la courbe opposée : la tension qu'elle introduit est agréable et elle vient remplir ce qui apparaît, après coup, comme un manque. 4) Au lieu de procurer un apaisement de la tension et une satisfaction de la demande, l'expérience se donne à la jouissance, comme le laisse entendre le mot de joie ou de jubilation dans certains textes religieux. L'expérience religieuse est comparable en cela à la jouissance esthétique ou amoureuse. 5) Corrélativement avec la distinction entre la satisfaction et la jouissance, l'articulation du temps vécu est également différente de part et d'autre. Le comportement motivé s'oriente vers l'avenir qui doit supprimer la souffrance présente. L'expérience, par contre, est au présent de ce qui advient. 6) Le désir humain ne s'y implique pas non plus de la même manière. La motivation se rapporte toujours à un aspect de l'existence; son intérêt est partiel. L'expérience concerne le bien-être englobant de l'existence; elle s'éprouve comme un élargissement de l'être humain. 7) Par elle-même l'expérience n'est pas un comportement, mais un comportement religieux spécifique en est l'effet : la célébration, qui est précisément l'expression de la transformation qu'éprouve le sujet. La demande, par contre, est un comportement religieux que produit une motivation naturelle dans le contexte religieux.

On peut, bien sûr, poser en principe que l'expérience religieuse répond à un intérêt du sujet et on peut appeler celui-ci « motivation ». Mais, au contraire de la mise en mouvement par une motivation non religieuse, l'expérience introduit une stimulation proprement religieuse et le comportement qu'elle produit normalement en est l'effet. Elle n'est pas causée, mais elle est elle-même la cause du comportement : la célébration, individuelle ou cultuelle, ou bien la manière d'agir dans le monde qui met la vie en harmonie avec la réalité divine perçue. Si on est en droit de postuler qu'une affectivité désirante sous-tend l'expérience religieuse et contribue à rendre lisibles les signes d'une présence, il est tout aussi certain que c'est la présence perçue qui éveille l'affectivité désirante. Si on veut maintenir le concept de motivation, il faut lui donner un autre sens que celui qui est usuel dans la psychologie; la psychologie de la motivation s'attache de préférence aux comportements par lesquels l'homme poursuit un but, parce qu'elle peut y appliquer un schéma d'explication causale. Mais pourquoi, se demande à raison L. Wittgenstein[53], faudrait-il chercher une explication pour tous les phénomènes psychiques? N'est-ce pas parce qu'on subit la contrainte du modèle scientifique? A cela s'ajoute une idéologie implicite : l'éthos du travail qui, d'après Max Weber, imprègne la civilisation de l'Occident contemporain et qui fait voir l'homme comme l'être qui poursuit en tout un but[54]. Le schéma de l'activité finalisée et motivée n'est pourtant pas pertinent pour les domaines de l'existence les plus caractéristiques de l'humanité de l'homme: l'art, l'amour, l'amitié, l'expérience religieuse.

Parmi les psychologues, c'est incontestablement A.H. Maslow[55] qui a le plus clairement perçu la nécessité de libérer la psychologie d'une idéologie de la motivation et de distinguer deux modes de percevoir et de connaître: celui qui est motivé par des besoins (*Deficiency Motivation*) et celui qui, chez des personnes ayant satisfait les «besoins inférieurs», est «méta-motivée» et s'oriente vers les choses telles qu'elles manifestent leurs qualités intrinsèques (*Being Cognition*). Maslow illustre cette différence de la perception en rapportant les «expériences de sommet» que décrivent des sujets sélectionnés d'après les critères de l'absence de névrose et de la «réalisation de soi-même». Ces expériences peuvent être de divers ordres: esthétiques, amoureuses, mystiques... On peut ne pas aimer le langage d'émerveillement extatique qu'affectionne Maslow et qui le discrédite d'autant plus auprès des tenants de la psychologie «dure» et rigoureuse. Ce qu'il affirme n'en est pas moins vrai: ce sont les expériences perceptives «méta-motivées» qui, ayant leur valeur en elles-mêmes, font que la vie a un sens et vaut d'être vécue. La psychologie clinique confirme sans aucun doute la signification que Maslow accorde à de pareilles expériences: elles libèrent le sujet de la contrainte qu'exercent sur lui les idées de prestation, de réalisation et d'utilité et elles sont les moments de bonheur qui réconcilient l'homme avec l'existence en mettant le mal et la souffrance à leur place relative. Ce n'est pas par hasard que Maslow a par la suite prolongé son interprétation de ces expériences perceptives, en montrant que «tout ce qui se produit dans les expériences de sommet, tout naturelles (*naturalistic*) qu'elles soient, pourrait être repris sous la désignation d'événements (*happenings*) religieux, ou a de fait été considéré, par le passé, comme étant uniquement des expériences religieuses». Nous ne nous attarderons pas à l'analyse plutôt confuse que Maslow présente. Nous retenons seulement l'idée qu'il entend illustrer. Les qualités que l'objet révèle lors d'une telle expérience — par exemple, la valeur unique de la personne, un aspect d'éternité, la beauté — en font l'apparition du sacré dans et par ce qui appartient au temps et au monde. Corrélativement les dispositions des sujets de telles expériences présentent une ressemblance indéniable avec l'attitude religieuse: respect, humilité qui ne s'oppose pas à la fierté, admiration, abandon de soi-même, accueil réceptif, même vénération (*worship*).

La parenté s'impose entre l'expérience religieuse perceptive et la «religion intrinsèque» qu'Allport distingue de la «religion extrinsèque». Dans le chapitre précédent, nous avons identifié la religion extrinsèque avec la religion motivée, en élaborant les indications fournies par Allport. Pour ce qui est de la religion intrinsèque, Allport, trop préoccupé par le problème de la tolérance, se borne à la caractériser par ses effets pratiques et observables : tolérance, respect, piété, bienveillance envers autrui. Ce sont là des comportements qui, tout comme la célébration cultuelle, expriment la disposition dont ils découlent. Ce qui en est la source, c'est précisément l'expérience religieuse qui, au-delà de l'attachement religieux motivé, perçoit une réalité divine découverte dans ses qualités intrinsèques et aimée pour elle-même. L'expérience, en décentrant l'homme de ses motivations besogneuses, le centre sur l'être nouveau qui se manifeste, dont la perception unitive élargit l'existence et transforme en une certaine mesure le comportement envers autrui.

La recherche de R.W. Hood[56] confirme ce lien entre religion intrinsèque et expérience religieuse. Des sujets, qui correspondent aux critères de la religion intrinsèque selon Allport, affirment plus souvent que les autres avoir connu une expérience religieuse. Notons que d'après cette recherche, religions extrinsèque et intrinsèque ne sont pas sans plus mutuellement exclusives, comme nous l'avons déjà signalé dans le chapitre précédent. Elles se présentent ici comme deux variables indépendantes. Cela ne met pas en question la nature popre de la religion intrinsèque, mais indique sans doute que l'homme réel est plus complexe que ne le supposent les concepts dichotomiques et qu'il ne coïncide pas avec la forme pure, idéale sinon idéalisée, de la religion.

Dans notre exposé sur l'expérience perceptive, on aura certainement remarqué un certain flottement quant au contenu de l'expérience. De la description d'un sacré quasi religieux, nous sommes parfois passé au langage proprement religieux, en parlant de l'expérience perceptive de Dieu. Ce glissement était inévitable, précisément parce que l'expérience religieuse perceptive est elle-même ambiguë. Le moment est venu de clarifier cela.

III.4.3. L'ambiguïté de l'expérience religieuse perceptive

Ambiguïté veut dire que le sens n'est pas fixé. De fait, il ne l'est pas par les choses mêmes qui font signes. Les mêmes choses vues ou entendues signifient pour les uns la visibilité ou la voix indirecte de Dieu; pour les autres elles évoquent la dimension d'un sacré, mais ne sont pas les emblêmes d'un Dieu; pour d'autres encore elles ne laissent paraître que le secret d'une nature inhumaine et dépourvue de toute qualité divine. L'expérience religieuse perceptive bouge : entre un seuil minimal et l'échappée vers un point asymptotique où le symbolisme religieux des choses est pleinement saturé.

En réalité l'expérience vécue n'est pas ambiguë. Elle l'est pour celui qui se met en dehors. En comparant les différentes manières de voir, il se demande ce que les sujets perçoivent «réellement». De l'extérieur, on se dit volontiers que, dans la prétendue expérience, ce sont les sentiments qui métamorphosent le paysage «réel». De là, à la théorie de James sur les sentiments, il n'y a qu'un pas. Et si on incline à donner malgré tout une valeur de connaissance à ces expériences, on fera peut-être un pas de plus vers une théorie qui prône une capacité de connaissance para-normale. Le moment stratégique de ces considérations est le premier : la décision de regarder du dehors. En voulant adopter un point de vue neutre, objectif, on neutralise les signes perçus. On leur enlève leur valence de signes religieux. On est donc forcé d'opposer l'objet perçu et la subjectivité affective et d'expliquer l'expérience comme l'émanation d'une intériorité qui pose son reflet sur les choses.

La phénoménologie et la psychologie de la perception ont abondamment analysé et corrigé ces malentendus. Mais on n'en a peut-être pas tiré toutes les conséquences pour l'élucidation de l'expérience religieuse. On y cherche encore trop la mystique formule qui donnerait l'évidence du mystère divin, alors que son sens ne peut jamais être fixé objectivement. Il est dans sa nature de se mouvoir sur un continuum de progressive saturation, car l'expérience réalise une intégration plus ou moins achevée des trois éléments qui la composent par le jeu de leur circularité. L'affectivité fait apparaître les qualités avec lesquelles elle se trouve en correspondance. Les formes perçues auxquelles adhèrent les qualités appellent le langage sur le monde et sur Dieu, qui descend dans ces formes et qui les éclaire par ses significations. Mais le langage oriente aussi l'attention perceptive. La perception de l'invisible dans le visible et, corrélativement, la manifestation et la proximité du divin ou de Dieu dans le terrestre, sont donc nécessairement variables. On peut comparer l'expérience religieuse perceptive avec l'expérience scientifique : d'une part, les concepts théoriques donnent à voir les phénomènes en anticipant leur sens possible ; d'autre part, les observations remplissent les concepts anticipateurs par un contenu de réalité qui, à son tour, conduit à remanier les concepts théoriques. Celui qui reste en dehors de l'univers scientifique ne saisit pas la signification d'une expérience scientifique et, pour lui, ce qu'il voit ou entend n'est pas vraiment une expérience. La compréhension d'un signe dépend de la disposition de celui qui le perçoit, car la signification du signe excède la forme signifiante qui la supporte. Considérons les croyants. Chez les femmes interrogées par E. Orens, par exemple, on est frappé par l'adéquation entre les signes naturels qu'elles perçoivent et les qualités de Dieu qu'elles confessent. Ce qui fait la différence entre les deux groupes qu'Orens a méthodiquement isolés, c'est la disposition affective en vertu de laquelle elles prélèvent préférentiellement sur la nature des qualités différentes; celles-ci manifestent des qualités divines distinctes que leur disposition psychologique privilégie également. L'expérience perceptive se différencie ainsi selon l'investissement affectif de leur perception et selon les significations religieuses qu'elles s'approprient particulièrement. De toute façon, c'est bien de Dieu dont elles font l'expérience perceptive et non pas d'un sacré anonyme.

Une telle expérience présente deux faces, solidaires l'une de l'autre, mais que nous devons distinguer si nous voulons comprendre la fonction psychologique de l'expérience religieuse. Dans le jeu circulaire que nous avons décrit, on peut distinguer un mouvement ascendant, qui va du visible vers l'invisible. La beauté ou la majesté de la nature, sa fécondité ou la fraîcheur et la vie des sources, l'infini de la mer, donnent un contenu concret, vécu et symbolique à des qualités divines que déploie le langage religieux. De cette manière, l'homme s'approprie personnellement des significations religieuses qui, sinon, porteraient sur un Dieu lointain et étranger à la vie terrestre. Le mouvement ascensionnel confère sa densité expérientielle au langage religieux. Le mouvement se fait aussi dans l'autre sens. Partant du langage religieux, il en fait descendre les significations dans les signes de la perception. Les mots qui évoquent la réalité divine prennent un corps visible dans le terrestre et leur naturalisation dans la vie humaine leur donne un statut de réalité. Messagers d'une vérité invisible, les mots viennent habiter le visible et l'animer de l'intérieur par des significations qui agrandissent le sens du terrestre sans le détruire. Par ce mouvement-là, l'expérience religieuse a la fonction de confirmer la foi. Les mouvements ascendant et descendant se croisent. A l'intérieur de l'expérience, l'attention se porte plus explicitement sur le mouvement ascendant, car l'expérience elle-même oriente l'homme vers ce qui se révèle à lui. Ainsi la perception se fait prière dans le commentaire de saint Augustin sur le psaume 91 («Bienheureux le peuple qui connaît la jubilation»): «Quand est-ce que nous jubilons? Quand nous chantons ce qui est inexprimable. Nous jetons les yeux sur la terre, les mers, les cieux et tout ce qu'ils renferment. Nous voyons que toutes les créatures ont leur principe et leur raison, une force reproductive, un ordre de naissance, une manière de subsister, un dépérissement et une disparition, nous les voyons suivre sans aucune perturbation le cours des siècles, les astres couler en quelque sorte d'Orient en Occident... Ainsi il (l'homme) connaît Dieu...». «... de même que les yeux du corps perçoivent tous ces objets, de même c'est l'esprit qui voit Dieu, c'est le cœur qui le considère et le contemple»[57]. La réflexion sur l'expérience se fait attentive au mouvement descendant, comme il appert dans la phrase d'Angelus Silesius : «Le Dieu caché se fait connaissable et familier par les créatures, qui sont ses empreintes»[58].

Par le double mouvement, dans lequel les signes terrestres et la puissance parlante du langage religieux s'échangent et se compénètrent, l'expérience religieuse perceptive n'est pas un fragment isolé et stationnaire dans l'existence, mais un processus qui, ou bien se défait, ou bien s'accomplit. Certains mystiques, tel Jean de la Croix, atteignent une remarquable adéquation entre leur foi et leur expérience perceptive.

Tournons-nous maintenant vers l'expérience qui se rapproche du seuil minimal. On doit distinguer deux cas-types.

Il y a ceux qui, éduqués religieusement, demeurent plus ou moins attachés à leur foi, mais avec de sérieux doutes, parce que les mots qui énoncent les mystères invisibles de leur religion ont perdu leur pouvoir révélateur d'autrefois. Ils les mettent en suspens et cherchent à les vérifier en les mettants au contact de leur perception du monde et de leur existence. Cette attente critique d'une vérification dissocie le mouvement ascendant et le mouvement descendant. Le langage religieux paraît vide dans la mesure où la perception ne peut pas le remplir de son contenu expérienciel. Du fait même, les significations que porte le langage religieux ne remplissent pas les signes visibles par leur propre substance. La signification des signes se réduit proportionnellement à la recherche explicite de certitude expériencielle. Une formule simple, souvent entendue, énonce cette réduction de l'expérience à son minimum : «Je vois et je sens bien qu'il y a une puissance qui est la source de tout cela, mais je ne vois et je ne sens pas que c'est un Dieu personnel. Je peux bien appeler cette puissance «Dieu», mais ce mot est trop fort, car de Dieu je n'ai pas l'expérience». On peut résumer le rapport entre foi et expérience sous la forme d'une loi : à la foi plénière, l'expérience est donnée par surcroît ; mais à la foi qui cherche des garanties dans l'expérience perceptive, il n'est donné qu'une expérience minimale. Bien sûr, il y a les états intermédiaires où la foi interrogative ne sait pas se relier au monde perçu mais se maintient néanmoins en perspective sur une autre vérification, celle qu'on peut attendre de la vie et de l'attention croyante elle-même. Dans ce cas, on dira que l'expérience pointe vers Dieu, mais qu'on ne Le connaît que par la foi. On est plus attentif à la distance qu'à la présence. Telle semble être bien souvent la situation de ceux qui sont formés à l'esprit critique et voudraient faire coïncider le contenu des messages religieux et les formes symboliques visibles.

Chez l'incroyant ou chez l'agnostique l'expérience religieuse minimale prend un sens différent. Souvenons-nous de la recherche sur l'écoute de la musique sacrée. Les incroyants perçoivent aussi bien que les croyants les qualités symboliques qui distinguent la musique sacrée de celle qui ne mérite pas cette qualification. C'est évidemment en référence à la religion qu'ils nomment «sacrée» la musique qui, par ses qualités immanentes, laisse entendre la voix d'une réalité qui dépasse le monde commun des hommes. Mais lorsque le langage religieux ne les sollicite pas, lorsque la question de sa vérité ne se pose même pas, ils l'interprètent comme ne désignant, à travers des énoncés étrangers à leur esprit, qu'un indicible mystère des choses et de l'existence. L'expérience est encore religieuse en ce qu'elle peut virtuellement se remplir d'une signification religieuse; le terme le plus approprié pour désigner cette expérience nous paraît être celui qui est dérivé du langage savant des sciences de la religion : une expérience du sacré. Dans notre culture, en effet, c'est bien par ce terme que des agnostiques et des incroyants expriment le sens religieux qu'ils donnent à la réserve de mystère dans le monde et qu'ils ne réduisent pas par une idéologie rationaliste. Nous dirions qu'il s'agit, dans ce cas, d'une expérience religieuse sans religion. Sur l'appui de cette observation certains voudraient étendre la définition de la religion. Mais, nous l'avons dit au chapitre I, le sens du sacré anonyme est à nos yeux une retombée de la religion, vidée, par l'esprit critique, de ce que les grandes traditions culturelles ont identifié comme religion. Et si des esprits critiques pensent dévoiler, dans le sacré sans Dieu, le vrai sens de la religion, déshabillée de ses voiles imaginaires, ils devraient encore admettre la différence. Hegel nous semble d'une logique plus conséquente lorsque, convaincu de dépasser conceptuellement les «représentations» religieuses, il laisse derrière lui le mot «religion» et qu'à l'esprit qui comprend mieux la religion qu'elle ne se comprend elle-même, il donne une nouvelle appellation: l'esprit absolu.

Aucune position n'est obligatoirement définitive. Nous décrivons la signification d'une expérience religieuse sans religion en faisant abstraction de l'éventuelle remise en mouvement de la référence religieuse qui reste tacite dans l'expérience du sacré. L'expérience que nous a communiquée une convertie en est une illustration. Eduquée sans religion, incroyante indifférente, cette femme musicalement très douée s'est produite comme cantatrice dans l'opéra d'une capitale européenne. En exécutant des cantates de Bach, elle avait le sentiment d'une plénitude dans la beauté qu'elle n'avait jamais éprouvée. A un certain moment, les textes ont commencé à tracer leur sillage dans son esprit et elle s'est dit: «C'est très beau, mais si c'était vrai, ce serait encore plus beau». Ayant touché un fond sacré de l'existence, elle s'y était établie un temps, jusqu'au moment où les textes religieux, profitant de son désir éveillé, ont imposé la remémoration de leur signification.

Telle est l'ambiguïté de l'expérience religieuse perceptive en tant qu'elle porte sur une réalité transitionnelle entre le monde et le Dieu ou le surnaturel de la religion. Lorsque s'accomplit le double mouvement, ascendant et descendant, l'expérience se remplit d'une signification pleinement religieuse et la foi s'éprouve presque comme une expérience. Mais le lien entre les deux termes, le monde et Dieu, marque aussi leur différence. Portée par l'élément transitionnel l'expérience peut faire le transit entre le monde et Dieu. Mais elle peut aussi séjourner à l'intérieur du monde, tout en y relevant une plus-value pour laquelle l'antique mot «Dieu» peut encore servir de désignation symbolique. La réalité transitionnelle se replie alors sur elle-même, et son divorce d'avec la religion appelle un nom nouveau: l'expérience du sacré. Dans notre analyse, nous avons repris cette appellation pour désigner le domaine intermédiaire, transitionnel, où l'expérience religieuse et l'expérience d'un sacré sans Dieu se recoupent.

III.4.4. Conditions

La circularité des éléments en jeu fait comprendre que trois facteurs conditionnent l'expérience religieuse perceptive et en déterminent la modalité: la disposition psychologique, la foi religieuse et le contexte culturel qui exerce son influence sur la foi et sur la disposition psychologique.

Conditions psychologiques

La structure de l'expérience nous indique les conditions qui sont requises pour son effectuation. Il faut que l'homme puisse se laisser affecter par les qualités positives du monde et de la vie. Certes, elles se donnent à la perception; mais à condition qu'un mouvement de l'intérieur pousse à les rencontrer et qu'une parenté avec elles rende l'homme apte à les reconnaître. La perception est un assentiment par lequel l'homme fait sienne une figure du monde, elle est une réceptivité active et une anticipation découvrante. Le sujet qui se laisse affecter s'y implique. La disposition contemplative d'un groupe de sujets d'Orens paraît passive; elle est active au sens psychologique: elle sélectionne ce qu'elle désire recevoir et c'est cela même qu'elle désire aussi donner aux autres.

Le monde intérieur des représentations affectivement chargées oriente l'exploration perceptive. Ce qui distord le psychisme entrave ou déforme dès lors l'expérience religieuse. Celui qu'habitent des phantasmes d'agressions détectera dans le monde les signes de dangers imminents. Celui que dévore la soif d'un amour qui comble pleinement, anticipera imaginativement sa déception et, sûr que son aspiration ne débouchera sur rien, il dévalorisera tout ce qui s'offre à lui. La haine qui couve à l'intérieur et qui se nourrit en permanence des souvenirs et des impressions des injustices subies, portera à détruire en pensée et en paroles ce qu'estiment et ce dont jouissent les autres et à agresser avec mépris leurs «illusions». La psychologie clinique a abondamment illustré les incidences de la disposition affective dans la perception du monde et d'autrui. Ce n'est pas que le sujet dépose simplement son propre univers intérieur sur un champ perceptif neutre, comme le suggère le terme de projection. En venant du dehors, les qualités du monde affectent le sujet selon la direction que donnent à son regard ses souvenirs, ses désirs, ses angoisses, ses amours, sa revendication et sa haine. Même le vide intérieur, l'absence des souvenirs qu'on aime remémorer pour soi, n'est pas neutre; il appelle l'agitation extérieure qui doit le remplir. Citons à ce propos ce qu'apprend une enquête[59] sur les jeunes qui se rassemblent au monastère œcuménique de Taizé en France: ce qui impressionne le plus grand nombre d'entre eux, c'est qu'en participant quelque peu à la vie des moines, ils découvrent pour la première fois un silence qui n'est pas le vide inquiétant.

Il y a sûrement une vérité dans la thèse d'A. Maslow que la santé psychique, ou «l'absence de névrose», conditionne la capacité de faire «une expérience de sommet». Mais lorsqu'il explicite cette thèse en disant que l'homme doit avoir satisfait «ses besoins inférieurs», Maslow emploie un langage théorique rudimentaire. Comment considérer les traits névrotiques qui entravent la capacité d'expérience perceptive, comme des besoins à satisfaire? La revendication, la haine, l'angoisse, le manque de confiance en soi-même et dans les autres... ne sont pas des «besoins» inférieurs et ne peuvent jamais être satisfaits. C'est précisément par leur insatiabilité qu'ils dévorent les forces vives du psychisme et le rendent inapte à accueillir attentivement, avec confiance et jouissance, les signes du monde dans lesquels une présence bienfaisante peut s'annoncer et se manifester. Freud l'a dit de manière plus juste: la névrose entraîne la perte d'une part de la réalité[60]. Cela est vrai aussi pour cette part qualitative de la réalité qui se prête à devenir la délégation terrestre du divin. L'on sait aussi que la frontière entre la névrose et la santé psychique est mouvante. Chez tout humain les déclins et les progrès de sa propre histoire affective déterminent ses taches aveugles et son ouverture sur le réel. On peut certes apprendre à voir, à écouter et à sentir. La perception requiert l'attention et on peut exercer celle-ci. Dans la perception religieuse, cependant, l'attention est un mode de rester auprès des qualités du monde qui sont susceptibles de prendre une signification métaphorique. Une telle perception ne s'apprend pas par une technique, sinon par celle, peu technique, de se mettre dans un état de disponibilité en imposant le silence aux soucis qui captivent l'attention et, éventuellement, en maîtrisant la soif de se droguer par des stimulations perceptuelles. L'apprentissage de l'attention aux qualités métaphoriques se fait en réalité par le développement de l'affectivité. Toutes nos analyses montrent qu'une condition essentielle de l'expérience religieuse perceptive est la capacité de jouir des qualités perçues. L'admiration, le sentiment de paix, le sens de la grandeur sont des manières d'investir avec jouissance la réalité offerte à la perception. Le rapport affectif dans la perception est bien plus important que la stimulation artificielle de la perception, par exemple par la fixation soutenue d'un objet[61].

Conditions culturelles

Nous avons révoqué en doute l'idéologie sociologique de la désacralisation du monde moderne. Il est néanmoins vrai que la mentalité technicienne peut étouffer d'autres modes de perception. Cela de deux façons. En polarisant la formation de la personnalité sur l'action technique, elle risque de réduire le registre affectif et d'appauvrir le langage qui fait sens pour le sujet. L'affectivité n'est pas simplement une sensibilité innée; son déploiement et sa richesse qualitative sont les fruits d'une culture qui la forme. Et le langage, quand bien même son étendue lexicale est grande, demeure pauvre si la communication avec l'imagination et avec les expériences d'autres hommes ne s'est pas inscrite dans les signes verbaux. Or les significations dont les «mots» sont chargés animent la perception et elles se déposent dans l'affectivité qui va au-devant du réel. Il est donc normal qu'une éducation étroitement technicienne ne prédispose pas à une expérience religieuse perceptive. Nous l'avons observé, comme l'ont fait maints autres. Nous avons en outre constaté que l'esprit qui est rempli de schèmes techniques et pratiques, ne perçoit pas dans les gestes rituels leur sens symbolique, mais qu'il y voit des actions instrumentales quasi magiques[62]. Il faut un organe culturel pour voir et pour entendre.

L'effet négatif de la culture se redouble en outre par la méfiance érigée en principe. Nous y avons insisté: en quête d'une vérification «objective», sceptique envers toute trace de soi dans l'expérience perceptive, on trouve à expliquer la perception des autres par des théories positivistes sur les illusions des projections. Au demeurant, des souvenirs historiques viennent confirmer la présupposition sceptique. Les anciens lisaient l'expression de la colère, de la puissance ou de la bienveillance divines dans des phénomènes qui leur paraissaient bouleverser l'ordre du monde: l'éclipse lunaire, la naissance de jumeaux, la stérilité, ou des phénomènes exceptionnellement bénéfiques, telle une pêche «miraculeuse». Pourtant l'expérience religieuse d'aujourd'hui s'attache à des signes qui sont symboliques de par leurs qualités inhérentes. Elle s'apparente à ce que Einstein nommait sa «religiosité cosmique»[63] et qui, chez lui, prenait son essor dans l'étonnement admiratif devant le mystère de la rationalité du monde. Sans doute est-ce par ce biais théorique que l'esprit formé aux exigences critiques de la vérité regagne une possibilité nouvelle d'expérience religieuse. Moins immédiate que l'expérience perceptive, elle exige aussi un amour de la vérité qui s'est affranchi de l'utilité technicienne.

Conditions religieuses

Il faut aussi que la foi religieuse contienne une prémonition de l'expérience. Nous l'avons montré en développant le schème des deux mouvements, ascendant et descendant, qui se croisent et s'appellent. Nous voudrions encore attirer l'attention sur deux modalités de foi religieuse qui ne trouvent pas, ou bien mal, à s'intérioriser dans l'expérience et à en recevoir une certaine confirmation. Lorsque la motivation humaine prédomine, les désirs humains, portés par des représentations archaïques, transposent celles-ci sur Dieu et ils cherchent par la suite l'empreinte de leur représentation de Dieu dans le monde. Il arrive que la réalité réponde au désir et l'homme croit faire l'expérience que la Providence se souvient de lui. Pour lui ce peut être une expérience religieuse, mais elle risque fort de se démentir à la prochaine occasion. Un deuxième type de religion exclut pratiquement la possibilité de se lier avec l'expérience: la stricte religion du devoir. Elle est, en effet, si radicalement tournée vers la volonté divine qu'il faut honorer, qu'elle installe une division entre le travail du devoir et la jouissance de la vie. Le plaisir religieux y consiste dans le plaisir de faire son devoir. Or l'expérience religieuse suppose que la religion dépasse la dichotomie entre devoir et jouissance, puisqu'elle célèbre les qualités divines qui transparaissent dans celles que le monde offre à la jouissance.

IV. La quasi-perception sans médiation perceptuelle du surnaturel

IV.1. Observations

Nombre d'enquêtes se sont faites en Angleterre et aux U.S.A. sur des expériences religieuses apparemment particulières[64]. Incontestablement, elles fascinent les sociologues et — un peu moins — les psychologues anglo-saxons. L'intérêt singulier qu'on leur porte vient sans doute d'une longue tradition dans laquelle confluent les influences de certaines dénominations protestantes, des mouvements de conversion et aussi des courants psychologiques préoccupés des modes de connaissance extraordinaires, comme la psychologie «gothique» de Myers ou celle de James. Cet intérêt correspond certainement à l'occurrence fréquente, en ces pays, de telles expériences spirituelles ou religieuses. De ces enquêtes, on dégage l'impression que 30 à 40 % d'adultes américains et britanniques affirment avoir connu au moins une fois une telle expérience, et que la fréquence est plus élevée dans la population plus éduquée. Ces enquêtes sociologiques ne permettent malheureusement pas d'évaluer la prégnance et de cerner suffisamment le contenu de ces expériences. Comment comprendre par exemple la réponse positive à la question: «Avez-vous jamais senti que vous étiez très proche d'une puissante énergie spirituelle qui semblait vous enlever à vous-même (*to lift you out of yourself*)?» Peut-être le sujet qui répond affirmativement vise-t-il le moment où, surpris, profondément touché, il a eu la sensation, jamais éprouvée avant, d'un dynamisme spirituel qui le soulève au-dessus de sa vie quotidienne. A vrai dire, une expérience qui ne pose pas de problème particulier. Apparemment, même ces expériences générales prennent une signification religieuse dans le cadre de présupposés qui ne sont pas les nôtres. Comme le donnent déjà à entendre les intitulés de certaines enquêtes citées, on désire dépister la fréquence et montrer l'importance des dons «paranormaux» ou «extatiques» chez l'homme. Par le biais de cette télépathie surnaturelle on semble vouloir donner une base empirique, expérimentale à la religion. Ces enquêtes sont bien dans le droit fil de la psychologie de Myers et de James.

Les expériences auxquelles nous nous attachons sont plus définies. Elles sont du type de celles que Glock et Stark observent et dont la fréquence relative se situe en deuxième place, après celle plus diffuse et plus générale «du sacré». Ce sont des expériences qui ont un contenu religieux identifiable mais qui sont problématiques en raison de leur caractère expérienciel: telle l'expérience de la présence personnelle et localisable de Jésus-Christ, ou de Dieu, ou celle d'être réellement sauvé par la grâce divine. Citons l'exemple que nous a communiqué une femme mariée et enseignante. Incroyante, mais préoccupée par la question religieuse, elle a un jour prié en ces termes: «Dieu, si tu existes, fais-toi connaître à moi». Quelques mois plus tard elle en parle à son mari qui lui répond: «le monde évolue vers un monde plus spirituel, vers un point ultime où se trouve Dieu». Cette phrase la préoccupe toute la nuit et le lendemain elle la répète continument, jusqu'au moment où, travaillant dans sa cuisine, elle sent soudainement le silence, la paix, la sérénité, le bonheur descendre en elle. Elle va s'asseoir, et rien ne vient troubler son recueillement, pas même la vue de son petit fils. Tout à coup s'impose à elle la nette conscience que Dieu est présent, et elle Lui dit: «C'est Toi». Dans un éclair, l'alternative se présente à son esprit: oui-non. Elle dit oui et s'abandonne avec confiance. Elle a vécu profondément heureuse pendant quatre ans. Ce bonheur et le vif souvenir de cette expérience ont fait place ensuite à un sentiment de mort intérieure, jusqu'à l'époque où elle a découvert progressivement la foi en Jésus-Christ.

De telles expériences sont-elles fréquentes? Nous l'ignorons. Des enquêtes qui ne recueillent pas de témoignages circonstanciés ne permettent pas de se faire une idée à ce sujet. Mais la fréquence de telles expériences n'a de l'importance que dans deux hypothèses: ou bien lorsqu'on croit que ces expériences sont le fait d'une mystérieuse capacité de faire des expériences «paranormales», ou bien lorsqu'on pense que la foi religieuse doit idéalement aboutir à de telles expériences. Ce ne sont pas nos hypothèses et notre interprétation montrera, croyons-nous, qu'elles ne sont pas fondées. Cernons d'abord le problème spécifique que posent ces expériences.

IV.2. Le problème

Le problème ne peut être circonscrit que par l'analyse concrète de ces expériences. Il faut donc les situer dans la situation effective de leur religion. Nous les envisagerons dans le contexte chrétien, mais on pourrait faire une étude analogue sur des expériences similaires qui se produisent sans doute dans d'autres cadres de référence religieux.

Le problème particulier de ces expériences est qu'elles se passent sans la médiation de signes perceptifs et que leur contenu n'est donc pas à la jonction du perçu symbolique et des significations véhiculées par le langage religieux. Elles ne sont donc pas normales comme le sont les expériences perceptives. Mais ce serait trop de les déclarer «anormales», par simple antithèse, comme si elles n'appartenaient plus au monde commun et dérivaient de sources morbides ou occultes.

Le problème de ces expériences est psychologique dans la mesure où il est épistémologique. On comprend aisément que le monde donne une visibilité symbolique à des qualités divines, mais on se demande comment Dieu fait sentir de manière immédiate sa présence effective, ou comment Jésus-Christ, mort et ressuscité selon le christianisme, se donne à connaître dans la saisie immédiate, hors perception, de sa présence localisée. Le psychologue n'a pas à se poser la question de savoir si une initiative surnaturelle peut causer ces expériences. En affirmant ou en niant cette interprétation proprement religieuse, il dépasserait sa compétence. Il ne doit pas pour autant s'abstenir d'une explication psychologique, comme si elle empiétait sur le domaine philosophique ou théologique, car, s'il y a une intervention surnaturelle, elle se passe de toute façon dans et par un événement psychologique. Sans se préoccuper de l'alternative d'une réelle intervention divine ou d'une illusion religieuse, le psychologue doit rigoureusement cerner le problème épistémologique-psychologique tel qu'il se pose dans le contexte religieux particulier. Dans le christianisme, ces expériences empruntent de quelque manière leur contenu au message propre de cette religion, non pas à la simple perception du monde ou au système symbolique d'une religion clanique ou du chamanisme. Le message chrétien proclame un événement qui, d'après cette religion, s'est produit à l'intérieur de l'histoire humaine, mais qui n'a jamais été l'objet d'une constatation empirique. Que Dieu noue un pacte personnel avec l'humanité, par le médiateur Jésus de Nazareth, et que Dieu communique aux hommes sa vie divine, par nature invisible, par son médiateur qu'il a ressuscité et divinisé, cela personne n'a évidemment pu le constater, pas même les «témoins» de la première heure. Aussi les textes fondateurs de cette religion décrivent-ils que ces témoins n'ont vu que des signes ambigus dont le sens leur fut «révélé» par les paroles déclaratives du médiateur, celui que, pour cette raison, ils ont appelé par la suite «le Verbe», entendons: la parole révélatrice de Dieu. Il est donc évident que le message chrétien opère une discontinuité dans l'expérience humaine. Il affirme que Dieu fait advenir ce qui n'est même jamais observable comme tel. C'est bien pourquoi ce message sollicite l'assentiment spécifique qu'il appelle «la foi», terme qui, pour les historiens des religions, est un solécisme significatif. On peut s'interroger sur la psychologie qu'implique cette «foi», mais notre problème actuel n'est pas là. Il est dans l'affirmation d'expériences dont l'objet n'est apparemment pas du domaine expérienciel puisqu'il est en rupture avec lui.

IV.3. Interprétation

IV.3.1. Influence du milieu

Glock et Stark observent que «les expériences religieuses augmentent systématiquement (aux U.S.A.) à partir des groupes plus libéraux... vers les groupes plus fondamentalistes», tels les sectes et les baptistes du Sud; elle se produit «dans le degré selon lequel... (elle) est explicitement sanctionnée et favorisée par les différents corps religieux»[65]. Les auteurs expliquent ce phénomène par la tendance à se conformer à la norme. Mais qu'est-ce que cela veut dire? Que ces sujets se donnent à eux-mêmes et aux autres l'impression de sentir une expérience conforme à l'idée proposée? Un théâtre sacré commenté par le chœur des coreligionnaires. Bien malin celui qui tracera la frontière entre une conformité en idée et l'occurrence effective d'une expérience! Le simulacre patent mis à part, la distinction entre vraie et fausse expérience n'a pas de sens pour le psychologue, car ce qui est expérienciellement vécu l'est toujours affectivement et imaginairement. La seule question à poser concerne l'intégration de l'expérience dans la vie: question de la division du sujet ou de son adéquation à l'expérience.

«Conformité» peut également prendre le sens de la formation de l'expérience en accord avec les modèles présentés et en réponse au désir des autres, désir qui stimule également le propre désir du sujet. C'est en ce sens que nous comprenons l'influence évidente du milieu. Le modèle présente les expériences comme l'accomplissement de l'engagement religieux. Il incite dès lors à répondre au désir de la communauté pour recevoir de son approbation l'authentification de l'appartenance. Il éveille également le désir de la gratification et de la certitude que donne l'expérience. Encore faut-il que le sujet en soit psychologiquement capable. A ce propos J. Ungern[66] se demande à bon droit si des variables psychologiques n'orientent précisément pas les sujets vers les groupes avec lesquels ils se trouvent en consonance affective. Il nous paraît certain, par exemple, que les groupes «charismatiques» attirent des sujets qui ont une affinité élective pour de telles expériences et qu'en retour, les exemples, les rites et les discours y favorisent le déblocage affectif et le désir d'être les bénéficiaires des expériences présentées.

La psychologie sociale explique donc ces expériences pour une part. Invoquer la suggestion et la suggestibilité n'est qu'une façon de décrire sommairement le processus intersubjectif et social dont nous avons distingué les éléments. Pour approfondir le processus psychosocial, il faudrait s'engager dans l'analyse complexe de l'identification à autrui en se gardant de la réduire à l'imitation. Il faut de toute façon rester attentif aux références culturelles et religieuses qui autorisent et authentifient les expériences et leur prescrivent leurs modalités particulières. Aussi l'anthropologie culturelle a-t-elle maintes fois observé de quelle manière des rites ont pour fonction d'induire une expérience et de lui imposer sa forme et son intention[67]. On sait également qu'au moyen âge la croyance en des manifestations et en des révélations surnaturelles particulières a suscité une cohorte de visionnaires à qui Dieu aurait confié des messages de tous ordres. En notre temps, en Occident du moins, l'attitude critique envers ces expériences leur enlève pratiquement leur condition de possibilité. Il est significatif que pour cette expérience «la plus intime» Glock et Stark ne peuvent citer que des exemples pris dans l'histoire ancienne.

Il reste que le processus déclenché se passe dans le sujet lui-même. A moins de boucler indûment la question par les concepts théoriques trop simples de la suggestion ou de la conformation à la norme, il faut donc reprendre le problème épistémologique-psychologique tel que nous l'avons posé. Au demeurant, toutes ces expériences ne résultent pas de l'induction immédiate par le milieu. Celle que nous avons citée n'est pas de cette nature, même si l'idée diffuse dans le milieu a pu la préparer. Dans le milieu catholique auquel appartient cette femme, on observe d'ailleurs une discordance significative entre le langage de l'enseignement religieux et les témoignages des croyants qu'on interroge sérieusement. Alors que des expressions comme «l'expérience de Dieu», «... de Jésus-Christ», ont colonisé le discours officiel, la plupart des croyants y entendent une rhétorique plutôt hyperbolique et, s'ils réfléchissent à la vraie teneur de ces termes, ils s'en méfient et disent bien essayer de croire, mais ne pas connaître ces «expériences». Cela leur pose précisément quelque problème, que la rhétorique entendue n'aide pas à résoudre, bien au contraire. A la différence des communautés fondamentalistes, tout le style du catholicisme paraît bien ne pas porter à ce type d'expérience, nonobstant le langage qu'on lui superpose. De situer ainsi cette expérience dans sa relativité religieuse et culturelle, doit contribuer à son élucidation.

IV.3.2. Les enjeux du désir

Revenons au témoignage cité. Le désir d'une expérience de Dieu s'énonce distinctement dans la prière «incroyante» qui précède de plusieurs mois l'irruption de la présence divine. On y entend presqu'un écho de l'invocation de Jean de la Croix, que cette femme n'a pas lu : «Livre-toi enfin pour de vrai»[68]. La petite différence entre les deux prières signe le décalage entre une foi qui se cherche et une foi qui sait en qui elle croit. C'est toute la différence entre une expérience d'allure mystique et une démarche mystique qui attend l'expérience mystique au bout de sa trajectoire. Mais de part et d'autre, un désir aspire à l'expérience. Cela doit être aussi le cas dans les communautés qui la favorisent. Sinon, d'où les modèles inductifs seraient-ils nés?

Le désir qui prélude à l'expérience, la produit-il? Aurions-nous à nouveau affaire à la fameuse «illusion des désirs»? Mais le désir ne naît pas du vide. Il est une attente qu'a suscitée ce qui a fait signe et ce qui a séduit. Saint Augustin l'a bien compris lorsque après sa conversion il fait de Dieu le porte-parole de son intellection du désir: «Tu ne me chercherais pas si tu ne m'avais déjà trouvé». Déjà le nom même de Dieu que le langage religieux inscrit dans l'esprit, cause le désir d'en faire l'expérience. Bien sûr, il faut encore d'autres éléments psychiques qui aiguisent l'attente.

Quoi qu'il en soit de tout ce qui porte et sollicite le désir, c'est lui qui métamorphose la signification entrevue du mot «Dieu» en l'expérience d'une présence sensible. Là, le désir accomplit de toute évidence un saut par-delà la distance que mettent entre l'homme et Dieu les signes médiateurs, ceux du message avec tout leur arrière-fond d'événements remémorés. Ce saut transgressif n'est pas si énigmatique pour une psychologie qui situe les sentiments dans le mouvement du désir. Les sentiments font connaître les qualités des choses, avons-nous dit. En effet, d'une part, les sentiments sont le désir qui, émanant du psychisme séduit et sollicité, investit l'objet qui l'attire. D'autre part, les sentiments sont la conscience immédiate, par une perception interne, d'avoir rejoint l'objet désiré. Laissons de côté, pour le moment, les sentiments opposés au désir en marche, comme la souffrance de la séparation ou l'angoisse. Les sentiments religieux, cette obscure entité des vieilles psychologies ne sont pas des «états d'âmes». Le saut transgressif qu'accomplit le désir s'explique par l'intensité de la découverte que la présence, désirée et d'abord absente, est effectivement présente. Le passage au-delà d'une distance qui semblait un abîme, fait que la présence effective semble être absolument proche. Autrement dit, le sentiment qui perçoit intérieurement que le lien s'est fait, l'éprouve, dans sa découverte surprise, comme ayant dépassé toute séparation. Tous les témoignages soulignent que de telles expériences se donnent par surprise. Les auteurs qui sont à l'affût d'événements paranormaux, négligent de repérer, dans les témoignages invoqués, le désir qui prélude et ouvre à la surprise de son accomplissement.

Ce mouvement transgressif ne se comprendrait pas encore si la séparation à surmonter n'était pas aussi interne au sujet lui-même. Rappelons l'exemple cité. Avant l'expérience, cette femme, qui a, des heures durant, compulsivement répété la phrase « au bout se trouve Dieu », sent tout d'un coup le silence, la paix, la sérénité descendre en elle. Qu'est-ce, sinon qu'en répétant la phrase, elle fait tout un travail psychique pour surmonter les obstacles qu'intérieurement elle dressait elle-même devant l'objet de son désir, bien entendu, pour une part indécidable, involontairement et dans le clair-obscur d'une demi-conscience. L'ambivalence du désir et du contre-désir réapparaît immédiatement après l'expérience, dans l'éclair de l'alternative : oui-non.

Par ce que nous en savons par l'écoute vigilante de certains cas, nous sommes convaincu que toutes ces expériences-surprises suivent le tracé que nous avons illustré par l'analyse de cet exemple. L'amplitude émotionnelle est variable, sur un continuum qui va d'une sereine conscience de présence jusqu'à une irruption fulgurante. Toujours l'expérience surprend. Nous comprenons pourquoi : la présence, attendue mais représentée irréellement lointaine ou inexistante, se donne d'elle-même; pour la conscience du sujet, c'est elle qui se donne, non pas lui qui se la fabrique. Pour le psychologue, ou pour le sujet qui réfléchit après coup, elle était là, comme disponible dans le message qu'elle envoie par les symboles religieux. Mais il fallait que le sujet laisse son désir investir son objet, à l'encontre de ses peurs et ses réticences. Investir, c'est prendre à soi ce qui se donne; et l'affectivité qui investit son objet, perçoit ce qu'elle reçoit.

Les désirs sont divers. L'exemple qui nous a servi de modèle, relève de la psychologie de l'amour marqué par la séparation du deuil et le désir d'union. Les expériences d'être sauvé par la grâce divine sont la brusque illumination par le message que le pardon est possible, message qu'avait obscurci un désespoir proche de la mélancolie.

Les chemins qui ont conduit à l'expérience s'oublient. Il arrive que la lumière de l'avenir soudainement ouvert, dissipe après coup l'obscurité qui enveloppe les approches, les reculs et les évitements du passé. C'est rare. La psychanalyse, qui a les moyens de pousser plus loin que les autres psychologies l'investigation de ce qui conditionne ces expériences, cherche à éclairer l'énigme du présent par la mise au jour du passé. En repérant quelques jalons initiatiques, elle a tendance à réduire l'éclat du nouveau au reflet, en surface, du passé souterrain. Réfléchissons un instant sur le petit conte psychanalytique qu'inspire à Freud *Une expérience religieuse*[69]. Comme en psychologie tous les détails importent, il faudrait que le lecteur habille de la chair du texte le squelette de notre résumé. Un jeune médecin voit poser, sur la table de dissection, le cadavre d'une «exquise vieille femme au visage ravissant de douceur». Sa révolte contre le Dieu qui permet cela s'ajoute à ses doutes et le confirme dans le rejet de la religion. Mais les jours suivants, Dieu lui fait voir clairement que la Bible est la parole de Dieu et que Jésus-Christ est son sauveur... Des détails du récit, incontestablement significatifs pour une oreille exercée, font penser à Freud que la vieille femme rappelle au médecin sa mère et éveille sa nostalgie œdipienne. Selon la logique du complexe d'Œdipe, la haine du père s'en trouve excitée à nouveau; mais elle se transfère sur Dieu. «La pulsion nouvelle déplacée au domaine religieux n'est que la répétition de la situation œdipienne et c'est pourquoi elle subit bientôt après le même destin. Elle succombe à un puissant contre-courant. Au cours du conflit, le niveau du déplacement ne se maintient pas, il n'est pas question d'arguments ayant pour but de justifier Dieu, on ne dit pas non plus par quels signes indubitables Dieu a prouvé son existence au douteur.» Freud compare les voix intérieures — ou les identife avec? — une psychose hallucinatoire. L'issue est une soumission à la volonté de «Dieu le Père». Personnellement, nous croyons que Freud a raison lorsqu'il postule une rationalité psychologique cachée dans cette expérience religieuse et, avec lui, nous y voyons l'incidence des souvenirs œdipiens toujours actifs. C'est pour cause que cette expérience religieuse se produit en un deuxième temps, suite au bouleversement affectif que provoque la vue de la douce et vieille femme sur la table de dissection. Mais l'interprétation psychanalytique implique-t-elle que la foi religieuse n'est que le simple déplacement hors lieu, sur un écran céleste, des désirs et des représentations conflictuelles du monde humain? Si on accepte la possibilité que le rapport à Dieu est sous-tendu par les rapports au père, sans être un pur déplacement, inintelligible d'ailleurs, on peut comprendre autrement, et sans doute mieux, cette histoire. La vue de la vieille femme, évoquant la mère, revivifie les fantasmes infantiles du rapport sadique et mutilant du père envers la mère; Freud lui-même a donné maints exemples cliniques de ces fantasmes infantiles. La révolte contre le père jette son ombre sur l'idée de Dieu, et cela d'autant plus facilement que tout malheur heurte la représentation archaïque de la providence, comme nous l'avons exposé au chapitre II. Mais cet homme est un adulte qui a traversé et dépassé les fantasmes infantiles et les conflits œdipiens. En peu de temps il refait intérieurement le chemin de la réconciliation avec son père. En conséquence il libère rapidement la figure divine du masque de cruauté dont il l'avait à nouveau affublée. Après ce travail dans les souterrains psychiques, les paroles bibliques se saturent soudainement d'une telle signification pour l'existence, qu'elles sont entendues comme des oracles, rappelant au clinicien la puissance oraculaire que prennent certains mots dans la psychose hallucinatoire. L'essentiel que Freud a manqué, c'est précisément le pouvoir révélateur immanent au message langagier. Ne revenons pas sur nos remarques antérieures sur le positivisme philosophique de Freud. Nous le suivons lorsqu'il s'interroge sur la clarté miraculeuse de ces expériences religieuses et qu'il y voit une obscure énigme psychologique. Nous ne le suivons pas lorsqu'il convertit cette clarté en l'ombre projetée par les figures du passé. Les ombres et les images du passé portent certainement l'expérience religieuse, mais c'est en les traversant qu'elle se trouve soudainement remplie d'une présence lumineuse, si surprenante, qu'elle se sent momentanément détachée aussi bien des signes médiateurs du présent que des figures initiatiques et des écrans du passé.

IV.3.3. Expérience vraie ou illusion?

Reprenons encore une fois la question de l'illusion. Nous espérons avoir éclairci le malentendu psychologique qui fausse souvent la manière de la poser. Il n'y a aucun sens à se demander si Dieu est là, dans le living où Il surprend la femme de l'exemple rapporté. Dans le contexte religieux, Il est là, par le message dans lequel Il laisse sa trace vivante. Pour l'expérience du sujet, Il est là, pour elle, et sa présence excède tellement ce qu'elle avait entrevu comme possible, qu'elle Le perçoit, par la connaissance affective, comme perceptiblement présent. A l'extrême, si elle L'avait entendu ou vu, même dans une vision intérieure, l'expérience aurait été hallucinatoire. Dans ce cas, le sentiment aurait investi de quelque manière la perception. Ce phénomène ne signerait pas encore une pathologie selon nous. De telles expériences hallucinatoires peuvent même se produire, exceptionnellement bien sûr, chez une personne normale en deuil qui entend tout d'un coup la personne, aimée et désirée mais absente, entrer ou qui la sent inopinément derrière soi. Dans ces hallucinations non pathologiques, il y a une certaine illusion parce que les représentations surinvestissent la perception. La question ne se pose pas ainsi lorsque c'est le sentiment qui perçoit affectivement la présence et qu'il la localise dans la proximité sans la fixer dans le champ perceptif.

L'illusion psychologique qu'il peut y avoir est l'illusion sur soi-même.

Le sujet se perçoit comme ayant rejoint la présence qui se donne. Il est évidemment si attentif à l'Autre qu'il vient de découvrir comme se manifestant, qu'il regarde à peine le travail intérieurement accompli. En réalité, l'intensité de l'expérience est corrélative des résistances internes et de la violence que le désir s'est fait sur lui-même pour faire le saut. Plus la surprise bouleverse, plus les résistances se feront valoir après coup. C'est là que se trouve le moment d'illusion : dans l'impression d'avoir éliminé les résistances parce qu'on s'est précipité par-dessus elles. L'expérience fait jubiler, mais elle laisse derrière elle le travail à faire du remaniement en profondeur des multiples attachements discordants. Toute brève qu'elle soit, notre étude du cas le montre. Si ce travail ne se fait pas, l'homme peut se dire par après que son expérience n'a été qu'une illusion. La psychologie connaît bien ce phénomène : on s'explique une expérience à laquelle on ne consent plus, comme une illusion de ses désirs. Par contre, celui qui soutient son désir, au moment où la présence éprouvée se retire dans le silence, se dira, après avoir fait le travail de l'amour, que son expérience a été vraie. Pour le psychologue, elle est psychologiquement vraie lorsqu'elle est une cellule vivante autour de laquelle s'organise progressivement la personnalité. Cela nous conduit à l'expérience de la troisième catégorie, que nous aurons à étudier au chapitre suivant.

V. Expérience religieuse induite par les drogues?

V.1. A la recherche de la drogue mystique

L'envoûtement par les tambours rythmiques des Chamans indiens et les voyages vertigineux par les drogues ont fasciné des Occidentaux, las de rester enfermés dans leur raison calculatrice. Aux U.S.A. en particulier, en deuil autour du vide qu'avait creusé «la mort de Dieu», certains espéraient que la drogue ouvrirait une fenêtre de la maison mortuaire sur une aurore mystique. On a l'impression qu'actuellement la quête mystique sur les ailes de la drogue s'est affaissée. Peut-être s'est-elle repliée sur une participation imaginaire aux excursions fantastiques de Carlos Castaneda, un littéraire de génie qui brouille les frontières entre l'imagination et l'anthropologie culturelle et qui fait le passeur d'hommes entre le monde réel et les rivages des puissances mythiques.

W. James avait déjà essayé le fameux peyotl des Indiens du Mexique. Il l'avait mal supporté, mais, convaincu des offices de transport psychique que peuvent remplir les drogues, il s'est tourné vers les expériences ... au gaz hilarant. Le livre d'A. Huxley, *Les portes de la perception*, 1954, offrait la théorie qui allait inspirer le mouvement psychédélique. Profondément méfiant envers l'utopie du progrès par l'application technique de la science (*Brave New World*, 1932), attiré, par contre, par la philosophie et la mystique hindoues (*The Perennial Philosophy*, 1946), Huxley propose de libérer l'irrationnel par la mescaline et d'entrer ainsi en communication perceptive avec l'univers de la mystique orientale. En 1960, T. Leary, professeur de psychologie à Harvard, commence ses expériences avec le peyotl et son dérivé, le L.S.D., et, pour propager «l'élargissement spirituel» qu'il y a trouvé, il fondera avec R. Alpert sa revue psychédélique ainsi que son «église psychédélique». Les groupes qui participent au mouvement prolifèrent rapidement et débordent l'«église».

La doctrine du mouvement poursuit les thèses de Huxley. Elle nous intéresse ici pour ce qu'elle nous apprend sur la conception qu'on se fait de l'expérience religieuse, allègrement qualifiée de mystique. Des idées générales sur l'homme y trouvent à rejoindre l'attente des percées mystiques. A la base il y a un optimisme foncier, contrastant avec la conviction pessimiste que l'homme de la civilisation technique est un malade qu'il faut guérir. Tout homme renferme en lui-même des puissances qui sont actuellement latentes et coïncées et que les drogues peuvent libérer. L'expérience intérieure et son élucidation sont plus importantes que le savoir scientifique et que la conquête technique de la nature. On veut dès lors voir reconnue l'importance de l'art, de la philosophie et de la religion. De l'expérience intérieure on attend une illumination mystique et une nouvelle harmonie et unité de l'homme avec le monde. Pour réaliser cet idéal, on veut également transformer la société, en conformité avec l'exigence mystique de l'harmonie et de la conscience élargie.

A cette époque, bien de ces idées sont latentes ou proclamées un peu partout. Ce qui est particulier au mouvement psychédélique des U.S.A. et ce qui n'a pas incité beaucoup d'explorateurs ou chercheurs en d'autres régions, c'est le désir de faire des expériences mystiques.

Avant de se poser la question de savoir si les drogues éveillent ou favorisent effectivement l'expérience religieuse, ou si l'expérience prétendument induite par les drogues l'est effectivement, considérons les arguments avancés en faveur des vertus mystiques de la drogue. Certains trouvent que les mystiques des temps antiques payaient trop cher en effort et en temps leurs expériences bienfaisantes. Le jeûne, les techniques respiratoires et toutes sortes de privations qui, par leurs effets neurophysiologiques, sont supposés provoquer les extases, peuvent avantageusement être remplacés par des moyens chimiques, plus simples et plus efficaces[70]. Bien sûr, les mystiques anciens attendaient leurs extases des grâces divines; mais la psychologie a restitué à l'homme un pouvoir que les anciennes doctrines attribuaient à Dieu. On admet bien que les expériences de sommet ou les expériences religieuses peuvent se produire spontanément, sans les drogues. Mais elles restent trop souvent en sommeil[71]. Ces arguments, pour le moins équivoques, ont excité la verve ironique des commentateurs; voici quelques perles: religion chimique, mystique en conserve, mystique de fauteuil, Zen instantané, pèlerins du fauteuil, extase soldée. J. Havens[72] pense cependant que, « dans sa bonté infinie », Dieu donne peut-être à certains d'entrevoir son Royaume par les « préparations » chimiques... Après quelque temps, la plupart de ceux qui restent favorables à l'expérience, estiment d'ailleurs que la chimie seule ne portera pas l'esprit au-delà de ses limites trop humaines. Le L.S.D. fait bien éclater une bombe dans les profondeurs inconscientes, estime S. Cohen[73], mais ce sont d'autres facteurs qui déterminent la direction de l'explosion. La situation de l'expérience est donc décisive: l'activation psychologique doit être « colorée » par les variables cognitives[74] et le dispositif concret de l'expérience doit favoriser la teneur symbolique, éventuellement religieuse, des effets chimiques. A cette condition, pense W.H. Clark, la religion peut et devrait même recourir aux drogues en vue de promouvoir les expériences religieuses qui sont essentielles au développement d'une véritable religion[75].

V.2. Observations de mystique expérimentale

Les expérimentations s'attachent ou bien à vérifier l'influence du dispositif religieux qui accompagne l'expérience psychédélique ou bien l'influence de la drogue sur l'expérience à l'intérieur d'un contexte religieux. Pour le premier type de recherches, signalons celle de C. Savage et M.J. Storaloff[76]. Leurs sujets, soutenus psychologiquement dans l'expérience et influencés par des stimuli religieux, attestent nettement plus d'expériences religieuses que les sujets de Ditman et Hayman qui faisaient l'expérience psychédélique dans une situation neutre. Nous avouons ne pas nous en étonner.

Les vérifications de l'influence des drogues sur l'expérience religieuse sont plus nombreuses et plus intéressantes pour notre sujet. Nous citons l'exemple le plus connu. Un vendredi saint, W.N. Pahnke et W.A. Richards[77] ont rassemblé 20 étudiants protestants dans une salle attenant à une chapelle où avait lieu l'office qui leur était transmis par radio. Tous avaient pris une capsule, apparemment la même, mais pour la moitié des sujets contenant de la psylocybine, pour l'autre moitié de l'acide de nicotine, de sorte que le placebo ne pouvait pas être détecté. Après, on a enregistré leurs réactions; puis tous ont écrit un rapport sur leur expérience et répondu à une longue enquête, suivie d'une interview approfondie. En conclusion de leur recherche, les auteurs affirment que les sujets sous l'influence de la psylocybine « ont éprouvé des phénomènes qui n'étaient apparemment pas distincts de — ou même identiques à — certaines catégories définies par la topologie de la conscience mystique ». Dans le groupe expérimental 9/10 des sujets prétendaient en outre avoir eu une expérience religieuse, contre 1/10 dans le groupe de contrôle. Comme le remarque R.C. Zaehner[78], en l'absence des documents, non encore publiés, on n'est pas en mesure d'évaluer ces conclusions chiffrées. En outre, écrit-il, Pahnke emprunte son critère de l'expérience mystique à des témoignages d'expérience « mystique spontanée », trouvée dans la littérature, mais précisément pas à celle des grandes traditions mystiques. R.E.L. Masters et J. Houston, les organisateurs à New York de la *Foundation for Mind Research* et auteurs d'un ouvrage sur « les variétés de l'expérience psychédélique », pensent que la fréquence des expériences religieuses psychédéliques a généralement été exagérée[79]. Leur observation critique nous paraît juste : les personnes qui font une expérience psychédélique effectivement impressionnante, et qui n'ont souvent pas de formation religieuse et ignorent tout de la mystique, saisissent volontiers les mots « religieux » ou « mystique » pour désigner des expériences qui sortent de l'ordinaire. Nous ajoutons : dans un milieu où le prestige mythique qui auréole ces mots, redouble la satisfaction narcissique du défi psychédélique.

V.3. Interprétation

Dans cette littérature, la polysémie inconsciente ou intentionnelle des expressions « expérience religieuse » et «... mystique » agit en trompe-l'œil. Une chose nous paraît sûre pourtant : la mystique droguée fait droguer la mystique. Si, dans ce jardin des délices, des figures apparaissent qui s'apparentent à l'expérience religieuse, ce sont des contenus de forme et de qualité plus ou moins semblables à ceux que nous avons observés dans notre analyse de l'expérience religieuse perceptive. L'imagination revivifie les formes, les couleurs et les sons, les recombine, crée des beaux ensembles et de nouvelles jouissances[80]. L'impression de la durée libérée du temps donne le sentiment de transcender la mort; on vit d'une béatitude atemporelle qui ressemble au nirvana bouddhiste[81]. On éprouve une participation à une unité indifférenciée, on s'affranchit des limites de son propre soi séparé. Malheureusement, ce bonheur est fugitif et la vie quotidienne n'en garde que le souvenir nostalgique. Pahnke pense cependant qu'il a pu observer un effet durablement bénéfique de ces expériences : une meilleure acceptation de soi-même, une plus grande «intégration» de la personnalité, plus d'empathie en relation aux autres, une meilleure appréciation des réalités «ultimes». On aimerait bien qu'il donne quelques preuves à l'appui de ses affirmations.

Malgré la confusion sémantique dans l'emploi du mot «mystique», ces expériences nous apportent quelques informations qui confirment nos analyses précédentes. L'expérience religieuse, au sens où nous l'entendons, exige une capacité psychologique pour percevoir des formes symboliques et une liberté affective pour en jouir. Veut-on appeler religieuses et même mystiques les expériences qui métamorphosent imaginairement et affectivement les souvenirs des perceptions, personne ne peut interdire l'extension des mots. Et on comprend que pour la religion par l'imagination, la distinction entre religions imaginaire et réelle se brouille.

Par un autre côté, ces expériences nous rappellent celles de notre deuxième catégorie : la soudaine illumination, le sentiment de joie. A la différence des expériences psychédéliques, ces expériences religieuses répondent à un message et elles se rapportent à la présence divine ou à sa promesse de salut. Une superstructure de contenu doctrinal, comme l'affirme Pahnke ? Regardons-y de près. Au lieu de se perdre dans le jeu fusionnel sans frontières, les sujets font l'expérience que la présence divine s'adresse personnellement à eux; ils se trouvent confirmés et libérés. Leur bonheur est de la nature de l'amour et de la confiance. La structure relationnelle de l'expérience implique un processus psychologique qui est à l'inverse de ce qui se passe dans le psychédélisme. Ici, on supprime les conflits personnels et les oppositions par l'expérience artificiellement stimulée. Là, nous l'avons montré, l'expérience est l'aboutissement d'un travail psychique qui remanie la disposition des sujets; pour cette raison, le moment illuminatif anticipe également tout un travail qui reste à accomplir, auquel il convoquera après et qu'il orientera. Pour autant que nous ayons pu l'observer, la transformation imaginaire de la personne ne résout qu'imaginairement les conflits. Elle dispense même du travail, en jalonnant l'existence par des îlots de refuge.

Le plus grave, c'est que la religion psychédélique pourrait bien être un fait psychopathologique. Si nous l'avons sérieusement considéré, c'est parce que ce phénomène a permis, par l'éclairage des similitudes et des différences, de mettre en relief l'expérience religieuse. Mais comment méconnaître, sous le ronron religieux, la conduite psychopathique qui vit selon le rythme des cycles maniaco-dépressifs? Citons un spécialiste de la toxicomanie, Cl. Olievenstein[82]: «Le flash n'est pas la satisfaction dans l'évanouissement mais ouvre sur autre chose: les jeunes l'appellent la «planète», en un nom qui marque bien son caractère d'ailleurs... et lointain...». La drogue «... joue le rôle d'un filtre sélectif, qui ne laisse passer que les transactions agréables... le contenu de la planète est riche de libération fantasmatique». Mais «... du monde fantasmatique, il passe subitement à son monde personnel... c'est la phase d'exploitation mélancolique du fantasme... Disparues les visions intersidérales... Cette situation apparaît alors au sujet comme intolérable, d'autant plus que le souvenir est là, enjolivé, immédiatement accessible... — du moins le croit-il... — par une nouvelle piqûre». Nous n'appliquerions évidemment pas ce diagnostic aux Chamans indiens sur qui le mouvement psychédélique prétendait prendre exemple. Strictement réglées par les références mythologiques, les expériences y prennent un autre sens. Comme toujours, en arrachant un élément de son système symbolique, on le dénature.

Conclusion

A tout bien considérer, l'expérience religieuse n'est pas un phénomène religieux plus énigmatique que n'importe quel autre phénomène psychologique ou religieux. On en a pourtant fait un mystère: «Les phénomènes religieux sont notoirement difficiles à analyser et l'expérience religieuse est, sans doute aucun, le plus insaisissable (*elusive*) de tous», écrit D.H. Salman[83]. Mystérieuse, ne l'est-elle pas parce qu'on l'a mystifiée?

Nous espérons avoir replacé dans ses coordonnées l'expérience religieuse, ce prétendu incoordonnable de la psychologie. En réalité, c'est tout un régime de pensée qui a obscurci la psychologie de l'expérience religieuse. En se confrontant à cette question, la psychologie de la religion est mise à l'épreuve comme nulle part ailleurs. Elle y montre le plus clairement ses conceptions de la psychologie et ses obscures dépendances et intentions idéologiques. La description du lieu natal de ce thème religieux et psychologique nous l'a montré. James a dès le départ conduit la psychologie de l'expérience religieuse dans une impasse, parce que sa théorie de la religion s'est alliée avec une conception positiviste de la psychologie pour expliquer la religion par l'effervescence émotionnelle. En Europe aussi une théorie émotionnelle de la religion a donné la main à la psychologie pour chercher, dans l'expérience comme sentiment, le «Sésame, ouvre-toi» du mystère religieux. Ce faisant, on a reporté tout le mystère sur l'expérience; telle une cariatide sur le vide, elle devait supporter l'édifice religieux.

Les épousailles verticales entre la terre et le ciel, conclues dans l'expérience, essaient aussi de réparer le divorce entre l'homme et la religion qu'avait causé l'esprit moderne. On ne comprend pas l'histoire embrouillée de ce thème, si on ne se souvient pas que toute la problématique de l'expérience religieuse a été développée par des esprits qui étaient plutôt en rupture de ban avec l'institution et la doctrine chrétienne et qui, cependant, cherchaient à maintenir la religion en la réinterprétant. La nouvelle alliance se fait précisément selon l'esprit des temps : dans le style empiriste. Il faudrait évoquer tout le paysage culturel des temps modernes pour expliquer ce chemin qu'a pris la pensée. Aux temps modernes, le langage religieux a perdu son évidence, entre autres, peut-être essentiellement par une transformation générale de l'esprit. Un clivage s'est fait entre le sujet et l'objet, engendrant, d'une part, le subjectivisme — l'attention à l'intériorité de la conscience — et, d'autre part, l'objectivisme — le souci de la connaissance objective, expérimentale de la réalité «objective»[84]. Pour la crise religieuse que cette mutation de l'esprit provoque, l'expérience religieuse apporte une sorte de connaissance expérimentale du divin. On retrouve cette conjoncture au moment où ce thème envahit le discours catholique : c'est dans l'après-guerre, précisément au moment où l'Eglise Catholique traverse sa grande crise institutionnelle et dogmatique. Le psychologue ne peut pas ignorer la fonction qu'on attend de l'expérience, celle de garantir la religion en la mettant en harmonie avec l'esprit empiriste; car l'expérience religieuse n'est pas seulement un fait psychologique, elle est aussi un fait chargé de signification et d'espoirs, par le discours qu'on tient sur elle et par le désir qu'on éveille. D'un autre côté, elle est tenue en méfiance, en raison même de son empirisme subjectif.

Une inversion s'est donc produite dans l'idée d'expérience dans la religion. Jadis, chez saint Bernard[85], par exemple, l'expérience était la foi amenée à sa perfection dans l'intuition et dans la jouissance de ses effets éprouvés. Pour les raisons dites, la reprise moderne du thème entend mettre l'expérience à la première place et en faire la mesure des significations religieuses. Quelles que soient les positions de chacun, on a à reconnaître que ce renversement des priorités a donné naissance à l'idée d'expérience telle qu'elle est entrée dans la psychologie de la religion. Le faux mystère qui l'entoure est celui d'un enfant bâtard né d'une mésalliance entre une religion en crise et un positivisme psychologique des sentiments. Un regard sur les études des autres religions que la chrétienne, peut, par la mise à distance, libérer l'esprit, celui du psychologue en particulier; car de toute évidence l'expérience y fait partie d'un réseau religieux complexe. Ce ne sont pas les anthropologues qui se sont occupés de l'expérience religieuse, mais des sociologues et des psychologues, et cela dans un contexte culturel et religieux particulier.

Une fois survenue l'attention à la subjectivité religieuse, l'idée d'expérience a évidemment sa valeur et sa vérité relatives. La relativité apparaît d'abord dans les variétés de l'expérience. Elle n'est pas unitaire, mais pas non plus rhapsodique, au gré des sentiments et de leurs intensités. Sa variété s'ordonne sur une trajectoire religieuse, car, pour qui l'inspecte telle qu'elle se présente, elle n'est jamais nue et pure saisie affective.

Replacée ainsi dans les références religieuses qui président à sa production, l'expérience cède à l'analyse psychologique. Pour les deux catégories étudiées, nous avons reconnu le double rôle qu'y joue l'affectivité : d'investissement dynamique et de perception intuitive du contact établi avec la présence surnaturelle. Dans un cas, il y a expérience parce que les signes perçus se trouvent reliés avec le langage religieux qui propose et annonce une présence divine; de cette manière, les signes perçus reçoivent du langage leur signification supplémentaire, et, de leur côté, ils lui donnent une valeur de réalité[86]. Dans l'autre cas, des désirs, habités par des représentations, orientés, rejoignent directement dans le message la présence annoncée; la signification et la valeur y surprennent en raison de la soudaineté avec laquelle la séparation est franchie et la jonction effectuée.

Tout en étant éprouvée comme donation, comme toute expérience, l'expérience religieuse n'en requiert pas moins des conditions. L'analyse des conditions de possibilité de l'expérience explique donc autant l'incroyance que la croyance religieuse; pour une part naturellement.

Après avoir critiqué la confusion qui entoure l'expérience religieuse et dissipé la brume de chaleur mystique qui l'enveloppe, nous saisissons mieux son importance. Elle est une vérification de la croyance religieuse dans laquelle elle a lieu; vérification, non pas au sens critique du mot, mais au sens de son étymologie : elle rend vraie la croyance en la faisant habiter et animer l'existence humaine. La jouissance qui marque l'expérience, comparée à la satisfaction des intérêts motivés, signe aussi la vérité de l'attitude religieuse, au sens de son authenticité dans l'adhésion au Dieu — ou au divin — tel qu'Il est en lui-même et présente, par lui-même, une valeur de vie.

Ce chapitre avait pour objectif l'analyse de l'expérience religieuse dans ses modalités immédiates. Dans un sujet aussi fuyant, ce sont ces modalités-là qui restent au plus près de l'idée d'expérience comme saisie de ce qui se donne à connaître de manière directe. Ainsi que nous l'avons annoncé, nous reportons aux chapitres suivants la considération des modalités de l'expérience religieuse qui sont le fruit d'une attention systématique aux messages du surnaturel que sont les symboles et le langage religieux. La méditation, par exemple, est pour une large part une technique d'attention qui vise à s'approprier le sens des mots et donc à les remplir d'une substance expérencielle[87]. Dans le cinquième chapitre, qui traitera de la religion comme vie, la question de l'expérience religieuse sera donc régulièrement reprise, car elle se trouvera disséminée à travers toutes les analyses.

NOTES

[1] *Religion and society in tension*, Chicago, Rand McNally, 1965.
[2] *Œuvres*, Paris, Gallimard (Pléiade), 1950, p. 338.
[3] *Die Religion und die Rollen. Eine psychologische Untersuchung der Frömmigkeit*, Berlin, A. Töpelmann, 1966, p. 4-5.
[4] *Théorie de la religion*, Paris, Gallimard, 1973, p. 58 s.
[5] Concernant cette conception de la mystique dans le romantisme allemand et son influence sur l'interprétation freudienne de la mystique, voir ASSOUN P.-L., Freud et la mystique, dans: *Résurgences et dérivés de la mystique, Nouvelle Revue de Psychanalyse*, 22, Paris, Gallimard, 1980, p. 39-70.
[6] Cf. MOUROUX J., Sur les critères de l'expérience spirituelle d'après les sermons sur le Cantique des cantiques, dans: *Saint Bernard Théologien, Analecta sacri ordinis cisterciensis*, (1953), p. 253-267.
[7] Nous avons développé ce point dans: *Dette et désir*, Paris, Seuil, 1978, p. 225 s.
[8] *L'expérience religieuse* (trad. fr.), Paris, F. Alcan, 1931.
[9] HOCKING W.E., *The meaning of God in human experience. A philosophic study of religion*, New Haven-London, Yale University Press, 1912; BERGSON H., *Les deux sources de la morale et de la religion*, Paris, P.U.F., 1932.
[10] Nous citons la trad. fr. *Le sacré. L'élément non rationnel dans l'idée du divin et sa relation avec le rationnel*, Paris, Payot, 1929.
[11] TAMINIAUX J., *La nostalgie de la Grèce à l'aube de l'Idéalisme allemand*, La Haye, M. Nijhoff, 1967.

[12] *Heilig, adj. und adv. sanctus, sancte*, dans *Deutsches Wörterbuch*, J. & W. GRIMM (éd.), IV, Leipzig, von S. Hirzel, 1877, p. 827-837.
[13] *Heilig*, dans *Mitteilungen der Schlesischen Gesellschaft für Volkskunde*, 13 (4), Breslau, 1911, p. 479-483.
[14] *Das Heilige*, dans *Präludien, Aufsätze und Reden zur Philosophie und ihre Geschichte*, II, Tübingen, J. Mohr, 1915, p. 298-331.
[15] *Völkerpsychologie*, II vol. *Mythus und Religion*, Leipzig, W. Engelmann, 1906.
[16] *Holiness* dans *Encyclopaedia of religion and ethics*, vol. VI, Edinburgh, T. & T. Clark, 1913, p. 731-741.
[17] *Art. cit.*, p. 731.
[18] *Religion of the Semites*, 1890.
[19] Introd. à CHANTEPIE DE LA SAUSSAYE, *Manuel d'histoire des religions*, Paris, Colin, 1904, p. XLVII.
[20] *Œuvres*, T. I, Paris, éd. de Minuit, 1968, p. 97.
[21] *Über die Religion. Reden an die Gebildeten unter ihren Verächtern*, 1799. Trad. fr. *Discours sur la religion à ceux de ses contempteurs qui sont des esprits cultivés*, Paris, Aubier, 1944.
[22] SIMON M., *La philosophie de la religion dans l'œuvre de Schleiermacher*, Paris, Vrin, 1974, p. 112.
[23] *Witchcraft, oracles and magic among the Azande*, Oxford, Clarendon Press, 1937, p. 64-65.
[24] *Traité d'histoire des religions*, Paris, Payot, 1949, p. 15 s; *Das Heilige und das Profane. Vom Wesen des Religiösen*, Hamburg, Rowohlt, 1957.
[25] *Traité d'histoire des religions*, Paris, Payot, 1949, p. 23 s., p. 315 s.
[26] *Traité d'histoire des religions*, Paris, Payot, 1949, p. 392.
[27] *Traité d'histoire des religions*, Paris, Payot, 1949, p. 40-41.
[28] *Modes of thought*, HORTON R. et FINNEGAN R. (éd.), London, Faber & Faber, 1973; FINNEGAN R. & HORTON R., p. 17; GELLNER E., p. 162 s; HORTON R., p. 258 s.
[29] Thèse brillamment défendue par ZUESSE E.M., *Ritual cosmos. The sanctification of life in African religions*, Athens (Ohio), Ohio University Press, 1979.
[30] VAN BUNNEN Chr., Le buisson ardent: ses implications symboliques chez des enfants de 5 & 12 ans, dans *Lumen Vitae*, Bruxelles, 1961, p. 115-127.
[31] *Confessions*, XI, 9, 11.
[32] *The secular city*, London, S.C.M., 1965.
[33] *L'eclissi del sacro nella civiltà industriale*, Milano, Comunità, 1961.
[34] Ce thème a fait l'objet du colloque publié sous le titre *Modes of thought*, note 28.
[35] COUTURIER G., De religieuze symboolvorming bij het lagere schoolkind (mémoire de licence en psychologie, non publié), Leuven, 1981.
[36] Ces recherches ont été commencées, au Centre de Psychologie de la religion, à la Faculté de Psychologie de l'Université de Louvain, par DE NEUTER P. qui a publié partiellement sa propre étude: *Amour, sexualité et religion*, dans *Social Compass*, 19, (1972) 3, p. 365-387.
[37] *Art. cit.*, p. 370 et 369.
[38] Observation faite par HUTSEBAUT D., De ervaring van het alleen-zijn bij religieuzen (mémoire de licence en psychologie, non publié), Leuven, 1970.
[39] *Existence et signification*, Louvain-Paris, Nauwelaerts, 1958, p. 209-210.
[40] Nous avons développé cette signification de la parole devant Dieu-témoin dans: L'avènement du je et l'événement de la vérité dans le témoignage, *Le témoignage*, CASTELLI E. (éd.), Paris, Aubier, 1972, p. 477-492.
[41] Thèse de RICŒUR P., La merveille, l'errance, l'énigme, dans: *Esprit*, nov. 1960, Paris, Seuil, p. 1665-1676.

[42] *Mediacio simbolica de la natura en la religiositat de l'home d'avui* (thèse de doctorat en psychologie à l'Universitat autonoma de Barcelona), Barcelone, 1976.
[43] Nous reprenons ces informations aux recherches faites par ORENS E. en vue d'une thèse de doctorat en psychologie, Université Louvain-la-Neuve.
[44] Publié dans: VERGOTE A. et TAMAYO A., *The parental figures and the representation of God. A psychological and cross-cultural study*, Leuven-The Hague-Paris-New York, Leuven University Press & Mouton, 1981. Nous exposerons cette recherche au chapitre IV.
[45] DE PAUW M.-J., La perception du religieux dans la musique (mémoire de licence en sciences religieuses, non publié), Louvain, 1975.
[46] DEMAN M., De profane en religieuze connotaties van de taal (mémoire de licence en psychologie, non publié), Leuven, 1973.
[47] Voir par ex. SCHMIDTCHEN G., *Was den Deutschen heilig ist. Religiöse und politische Strömungen in der Bundesrepublik Deutschland*, München, Kösel, 1979.
[48] Recherche faite par RICHARD R., Les dimensions de hauteur et de profondeur dans l'image de Dieu et du sacré (mémoire de licence en psychologie, non publié), Louvain, 1973.
[49] Nous songeons à tout ce que la phénoménologie de la perception a développé: STRAUSS E., MERLEAU-PONTY M.... Voir aussi UNGERN J., *On religious experience. A psychological study*, Uppsala, Almqvist, 1976; FORTMANN H., *Als ziende de Onzienlijke*, vol. 3a, Geloof en ervaring, Hilversum-Antwerpen, 1965.
[50] On perceptual readiness, dans *Beyond the information given. Studies in the psychology of knowing*, London, G. Allen & Unwin, 1974, p. 37.
[51] ARNOLD Martha, *Emotion and personality*, New York, Columbia University Press, 1960, vol. I, p. 169 s.
[52] KAUFMANN G., *L'expérience émotionnelle de l'espace*, Paris, Vrin, 1969, p. 18.
[53] *Lectures and conversations on aesthetics, psychology and religious belief*, Berkeley, University of California Press, 1967, p. 48-50.
[54] Nous songeons à la célèbre étude de WEBER M., *Die protestanische Ethik und der Geist des Kapitalismus*, 1905; trad. fr. *L'éthique protestante et l'esprit du capitalisme*, Paris, Plon, 1964.
[55] *Motivation and personality*, New York, Harper, 1954; religions, values and peak-experiences, New York, Viking Press, 1964.
[56] Religious orientation and the report of religious experience, dans *Journal for the Scientific Study of Religion*, 9 (1970), p. 285-291.
[57] *Œuvres complètes*, T. IX, Paris, Desclée-De Brouwer, p. 453.
[58] *Le pèlerin chérubinique*, L. II, p. 48.
[59] Observation faite par HERLIN M. lors de son enquête sur: Taizé. Le concile des jeunes (mémoire de licence en psychologie, non publié), Louvain, 1975.
[60] *Gesammelte Werke*, XIII, 363-368.
[61] DEIKMAN A.J., Implications of experimentally induced contemplative meditation, dans *Journal of nervous and mental disease*, 142 (1966), p. 101-116. Sur cette «méditation expérimentale», on peut lire les commentaires critiques de VAN DER LANS J., *Religieuze ervaring en meditatie*, (thèse de doctorat en psychologie), Nijmegen, 1978, p. 101 s.
[62] VERGOTE A., Regard du psychologue sur le symbolisme liturgique, *La Maison-Dieu*, 91 (1967), p. 129-151.
[63] *Comment je vois le monde*, Paris, Flammarion, 1934, p. 35.
[64] E.a. GREELEY A., *The sociology of the paranormal: a reconnaissance (Studies in Religion and Ethnicity*, Series no. 90-023), Beverley Hills-London, Sage publications, 1975; HAY D. et MORISY A., Reports of ecstatic, paranormal or religious experience

in Great Britain and the United States. A comparison of trends, dans *Journal for the Scientific Study of Religion*, 18 (1979), p. 164-182.

[65] *O.c.*, p. 163.

[66] *On religious experience. A psychological study*, Uppsala, Almqvist, 1976, p. 50.

[67] EVANS-PRITCHARD E.E., *La religion des primitifs à travers les théories des anthropologues*, Paris, Payot, 1971, p. 54-58.

[68] *Cantique spirituel*, 6ᵉ strophe.

[69] *Ein religiöses Erlebnis, GW*, XIV; trad. fr.: *Un événement de la vie religieuse*, publié en annexe à *L'avenir d'une illusion*, Paris, P.U.F, 1971, p. 95-100.

[70] ZAEHNER R.C., *Drugs, mysticism and make-believe*, London, Collins, 1972, p. 87, cite l'opinion de T. LEARY qui estime l'homme contemporain trop malade pour être efficacement aidé par les techniques de l'ancienne tradition.

[71] CLARK W.H., *Chemical ecstasy. Psychedelic drugs and religion*, New York, Sheed & Ward, 1969, p. 89 s.; HARMAN W., Some aspects of the psychedelic drug controversy, dans *Journal of Humanistic Psychology*, 1963, p. 93-107.

[72] Memo on the religious implications of the consciousnesschanging drugs, dans *Journal for the Scientific Study of Religion*, 3 (1964), p. 219.

[73] *The beyond within. The LSD-story*, New York, Atheneum, 1964.

[74] STAAL F., *Exploring mysticism*, Middlesex, Penguin, 1975, p. 195-204; DAVIDSON J.M., The physiology of meditation and mystical stages of consciousness, dans *Perspectives in biology and medecine*, 19 (1976), p. 367-368.

[75] *O.c.*, note 71.

[76] Cf. MASTERS R.E.L. & HOUSTON J., *The varieties of psychedelic experience*, New York, Delta, 1966, p. 255.

[77] Implications of LSD and experimental mysticism, dans *Journal of religion and health*, 5 (1966), p. 175-208.

[78] *O.c.*, p. 103-104, note 70.

[79] *O.c.* (voir note 76), p. 256.

[80] MOGAR R.E., Current status and future trends in psychedelic (LSD) research, dans *Journal of Humanistic Psychology*, 5 (1965), p. 147-166.

[81] ZAEHNER R.C., *o.c.*, p. 44.

[82] *La drogue. Ecrits sur la toxicomanie*, Paris, Gallimard, 1975, p. 246.

[83] The psychology of religious experience, dans *Journal of religion and health*, 4 (1965), p. 387-397.

[84] HEIDEGGER M. a analysé de manière pénétrante l'alliance moderne entre le subjectivisme et l'objectivisme, e.a. dans *Die Zeit des Weltbildes*, étude reprise dans: *Holzwege*, Frankfurt a.M., Klostermann, 1952, p. 69-164.

[85] *Saint Bernard Théologien*, voir note 6.

[86] WEIMA J., (*Reiken naar oneindigheid. Inleiding tot de psychologie van de religieuze ervaring*, Baarn, Ambo, 1981) analyse spécialement la fonction du symbole dans l'expérience religieuse qu'il définit de manière très juste comme un processus d'intégration et dont il voit l'accomplissement dans la mystique. Ayant lu cet ouvrage après notre rédaction, nous nous trouvons pour l'essentiel en accord avec l'auteur. Dans son livre on trouvera des compléments utiles pour l'étude de la perception du symbole religieux.

[87] VAN DER LANS J. a étudié de manière approfondie cet aspect après l'avoir introduit par une excellente étude générale sur l'expérience religieuse, voir *Religieuze ervaring en meditatie* (thèse de doctorat en psychologie), Nijmegen, Faculté de psychologie, 1978.

Chapitre IV
Foi et incroyance

L'alternative entre foi et incroyance s'annonçait dans nos observations précédentes. Les motivations humaines qui animent les conduites religieuses sont prêtes à se retourner en déception, révolte et incroyance. L'expérience religieuse confirme la foi de celui qui croit, mais Dieu se dérobe lorsqu'on demande à l'expérience religieuse de générer ou de certifier la foi. A travers l'instabilité qu'introduisent dans sa religion les motivations et le désir de l'expérience, le croyant est appelé à redéfinir sa foi. C'est ce moment d'un itinéraire religieux que nous voudrions isoler. La psychologie, qui s'attache à étudier la religion du chrétien, doit aussi la considérer dans le moment de sa plus essentielle démarche.

Toute religion ne s'organise pas autour de ce centre. Dans bien des religions africaines, par exemple, l'homme se rapporte à Dieu surtout lorsque la vie du groupe est menacée. Les rites, qui composent la vie essentielle de la religion, s'adressent aux ancêtres. La religion, en effet, n'y est pas d'abord une relation personnelle avec Dieu; elle est une pratique de la communauté et elle est liée à sa vie. En dehors du groupe, la pratique religieuse n'a pas de sens car les rites et les institutions religieuses appartiennent à la communauté et ils s'imbriquent dans ses traditions et dans ses fonctions. En étant à l'extérieur de la communauté, on est aussi en dehors du lieu culturel qui donne un sens à la religion. Parler d'incroyance ou de foi religieuse, n'a donc pas de sens ici.

Dans le christianisme aussi, il y a des croyants qui vivent leur religion plutôt en tant que membres d'une communauté culturelle et sociale. L'intolérance, décrite au chapitre II, peut être la conséquence de cet enveloppement de la religion par les fonctions communautaires. Il reste que le message chrétien convoque pour une relation explicitement orientée vers Dieu et que cette relation a une structure particulière, celle de la foi. Par sa nature même, le christianisme pose ainsi l'homme devant l'alternative entre la foi et l'incroyance. Le pluralisme des conceptions de vie et l'esprit critique qui caractérisent la civilisation contemporaine on Occident créent l'espace de liberté où cette alternative est, plus qu'en d'autres temps[1], une question d'existence.

Certes, l'alternative ne se découpe pas toujours aussi nettement. Nous n'identifions pas le cheminement de la foi vécue avec l'élucidation psychologique que nous poursuivons. Les exigences internes de l'adhésion croyante au message chrétien et sa confrontation avec les joies, les souffrances, les déceptions et les tâches de l'existence placent devant les choix quotidiens par lesquels la foi se confirme, s'authentifie ou se meurt. Dans ces vies mouvantes et complexes, la psychologie isole des moments et des variables spécifiques, dans le but de comprendre le fonctionnement de leurs contradictions et les solutions données.

Mais que peut dire la psychologie sur l'alternative entre foi et incroyance ? Il ne s'agira pas de procéder simplement à une reconstitution psychologique de la foi, car celle-ci suppose un préalable : ce que le croyant tient pour être la révélation et l'action de Dieu dans l'histoire de l'humanité. Que le psychologue tienne ce préalable pour un mythe ou une réalité, il ne peut oublier qu'il est fondamental pour le croyant chrétien. Une psychologie qui n'en tiendrait pas compte et qui voudrait d'emblée incorporer les références chrétiennes dans une psychologie générale de l'homme religieux, perdrait ce qu'elle veut étudier.

Notre étude psychologique de l'alternative foi-incroyance devra, par conséquent, analyser ce qui, dans le psychisme, prédispose l'homme à accueillir le message de la foi et ce qui, dans ce message, le provoque et le dérange. L'observation des différentes modalités de l'opposition entre la foi et l'incroyance devra nous révéler les accords et les discords entre le psychisme et la foi. En vue de situer cette étude dans son contexte, nous allons d'abord, de façon plus précise, examiner en quoi consiste la foi selon sa spécificité chrétienne.

I. La foi qui s'affronte à l'incroyance

I.1. Croyance et foi

Nous avons défini la religion comme un système de croyance. Par cette expression, nous désignons, du point de vue de l'observateur extérieur, un ensemble d'idées, de comportements et d'expériences qui ont rapport à un (des) être(s) «surnaturel(s)» et qui n'est (ne sont) pas l'objet d'un savoir comparable aux autres connaissances. Nous avons signalé l'ambiguïté de cette définition de la religion: elle pourrait donner à croire que, dans toute religion, les hommes posent des actes de croyance, alors que la plupart du temps ils accomplissent des actes de culte sans qu'ils aient pour eux-mêmes la conscience de croire. Et même là où le verbe croire existe et s'applique au Dieu, à l'Esprit ou à un être plus ou moins surnaturel, il ne signifie pas le croire au sens chrétien, mais: faire confiance à, se reposer sur[2].

Le christianisme engage ses adhérents à attester la disposition religieuse par la formulation qui est unique dans l'histoire des religions: «Je crois en Dieu...». Dès son origine il a aussi désigné ses adhérents par les dénominations équivalentes: «les chrétiens», «les croyants», «les fidèles». Dérivé de *fides*, foi, «fidèle» n'est qu'un autre mot pour dire «croyant». L'équivalence est significative. On croit en la révélation et en l'action que Dieu accomplit par et dans Jésus de Nazareth, celui qui s'est manifesté comme rempli de l'Esprit de Dieu, autrement dit: comme le Christ. Dans l'Ancien Testament, «croire» signifiait: mettre sa confiance en Dieu en s'appuyant sur les actions divines qu'on voit se réaliser. Avec l'apparition de Jésus, une rupture se produit. En effet, il sollicite la foi en sa personne. Par les signes qu'il fait, il entend manifester Dieu qui agit par lui. Mais tout hors du commun que soit sa personnalité, elle reste humaine; Jésus de Nazareth, né d'une femme et mortel comme tout homme, n'apparaît pas à ses contemporains comme un dieu qui se promène sur terre. Aussi les signes qu'il fait ne prennent-ils le sens qu'il entend leur donner que par ses paroles. Il se déclare, non pas Dieu, mais le «Fils de Dieu» qui révèle de manière unique et définitive Dieu, et cela précisément non pas en tenant des discours théoriques sur Dieu, mais en disant que Dieu *advient* effectivement *présent* aux hommes et leur communique son Esprit, s'ils croient en lui, l'homme Jésus, le médiateur.

Le mot «croire», dans le christianisme, a les connotations que ce terme a dans le langage usuel: tenir pour vrai, avoir confiance, attacher une valeur à...[3] Dans l'énoncé chrétien «je crois», le locuteur s'engage avec confiance envers Dieu, en ratifiant sa manifestation, sa révélation et son action en Jésus-Christ. «Croire», dans cet énoncé, n'est pas un verbe constatif qui affirme une vérité probable mais trop incertaine pour être l'objet d'un «savoir». «Croire» y fait partie des actes de langage que J.L. Austin a définis comme des «performatifs»[4], un «oui» qui scelle un pacte de vie en réponse à la parole que l'Autre adresse à l'homme. Aussi l'énoncé chrétien n'est-il pas une formulation théorique, comme l'est «je crois que Dieu existe» ou «je crois à l'existence de Dieu». Pour cette raison, le substantif qui correspond au verbe «croire en» est-il «la foi» (littéralement: la confiance donnée) et non pas «la croyance». Appeler «dimension idéologique» celle du croire, comme le font Glock et Stark[5], c'est, par une volonté déplacée de neutralité scientifique, ramener la foi à une sorte de vision du monde et méconnaître la position spécifique du croyant[6]. De même s'interdit-on toute compréhension psychologique du croyant si on commence par englober le christianisme dans les mythes religieux. Le chrétien ne se rapporte pas au fondateur de sa religion comme un Hindou aux avatars de ses dieux[7], ou comme l'auteur de l'Odyssée aux apparitions humaines de la déesse Athéna. Ainsi que les idéologies, les religions et les mythes des origines, le christianisme est un système de croyances: un ensemble de représentations sur le monde, sur l'existence et sur ce qui transcende le monde. Mais, dans le christianisme, les croyances s'articulent sur un engagement de foi[8]. Par son «acte de foi», le croyant ratifie le message comme lui étant personnellement adressé et il croit que sa foi rend le don divin effectivement opératoire. Lorsque Dieu advient à l'homme par l'initiative historique d'une parole adressée à l'homme, Il se déclare un Dieu personnel. Est personne, en effet, celui qui dit «je»[9], le sujet de l'énonciation en première personne. Du coup, Dieu se dégage de la confusion avec le sacré ou avec le divin cosmique. Une relation personnelle s'instaure, qui n'exclut pas une présence diffuse du divin dans les qualités du monde; souvenons-nous de l'enquête de G. Vercruysse citée au premier chapitre. Croire implique l'assentiment à Celui qui transcende le monde. On devine qu'une tension habitera l'assentiment de foi, car Dieu, en se révélant dans sa nouveauté toute autre, n'est plus simplement dans le prolongement des motivations et des expériences de l'homme en tant qu'être-au-monde. De la sorte Il est au-delà du psychique qui peut porter l'homme vers la religion, tout comme l'est toujours une parole déclarative par laquelle un sujet en première personne fait irruption dans l'existence d'autrui.

En rappelant la spécificité chrétienne, nous avons ainsi délimité un champ particulier de la psychologie de la religion. La psychologie qui s'attache à l'étude de la foi rencontrera essentiellement les conflits entre foi et incroyance. Ces conflits viennent de l'opposition entre le psychisme humain et l'invitation pressante à passer à un nouveau rapport religieux. La foi implique une transformation de l'homme religieux et elle ne se forme que par une rupture critique.

I.2. *L'asymétrie de la foi et de l'incroyance*

La foi, comme certaines autres relations qui nouent un lien de reconnaissance, d'estime, de confiance, d'amour, est une disposition qui se maintient en vie par les actes dans lesquels elle s'exprime. Elle se meurt si elle ne se revivifie pas par ses actes expressifs. Ces actes sont précisément un engagement qui se poursuit en surmontant plusieurs tendances qui lui sont contraires. Le psychisme de l'homme n'est pas un ordinateur programmé pour s'adapter harmonieusement aux exigences de la réalité, à la relation avec autrui, ni pour s'engager dans la foi en Dieu. Dans tout domaine réellement humain, les «passions» sont les forces affectives qui se heurtent, divisent l'homme et lui imposent la tâche de les ordonner et de les orienter selon ses projets. C'est dans le franchissement de ses divisions internes que le psychisme est vie, acte du sujet qui se pose personnellement dans une direction de sens. Tout engagement dans un rapport de présence à l'autre doit créer son accord avec lui, au prix de restrictions qui sont des «renoncements pulsionnels». Le désir rend possible l'instauration d'une alliance, mais il n'y suffit pas. Il faut un acte qui la pose, à l'encontre des désirs contraires. On passe un seuil critique pour s'y heurter à nouveau lors de la résurgence des tendances contraires. Ainsi la foi se forme et se maintient ou se défait par la résolution d'une crise, concentrée ou diffractée, initiale, précoce ou tardive. En des moments de grave crise, il n'y a «pas seulement le passage d'un ordre à un autre, mais aussi l'abandon de la continuité ou de l'identité du sujet»[10]. Les conversions religieuses et les mises à l'épreuve des mystiques exemplifient de telles crises; mais bien des croyants les traversent et ne conquièrent leur identité de croyant qu'au-delà d'une rupture et d'une transformation de leur personnalité. Dans une civilisation ouverte, les contradictions des appels extérieurs mobilisent si fortement les tendances contradictoires, que la plupart de ceux qui restent croyants doivent reconquérir régulièrement leur foi pour la posséder. La foi est vie en tant qu'elle renaît de ce qui l'agresse intérieurement et extérieurement. Ainsi l'éprouve et la vit le croyant et c'est ce dont la psychologie de la religion doit aussi rendre compte.

La situation de l'incroyance n'est pas la même par rapport à la religion. Le non-croyant connaît les contradictions dans ses prises de positions éthiques et dans ses relations affectives, tout comme le croyant. Mais si la foi religieuse l'interpelle et bouleverse l'équilibre dans lequel il s'était installé, il ne vivra pas un conflit entre l'incroyance et des tendances humaines qui s'y opposent, mais entre les tendances humaines et l'appel de la foi. Le conflit qu'il éprouvera sera le même que celui du croyant aux moments d'une crise de la foi: l'opposition entre les raisons humaines et la convocation par une parole qui s'autorise d'elle-même.

Il n'y a pas de symétrie entre foi et non-foi. Cette constatation nous conduit au cœur du débat que la foi entraîne avec elle. Ce qu'il y a de spécifiquement critique dans ces crises, c'est que les raisons auxquelles s'affronte la foi promettent plus d'humanité que la foi. Elles font apparaître la foi comme une perte et comme le risque d'un leurre. Par après, à la lumière de ce qu'il a gagné en passant le seuil de l'engagement confiant, le croyant a la conviction que les raisons de son opposition étaient fausses; il a d'abord dû faire son chemin. De manière analogue, celui qui résout la crise par le rejet de la foi, se trouve confirmé dans la légitimité de son choix.

Sans aucun doute détenons-nous ici la clef d'une des plus étranges énigmes à laquelle s'affronte la psychologie de la religion: l'irritation, le mépris, voire la haine portés à la religion par certains non-croyants. Cela ne se compare à rien d'autre. Des hommes qui haïssent viscéralement le marxisme ou le capitalisme, se sentent agressés et menacés par une puissance ennemie; étant au-dehors, l'ennemi ne les atteint pas intérieurement dans le sentiment de leur dignité humaine. A la haine de la religion, par contre, s'ajoute un mépris, voire une révulsion, comme si l'ennemi était aussi à l'intérieur. On ne comprend pas ce phénomène énigmatique si on ne suppose pas que le fait même de la religion pose une question personnelle, à la frange de la conscience, et que la question a le caractère d'un appel intrusif, menaçant. Le psychisme s'en est défendu en l'éjectant comme une maladie. Mais, on le sait, ce qui est ainsi éjecté revient du dehors comme un ennemi personnel et insidieux[11]. Les passions refroidissent lorsque s'organise tant bien que mal un équilibre protégé. Elles font place à l'indifférence. Ce processus s'accomplit dans une vie humaine; il s'étend aussi sur des générations. L'indifférence religieuse peut n'être que pure absence de question, dans un milieu qui a pratiquement éliminé tout signe religieux. Elle peut également exprimer une sourde défense, attitude culturellement héritée d'une passion antireligieuse des générations précédentes, ou résidu d'une crise personnelle déjà lointaine.

On en appelle à d'odieux souvenirs: les bûchers de l'inquisition, la condamnation de Galilée, la répression vétilleuse de la sexualité, les collusions avec les nationalismes étriqués ou avec les puissances de l'argent... Ce sont là aussi des faits sur lesquels le psychologue de la religion désire apporter son éclairage. Ces faits n'évacuent pas la question posée et ils n'entament pas l'explication proposée. D'ailleurs, serait-ce pour ces raisons que Lénine jugeait la religion comme ce qu'il y a de plus répugnant dans l'humanité?! Et pense-t-on que les croyants eux-mêmes ignorent ces faits et que ceux-ci ne les mettent pas à l'épreuve?

Nous ne faisons pas le portrait des non-croyants, mais nous analysons certaines réactions incroyantes afin de mieux comprendre ainsi ce qu'implique la foi. L'incroyance est aussi diverse que la croyance religieuse. Sans considérer la part de l'agnosticisme fondé sur les raisons intellectuelles, on peut sans doute distinguer entre deux groupes de non-croyants. Il y a ceux qui sont déçus. A leur sens, le mal dans le monde rend la foi en Dieu improbable ou impossible; l'impuissance de la religion à transformer l'homme contredit son appel à l'action divine... Et il y a ceux qui voient dans la religion une illusion ou une mystification dangereuse et une atteinte à la dignité de l'homme. La première forme de non-croyance relève de la psychologie de la motivation; la deuxième de la psychologie du conflit que nous analysons pour le moment. Cette distinction représente naturellement deux pôles sur un continuum, comme il en est de la distinction entre la religion extrinsèque et la religion intrinsèque. Les attitudes sont différentes selon les raisons qui dominent, mais nous devinons que tous connaissent au fond d'eux-mêmes la peur d'être diminués dans leur humanité par la foi religieuse.

En poussant notre analyse des passions antireligieuses, nous comprenons mieux les crises de la foi religieuse; une opposition de même nature s'y installe à l'intérieur du sujet. Le clivage qu'introduit la convocation par la foi s'articule sur la division interne de l'homme. Considérons le croyant au moment où s'ouvre la crise. Le message religieux a fait sens pour lui. Ce que «la foi» a proposé lui a paru raisonnable et il a senti qu'elle correspond à ses désirs. Bien sûr, il ne s'est jamais trouvé dans une harmonie préétablie avec le message religieux. Dès que l'intelligence s'est éveillée, il l'a écouté avec une attention critique; il a posé des questions et exprimé ses doutes. Il a également perçu très tôt, et tout au long des années, les mouvements des désirs contraires. De manière ambiguë, il s'est fait solidaire d'eux. La conscience de la faute le lui a signalé. Mais, tout compte fait, l'adhésion maintenue orientait son existence et il serait inapproprié de parler d'un choix continuellement renouvelé. En ce sens, la foi est une disposition que, d'une part, ébranlent les questions, les doutes et les actions contraires et que, d'autre part, confirment les expressions et les actes de la foi. La crise est un bouleversement de cette disposition. Ce qui est particulier à la crise et ce qui lui donne son intensité, c'est que la division interne se transforme en une franche opposition entre l'homme et Dieu. Dans la crise, les mouvements passionnels contraires à la foi imposent leur finalité et leur valeur proprement humaines. L'homme se sent affectivement solidaire d'eux; ils sont sa chair et ce qui lui est le plus cher: l'aspiration à l'autonomie et à la liberté, le désir de puissance, l'affirmation d'une raison qui se boucle sur elle-même. Sans doute à ce moment le message religieux l'interpelle-t-il encore; il fait sens pour la raison ouverte à la vérité et pour le désir d'être aimé et confirmé dans son existence par cet Autre incomparable qu'est Dieu. Néanmoins, la foi crée un écart envers les aspirations humaines. Elle est un départ pour un ailleurs, un exode envers le Dieu Tout-Autre. Dans la crise, l'étrangeté de Dieu contraste avec la proximité du terrestre, l'incertitude de la foi avec l'assurance humaine, l'obligation qu'implique la religion avec la liberté de ne dépendre que de soi. Et les désirs qui entraînent vers Dieu font, eux aussi, problème, car ils comportent l'aveu d'un manque radical et ils paraissent incertains et font redouter une mystification sur soi-même.

Le clivage interne du sujet s'exprime parfois dans une oscillation répétée entre des positions antagonistes. Ces contradictions et ces ruptures rendent parfois difficile la définition de la position qu'on prend. Elles expliquent aussi l'apparente soudaineté de l'abandon de la foi ou de la conversion après des prises de position violemment hostiles à la foi; songeons à saint Paul, à saint Augustin, aux poètes français Jacques Rivière et Paul Claudel [12]. Dans ces derniers cas, la disposition à croire était en travail, mais une déchirure, analogue à celle de la crise, précède l'assentiment croyant et fait repousser l'appel, précisément lorsqu'on s'en approche. Les cliniciens, formés à la psychologie des conflits, connaissent bien ce phénomène. A certains moments de la thérapie, la névrose semble brusquement s'aggraver. En fait, ce sont les symptômes qui reprennent force. Quand s'amorce l'affranchissement du malade, la fièvre des symptômes exprime le «non» énergique de l'inconscient qui estime exorbitant le prix à payer pour la guérison, pourtant souhaitée.

La mystique a intrigué et fasciné les psychologues de la religion. On a pensé y surprendre d'étranges pouvoirs humains, dormant au fond du psychisme de l'homme commun et que l'on pourrait peut-être développer, un peu comme certains psychologues ont essayé d'éveiller la compétence linguistique supposée latente dans l'acul psychique des chimpanzés. Obnubilé par «l'expérience mystique», on n'a guère prêté d'attention aux moments conflictuels de leur itinéraire et au travail psychique que leur imposent les clivages humains. S'il y a quelque chose que les mystiques enseignent à la psychologie, c'est bien l'intelligence des dynamismes conflictuels qui font de la religion une vie psychique.

Les recherches empiriques sur le conflit entre la foi et l'incroyance font pratiquement défaut. Le sujet se prête difficilement à l'exploration par les instruments disponibles. Il faudrait créer des stratégies d'observation adaptées à la réalité psychique qui est un système de dynamismes conflictuels en interaction avec les messages contradictoires du milieu. Dans l'état actuel de la psychologie de la religion, nous devons nous résigner à rapporter et à analyser ce que la vie nous a enseigné.

Comme la foi s'engage pour une relation personnelle envers Dieu, le pôle objectif de la foi se trouve évidemment autant impliqué dans ces conflits que le psychisme humain. C'est cet aspect que nous considérons en premier lieu, pour nous tourner ensuite plus particulièrement vers l'autre pôle, le sujet humain.

II. La représentation de Dieu

II.1. Au nom du Père

En parlant des qualités de Dieu, de sa disposition envers les hommes et de ses actions, la tradition religieuse propose une représentation de Dieu; nous préférons ce terme à celui d'image qui évoque trop une représentation figurative, ainsi qu'à celui de concept, dont la connotation est plus philosophique que religieuse. En s'affiliant à la religion, le croyant a l'intention de donner son adhésion à la représentation de Dieu qu'elle lui propose. Celle-ci détermine donc pour une grande part la nature de la relation religieuse. Cependant, dans l'ensemble des traits qui composent la représentation du Dieu de leur religion, les croyants accentuent ce que leur psychologie, leur éducation et leur milieu culturel leur permettent d'intégrer dans leur vie. Aussi longtemps qu'on adhère à la religion, cette sélection par affinité élective se fait à l'intérieur des références religieuses.

La représentation chrétienne de Dieu est durablement marquée par les paroles et par la vie de Jésus-Christ. Pour circonscrire la psychologie religieuse des hommes qui vivent dans l'aire chrétienne, nous évoquerons d'abord l'idée de Dieu que le fondateur du christianisme a déposée dans la conscience de ses croyants, non pas comme un concept philosophique, mais comme un appel à une attitude et à une conduite qui s'y conforment. La prière fondamentale que Jésus de Nazareth a léguée au christianisme s'adresse à Dieu en l'appelant «Notre Père...». Le chrétien se signe «Au nom du Père...» et la charte de la croyance chrétienne associe directement le nom de Père à Dieu: «Je crois en Dieu, le Père tout-puissant...». Si le nom divin de Père n'appartient pas en exclusivité au christianisme[13], il y a reçu cependant la signification spécifique d'un pacte d'adoption filiale dont Dieu a pris l'initiative historique. Jésus-Christ s'est présenté comme étant de manière unique le Fils du Père et les «fidèles», ceux qui croient en sa mission divine, ont part à son rapport de filiation divine. C'est pour cette raison que Jésus les invite à s'adresser à Dieu avec cette appellation originale «Notre Père...».

«Père» est évidemment un terme relationnel, non pas un terme abstrait comme «le divin», «l'infini». C'est un terme emprunté aux relations familiales. Mais pourquoi «père» et non pas «mère»? Et que signifie la transposition sur Dieu du symbole paternel? Si les croyants s'adressent à Dieu en lui disant «Notre Père», on peut supposer que cette allocution a un sens pour eux, parce que le nom paternel de Dieu n'est pas seulement l'emblème de la relation instituée par Jésus-Christ, mais aussi parce qu'ils perçoivent une parenté entre la paternité humaine et celle du Dieu chrétien. Il nous importe donc de savoir ce qu'est un père dans le milieu culturel du christianisme. Nous ne posons pas *a priori* que l'idée de père se transpose sans plus sur Dieu; nous présumons que la présentation de Dieu, transmise par la religion chrétienne, imprime ses connotations propres au nom paternel de Dieu tel que les croyants, et sans doute également les non-croyants, le conçoivent. En outre, dans l'ordre humain, le nom de Père reçoit sa signification par rapport à la mère; l'absence de la dualité père-mère en Dieu change probablement l'idée de la paternité attribuée à Dieu.

Freud a centré son interprétation de la religion sur le nom paternel de Dieu. Selon lui l'idée métaphysique de Dieu n'est qu'un pâle reflet rationnel de l'idée religieuse de Dieu. Curieusement, ses deux premiers livres sur la religion présentent des interprétations fort contrastées de l'origine de la croyance en Dieu. D'après *L'avenir d'une illusion*, le père que les hommes cherchent en Dieu, est l'agrandissement du père humain, conçu comme protecteur puissant et bienveillant. Dans *Totem et tabou*, par contre, Freud dérive l'idée de Dieu-père du terrible père de «la horde primitive», tyran monstrueusement jaloux, que les fils finissent par tuer et dont, sous l'effet de la culpabilité, ils reconnaissent après coup la loi. De toute évidence, Freud a reconstitué l'idée du père à partir de deux phénomènes partiels: d'un côté, le désir de protection, de l'autre côté, la culpabilité qui, pense-t-il, remonte à l'origine de l'histoire humaine. Le plus étonnant, c'est que, dans son interprétation de la religion, Freud n'a pas vraiment repris sa doctrine sur la signification du père dans la formation de la personnalité. Pourtant, si le nom du père attribué à Dieu fait sens pour l'homme, cela doit se comprendre par une similitude de fonction dans le devenir humain et dans le devenir religieux. La présence indissociable de la mère auprès du père fait en outre supposer que la figure maternelle se trouve, elle aussi, reprise à l'intérieur de la représentation de Dieu.

Il ne s'agit pas, pour la psychologie, d'expliquer le nom divin de Père, puisque, présent dans la tradition chrétienne, il est un préalable. Il revient à la psychologie d'examiner comment ce nom de Dieu s'articule sur la disposition relationnelle de l'homme. Notre hypothèse est que le rapport au Dieu-Père présente une homologie de structure avec les relations familiales. Les questions qui se posent donc sont de savoir si le nom du Père a lui aussi un effet structurant sur l'attitude religieuse et, par conséquent, s'il contribue à départager la foi et l'incroyance.

Dans ce qui suit, nous rapportons l'essentiel d'une recherche poursuivie sur des populations appartenant à différentes aires culturelles, et dont avec A. Tamayo nous avons présenté la méthode, les résultats et les interprétations dans l'ouvrage: *The parental figures and the representation of God. A psychological and cross-cultural study*[14].

II.2. Les figures parentales

Le noyau familial représente un champ triangulaire où se nouent des relations entre trois sujets qui y occupent une place spécifique. Ainsi que l'indiquent les dénominations «père» et «mère», ce qui détermine le père comme père et la mère comme mère, ce n'est pas leur personnalité individuelle, mais leur position différenciée dans la constellation familiale. Une articulation interne de la famille détermine les rapports mutuels et donne aux figures parentales la signification de fonctions relationnelles. Le confirme, par contraste, l'expression: «Je n'ai pas eu de vraie mère; ... de vrai père». Une discordance s'exprime ici entre le souvenir d'une présence réelle et une présence qualifiée telle que la réalité familiale la requiert de droit. Le mot «vrai» se réfère aux qualités relationnelles que doivent exercer les personnes qui occupent la place désignée par le nom de mère ou le nom de père. Pour distinguer la présence physique et les fonctions différenciées que les parents sont supposés remplir dans la structure familiale, nous reprenons volontiers à l'anthropologie contemporaine les terme de symbolique. Les figures parentales sont des réalités symboliques. Pour cette raison, on les désigne aussi par des noms distinctifs dont la signification ne se réduit pas aux images intérieures des expériences vécues. C'est précisément parce que le nom de père est symbolique qu'il peut se transférer sur Dieu et devenir symbolique dans un deuxième sens. Le langage religieux, en effet, s'adresse à l'homme qui sait ce qu'est un père, même s'il n'a pas connu son propre père. Le message religieux propose même un paternité divine qui vient répondre à l'attente d'un avenir que dépose en l'homme l'idée de la paternité.

L'anthropologie culturelle et la psychologie clinique illustrent la perspective que nous venons d'esquisser. Notre projet a été de la vérifier par une recherche empirique et, surtout, de fixer avec précision les composantes des figures parentales. A cette fin, nous avons composé une échelle sémantique différentielle. Nous nous limiterons ici à présenter et à commenter les résultats essentiels de son application à diverses populations.

Une même différenciation entre les deux figures parentales se dégage de toutes nos observations. Elles ne bouleversent pas les idées que nous avons généralement sur le lacis des rapports qui composent la famille. Leur intérêt est précisément de mettre au jour la complémentarité des fonctions et de faire apparaître leur efficacité structurante pour l'humanisation de l'homme en devenir qu'est l'enfant.

La caractéristique essentielle de la mère est la disponibilité affective. Les qualités que, dans le premier moment, celui de la vérification de l'instrument, on isole comme discriminatives pour elle, lui sont ensuite hautement attribuées lors de l'application de l'échelle complète. Toutes modulent le facteur fondamental: toujours disponible, qui accueille, tendresse, qui prend soin de, qui apaise, refuge, don, qui est attente, qui est toujours là... La permanence de cette caractéristique à travers les âges, dans les deux sexes et dans divers milieux culturels, montre que la figure maternelle, au sens où nous l'avons définie, est une réalité pour nos sujets. La mère représente durablement l'amour inconditionnel.

La réalité familiale nous aide à le comprendre. Le lien bio-affectif entre la mère et l'enfant est évidemment le fondement de leurs relations spécifiques. Par son langage sur la mère, par ses coutumes et par ses rites, la culture consacre sa fonction et lui donne une valeur symbolique. Celle qui a donné la vie demeure, au niveau des représentations symboliques, la figure du lien intime et sécurisant et de l'accueil inconditionnel. L'expérience clinique nous enseigne l'importance de la caractéristique fondamentale de la figure maternelle pour le développement affectif : elle éveille le lien d'attachement qui en est la base. Sur l'appui des besoins infantiles se forme un lien de confiance et d'amour[15], indispensable pour qu'adulte, la personne puisse se lier en amour et avec confiance à une autre personne et aussi à Dieu. Le fait que chez les schizophrènes et chez les délinquants on ne retrouve pas la figure maternelle caractéristique[16], confirme notre interprétation. Quelles qu'en soient les causes, la non-formation d'une figure maternelle nettement structurée et différenciée de la figure paternelle, doit être co-responsable de ces écarts pathologiques.

Il est intéressant de noter, à l'encontre de certains préjugés, que le changement actuel du statut social de la mère et la participation du père aux tâches familiales et aux soins de l'enfant ne modifient pas fondamentalement la signification de la figure maternelle, ni, comme nous allons le voir, celle de la figure paternelle. Indépendamment de leurs rôles sociaux, le père et la mère prennent une signification à l'intérieur de la micro-société particulière que représente la famille du point de vue de l'être en devenir.

L'autorité, marque spécifique du père, entre également dans la composition de la figure maternelle. Mais ce facteur vient toujours en second lieu et assez loin derrière le facteur dominant. De l'analyse sémantique, faite sur les expressions des sujets, il ressort que, attribué à la mère, le facteur autorité garde son sens paternel ; selon la perception des sujets des deux sexes, la mère l'assume en se référant au père. Ce sont d'ailleurs des items qui expriment l'exercice concret de l'autorité qui sont le plus attribués à la mère : elle est celle « qui maintient l'ordre » et « qui examine ». Simple reflet des coutumes séculaires ? Ou ces coutumes s'expliquent-elles par une convenance psychologique que n'entame pas le nouveau statut d'égalité juridique et sociale des parents ? Nous inclinons à penser que, dans la perception de l'enfant, la disponibilité inconditionnelle s'allie difficilement à la fonction d'autorité. Pour que la mère ait vraiment son identité propre, en correspondance avec la nécessité affective de l'enfant, elle se différencie du père tout en formant une unité avec lui. Elle assume l'autorité en référence au père. Aussi dans la perception des sujets de nos enquêtes, les figures parentales se différencient significativement sans que la famille forme un système d'exclusions réciproques. En contraste avec les données universellement observées, il est frappant que « juge » est le seul facteur qui caractérise la mère des schizophrènes.

La figure du père se caractérise d'abord par le facteur loi et autorité. Selon l'analyse sémantique, le père assume cette fonction par lui-même, en tant que père. Plusieurs items se groupent dans ce facteur et ils en désignent différentes nuances: qui donne la loi, autorité, norme, juge, qui décide, fermeté. Le terme «sévère», qui marque la manière dure d'exercer l'autorité, n'est que faiblement attribué au père. On pourrait s'étonner de la primauté universelle de ce facteur dans la figure du père. «Loi» et «juge» paraissent des termes formels, juridiques et répressifs, surtout dans le climat culturel contemporain. Pourtant, d'après nos observations, il faut que le père assume la fonction d'autorité pour correspondre à son statut symbolique. Les populations de nos enquêtes rêvent peut-être d'«une société sans père »[17], mais non pas d'une famille sans vrai père. Ils perçoivent que la loi est un don fait à l'enfant; elle lui donne de s'orienter vers l'avenir, elle en appelle à ses initiatives responsables et elle le sépare d'un attachement trop exclusif à la mère où il perdrait son autonomie. En ce sens il y a un désir d'avoir un vrai père, mais ce désir n'est pas d'abord la nostalgie d'un compagnon puissant et protecteur, mais celui d'avoir un pôle d'orientation. En donnant la loi, le père promeut une unité dans les tendances contradictoires de l'enfant et par ses exigences il lui permet, à sa manière, de conquérir une identité personnelle tournée vers l'avenir à faire. Un père qui n'assume pas l'autorité ne s'intéresse pas à l'enfant. L'amour du père est donc paradoxal en ce qu'il est conditionnel.

Pourquoi est-ce précisément au père qu'on attribue cette fonction? Non directement lié à l'enfant par un lien bio-affectif, il s'introduit dans la vie de l'enfant comme un tiers. Il se désigne dès lors naturellement pour assumer la fonction d'autorité, différenciée de l'amour inconditionnel et pourtant tout aussi indispensable pour la formation de la personnalité. Et parce qu'il s'introduit comme le tiers, il exerce naturellement la fonction séparatrice qui libère l'enfant du lien avec la mère, sans pour autant détruire celui-ci. Le père représente cette fonction pour la fille comme pour le garçon; dans nos enquêtes, en effet, les sujets féminins présentent la même figure paternelle que les sujets masculins. La théorie psychanalytique du complexe d'Œdipe ne peut donc pas se comprendre de manière simpliste, comme si la mère accomplissait la fonction interdictrice par rapport à l'attachement hétérosexuel de la fille au père. Face au désir œdipien de la fille, c'est le père lui-même qui, en vertu de sa position dans la constellation familiale, signifie à la fille que son désir le porte vers sa femme. Même au niveau du conflit œdipien, c'est encore le père qui est la figure symbolique de la loi.

La nécessité psychologique de la fonction paternelle se confirme par l'absence de la fonction d'autorité dans l'idée du père chez les schizophrènes et chez les délinquants. L'humain n'apprend à ordonner ses désirs contradictoires et à renoncer à leur satisfaction immédiate que s'il intériorise la loi comme règle universelle pour son rapport à lui-même et à autrui. Il n'entre dans l'ordre du temps et du langage signifiant et il n'acquiert la capacité de se situer à distance des autres et du monde que par la dialectique entre le lien maternel et la loi séparatrice du père[18].

Le facteur typiquement maternel de la disponibilité affective entre en second lieu dans la composition de la figure paternelle. De cette manière, le père exerce sa fonction d'autorité sur un mode parental. On peut dire que, non lié directement à l'enfant par un lien bio-affectif, le père prend l'initiative d'adopter l'enfant et d'instaurer avec lui un lien affectif. Le rapport particulier du père à l'enfant, où l'autorité s'exerce dans l'amour, fait sans aucun doute comprendre pourquoi l'item «tendresse» est pratiquement dénié au père, alors que cette qualité est fortement attribuée à la mère.

De nos observations, nous pouvons déduire que le père est un pôle de conflits. Nécessaire psychologiquement, désirée même, la fonction paternelle suscite néanmoins des résistances. Aucun psychisme ne lui est spontanément conforme. Le développement d'une autonomie orientée vers l'avenir et l'acquisition d'une attitude responsable envers soi-même et envers autrui demandent un travail psychique de renoncement aux satisfactions immédiates. La mère, elle aussi, suscite des conflits en profondeur mais ils sont d'une autre nature. Pour autant qu'elle ne répond jamais idéalement aux désirs démesurés d'amour, elle peut être l'objet d'un attachement chargé de revendication. Retenons ces deux formes distinctes du conflit, car nous les retrouverons en rapport à Dieu.

L'un ou l'autre facteur secondaire s'ajoute aux figures parentales et les complète diversement dans les différents milieux culturels. Nous ne nous étendrons pas ici sur ces éléments caractéristiques des groupes culturels.

Dans leur polarité, les parents ont un effet profondément structurant sur le psychisme. La capacité de relations proprement humaines s'établit par les relations différenciées qui circulent dans la constellation familiale, à l'initiative des parents. L'offre d'amour éveille le désir d'union affective et l'autorité implante la loi interne qui règle les désirs et les tourne vers l'avenir personnel à effectuer. Nous pouvons maintenant donner son sens au terme de figures parentales: ce sont les représentations, chargées de souvenirs affectifs, des qualités relationnelles spécifiques des parents et qui correspondent à leur place et à leur fonction dans la structure familiale, telle que la déterminent la nature de la vie et la culture. Ces figures sont présentes à l'esprit et aux désirs, comme ce qui a marqué et rendu possible les relations humaines. Elles fournissent dès lors un schème de relations auquel les adultes peuvent à leur tour s'identifier dans leur position parentale, mais qu'ils peuvent également transposer, en les modifiant, sur d'autres relations, telle la relation à Dieu.

II.3. La représentation de Dieu

Des croyants qui, dans une situation religieuse, s'adressent sans réticence à Dieu en reprenant l'allocution «Notre Père...», écartent souvent le nom de Père lorsqu'on les interroge sur leur représentation de Dieu. Ce vocable leur paraît trop anthropomorphique, chargé même de relents de religiosité infantile. En dehors de l'allocution, le vocable «père» perd facilement sa qualité de terme relationnel et tend à se réduire à l'index d'une image. Aussi n'avons-nous pas demandé aux sujets de comparer la représentation de Dieu à celui du père et de la mère, mais nous les avons invités à attribuer à Dieu les 36 qualités parentales de l'échelle sémantique. Ces attributions doivent nous apprendre la structure relationnelle de la représentation de Dieu et le contenu vécu du nom de Père.

Les résultats de nos observations répétées convergent vers la même représentation de Dieu. Elle contient les deux dimensions parentales. Ceux qui s'adressent à Dieu en l'appelant «Père», remplissent cette allocution de tout ce que Dieu est pour eux: celui en qui se concentrent et s'exhaussent les valeurs maternelles aussi bien que paternelles. Non seulement la représentation de Dieu est plus que la figure paternelle saturée en qualités maternelles; à la différence de la figure paternelle, ces qualités lui appartiennent selon leur signification immédiate, tout comme à la figure maternelle. Dieu est toujours présent et inconditionnellement disponible. Pour nos sujets, l'idée biblique et chrétienne de l'adoption filiale par Dieu s'efface derrière celle d'un lien quasi naturel, à la ressemblance du lien vital et intime avec la mère. «Tendresse», cependant, qualité hautement valorisée dans la figure maternelle, ne l'est guère en Dieu. La dimension paternelle n'est pas moins prononcée dans la représentation de Dieu. «Loi», «autorité», et «savoir» sont même plus intensément attribués à Dieu qu'au père. «Dynamisme», «initiative», «intelligence qui ordonne les choses» le sont moins. La dimension paternelle se structure donc autrement dans la représentation de Dieu et dans la figure paternelle. Apparemment, les qualités les plus distinctives du père sont plus accentuées en Dieu que dans le père. Dieu unifie donc, dans une harmonie tensionnelle, les fonctions symboliques qui sont différenciées dans la structure familiale. Son amour est tout à la fois inconditionnel et conditionné par ses exigences paternelles.

Des items plus concrets sont moins intensément attribués à Dieu qu'aux figures parentales; ainsi, pour les qualités maternelles: intimité, tendresse, qui partage les peines de l'enfant, qui fait apparaître ce qui est délicat; pour les qualités paternelles: qui prend l'initiave, qui examine. Nos sujets conçoivent bien Dieu comme un être personnel qui entretient une relation personnelle avec les hommes; mais ils écartent de la représentation de Dieu l'idée d'interventions contingentes. Dans le transfert sur Dieu des qualités parentales, un choix se fait dans l'accentuation, de sorte que la représentation de Dieu se trouve purifiée de ce qui paraît être un réalisme anthropomorphique.

Les différents groupes culturels complètent différemment leur représentation essentielle de Dieu par l'attribution d'un facteur périphérique, le même que ces groupes attribuent également, à titre de facteur périphérique ou bien à la figure maternelle ou bien à celle du père: la féminité (qui caractérise particulièrement la mère et Dieu dans le groupe belge francophone), la protection (facteur secondaire de la mère dans le groupe zaïrois), le savoir (pour le père et Dieu dans le groupe indonésien), la puissance (pour le père et Dieu chez les Philippins), le dynamisme (pour le père et Dieu dans un groupe américain), le maintien de l'ordre (pour le père, la mère et Dieu dans un autre groupe américain et dans le groupe colombien). La culture, qui, par une longue tradition, estime particulièrement telle ou telle valeur et la perpétue, la rattache à une des figures parentales et l'accentue également dans l'idée de Dieu.

L'application de l'échelle SDPS à des personnes âgées donne des résultats spécifiques: le facteur de présence y est de loin le premier. Avançons une hypothèse interprétative que des recherches poursuivies devraient vérifier. La substitution de «présence» à «disponibilité affective» et l'absence du facteur «loi» semblent indiquer qu'au bout de la vie religieuse, la demande d'un amour de type maternel et la conscience de responsabilité devant la loi divine perdent leur importance et font place à la conscience sereine d'une présence divine.

L'universelle structure factorielle de la représentation de Dieu ne se retrouve ni dans le groupe des schizophrènes ni dans celui des délinquants. Leur idée de Dieu reproduit les déficiences qui marquent leurs figures parentales.

II.4. *Interprétation*

1. La religion chrétienne privilégie le symbole paternel du Dieu, comme le font d'ailleurs bien d'autres religions. Au vu de nos recherches, on se demande cependant si ce privilège est en consonance avec la représentation de Dieu chez les sujets de nos enquêtes. Il est frappant, en effet, que c'est précisément le milieu chrétien de nos enquêtes qui accentue si fortement la dimension maternelle de Dieu, alors que la tradition chrétienne, pour les raisons particulières que nous avons rappelées, a donné au symbole paternel de Dieu un privilège unique.

Deux données semblent indiquer que la représentation de Dieu de nos populations est plus maternelle que paternelle : la saturation en qualités maternelles est plus élevée qu'en qualités paternelles et l'analyse factorielle fait ressortir que le premier facteur est celui de la disponibilité affective, le facteur de loi-autorité ne venant qu'en second lieu. Mais d'autres données indiquent que la figure paternelle symbolise le mieux la représentation de Dieu. Le facteur de loi-autorité appartient en propre à Dieu, tout comme il définit intrinsèquement la figure paternelle. Loi, autorité et savoir, ces qualités reconnues comme distinctivement paternelles, sont même attribuées plus intensément à Dieu qu'au père. Somme toute, c'est la plus grande complexité de la figure paternelle qui la prédestine à symboliser la représentation de Dieu. La figure paternelle, en effet, inclut également les qualités maternelles, bien que moins intensément que la mère; mais les qualités paternelles sont beaucoup moins intensément attribuées à la mère que ne le sont les qualités maternelles au père. En plus, la mère exerce la fonction d'autorité, reconnue distinctement paternelle, en référence au père.

2. Notre échelle sémantique ne vise pas à dégager l'acceptation ou la connaissance du contenu spécifiquement chrétien du nom du Père. D'après la tradition chrétienne, Dieu a pleinement manifesté et effectué sa paternité divine en se révélant en Jésus et en lui donnant, sur terre et en plénitude après sa mort, la gloire et la puissance de Fils de Dieu. C'est à travers celui qui est en plénitude le Fils de Dieu que la filiation divine se communique aux hommes. D'après le christianisme, la paternité de Dieu se réalise ainsi dans un événement historique auquel le croyant adhère. Tout en faisant une recherche psycho-

logique auprès de populations qui se reconnaissent plus ou moins chrétiennes, nous n'avons pas eu l'intention de nous enquérir sur leur adhésion à la doctrine spécifique de leur religion. Notre étude reste psychologique. Elle examine la manière dont les figures parentales contribuent à former l'idée religieuse de Dieu. Il est loisible de penser que l'adhésion au contenu de la «révélation chrétienne» s'appuie sur le symbole paternel de Dieu tel que notre étude l'a dégagé. En d'autres termes, nous pensons que cette représentation est une condition nécessaire, mais insuffisante, pour l'adhésion proprement chrétienne au «Nom du Père». L'analyse que nous ferons plus loin du rapport entre l'incroyance et la représentation de Dieu montrera en particulier l'importance de la dimension spécifiquement paternelle telle que nous la dégageons.

3. Par quel processus psychologique se fait la transposition sur Dieu du symbole paternel? Tout donne à penser que s'y combinent le processus linguistique de la métaphorisation et celui, psychologique, du transfert. La métaphorisation consiste dans la création d'un sens nouveau par l'interaction entre deux chaînes de langage[19]. Dans notre cas, une longue histoire culturelle et religieuse a mis en interaction la référence à Dieu et diverses figures humaines, pour produire la métaphore religieuse de père[20] que Jésus-Christ reprend et à laquelle il donne un contenu nouveau. Si ce nom fait sens pour les contemporains c'est dans la mesure où ils refont personnellement la métaphorisation; visiblement une interaction s'opère chez eux entre, d'une part, le référent Dieu et, d'autre part, les figures parentales, de sorte qu'ils transfèrent sur Dieu les qualités parentales, dans la mesure où l'idée de Dieu les appelle. Des particularités, comme la moindre attribution à Dieu des qualités plus concrètes, résultent probablement de la sélection qu'opère l'intraction entre l'idée de Dieu et l'éventail des caractéristiques parentales.

Comme il s'agit de qualités relationnelles, la métaphorisation linguistique s'accompagne du processus psychologique du transfert. Littéralement, le terme de transfert est le même que celui de métaphore. Le processus psychologique n'est cependant pas de la même nature que le processus linguistique. Le transfert psychologique ne sélectionne pas, mais il porte à l'autre les modalités de relation qui constituent les vecteurs dynamiques du psychisme tel qu'il s'est formé en rapport avec les figures prototypiques. Le transfert sur Dieu s'oriente ainsi sur Lui en tant qu'Il est rendu virtuellement présent par tout le message religieux. La métaphore paternelle polarise le transfert psychologique et celui-ci lui donne sa vie. Les deux processus sont indissociables.

C'est pour autant que Dieu représente l'accomplissement des figures parentales que le transfert agit, mais c'est aussi la métaphore religieuse qui ouvre la référence pour que le transfert s'effectue. Recevoir la vie par l'attachement à celui qui assure un amour inconditionnel, tel est le désir qui, depuis l'attachement maternel, se transfère sur Dieu. Se trouver définitivement et sans mesure confirmé dans son existence et reconnu dans sa personnalité singulière, dans ses entreprises et dans son effort de vérité, telle est l'attente adressée au père que le croyant transfère sur Dieu. En interprétant la religion comme la nostalgie du père, Freud a entrevu un dynamisme fondamental. Mais il l'a rabattu sur des aspects secondaires des figures parentales et de la religion, et il n'a pas reconnu l'effet structurant de la métaphore religieuse sur les désirs de transfert.

Notre analyse s'en tient aux vecteurs essentiels du transfert sur Dieu des relations parentales. Il va sans dire que les souvenirs personnels, humains et religieux, modulent ce transfert et affectent la métaphore paternelle de Dieu de connotations singulières. Dans les cas de religiosité pathologique, le transfert impose à l'idée de Dieu des représentations qui distordent le message religieux, cela même en opposition avec les convictions des sujets, incapables d'accorder avec elles leur transfert.

II.5. *Le nom du Père à la croisée de la foi et de la non-croyance*

La question se pose de savoir si la polarité interne à la représentation de Dieu a, pour la formation de la foi, une signification analogue à l'influence qu'à la polarité familiale sur la personnalité en devenir. On le présume, car il serait étonnant que la tension entre la disponibilité inconditionnelle et l'amour conditionnel n'introduise pas également un dynamisme dans la relation religieuse. S'il en est ainsi, cette tension doit également déterminer pour une part importante la non-croyance.

1. On a observé[21] que les sujets qui doutent de leur foi privilégient, en Dieu, les qualités paternelles de dynamisme, d'initiative et d'orientation vers l'avenir, alors que ceux qui croient avec conviction accentuent significativement plus la fonction de loi. On peut supposer que ceux qui doutent éprouvent la fonction de loi comme menaçante pour leur autonomie et que, d'autre part, Dieu doit être pour eux surtout celui sur la force de qui ils voudraient s'appuyer. Leur Dieu se rapproche de celui de «la nostalgie du père». Les qualités maternelles que les douteurs privilégient en Dieu (intériorité, intimité, qui est attente) évoquent également une nostalgie, celle d'une présence intime et patiente.

Il y a une cohérence psychologique dans ces observations. Le refus de la loi paternelle, combiné avec l'accentuation particulière des qualités paternelles et maternelles mentionnées, manifeste une insécurité qui se défend contre une mise en question, mais qui cherche à se conforter par le soutien de l'Autre. Que cette attitude ambivalente se rencontre précisément chez ceux qui doutent de Dieu, se comprend. D'une part, le refus défensif de l'autorité divine met ces sujets en conflit avec le Dieu de leur religion; leur ambivalence envers Dieu s'intériorise dans l'ambivalence de leur assentiment religieux. D'autre part, on soupçonne que la nostalgie d'un dynamisme paternel et d'une intimité affectueuse, de type maternel, ne trouve pas en Dieu la satisfaction désirée, de sorte que ces sujets restent hésitants, divisés entre l'espoir et la déception.

2. Selon nos principes, la non-croyance qui n'est pas simple ignorance relève autant de la psychologie de la religion que la foi et la conduite religieuse. Dans cette optique, une recherche[22] s'est attachée à étudier la psychologie de la non-croyance en examinant entre autres la représentation de Dieu d'un groupe d'incroyants, à l'aide de la même échelle sémantique. On leur a d'abord demandé d'attribuer les items à Dieu tel qu'ils se le représentent comme le Dieu des croyants. Appartenant à la religion objective, l'idée de Dieu est évidemment présente à l'esprit des non-croyants, comme un référent envers lequel ils prennent une position de refus, à tout le moins de non-reconnaissance. De fait, les résultats montrent que, dans les termes de notre instrument, les non-croyants ont une représentation juste du Dieu de la religion chrétienne. Leur représentation de Dieu englobe, dans une unité complexe, les qualités maternelles et paternelles presque de la même manière que le fait la représentation des croyants. A l'inverse des croyants, les non-croyants accentuent la dimension paternelle de Dieu plus que la dimension maternelle. Par ailleurs les non-croyants se rapprochent des douteurs en privilégiant comme eux les qualités d'intimité affective dans la dimension maternelle de Dieu.

Le groupe des non-croyants a ensuite attribué les items de la même échelle sémantique à Dieu tel qu'ils voudraient qu'Il soit, en se mettant dans l'hypothèse de vouloir croire en Dieu. Pour la dimension maternelle de Dieu, on ne note pas de différence notable entre les deux types de réponse. Mais il n'y a pas de relation entre la dimension paternelle de Dieu tel qu'ils se le représentent et Dieu tel qu'ils l'accepteraient dans l'hypothèse croyante. Dans la deuxième attribution, les items les plus accentués sont: intelligence qui ordonne les choses, dynamisme, initiative; tandis que pour Dieu tel qu'ils Le perçoivent, ce sont les items : qui donne la loi, autorité, juge, qui décide, norme. On accepterait un Dieu paternel qui serait comme un principe rationnel d'ordre et une force créatrice ; un Dieu donc qui serait plutôt une entité cosmique, à l'instar du Dieu des stoïciens. On aimerait également croire en un Dieu qui serait maternel par son accueil inconditionnel. Mais on refuse la fonction divine-paternelle de la loi et de l'autorité. Nous pouvions nous y attendre : la dimension maternelle de Dieu répond aux désirs et l'idée d'un Dieu principe dynamique et ordonnateur correspond à l'intelligence qui perçoit une régulation et un dynamisme dans la nature cosmique. Le Dieu qui fait problème est celui qui met l'homme en question.

En accentuant plus que les croyants la fonction loi-autorité dans le nom divin de Père, en la déclarant ensuite intolérable, les incroyants donnent sûrement une des raisons majeures de leur incroyance. Déjà la suraccentuation de la dimension spécifiquement paternelle de Dieu s'explique, non par une erreur sur la personne, mais par une polarisation sur l'objet du conflit. Le refus de la loi et de l'autorité divines n'est que rarement une révolte nue. On présume que, dans ce refus, convergent des raisons et des motifs dispersés, qui plongent leurs racines dans la préhistoire personnelle et que renforce l'esprit du milieu. Si complexe que soit la psychologie de l'athéisme, tout comme celle de la religion, il est significatif que l'opposition se cristallise dans le rejet d'une autorité surnaturelle dont l'homme n'est pas le maître. Il semble difficile de contester que l'idée de la paternité divine inquiète et heurte pour des raisons psychologiques. Derrière les arguments intellectuels il doit y avoir le sentiment d'une blessure narcissique dans la confrontation avec une autorité absolue. Plus que la mort inéluctable et plus que la contrainte des puissances naturelles, l'autorité divine signifie à l'homme qu'il n'est pas entièrement maître chez lui. Une angoisse aussi doit détourner de l'affrontement avec un absolu personnel, car le reconnaître, c'est lui confier son sort surnaturel. Ces réactions affectives ne jouent sans doute plus ouvertement dans une incroyance qui est devenue un système de vie ; mais l'hypothèse d'une croyance en un Dieu qui a le nom de Père, semble bien susciter un mouvement défensif contre ce qui est ressenti, non pas comme l'objet d'un désir, mais comme une menace d'inquiétante intrusion. Comme nous le verrons prochainement, les raisons de l'opposition que nous venons de considérer sont également au cœur de la crise que la foi engendre et dont elle est l'enjeu et la résolution.

3. L'effet structurant du symbole paternel de Dieu tient à sa polarité. Pour s'en convaincre, supprimons-la, par une opération mentale,

et voyons ce que devient la religion. Un Dieu représenté selon la seule dimension maternelle donnerait deux types de religion. Ou bien ce serait l'attachement fusionnel à une divinité diffuse, immergée dans la nature productrice. Ou bien la religion consisterait à se réfugier auprès de la grande mère divine protectrice et consolatrice; en fait cette religion correspondrait bien au tableau que Freud définit dans *L'avenir d'une illusion*. Si, par contre, l'être divin se résumait dans la fonction loi-autorité, l'alliance vitale avec Dieu serait rompue et la terreur devant le juge absolu ne trouverait aucune détente. Des formes de religiosité émergent çà et là qui se rapprochent de ces types que nous construisons par variation imaginaire. A l'intérieur de la religion chrétienne, ces formes représentent des résidus éclatés d'une structure dynamique qui organise le rapport à Dieu.

Par sa fonction de loi-autorité, Dieu s'adresse personnellement à l'homme et le pose en être responsable, celui qui a à répondre de lui-même. L'amour conditionnel du Père reconnaît et confirme l'homme dans sa liberté suprême et, en le convoquant devant lui, Dieu se manifeste aussi réellement comme un Dieu personnel. Le nom de Père signe à la fois la seigneurie divine sur l'homme et l'autonomie de l'homme. Mais cette autonomie est relative, elle est en relation à Celui qui pose les conditions de son pacte avec l'homme. Le nom de Père arrache donc l'homme à son repli sur lui-même et le fait sortir d'un mysticisme par lequel il chercherait à se dissoudre dans une fusion affective et imaginaire avec le grand-tout. En même temps ce Dieu s'offre au désir de l'attachement avec la source de la vie et Il assure à l'homme un amour inconditionnel qui lui donne confiance pour affronter sa responsabilité. Chaque modalité de la relation avec Dieu est corrigée par les autres. L'attitude de foi qu'appelle cette représentation de Dieu, est traversée par des mouvements en sens contraires et elle s'unifie par le mouvement qui se polarise sur l'Autre. Ces tensions intimes de la foi s'expriment dans une variété de langages et de rites. La foi demeure vie si elle circule entre les différents éléments qui la composent. Mais elle se dissout si elle ne surmonte pas ses tensions internes. Les conflits auxquels la foi succombe sont déterminés par les polarités qui composent la vie de la foi.

Bien entendu, ces tensions tiennent à la structure de la religion dans laquelle elles se déploient. Notre analyse n'est pertinente que pour le christianisme. Nous sommes néanmoins convaincu qu'on retrouve une structure analogue dans les autres religions. Cependant, l'imbrication étroite, dans les religions «primitives» de la loi religieuse et des lois ancestrales de la société, et l'absence de la relation personnelle à laquelle convoque «la révélation» n'y organisent pas un champ religieux où l'homme se confronte personnellement avec la foi et avec l'incroyance. De plus, solidaire d'une existence essentiellement communautaire et orientée vers la permanence et la sacralisation de la vie du groupe, la religion ne s'y présente pas comme un engagement pour un salut qui est à la fois très personnel et qui concerne l'humanité universelle. Les dimensions maternelle et paternelle de la divinité y marquent sans aucun doute tout différemment la conduite religieuse.

III. Les conflits

Message et appel, le nom de Dieu séduit et défie l'homme. A travers «la doctrine», trésor collectif et historique de représentations, le don symbolique d'un pacte offert interpelle les tendances humaines, mais celles-ci ne sont pas en harmonie naturelle avec lui. Les dimensions maternelle et paternelle de Dieu ne correspondent pas, chacune, à une tendance univoque. La reconnaissance paternelle par Dieu réconforte et agrandit l'homme; mais le nom du Père provoque une résistance, car, en ouvrant l'existence à une nouvelle forme de vie, il signe l'insuffisance humaine et impose sa loi. La dimension maternelle de Dieu répond plus directement à un désir de sécurité et d'intimité, mais elle ne le comble pas selon la mesure des désirs immédiats et, en même temps, elle suscite la méfiance envers un désir qui paraît trop archaïque pour être digne d'un esprit libéré. Les mouvements contradictoires d'attirance et de résistance font de la foi l'objet de divisions internes, de dérobades, de refus passionnels ou refroidis, d'interrogations critiques et aussi de consentements progressifs. Ce qui complique l'ambivalence du rapport religieux et de l'incroyance, c'est la déformation transférentielle du message religieux que produisent aussi bien les désirs que les résistances. La psychologie des relations humaines abonde en illustrations de ce phénomène. Comment n'en serait-il pas ainsi en rapport à Dieu? En tant que psychologue, nous devons donc tenir sous le regard les références religieuses objectives, car l'écart entre elles et les représentations que s'en font les hommes, est un des révélateurs des dynamismes conflictuels en jeu.

Les tendances qui sous-tendent la foi religieuse et l'incroyance sont à la fois universellement humaines et, dans leur contenu et dans leur intensité, elles sont individuellement singulières. Elles n'émanent pas de l'appareil psychique de l'homme qui vient au monde, mais de l'homme tel que l'a formé et transformé son histoire personnelle, façonnée par les expériences cumulatives dont le souvenir s'est effacé mais dont les inscriptions demeurent vivaces dans le psychisme. La psychologie n'expliquera donc jamais exhaustivement ni les raisons des conflits de foi ni de leur éventuelle et partielle résolution. Cela d'autant moins que l'histoire culturelle imprègne fortement les tendances naturelles et individuelles. Ce qu'il est possible de faire, c'est de considérer quelques polarités internes au psychisme et de signaler des facteurs de l'histoire psychologique et culturelle qui intensifient leur ambivalence par rapport à la foi religieuse.

Nous maintenons en principe que la foi religieuse est une réalité intersystémique; mais notre point de vue de psychologue nous porte à étudier la réalité intrasystémique du psychisme en tant qu'elle influence la relation avec Dieu.

III.1. Autonomie et dépendance

Croire en Dieu, dans le contexte chrétien, c'est consentir à un lien et accepter une dépendance existentielle. Tout lien comporte sa dépendance; même s'il est désiré, il heurte inévitablement la tendance à l'autonomie. Le consentement à Dieu implique la reconnaissance de la plus radicale dépendance, celle qui concerne l'existence à sa racine et qui implique son futur ultime. Le conflit majeur que la foi a à résoudre est bien celui qui existe entre l'autonomie et la dépendance. Cette polarité est le lieu essentiel de la crise de la foi religieuse et la religion est vie en tant qu'elle demeure travaillée par cette polarité, qu'elle résout le conflit sans supprimer l'autonomie et sans refuser la dépendance. Sans doute le conflit ne s'exprime-t-il que rarement en des termes aussi tranchés. Bien des idées l'enveloppent et le nuancent et créent le lieu équivoque où se maintiennent des positions divisées et indécises. En formulant le conflit, nous dégageons clairement ce qui se vit dans les hésitations et dans les attitudes contradictoires d'une foi qui ne se renie pas tout à fait mais qui ne s'affirme pas non plus ouvertement, ni à soi-même ni surtout devant les autres.

L'affirmation de l'autonomie et l'aveu de la dépendance comportent plusieurs aspects: le désir d'être aidé ou de se suffire, l'acceptation de la loi ou la volonté de s'affranchir de toute hétéronomie, la reconnaissance d'un manque radical et le désir d'un répondant divin ou le retrait devant une promesse jugée improbable, impossible ou humiliante. La foi implique diverses modalités de lien et de renoncement à l'autonomie. Or la conscience qu'a l'homme de lui-même comme individualité transforme la tendance vitale à l'indépendance en désir de se poser en maître de lui-même. L'affirmation de son autonomie et le souci qu'elle soit reconnue par les autres constituent un des désirs essentiels. «Désir» parce que tendance qui caractérise l'homme auquel le langage donne de s'affirmer en première personne dès qu'il s'engage dans l'acte de parole.

Notre chapitre sur les motivations a considéré des formes de dépendance envers Dieu qui s'originent dans la détresse, dans la perspective de la mort, dans les souffrances affectives, dans les inquiétudes pour le bien-être éthique et social. Nous avons souligné les ambivalences de cette dépendance. L'autonomie concerne d'abord la dépendance religieuse motivée par les besoins et les misères. Son dynamisme va plus loin et il tend à éliminer toute hétéronomie religieuse. Tout lien religieux semble diminuer l'autonomie humaine qui s'érige en idéal.

III.1.1. *L'ambiguïté du concept d'autonomie*

Dans ce contexte s'inscrivent certaines études psychologiques dont l'hypothèse de travail est que les sujets qui se réalisent le plus pleinement sont moins religieux que les autres. L'instrument utilisé, le *Personality Orientation Inventory* de Shöström, vise à mesurer les caractéristiques par lesquelles A. Maslow définit l'idéal de la santé psychique et de la réalisation de soi-même: autonomie, créativité, capacité de jouir de l'existence, disponibilité à éprouver les choses. Appliquant le test à 65 étudiants de 17 à 20 ans qui fréquentent une institution catholique, C.A. Hjelle[23] met les résultats en corrélation avec la fréquence d'une participation à des activités religieuses. Il observe en fait que les moins religieux obtiennent des scores significativement plus élevés. R.W. Graff et C.E. Ladd[24] font les mêmes observations sur 152 étudiants masculins protestants. On peut rapprocher de ceci d'autres études qui ont utilisé le *Edwards Personal Preference Schedule*, inspiré de la théorie de la personnalité de Murray et qui s'informe des intérêts et des préférences personnelles. J.C. Tennison et W. Snijder[25] appliquent le test à des étudiants en psychologie, originaires de milieux protestants, et ils constatent une corrélation significative entre la religiosité et les «besoins» de dépréciation de soi-même, les «besoins» d'amitié et de respect pour autrui, ainsi que les «besoins» d'endurance et de préoccupation charitable pour les autres. Les «besoins» de domination, d'ambition, d'autonomie et d'agressivité, corrèlent négativement avec la religiosité. D'après ces données la tendance à affirmer son autonomie entre incontestablement en conflit avec la religion. La signification de ce conflit est lisible dans l'ensemble des corrélations. L'affirmation de l'autonomie a sa source dans les impulsions et elle s'oppose dès lors également aux valeurs éthiques et affectives de l'amitié et du respect d'autrui. Cela apparaît aussi dans l'étude de McClain[26] qui met en corrélation la *California Psychological Inventory* et l'*Edwards P.P.S.* L'échelle d'autonomie mesure visiblement le « besoin » de satisfaction illimitée des impulsions et corrèle négativement avec la discipline de soi-même, la conscience morale, la socialisation et l'amitié, mais positivement avec le « libéralisme » religieux, l'affirmation de soi et la flexibilité. On comprend que l'autonomie ne va pas de pair avec « le besoin de dépréciation de soi-même ».

Tout ceci ne serait pas pour nous étonner, s'il n'y avait pas la curieuse conceptualisation en termes de « besoin ». L'amitié, le respect d'autrui, le contrôle de soi-même... sont conçus comme des besoins au même titre que l'autonomie, conçue au sens que nous venons de dire. La constitution organique, modelée sans doute par le milieu, ferait donc que l'un respecte autrui aussi spontanément que l'autre satisfait ses impulsions. Et puisque « le besoin de se déprécier soi-même » n'est tout de même pas un besoin très heureux, la sympathie des auteurs va visiblement vers l'autonomiste. A l'état pur, ce serait pourtant un beau spécimen de psychopathie.

On voudrait rappeler ici l'analyse de l'autonomie qu'a faite I. Kant dans sa *Critique de la raison pratique*. Par lui-même le mot autonomie dit seulement qu'on est son propre législateur. A première vue, est autonome celui qui ne se soumet à d'autre loi que celle qui vient de lui. Mais qu'est-ce l'*autos* qui impose sa loi ? Si l'être soi-même consiste dans la spontanéité des impulsions, alors l'autonomie refuse la soumission aux exigences de l'amitié, du respect d'autrui, et certainement à la dépendance qu'implique le lien avec Dieu. Si, par contre, le soi-même consiste dans l'humanité qu'on veut promouvoir en soi-même, l'autonomie requiert qu'on impose la loi de l'humanité à ses impulsions. L'autonomie implique alors une liberté critique envers ses « besoins » impulsifs, à telle enseigne qu'on se rende capable d'amitié, de bienveillance, de collaboration avec les autres. Apparemment, une critique de la religion préside aux études citées. On veut montrer que la religion diminue l'ambition, ébranle l'affirmation de soi, installe la mauvaise conscience, en un mot, blesse la belle autonomie. Peut-être réagit-on contre une certaine mentalité religieuse qui dévalorise l'ambition, exalte l'obéissance sans critique, suspecte les pulsions et se méfie des aventures intellectuelles. De telles névroses collectives affectent en effet certains milieux religieux[27]. Mais la psychologie trop rudimentaire qui oriente les recherches mentionnées aboutit à privilégier le bel animal autonomiste sans foi ni loi. Le croyant serait-il plus malheureux parce qu'il a développé une conscience critique de lui-même (« le besoin de se déprécier soi-même ») et qu'il se lie dans un pacte avec Dieu? Il faudrait des recherches plus nuancées pour le prouver. O. Strunk Jr.[28] pense en tout cas pouvoir constater que des adolescents «religieusement orientés» manifestent une conception d'eux-mêmes relativement meilleure que les non-religieux.

III.1.2. La toute-puissance du désir et le désir de toute-puissance

Une chose est évidente: par sa spontanéité psychique, l'homme désire l'autonomie sans concession. Ce désir émane du narcissisme profond qui habite le psychisme. Etre tout, tout pouvoir, se suffire, satisfaire immédiatement des impulsions, tel est le rêve narcissique. Le mythe platonicien de l'androgyne lui a donné une belle représentation. Zeus devait se sentir menacé par ce dangereux rival. En le coupant en deux, il l'a rendu humain: un être de manque et de désir, blessé dans sa présomption d'autonomie et de suffisance.

Sur le plan humain, le désir d'autonomie trouble les rapports aux autres, mais d'autres désirs poussent l'homme à faire tant bien que mal le travail qu'impose l'harmonisation entre son autonomie et sa nature relationnelle. C'est avec la foi en Dieu que l'homme contemporain met le plus radicalement son autonomie en concurrence. Les souvenirs personnels ou collectifs des répressions religieuses alimentent le conflit, mais ils ne sont pas ses ressorts intimes. Ce qui est au fond du débat, c'est le signifiant «Dieu» lui-même. Il signifie à l'homme sa radicale et définitive incomplétude. En recevant le battement du message religieux, l'homme ne sait plus ruser avec son imaginaire mythe d'autonomie. On craint, certes, de se laisser mystifier par la religion; au fond, on se sent encore plus menacé par l'autre aspect, la position maîtresse que tient Dieu par rapport à la volonté humaine de puissance et de jouissance. Nous verrons comment la lucidité qui entend démystifier la foi se retourne secrètement en rivalité. Par cette analyse nous ne traquons ni ne dénonçons quelque volonté diabolique. La psychologie ne convoque pas devant un tribunal moral; elle essaie de mettre au jour les puissances affectives dont l'homme est l'enjeu autant que le maître.

Paradoxalement, l'explication freudienne de la religion éclaire fort bien notre interprétation, si on la met dans les vraies coordonnées de la religion et de la psychanalyse. La théorie freudienne laisse apparaître le fantôme de la toute-puissance qui circule entre l'homme et Dieu et dont la destinée naturelle est de passer de l'alliance avec la religion à la volonté de s'y substituer. Pour le Freud de *L'avenir d'une illusion* la source première de la religion est la toute-puissance de la pensée et des désirs, caractéristique universelle de l'inconscient qui croit à la réalisation des désirs. Le rêve, la magie, et même la philosophie manifestent à leur manière cette toute-puissance. Ce qui est propre à la religion du père, c'est que l'homme délègue à Dieu la tâche de réaliser la toute-puissance dont il se sent privé. Ainsi le Dieu tout-puissant est-il le reflet de la toute-puissance imaginaire des désirs. D'une certaine façon Freud s'avance ici jusqu'à la limite de ce qu'inculque le message religieux : l'infinitude des désirs humains et la finitude de leur réalisation. D'après nous, le malheur de la condition humaine n'engendre pas par lui-même une tendance naturelle vers Dieu, mais une déchirure s'ébauche où peut s'implanter la référence religieuse à Dieu. Nous regrettons aussi que Freud détourne la dynamique de la toute-puissance des désirs vers les objets immédiats que demande l'homme frustré. En filigrane de son texte on perçoit cependant le véritable but que poursuit l'imaginaire toute-puissance des désirs : la toute-puissance elle-même. Jones a vu plus juste, avons-nous dit[29], en désignant « le complexe divin » qui habite et s'occulte au fond du narcissisme. Et la philosophie de L. Feuerbach[30] explicite plus essentiellement le mouvement révolté d'autonomie qui travaille l'homme lorsqu'il proclame que la théologie est une anthropologie inversée et que l'homme attribue à Dieu ce qu'il lui revient d'effectuer pour lui-même et par lui-même. La philosophie donne ici une voix raisonnée à la réalité psychologique.

Dans un premier moment, le « complexe divin », ainsi qu'E. Jones nomme les idées narcissiques de grandeur, trace sans doute une voie vers le divin, mais il porte ensuite vers sa négation. Au fond, le complexe divin attend le moment où il peut triompher de Dieu et annoncer sa mort. La toute-puissance du désir de toute-puissance ne s'exprime probablement jamais aussi fortement que lorsqu'elle se heurte au signifiant Dieu comme l'insigne du non-pouvoir humain. Le signifiant Dieu met en branle le désir du complexe divin et il en démystifie en même temps le plus radicalement le leurre. Le message religieux séduit et désaxe le désir.

A la frange de la conscience, le nom du Père prend une signification psychologique fondamentale et qui n'est restée qu'implicite dans la recherche empirique que nous avons rapportée. En signifiant l'origine que l'homme ne tire pas de lui-même, il est l'engramme frappé dans le psychisme de l'hétéronomie indépassable. Au plan humain, le père est l'emblème, impossible à effacer, de la dépendance dans l'ordre des générations. L'inconscient n'y consent pas, car il ne reconnaît pas le négatif de la limitation. Etre son propre père est le désir que l'homme nourrit inconsciemment, dit Freud. En étant le premier, celui dont on dépend pour l'existence, le père garde une supériorité, même lorsqu'il est mort. Comment Celui de qui dérive toute paternité ne ferait-il pas l'objet d'une rivalité imaginaire ? L'incidence dysharmonique du nom du Père sur l'opaque désir de l'homme donne toute sa signification à la question de l'autonomie dans son conflit avec le consentement de la foi.

III.1.3. Derrière le conflit entre la science et la foi

Une version scientifique du monde qui entre apparemment en conflit avec la religion, suscite un enthousiasme combatif qui n'est pas proportionné à la découverte d'une vérité fragmentaire. Dans le contexte de rivalité, les théories prennent la signification intense de contredire immédiatement le bel ordre religieux par l'affirmation, de nature philosophique, de la contingence. Ainsi en était-il de la théorie qui formulait l'explication du monde par la jonction entre les hasards et les lois nécessaires. Le croyant instruit se demande comment cette conception peut en finir avec Dieu. Cette théorie a pourtant fait « perdre la foi » à certains et confirmé d'autres dans l'incroyance. A y regarder d'un peu près, cependant, seule devrait s'en trouver ébranlée une certaine croyance en un Dieu providence qui guide l'évolution du cosmos et de l'histoire pour en faire le meilleur des mondes possibles. Ce qui frappe le plus dans les rumeurs qui montent de pareils débats, c'est qu'on n'éprouve pas de deuil pour la perte de la foi, mais, au contraire, un sentiment de libération. On a l'air de triompher sur un obscur rival et de se hausser au-dessus de la niaiserie de ceux qui restent attachés à leur foi. Certes, la raison accepte d'autant plus hardiment une théorie scientifique qu'elle fonde le pouvoir technique d'utiliser les lois découvertes et de dominer le hasard. Est-ce l'esprit de conquête du monde qui est en cause dans le débat ? Mais pour quelles raisons le conquérant perçoit-il en Dieu un rival et non pas un allié ? Ce qui court et ce qui se répète sous ces conflits, c'est précisément le désir d'en finir avec l'idée religieuse de l'homme qui est de droit divin. Pour l'interprétation biblique, l'homme a la vocation de conquérir le monde, mais il demeure le lieu-tenant du Créateur. Au point dernier de la libération des contraintes du monde, reste encore cette dépendance originaire. Ainsi comprenons-nous la fascination qu'exercent des conceptions qui semblent faire vaciller l'origine et la destinée surnaturelle de l'homme, en le ramenant au produit fortuit d'un ordre et d'un désordre entrecroisés sans signification ultime. La révélation de la religion entend libérer le monde de la nuit qui semble le résorber. Mais on accueille comme une libération la révélation inverse.

Le plaisir paradoxal qu'on prend à approuver la contingence humaine n'est pas tant celle de détruire la douce illusion religieuse, mais de se libérer d'une contingence plus radicale, celle que comporte la dépendance d'une initiative personnelle, gratuite, la dépendance qui a son origine dans un acte paternel. Si on peut dominer le hasard naturel dont on est sorti, on ne maîtrisera jamais le vœu paternel dont on est né. C'est là l'écharde religieuse dans la chair.

Illustrons encore le conflit suscité par le nom du Père par l'ancienne rivalité entre la théorie de l'évolutionnisme et la religion. Le dogmatisme obtus des milieux ecclésiastiques n'explique que les escarmouches de surface. Pour Freud, la raison secrète de l'hostilité à cette théorie serait la blessure narcissique qu'elle inflige à l'homme. On peut donc penser que les milieux chrétiens y auraient vu une dévalorisation de l'homme, incompatible avec son état de créature faite à l'image et à la ressemblance de Créateur. Sans doute ce sentiment était-il partagé par bien des croyants. Mais J. Lacan fait très justement remarquer: «En tout cas, ce n'est pas à cause de Darwin que les hommes se croient moins le dessus du panier d'entre les créatures, puisque c'est précisément ce dont il les convainc»[31]. Comment, en effet, ne pas apercevoir les accents souverains de la théorie évolutionniste? Loin de nourrir la nostalgie mélancolique d'une gloire perdue, la théorie est reçue comme une nouvelle étape de l'homme qui se dresse debout, dans une autonomie qui réitère mentalement le geste du premier homme. Deux intentions se combinent ainsi pour produire le même effet de libération. L'insertion dans l'immense chaîne de la vie évolutive paraît enlever à l'homme son statut exceptionnel et le détache d'une origine divine. Mais, étant la pointe avancée de la montée triomphale de la vie, il se sent le porteur privilégié d'un dynamisme qui est une espèce d'infini terrestre.

La psychanalyse, elle aussi, donne lieu à l'inversion de la blessure narcissique en conviction de supériorité. Il y a des manières différentes, en effet, de recevoir la thèse freudienne que l'homme est moins maître dans sa maison qu'il n'aime à le croire et qu'il est plus l'enjeu de son inconscient qu'il ne le désire. Le plaisir agressif dans la démystification reste trop attaché à ce qu'il nie; un savoir d'allure initiatique retrouve à l'état concentré la domination un instant déniée. Significativement, une passion quasi mystique anime avec prédilection la confrontation avec «l'aliénation religieuse du désir». Tout se passe comme si, en démontrant la servitude de l'homme envers ses folies souterraines, on voulait conjurer tout signe d'une transcendance. On préfère substituer la servitude intérieure à la dépendance extérieure. Toutefois, la révélation de la déraison immanente n'est qu'une vérité momentanée qui se retourne en une meilleure assurance de soi-même. En s'extrayant de la nuit de son passé, on se donne la conscience d'être sa propre source lumineuse.

III.1.4. *Prématuration et sexualité*

On sait que le conflit de la foi se joue souvent sur la scène de la sexualité. A l'adolescence, précoce ou retardée, les doutes intellectuels s'allient avec les découvertes érotiques pour mettre la foi en question. Après le premier épisode adulte, la même constellation se reproduit parfois, intensifiée par les espoirs déçus et par le désir de passer les limites de l'existence déjà réalisée. Dans la crise religieuse qu'inaugure la sexualité, le problème éthique est le premier et le plus apparent; le refus de l'éthique religieuse qui restreint la liberté conduit au rejet du fondement divin de cette morale. Pour juste que soit l'interprétation morale de cette crise de foi, il y a pourtant danger à simplifier. La puissance de révolte dont la sexualité est chargée lors de son avènement et qu'elle est en mesure de faire resurgir, s'explique par sa préhistoire infantile. Elle fait irruption après la longue période de dépendance affective et intellectuelle qu'entraîne la prématuration biologique du petit d'homme. On sait bien, de nos jours, qu'il y a une sexualité infantile; mais elle est faite de sensations et de représentations qui n'appartiennent pas encore à l'affirmation consciente de soi pour soi. Le mystère de la vie et du désir que l'enfant pressent dans la sexualité demeure hors de sa prise, à la limite de la conscience vigile. Mais par l'éveil de la sexualité le jeune se découvre pris dans un mystère de désir, de puissance et de jouissance, qui, jusque-là, circulait hors de lui comme un étrange destin. Avec le sentiment de disposer d'un secret vital s'affirme la conscience de s'affranchir d'un passé de dépendance infantile.

Dans ce contexte, la religion qui prescrit la morale sexuelle devient la figure d'une autorité qui perpétue l'assujettissement de la préhistoire infantile. L'expérience de libération initiatique qu'entraîne l'éveil ou le réveil de la sexualité s'apparente à celle qu'éprouve l'esprit scientifique lorsqu'il anticipe son rêve de créer la vie. L'investissement du secret de la vie donne une telle assurance démiurgique que, dans son premier mouvement, elle fait paraître dérisoires les croyances religieuses. La profanation agressive qu'affectionne le libertinage idéologique poursuit le parricide imaginaire d'un Dieu auquel on ne croit plus. Cet étrange spectacle révèle en tout cas l'intention de rupture qui anime la sexualité.

Dans d'autres civilisations la sexualité ne contient pas cette puissance de révolte, bien que les lois du groupe ordonnent rigoureusement les rapports sexuels. La sexualité y est trop solidaire du mystère de la vie qui relie les générations, depuis les ancêtres, et qui enveloppe les individus dans une sorte de communauté mystique. La passion individuelle y trouve plus aisément à s'allier avec une puissance super-individuelle. Passé un seuil culturel d'individualisation, la sexualité signifie éminemment l'autochtonie du moi dans la jouissance. Athée dans son moment de complétude, imaginaire et affective, elle pousse à se poser en athée.

Le christianisme a perçu la force athée de la sexualité et, pour cette raison, elle l'a maintes fois sévèrement quadrillée au point de provoquer plutôt la révolte brutale et de rendre malaisé le dénouement de la crise.

III.1.5. Le fantasme du Dieu jaloux

L'affranchissement par l'accès à la sexualité se vit dans le schème de la maîtrise et de la soumission. L'idée de rivalité pour la maîtrise est le ressort intime de cet affrontement. Or le terme de rivalité implique Dieu dans le conflit, comme s'Il avait à lutter pour la place qu'Il détient et que l'homme veut occuper. C'est ainsi que l'homme vit imaginairement le conflit. La psychanalyse nous a familiarisés avec la logique affective de telles représentations. Lors de l'expérience analytique s'exprime d'ailleurs l'idée presque onirique, émergeant du réel inconscient, que la jouissance phallique est volée au père, le seul qui y a droit. Une enquête n'apprendra évidemment pas ces «folies»; il faut que vienne au jour l'univers nocturne des idées inconscientes, résidus infantiles demeurés plus ou moins vivaces sous des conflits quotidiens et dans l'exaltation du sentiment de l'affranchissement. De même le plaisir sexuel, dans sa tendance de libération transgressive, pose-t-il obscurément Dieu comme le père humilié à qui on a volé le feu. N'est-il pas significatif que dans *Totem et tabou*, Freud fasse dériver l'idée de Dieu du père de la horde primitive, le seul ayant droit à la sexualité et que les fils rebelles ont fini par tuer? La thèse anthropologique de Freud est à verser dans la littérature fantastique; mais elle en dit long sur les fantasmes humains. Le terme de projection prend ici toute sa valeur. Celui qui se sait dépendant du Père, se le représente, dans un lieu reculé de lui-même, comme le maître absolu qui ne cède pas ses prérogatives. Les jouissances qu'on se donne, on les lui prend de force, au risque de sa vie, à moins de l'éliminer. La fiction scientifique de *Totem et tabou* correspond à la réalité psychique des fantasmes. Elle transcrit en psycho-histoire d'allure scientifique les mythes immémoriaux mettant en scène les dieux jaloux qui brisent la gloire des hommes, corrompent leur jouissance et détruisent leur richesse; songeons à l'histoire de Polycrate, à celle de Prométhée, même à celle d'Abraham auquel Yahvé demande le sacrifice de son fils premier-né.

III.1.6. La solution croyante du conflit

La foi résulte de la triple transformation qu'elle opère sur les éléments du conflit. Comme pour toute solution d'un conflit à la fois intra- et intersystémique, intrapsychique et intersubjectif, le sujet s'implique dans la production d'un rapport nouveau. Ainsi la foi comme acte de consentement effectue la solution et elle en est aussi l'effet. Le temps de ce processus s'étend sur la durée plus ou moins longue que requiert le remaniement des idées et de l'engagement affectif. Trois éléments, en effet, changent, en dépendance réciproque: dans la figure du Père on voit un autre visage que celui de la maîtrise hargneuse; on prend conscience que le droit à l'autonomie humaine, au lieu d'être supprimé, se trouve confirmé par la foi; on se convainc qu'une démesure imaginaire des désirs faussait la perception qu'on avait de la relation croyante. Ces trois moments s'enveloppent dans un échange de clarification. Ainsi comprenons-nous que les croyants convaincus, même s'ils continuent à se poser des questions, n'expriment pas l'opposition, qui paraît indépassable aux autres, entre l'autonomie et la dépendance. Sans doute cette opposition a-t-elle eu, à certains moments, autant de réalité pour ceux qui ne l'affirment plus. Mais lorsque le regard de la foi porte sur le lien qui ennoblit et élargit l'existence et qui lui confère de nouvelles possibilités et responsabilités, la dépendance perd sa connotation d'impuissance honteuse.

Les illusions de l'enfance peuvent tenir les uns enchantés dans «la nostalgie du père»; sur ce point, le psychologue donne raison au scepticisme incroyant. Mais l'effort pour émerger de l'enfance peut tenir les autres captifs d'une antinomie entre l'autonomie et la dépendance et les river au passé dont ils veulent se séparer; sur ce point nous donnons raison au croyant qui ne perçoit plus le lien de la foi comme une dépendance non libérée et humiliante.

Somme toute, la psychologie s'accorde avec le langage religieux selon lequel la foi requiert «une conversion», un retournement qui concerne l'existence dans son noyau le plus intime. L'histoire affective et relationnelle qui est un long cheminement d'affranchissement ne prédispose pas naturellement à consentir à un lien qui implique une dépendance définitive. Les souvenirs de la religiosité infantile se mêlent en outre à la peur de continuer un état de soumission prématurée. Ces remous ne cessent pas vite et leur clarification passe inévitablement par le renoncement à l'idéal du moi d'une autonomie radicale.

Nous pouvons revenir maintenant sur un fait que nous avons déjà signalé. Il en est qui se signent sans problème «au nom du Père», mais qui n'aiment pas se représenter Dieu sous la figure de père. Dans le langage descriptif sur Dieu, le nom de Père évoque encore les deux connotations opposées qui reprennent les vestiges d'un passé naïf et d'une histoire trouble : d'une part le « bon père » des croyances illusoires d'antan et, d'autre part, le père autoritaire et jaloux du temps de la rivalité. Dans l'allocution, l'acte de foi ne se laisse pas arrêter par ces images surchargées de mythes et de craintes.

Et l'incroyance ? Les interférences des conflits analysés y sont visibles, autant que dans les affrontements critiques par lesquels passe la foi. Sans l'analyse serrée des positions individuelles et variées, le psychologue ignore cependant quelle raison ou quelle déraison fait pencher le fléau de la balance vers l'incroyance ou vers la foi.

III.2. *L'équivoque du désir et la peur de l'illusion*

Ce qui paraît un sacrifice de son autonomie est ce qu'il y a de plus proche de la conscience qui hésite ou recule devant l'engagement de la foi. Cette idée ne troublerait pas autant si la peur de s'aliéner à l'illusion religieuse ne la redoublait pas. Le mépris de la religion exprime le plus clairement cette peur. Une psychologie de la religion doit interroger ce phénomène, car il est un des traits étonnants d'une civilisation qui exalte la tolérance et le respect des différences. Ce mépris rappelle la peur et la dérision dont les esprits sûrs d'eux-mêmes entouraient et entourent encore la folie. Si la religion n'était qu'une transmission d'erreurs sur le monde et sur l'homme, elle ne rencontrerait pas ce dédain. Manifestement, elle touche une dimension plus profonde en l'homme : sa peur d'une illusion qui se rapproche de la déraison. A l'ombre du mépris se tapit la crainte de se perdre dans une aliénation en cédant à un désir tout à la fois archaïque et fantastique. Le croyant lui aussi connaît cette inquiétude et elle l'oblige souvent à s'interroger et à mesurer les risques de sa foi.

Ecoutons le commentaire de Th. Reik sur *L'avenir d'une illusion*[32]; il donne une voix éloquente à l'indignation devant la folie secrète de la foi. « Nous croyons, comme vous, que le destin de la religion est de disparaître et que son temps est passé. Permettez-nous, toutefois, de douter que l'homme soit capable, un jour, de vivre une existence dépourvue d'illusion » (p. 137). « L'éducation en vue de la réalité est un objectif que nous souhaitons ardemment atteindre, mais le caractère le plus évident de la réalité est le déplaisir qu'elle impose... L'illusion religieuse disparaîtra certainement, mais une autre illusion naîtra alors et prendra sa place. Alors les hommes se mettront à prier et diront : « Seigneur ! Donne-nous nos illusions de chaque jour » (p. 138). Et d'apporter un souvenir qui illustre « le dogme » religieux « bienheureux les pauvres»: «Je n'oublierai jamais le visage heureux et béat d'un pauvre débile que j'ai rencontré un jour dans un hôpital psychiatrique... En fait, je ne crois pas que les hommes renonceront un jour à privilégier le bonheur de la bêtise» (p. 140).

Reik n'est pas l'athée paresseux qui ressasse des arguments éculés. Il regrette que, dans son livre, Freud n'ait pas donné la parole à un interlocuteur intelligent, qui a une large expérience de la vie, pourvu d'un esprit libre, élevé dans l'esprit d'une logique rigoureuse. Il juge «hypocrite» le «libre penseur; lui non plus n'a pas beaucoup d'idées critiques envers sa propre incroyance car en fait, il réfléchit peu à ce type de problèmes» (p. 130-131). Finalement, ce contre quoi Reik s'insurge et ce qu'il méprise avec véhémence, c'est la croyance en un bonheur que la raison ne justifie pas: «Si notre respectable collègue parvient à discerner clairement dans les trajets du Destin de l'Homme, l'œuvre de la main de Dieu, nous ne nous permettons pas d'en douter un seul instant. Nous nous permettons seulement d'ajouter modestement que la direction indiquée par ce *digitus paternae dexterae* est vraiment très obscure» (p. 136). «La seule sagesse que la raison légitime est la résignation devant la dure réalité. Les idéologies rationalistes qui se substituent à la religion sont, elles aussi, des formes d'aliénation mentale» (p. 143). Ainsi que les terreurs modernes l'ont montré, «privilégier l'Intellect revient, en fait, à dissimuler et à travestir en destin les réactions souterraines de nos pulsions» (p. 138).

Ce refus véhément de la croyance religieuse exprime, avec plus de profondeur que le texte de Freud, le doute et la crainte qui constituent le conflit le plus essentiel et le plus obscur sur lequel se décide l'incroyance et la foi religieuse. Le plus essentiel, car il ne s'agit plus de «nostalgie du père» selon la conception élémentaire de Freud, mais de croire en la donation du sens et du bonheur qu'apporterait la présence de Dieu dans la vie personnelle. Le plus obscur, car pareille aversion pour «la bêtise» de la croyance va plus loin que la condescendance des esprits éclairés pour le pauvre peuple abusé par les superstitions. Que des hommes dignes d'estime pour leurs qualités d'esprit et pour leur culture puissent croire en la destinée divine de l'homme, voilà qui montre l'extravagant pouvoir de la déraison religieuse.

L'indignation passionnelle de Reik exprime avec âpreté ce que sous-entendent les ironies des uns et les peurs secrètes des autres. Essayons de comprendre cette hostilité, franche ou larvée, car elle nous met au cœur de la psychologie de la foi, de ses oscillations et de son rejet.

Ce qui motive la fureur de Reik, c'est précisément que le croyant puisse croire à son désir qui le porte au-delà des certitudes de sa raison.

Laissons donc de côté les arguments qui ne servent que de prétextes faciles pour occulter la vraie question. L'illusion accusée n'est pas la croyance que la prière parviendrait à émouvoir la bienveillance du Père céleste pour qu'il donne le pain quotidien ou qu'il accorde une guérison souhaitée. La véritable «bêtise» est de croire en un sens de la vie et en un bonheur qui dépasse la décevante réalité du monde et que la raison ne garantit pas. Pourquoi pareille croyance fait-elle l'objet d'une telle abomination ? Certainement pas parce que l'aliénation religieuse détournerait l'homme de la construction d'un monde meilleur, car toute utopie terrestre est une croyance qui aliène l'homme. Ce qui fait le prix du texte de Reik, c'est qu'il n'en reste pas aux considérations sur l'utilité ou la nuisance sociale et psychologique de la religion. La pierre de touche, pour lui, c'est le principe de réalité. En cédant à l'illusion de son désir, l'homme se met à perdre la raison et la liberté. La religion tient l'homme étranger par rapport à lui-même, aliéné dans la nuit onirique de ses désirs.

C'est évidemment en vertu de ses convictions psychanalytiques que Reik pose le désir comme disqualifiant pour la recherche de la vérité sur l'homme. Ce qui nous importe dans cette interprétation, c'est qu'elle présente le fondement des soupçons et des malaises de ceux qui redoutent la «bêtise» de l'illusion religieuse sans pouvoir mettre à nu leurs raisons. On le sait, pour Freud, les désirs sont de nature hallucinatoire. Ils reproduisent automatiquement et imaginairement les satisfactions des expériences premières. Il faut que la raison fasse l'épreuve de la réalité pour que l'homme retrouve effectivement les objets qui apaisent ses pulsions. Cette épreuve est douloureuse, car la réalité n'est pas à la mesure des désirs. L'homme plie difficilement les exigences de ses désirs à la dure réalité et, face au vide angoissant, il crée un monde imaginaire, tiré de ses souvenirs archaïques. L'horreur qu'inspire la religion à Reik est la contre-partie de la douloureuse abnégation que l'homme doit accomplir pour sauver sa raison de l'enfoncement dans les désirs primitifs. Dans la religion, la pression des déterminismes psychologiques triomphe de la seule dignité humaine : la raison lucide et résignée.

Moins raisonnée et moins dominée par une conception rationaliste de la réalité, la crainte de se laisser entraîner dans l'illusion religieuse n'en est pas moins éprouvée souvent comme une sorte d'aliénation honteuse. Ce sentiment ne se comprend vraiment que par la proximité qu'on redoute entre la folie et la religion : toutes deux seraient l'irruption des représentations de désirs auxquelles la raison vigile doit imposer le silence. Dans les satisfactions et dans les jouissances que les plus heureux des hommes trouvent dans la vie, ils gardent la conscience d'un manque que rien dans le monde ne peut obturer. La littérature, le théâtre et les films donnent la voix aux désirs humains. Tout un imaginaire s'y déploie qui troue la réalité, parce que le désir ne s'y résigne pas. Mais on résiste à croire en la promesse religieuse qui vient d'au-delà de cette réalité. En se présentant comme la vérité de ce qui est ultimement désiré, la religion heurte la conscience désirante; car celle-ci donne la parole au désir précisément parce qu'elle est convaincue qu'il est impossible à réaliser. On soutient le désir à titre de rêve nostalgique, mais on craint que l'affirmation d'un bonheur ultime ne fasse confondre le rêve et la réalité. Cette confusion s'éprouve tout à la fois comme une enfance psychologique et comme une déraison qui dérive vers ce que la folie a de moins glorieux. Ce n'est pas sans raison que Reik illustre la «bêtise» de l'illusion religieuse par le bonheur béat d'un pauvre «idiot».

Notre interprétation dégage ce qui est latent dans la peur de l'illusion. Dans une civilisation qui prend la raison objective pour mesure du réel, ce qui échappe à la prise objective ne fait plus partie du monde commun et passe du côté de l'imaginaire. Si, en plus, le désir s'y attache, avec la conviction d'atteindre le véritable réel désiré, l'imaginaire n'est plus un jeu innocent mais tourne en illusion et se trouve dans le voisinage de la déraison. Dans les jugements «de bon sens» sur les mystiques transparaît le contenu secret de la crainte de s'aliéner dans l'illusion; on suspecte de dérèglement mental leur extrême détermination de s'orienter sur l'invisible tenu pour plus réel que le réel du monde commun. Des convertis éprouvent d'ailleurs le vertige de la raison devant le renversement de perspective qu'entraîne leur foi nouvelle. En s'interrogeant sur l'illusion de la foi, on s'inquiète certainement des éventuelles survivances de représentations infantiles; bien plus essentiellement on se défend contre la perte de la belle assurance de la pensée rationnelle. Ce qui l'excède séduit sans doute le désir, mais paraît d'une inquiétante étrangeté. Personne ne l'a dit plus clairement que saint Paul: «Si quelqu'un parmi vous se croit un sage au jugement de ce monde, qu'il se fasse fou pour devenir sage...» (*Première épître aux Corinthiens*, III, 18). Rappelons aussi l'expérience de saint Augustin lors de sa conversion: «Je me sens rempli d'effroi dans la mesure où je suis tout différent de lui». Le *tremendum* qu'inspire le sacré, selon R. Otto, est pour une part l'arrachement à la réalité du monde commun.

Sous la conscience critique, nous découvrons ainsi une inquiétude plus radicale que le doute intellectuel et la méfiance envers une illusion dont la saveur enfantine a quelque chose de risible et blesse l'amour-propre. L'aversion passionnelle qu'exhale Reik, cité ici à titre d'expression exemplaire, nous fait percevoir de quel vertige la conscience se défend en agressant si âprement la «bêtise» religieuse. Reik a raison de questionner la religion et de lui appliquer l'épreuve de la réalité. Mais sa véhémence affective manifeste que bien plus qu'une illusion infantile, la religion représente pour lui un grave danger: la prétention religieuse à la vérité contredit ses plus vitales certitudes. En authentifiant le désir de bonheur, la religion déréalise le monde sur lequel la pensée rationnelle s'établit en monarque assuré. Le monde est atroce pour Reik; du moins la raison a-t-elle prise sur lui. La lâcher, céder au mouvement du désir qui porte vers l'illusion religieuse, c'est dériver vers la déraison. La foi elle-même le confirme paradoxalement, affirmant la réciprocité entre la vérité divine et la folie. Ce qui est le plus réel pour la foi, paraît une illusion aux yeux de la raison souveraine; mais selon la foi, le réel objectif auquel s'accroche la raison fait illusion si on n'y dévoile pas la dimension verticale.

La philosophie chrétienne et la théologie se sont efforcées de diverses manières de penser ensemble la vérité du monde et celle de la religion révélée. Toutefois, l'accord que se met à établir la pensée spéculative se fait du point de vue de la foi et il la présuppose. Tout en éclairant celui qui se pose la question de l'illusion, les œuvres de pensée ne contraignent pas la raison. La foi passe obligatoirement par le moment critique de l'inversion des perspectives. Les signes que fait Dieu sont discrets et la parole qui annonce sa présence ne prend vie que pour l'homme qui perçoit un accord entre cette annonce et son plus intime et son plus vif désir. Vu la scission qui s'opère entre le savoir et le désir, la peur de l'illusion est inhérente à la genèse de la foi.

Faire confiance au désir, en dépit des évidences déchirées, cela ne conduit-il pas à l'accueil lyrique des rêves et des fantasmes? Nous n'avons pas à certifier la vérité de la foi, mais arrivée à ce point de l'analyse, la psychologie se doit de poursuivre l'élucidation des équivoques du désir.

Est-ce parce que l'homme désire le bonheur qu'il croit en Dieu? C'est l'explication que Reik donne, à la suite de Freud. Nous les citons, parce qu'ils énoncent en concepts théoriques le doute qui travaille le croyant. Or, à bien considérer la question telle que nous l'avons formulée, elle contient une illusion rétrospective, fréquente en psychologie. On place la formation terminale du désir à l'origine de son parcours. De cette manière la raison récupère ce qui lui est étranger: comme le rêve et la folie, la foi est une virtualité de l'homme.

Celui qui regarde la foi des autres déployée devant lui, ou le croyant qui pose devant lui le contenu de sa foi, comme un texte achevé et répété rituellement, peut avoir l'impression qu'elle correspond trop bien au désir pour ne pas en être tirée. En apparence aucune lacune ici, si ce n'est précisément l'insatisfaction du désir qui voudrait voir avec évidence le doigt de la main droite du Père. En réalité, la foi et le désir ne livrent leur sens au psychologue qu'à travers l'histoire de leur formation. Il faut considérer la foi avant qu'elle ne soit prononcée et le désir avant qu'il n'aboutisse à rejoindre l'invisible. A ce moment premier, le désir, porteur des souvenirs d'expériences heureuses et marqué par les déceptions, tâtonne autour des messages qui lui parviennent à travers le tintamarre du monde. Infini dans sa faim, il est à l'affût d'amour, de reconnaissance et de jouissance. Lorsque lui advient le message religieux, il se voit confirmé dans ses demandes essentielles, mais requis à renoncer à ce qui rend l'homme sûr de soi et invité à faire confiance en une parole déclarative qui s'autorise d'elle-même. Il faut une détermination qui engage la vie pour qu'en retour Dieu corresponde progressivement à ce que cherchait le désir à l'insu de lui-même. Le leurre de l'*homo psychologicus* qui, de nos jours, colonise beaucoup d'esprits, est de mettre dans les tréfonds de la subjectivité ce qu'elle produit par l'effort pour accueillir ce qui n'est pas elle.

En analysant l'inquiétude pour les illusions du désir, nous constatons ainsi à nouveau qu'elle conduit finalement la foi à se situer dans sa particularité authentique. En vérité, l'homme qui réfléchit sérieusement à cette question, s'aperçoit que son désir ne le portait pas réellement vers Dieu et qu'il lui faut une écoute progressivement disponible à un message qui vient de loin et qui le dérange autant qu'il le séduit.

Nous pensons ainsi mieux comprendre l'incroyant qui allègue l'interprétation psychologique pour laquelle la religion s'explique comme une création des désirs. Celui qui se met dehors et qui sélecte les mots du langage religieux où résonnent des accents heureux, transforme en paysage bucolique les peines et le courage que les autres doivent prendre pour faire du bonheur promis la substance de leur vie. Ce qu'il y a de plus insidieux dans la crainte de l'illusion religieuse, c'est l'illusion de l'imagination qui, sans faire le chemin et le travail pour pénétrer à l'intérieur des mots, croit d'emblée en posséder le sens. La magie de l'imagination prend possession de tout pour le faire entrer dans le musée de ses créations imaginaires.

Concluons. En traversant la question de l'illusion du désir le croyant prend conscience de ses illusions sur le désir. Ce serait plus facile et plus immédiatement satisfaisant s'il sentait son désir comblé. Mais s'il se met dans cette hypothèse, il se demande si la religion n'est pas un labyrinthe de miroirs qui reflètent ses propres imaginations. S'il fait retour ensuite au message religieux, l'inquiétude pour l'illusion possible prend un sens tout différent; elle se mue en inquiétude, en angoisse parfois, pour la déraison apparente que comporte la foi. Sa résistance spontanée à l'inversion des perspectives, corrélative de l'aversion des autres, lui signale la différence entre l'illusion bienveillante des désirs et l'advenir divin qui ne rejoint son désir que de biais.

III.3. *Ressentiment et réconciliation*

Pour de nombreux incroyants le mal contredit l'affirmation de l'existence de Dieu. On le répète: Dieu, s'Il existait, n'aurait pas fait un monde où coulent tant de larmes et tant de sang. La logique de l'argument n'est évidemment pas contraignante. Pourquoi postule-t-on que Dieu aurait fait le meilleur monde possible ? On argue des maladies et des catastrophes pour nier un principe divin ordonnateur, on allègue les guerres et les injustices pour contester la puissance providentielle, on cite les souffrances contre l'affirmation d'un Dieu-Amour. Mais d'autres sont attentifs au versant opposé de l'univers et de l'existence; ils s'étonnent, comme Einstein, que l'univers soit intelligible et ils concluent, comme lui, que Dieu ne joue pas aux dés dans la nature. Apparemment, le débat n'est pas d'abord philosophique. Un présupposé étaie les objections que l'incroyant tire du cours du monde. Dieu devrait être le maître bienfaisant qui place l'homme invulnérable dans un univers paradisiaque où tout est réglé pour son succès. C'est là, bien sûr, le rêve immémorial de l'humanité, ainsi que l'attestent les premières pages de la Bible. Dans ce rêve, nous avons reconnu la création des désirs humains qui transfèrent sur l'idée de Dieu l'image, psychologiquement archaïque, du père idéalisé. Cette représentation de Dieu intervient également chez le croyant lorsqu'un drame humain le déroute et que ses questions font écho aux arguments de l'incroyant. Mais là où la foi des uns s'effondre, d'autres s'inclinent, sans casser, devant un Dieu qui n'est pas tel qu'ils le voudraient. Pour eux, c'est le moment important où le désillusionnement fait dépasser une illusion religieuse. Les croyants avouent d'ailleurs indirectement ce qu'il y a derrière les arguments: si le monde n'était pas le gâchis qu'il est, ajoutent-ils, si un Dieu ordonnait clairement le monde pour le bien de l'homme, celui-ci ne penserait qu'à lui-même et non pas à Dieu.

L'expérience de la souffrance peut ainsi contribuer à rendre la foi plus conforme à sa visée, qui va vers Dieu pour ce que le lien avec Lui signifie. Cette confiance seconde risque cependant de ne pas s'établir, parce qu'en deçà même de l'interrogation sur Dieu, la souffrance agresse vitalement l'attitude fondamentale de confiance envers l'existence. Or, lorsque la confiance de base se perd et fait place au ressentiment, la disposition négative détruit le fondement affectif sur lequel la foi doit s'appuyer. La souffrance peut donc engendrer une crise de foi plus grave que celle que nous avons considérée sous le titre des motivations ambivalentes. Les informations quelque peu précises à ce sujet font défaut. Pour cause, car ces processus obscurs se déroulent à la frontière de la conscience et remuent des sentiments trop généraux d'existence pour s'exprimer lors des enquêtes. Nous croyons pourtant cerner ici une des raisons fréquentes de la corrosion ou du naufrage de la foi.

Ce qui entame la foi chez les croyants, motive également l'incroyance. Bien sûr, toute incroyance ne s'explique pas par le ressentiment, pas plus que tout abandon de la foi. Et jamais un seul élément n'est déterminant dans une réalité aussi complexe que ne l'est le rapport à la religion. Reste que le ressentiment peut briser la disposition qui est requise pour que l'incroyant envisage avec quelque bienveillance la destinée que présente la religion. Aussi ne suffit-il pas d'explorer les croyances des incroyants, comme le fait M. Heraud[33], et d'y relever les analogies avec les croyances chrétiennes. Pour comprendre corrélativement le croyant et l'incroyant, il faut également écouter les manières dont les hommes accueillent les expériences négatives.

III.3.1. *Le ressentiment contre la vie*

Le ressentiment contre la vie s'exprime dans l'énoncé, amer ou résigné, que la vie n'a pas de sens. Comprenons: elle n'a pas tenu ses promesses, elle a déçu l'attente qu'elle avait suscitée. L'amour de la vie se tourne en haine contre elle. Comment pareil ressentiment pourrait-il s'accorder avec la reconnaissance religieuse d'un Dieu créateur? Le reconnaître, c'est aussi lui exprimer la reconnaissance pour le don de la vie. Le ressentiment est contraire à l'attitude fondamentale de la religion, qui est celle de la célébration.

La religion ne charge pas l'homme de lire l'évidente écriture de Dieu dans les sinuosités de la vie. Elle n'incline pas non plus à voir dans le monde l'éclatante gloire divine. Mais, en affirmant Dieu, la religion affirme que la vie et le monde, qui ne sont pas Dieu et donc imparfaits, sont intrinsèquement bons. La foi porte donc sur le monde un regard second qui y voit transparaître l'origine divine. La foi agit comme l'œuvre d'un peintre; dans les choses, elle révèle un sens qui n'y était que latent. La célébration religieuse n'est pas la reconnaissance d'une évidente manifestation divine, puisqu'il faut assumer la proclamation divine pour percevoir sa trace dans «les créatures». Mais le regard religieux sur la vie présuppose néanmoins une disponibilité d'accueil bienveillant que détruit le ressentiment contre la vie. Pour cette raison, les conflits de la vie risquent de devenir, par leurs répercussions affectives, les conflits de foi les plus insidieux.

Il ne s'agit pas de prouver que la vie a un sens. Néanmoins, le ressentiment qui en affirme le non-sens n'est pas non plus un pur système d'idées. Il appelle une interprétation psychologique qui, dans notre contexte, a pour intention de clarifier une des formes de crise religieuse.

Le ressentiment contre la vie présente une similitude apparente avec la dépression qui, elle aussi, fait dire que la vie n'a pas de sens. La vraie dépression est cependant un état bien différent, proprement pathologique, caractérisé par l'impuissance psychologique de former des projets. Le ressentiment demeure un sentiment actif. Il se tourne avec haine contre ce qu'il éprouve comme les torts que la vie fait subir. Un désir impérieux y agit qui n'accepte pas les limites. Les obligations pénibles, la fragilité du corps, la diminution des forces vitales, les intermittences et les échecs de l'amour, la fugacité des plaisirs, toutes les nécessités incontournables de la vie heurtent le rêve d'une existence plus glorieuse et nourrissent les accusations portées contre la vie. Ce que contient ce rêve, on l'aperçoit dans les idéalisations des personnages légendaires que l'imagination humaine a créées: des figures de rois ou de saints auxquelles on a attribué des pouvoirs thaumaturges sur les maladies, sur la fécondité de la nature, même sur les révolutions des astres. Et lorsque L. Feuerbach a proclamé que l'homme doit s'approprier ce que jusque-là il avait attribué à Dieu, n'exprime-t-il pas ingénument le complexe divin qui anime l'intolérance du désir pour les frustrations?

Rêve tenace et désir obstiné de bonheur sans souffrances. La perspective chrétienne de l'aurore ultime leur donne raison avec éclat: «La mort ne sera plus; ni deuil, ni cri, ni douleur ne seront plus» (*Apocalypse de saint Jean*, 20, 4). La promesse apocalyptique désavoue cependant les exigences imaginaires qu'engendre le complexe divin du narcissisme inconscient, car elle affirme la différence radicale entre la terre des hommes et «la terre nouvelle et les cieux nouveaux». On dit parfois que les utopies terrestres ont sécularisé l'idée chrétienne du paradis. Cette interprétation paraît bien ambiguë. Le propre des utopies n'est-il pas de renouer avec l'antique imaginaire humain et de refuser la différence religieuse entre le temps humain et le temps divin? Aux époques où la dureté de la vie obligeait à une sagesse réaliste, la promesse apocalyptique a soutenu l'esprit et, corrélativement, elle a aidé à sauvegarder le sens de la vie. Les rêves utopiques, nés des conquêtes scientifiques et des pouvoirs technologiques, ont tenu la promesse apocalyptique pour une humiliation de l'homme. En fin de compte, ces rêves ont plutôt incité au ressentiment, car, passé le temps de la mystification utopique, il est plus difficile de renoncer aux désirs impossibles auxquels elle a puissamment incité et plus ardu encore d'abandonner la conviction de leur légitimité. Les retombées des idéologies utopiques se joignent au retournement psychologique du désir en exigence accusatrice.

Dans ce contexte, la référence religieuse à Dieu est à double tranchant. Tout se passe ici comme dans l'interrogation sur le sens de la mort. Ainsi que nous l'avons signalé au chapitre II, si la religion présente une réponse, elle commence néanmoins par donner une dimension supplémentaire à l'énigme de la mort. De la même manière, l'idée que Dieu est l'auteur de ce monde et qu'il faille l'accueillir avec gratitude, nous paraît pouvoir renforcer le ressentiment. En réaction contre la croyance qui s'attache aux noyaux de lumière, on accentue les vastes pans de ténèbres, avec l'amère volonté de ne pas se laisser leurrer. Chanter la gloire divine dans la création semble un lyrisme complaisant qui veut ignorer le chaos et les douleurs.

Le ressentiment contre la vie est une révolte refroidie. Nous la distinguons de la déréliction de l'homme qui, à l'extrémité de la souffrance, hait la vie, s'insurge contre Dieu, et reprend le cri de Job (3, 3 et 11): «Périsse le jour où je fus enfanté... Que ne suis-je mort au sortir du sein?» Dans la déréliction, l'homme éprouve la rupture de son lien avec la vie, la dérobade du monde qui avait sens pour lui et le retrait de Dieu dans un silence sidéral qui paraît une indifférence. Toutefois, la protestation contre le destin inique et contre ce qui, de la part de Dieu, semble être la trahison de la confiance mise en lui, demeure encore soutenue par une confiance fondamentale. En s'exprimant à l'Autre, la protestation reste entée sur le lien avec lui. Le véritable ressentiment, par contre, se retranche dans la conviction résignée que la vie trompe les espoirs. Le ressentiment est un enkystement dans la déception. Ce qui reste de colère se tourne contre la croyance illusoire des autres. On soupçonne leur complaisance à se leurrer et on procède comme le caricaturiste tel que le décrit très justement H. Bergson: «L'art du caricaturiste est de saisir le mouvement (d'une grimace possible) parfois imperceptible et de le rendre visible à tous les yeux en l'agrandissant. Il fait grimacer ses modèles comme ils grimaceraient eux-mêmes s'ils allaient jusqu'au bout de leur grimace... Son art, qui a quelque chose de diabolique, relève le démon qu'avait terrassé l'ange»[34].

La foi religieuse présuppose un pacte avec la vie. Il serait cependant erroné de concevoir cette disposition comme simplement naturelle ou comme étant le don que la nature et le destin font aux uns et refusent aux autres. Certes, les souvenirs enfouis de la première histoire personnelle marquent l'attitude devant la vie et les vicissitudes de l'existence pèsent lourdement. Reste qu'aucune existence ne connaît le paradis rêvé et que la réalité met chacun à l'épreuve. Le croyant a donc à refaire le pacte avec la vie s'il veut donner son consentement au Créateur; les deux rapports, à la vie et à Dieu, sont solidaires et ils se conditionnent réciproquement. La foi passe par le renoncement aux désirs exorbitants; littéralement: ceux qui ne sont pas proportionnés à l'orbite sur lequel se trouve l'homme. La brèche que les désirs opèrent dans l'orbite terrestre peut ouvrir sur un autre apaisement, celui que donnent la présence divine et la confiance que Dieu achèvera pour le bien les efforts constructifs de l'homme. Le renoncement aux désirs utopiques et l'accueil de la présence divine demandent un travail psychologique qui est proportionnel à l'aspiration contraire, spontanée, vers le ressentiment. La sagesse stoïcienne invite à l'effort pour consentir lucidement aux limites que la réalité impose aux désirs. Bouddha propose d'atteindre un bonheur paradoxal par la discipline du renoncement aux illusions des désirs. Ces sagesses attestent à leur manière le conflit d'existence que la foi religieuse a à résoudre.

Le renoncement, en libérant du ressentiment, dispose également à la jouissance. Loin de détruire l'amour de la vie, le deuil accepté des satisfactions impossibles rend disponible pour l'accueil des qualités que la vie offre. La foi leur ajoute une dimension symbolique qui les agrandit, ainsi que nous l'a montré l'analyse de l'expérience religieuse. Aussi la tonalité spécifique de la religion est-elle la célébration qui se réjouit autant de la vie que du Créateur qui y manifeste sa gloire voilée. Cette disposition à la célébration prend la relève du lyrisme spontané après son passage par l'épreuve de la réalité. Nous retrouvons ici le fondement psychologique d'une tradition séculaire qui associe l'ascèse à la foi religieuse. Le sens de ce lien a pu s'obscurcir par un dualisme qui promulgue «le mépris du monde». Nous n'allons pas nous étendre sur les ambiguïtés de l'ascèse religieuse, du mot «mépris» et de celui de «monde»; toutes ces données sont surdéterminées et prennent leurs sens à l'intérieur de différentes oppositions. Il suffit ici de noter que l'ascèse reçoit, entre autres, la signification, en opposition au ressentiment, de l'exercice par lequel le croyant ajuste ses désirs au réel du monde et par lequel il cultive l'attention bienveillante pour ses qualités et les laisse faire signe.

III.3.2. Ressentiment et pardon

Il est d'expérience que «pardonner les offenses» est l'exigence la plus dure de l'Evangile. Freud estime inacceptable la loi évangélique qui prescrit l'amour des «ennemis»; l'homme n'en est pas toujours digne et cette loi rabaisse la valeur de la vie[35]. Et comme nous l'avons déjà signalé, des enquêtes répétées sur les réactions des jeunes face aux comportements et aux paroles de Jésus-Christ nous apprennent leur sympathie pour Jésus qui sauve la femme adultère et qui lui pardonne, mais leur révolte devant la demande faite aux disciples de pardonner à leurs ennemis. Cette requête fait partie des conséquences morales de la foi chrétienne. Le croyant peut adhérer à la foi chrétienne sans en mettre en œuvre les exigences. Cependant, la distinction logique entre la foi comme rapport à Dieu et ses conséquences morales dans le rapport à autrui, ne prend pas en compte que l'attitude éthique est une décision évaluative sur l'humanité de l'homme et qu'elle engage donc les conceptions sur sa nature et sur sa destinée. Les principes éthiques mis en pratique ne peuvent pas longtemps rester opposés à la foi sans entamer celle-ci. Ainsi le ressentiment pour les blessures infligées mine la disposition psychologique sur laquelle la foi pourrait s'établir. Plus qu'une conséquence, le pardon est une condition de la foi. On le voit dans certains cas où l'ultime décision qui rend possible la conversion religieuse consiste à pardonner un amour trahi ou une injustice qui a profondément blessé. On sait aussi qu'inversement des jeunes «perdent la foi» lorsqu'un grave conflit les oppose à leurs parents. Ces cas extrêmes illustrent une loi de la psychologie de la religion: le ressentiment détruit finalement la foi et celle-ci ne se refait ou ne s'accomplit qu'en convertissant le ressentiment en réconciliation. En vue d'éclairer cette loi, examinons les processus qui interviennent dans le ressentiment.

La haine vengeresse est le premier mouvement qui répond à l'agression morale que représente l'amour trahi ou l'injustice. L'homme s'éprouve affectivement blessé ou détruit par l'autre et il voudrait le tuer. La vengeance n'est pas un geste spontané de défense; sa signification est obscure. On l'entrevoit lorsqu'on est attentif à ce qui se déroule dans l'imagination et dans les sentiments d'une haine vengeresse. Celui qui en souffre et qui la nourrit répète inlassablement, en imagination, l'acte ou la parole qui l'ont blessé. Il est réellement hanté par l'agresseur. Cette répétition involontaire de la scène traumatisante trahit une identification inconsciente à l'agresseur[36]. Qu'est-ce d'autre, en effet, cette reproduction imaginaire de l'acte meurtrissant, que sa réeffectuation sur soi-même? L'identification à l'agresseur se produit naturellement d'autant plus que l'agresseur avait une signification affective pour le sujet. On comprend dès lors que la haine détruise le sujet à l'intérieur, par l'intériorisation de l'agression qui vient du dehors. La vengeance vise à restaurer l'intégrité interne en éliminant réellement celui qui, dans le ressentiment, continue de posséder l'imagination et l'affectivité. L'apaisement que donne la vengeance peut diminuer la tension interne; mais elle ne répare pas vraiment l'intégrité, car elle n'efface pas la mémoire affective des blessures subies. Le pardon libère de l'ennemi intérieur; mais il coûte l'effort d'un renoncement, car ne peut pardonner que celui qui se détache des exigences qu'il avait envers l'autre. Le pardon est réellement un acte par lequel l'homme se rend plus autonome; c'est pour cette raison qu'il implique un renoncement. Le pardon demande aussi une révision de l'idée qu'on se fait de l'autre. Spontanément on l'identifie à son acte agressif. Pour pardonner il faut accepter que lui, comme tout homme, est un mixte de bien et de mal et qu'en faisant le mal, il ne sait pas entièrement ce qu'il fait. Cette réconciliation passe par le retour critique sur soi-même; on est capable de pardonner si on accepte que, soi-même, on a également besoin d'être pardonné.

Nous comprenons maintenant pour quelles raisons le ressentiment menace de détruire le fondement psychologique de la foi et pourquoi le pardon peut être la résolution d'une crise dont la foi est l'enjeu. En des mesures variables, selon la signification qu'a prise l'autre, la haine fait habiter le mal à l'intérieur du sujet, de sorte que le ressentiment s'adresse agressivement, à travers l'autre, à la vie elle-même. La haine détruit le sujet en détruisant sa capacité de confiance et d'attachement. Tout ressentiment contre une personne tend à s'universaliser en ressentiment contre la vie.

En deuxième lieu, il n'y a pas de foi religieuse sans l'identification avec la disposition de bienveillance que le croyant reconnaît en Dieu. Croire en Dieu est aussi croire en l'homme, de la même manière que l'enfant, en faisant confiance à ses parents, s'identifie à leur attitude et transforme ainsi la jalousie meurtrière envers les autres enfants en bienveillance[37].

La foi comporte un regard religieux non seulement sur les qualités du monde, mais également sur l'homme qui fait le mal. En outre, la foi est conditionnée par la vérité sur soi-même. Il faut qu'à l'occasion du ressentiment s'éveille la conscience des propres failles.

III.4. *L'utopie religieuse et la foi dépouillée de l'idéalisation*

La religion engendre sa propre utopie, soit que chez ceux qui sont à l'intérieur elle galvanise des espoirs que la réalité historique démentit, soit que ceux qui sont au-dehors attendent d'elle une puissance et une innocence surhumaines pour lui opposer par la suite «l'expérience cruciale» des faits. Nous nous bornerons à considérer ceux qui, du dedans, ont attendu de la religion ce qu'elle n'a pas donné, qui sont tentés de déplacer leur radicalisme ou qui, plus nombreux, avouent leurs illusions déçues et se trouvent devant le choix ou bien de se retirer parmi les croyants honoraires ou bien d'apprendre à vivre dans une foi dépouillée de ses idéalisations.

L'expérience des convertis nous sert de modèle. Tôt ou tard la plupart d'entre eux découvrent que leur foi première avait transfiguré comme par magie leur perception d'eux-mêmes et de leur communauté religieuse. Rappelons-nous l'exemple de l'expérience religieuse que nous avons analysée au chapitre III. La joie de la découverte dilate l'existence et donne le sentiment que les possibilités et les désirs se réalisent dans l'instant. La foi qui n'est pas cette suspension lyrique du temps n'en vise pas moins l'actualisation de la force et de la vie généreuse qu'elle attend de la présence divine. La foi elle aussi enjambe le temps, puisqu'elle se fonde sur Dieu. En tant qu'espoir, elle anticipe l'avenir et elle a tendance à le surimprimer sur le présent; du moins s'imagine-t-elle volontiers que ce qui doit advenir devrait se réaliser plus sensiblement dans le présent. L'espoir de la foi est animé de désir et il projette l'utopique idée d'un état de grâce délesté des pesanteurs.

La prise de conscience de la distance entre la religion effective et la représentation utopique qu'ils s'en étaient faite, est une rude épreuve pour maints croyants. Des convertis découvrent qu'ils ne sont pas si vite transformés et qu'à la jouissance de la présence divine succède une foi sans joie. Le désenchantement résulte éventuellement en une véritable dépression. Le passé avait certes préparé celle-ci; mais ce qui la provoque, c'est la conscience de se retrouver l'homme ancien après avoir fait l'expérience affective d'être l'homme nouveau. Le converti qui, dans sa découverte, a éprouvé la présence illuminatrice de Dieu, s'adresse à Lui pour Lui reprocher de l'avoir trompé; «Je ne peux quand même pas tuer Dieu», disait une convertie dans sa phase dépressive.

La foi opère effectivement un dédoublement entre l'homme ancien et l'homme nouveau sur lequel elle met en perspective. En proclamant que l'homme nouveau n'est pas seulement à venir mais déjà advenu de quelque manière, elle favorise la méconnaissance de la division qu'elle installe dans l'homme et dans le monde. Il semble bien que Jésus de Nazareth lui-même se soit étonné de la résistance que rencontrait son message et qu'après quelque temps, face au refus et à l'incompréhension, il se soit essentiellement consacré à former ses disciples et à les préparer à la persécution. Si celui qui «savait ce qu'il y a dans l'homme» (*Evangile de Jean*, 2, 25) s'est étonné, il est bien normal que chez les autres l'étonnement prenne l'acuité d'une déception qui fait vaciller leur confiance. A moins de prendre la mesure du dédoublement interne que cause la foi, comme ce fut l'expérience de P. Claudel au moment de sa conversion. En entendant le chant du *Magnificat*, un jour de Noël, il «a eu tout à coup le sentiment déchirant de l'innocence, de l'éternelle enfance de Dieu, une révélation ineffable». Bonheur et horreur se mêlent. «L'état d'un homme qu'on arracherait d'un seul coup de sa peau pour le planter dans un corps étranger au milieu d'un monde inconnu est la seule comparaison que je puisse trouver pour exprimer cet état de désarroi complet. Ce qui était le plus répugnant, à mes opinions et à mes goûts, c'est cela pourtant qui était vrai. Cette résistance a duré quatre ans...»[38]. Un si brutal télescopage d'adhésion et de rejet est sans doute exceptionnel. Il est plus fréquent que la conversion arrache momentanément à ce qui résiste à la foi. De même, dans la mesure où le croyant s'est réellement engagé, incline-t-il à ne pas voir en lui-même les obstacles; le moment de vérité vient lorsque la magie de l'espoir s'épuise. Le travail de vérité qu'impose la foi doit alors se faire sur deux fronts: celui des résistances et celui de l'inclination à l'idéalisation. Le dédoublement, en effet, pose un idéal qui est un point de mire, mais que, pour des raisons propres à la religion, on voudrait voir se réaliser précipitamment en dépit des résistances. L'idéalisation ne fait pas le travail sur les résistances et elle ne veut même pas les reconnaître.

Nous pouvons être bref sur les résistances. La plupart des analyses antérieures illustrent l'inadéquation entre l'appel à la foi religieuse et le psychisme. L'ambivalence des motivations, le désir de combler la distance entre l'expérience et la foi, le conflit entre l'affirmation de l'autonomie et le consentement à la dépendance, la peur de s'aliéner dans l'illusion: tout ce qui, dans le psychisme, prépare et prédispose à accueillir le message religieux, contient également une force qui lui est contraire. Le clivage est naturellement plus prononcé lorsque la religion vient plus ou moins résoudre une réelle pathologie psychologique. Nous estimons cependant artificielle la distinction que fait De Sanctis[39] entre les conversions par «expérience religieuse» et celles où la religion «se substitue» à un conflit psychologique. Il y a toujours une part d'expérience religieuse et une part de substitution à des conflits psychologiques. Mais dans les cas de névrose, celle-ci s'insinue dans la religion tout en y trouvant une résolution partielle. La difficulté particulière réside alors dans la nature proprement inconsciente des représentations de conflit refoulées. Chez tout homme, cependant, un clivage psychologique entre la foi et le psychisme requiert un travail sur les résistances. Il consiste à laisser venir au jour les sentiments et les représentations qui remplissent le psychisme de par son histoire immémoriale, à les évaluer, à les confronter avec le message religieux, à les infléchir progressivement en conformité avec la foi qu'on entend confesser. Tout un réseau de représentations, chargées d'affectivité, sur Dieu, sur soi-même et sur le monde, demande un remaniement que nous pouvons comparer au travail d'une thérapie et pour lequel nous aimons reprendre l'expression freudienne de la perlaboration (*Durcharbeitung*) des résistances[40]. Dans une religion installée et à l'aise dans un milieu où elle domine, on éprouve moins la nécessité de cette perlaboration.

L'idéalisation produit la méconnaissance des résistances et, pour cette raison, elle se transforme en crise. L'idéalisation consiste à agrandir imaginairement l'objet (la personne, le groupe, son propre passé, sa famille...) auquel on s'attache. Ce processus est universel comme le narcissisme dans lequel il s'origine. L'émerveillement des parents devant leur petit enfant ou celui de l'amoureux devant l'aimée comportent leur part d'idéalisation. Dans l'attachement désirant, l'homme transfère spontanément sur l'autre les qualités que dans son for interne, sans le savoir explicitement, il admire et rêve d'avoir; il les «découvre» ainsi dans son *alter ego*. L'amour donne des yeux; mais aux yeux il donne aussi un pouvoir peu ou prou magique. Le langage religieux est, lui aussi, fait pour stimuler l'idéalisation. En évoquant la puissance divine, la libération des hommes et la béatitude qu'offre Dieu en venant aux hommes, il annonce et promet l'actualisation de désirs puissants et réveille du coup des rêves antiques de puissance, d'harmonie avec soi-même et d'innocence. Le lyrisme de certains discours religieux déploie généreusement l'idéalisation à laquelle porte la foi. Une teneur d'absolu, étranger à la réalité humaine semble mettre la Jérusalem Céleste à portée de main: la bonne volonté supprimera la pauvreté dans le monde, l'amour résoudra les conflits sociaux, la confiance en la puissance de Dieu dissipera les malaises, voire les souffrances pathologiques, le véritable amour sera totalement désintéressé... Ces discours donnent bonne conscience, mais ils finissent par frapper de dérisoire la foi elle-même et par créer une aversion pour la complaisance dans l'utopie religieuse.

L'idéalisation exacerbe particulièrement les exigences qu'on adresse à la communauté religieuse. Les convertis étendent leur expérience fiévreuse vers les croyants auxquels ils s'associent et ils espèrent y trouver le modèle idéal avec lequel ils pourraient s'identifier. L'idéalisation religieuse ne part cependant pas toujours d'un projet personnel. Elle s'attache aussi au contenu du langage religieux pour former la figuration abstraite de ce que la religion devrait être et devrait réaliser et, ne la rencontrant pas, on accuse ses témoins d'être des contre-témoins. Plutôt ne pas en être que de partager leurs failles et leurs impuissances ! Nous supposons que cette amertume de l'idéalisation abstraite nourrit largement l'accusation massivement portée contre «l'Eglise» ou contre «l'institution» religieuse. Cela nous paraît jouer particulièrement envers l'institution religieuse à cause des exigences idéalisantes qu'on lui adresse, parfois avec sa complicité. Dans les accusations qui frappent par leur abstraction, la psychologie sociale reconnaît les caractéristiques du cliché, ce portrait en noir qu'on passe de main en main. Mais le cliché a une fonction psychologique de repoussoir. On ne se défait pas de l'impression ici que ces accusations abstraites reproduisent le langage des jeunes sur les parents à qui ils reprochent de ne pas être aussi puissants et aussi parfaits qu'ils se sont complus à les rêver.

L'idéalisation religieuse est une réelle illusion du désir, si réelle qu'on ne la craint pas, mais qu'elle colle à la foi religieuse comme l'enveloppe d'un corps angélique. La foi devient vraie si le croyant lui donne le corps du temps humain, tendu entre le présent et l'avenir toujours à faire. Cela ne va pas sans une révision laborieuse qui dépasse l'amertume exprimée par le poète: «Je bats avec mes poings ces murs qui m'ont menti. Des mots, des mots autour de ma jeunesse morte»[41].

IV. La foi au sein de l'humanité pluriforme

Considérons à présent le croyant qui s'engage effectivement dans sa foi. Il la partage avec ceux que rassemblent la même confession de foi, universelle, en principe, par l'assentiment au même Dieu et à la même destinée. La foi ne lie pas moins la relation à Dieu et l'existence subjective, car la relation est le mouvement de l'existence vers l'Autre, non pas le savoir d'un contenu doctrinal. En tant qu'elle est une réponse personnelle à l'appel d'un Dieu universel, la foi implique normalement l'homme dans son existence la plus personnelle, au-delà et en deçà de son appartenance à son milieu géographique et culturel. Une religion qui adhère étroitement à la vie du groupe, qui en est la membrure et dont le sens est de la garantir et de la rehausser, n'a ni la même visée universelle ni la même facture personnelle. On s'attend donc à ce que, dans la population chrétienne, les liens entre la foi et l'existence soient pluriels et qu'il y ait plusieurs modalités de foi vécue, marquées par leur inhérence dans la subjectivité psychologique. Il n'y a pas de type religieux, avons-nous écrit. Complétons maintenant cette affirmation en examinant comment de la différence entre les hommes résultent différents types de foi vécue.

IV.1. *L'humain dans la foi et le fantôme de la foi pure*

Il est bien naturel que la psychologie fasse œuvre de décantation en étudiant les intentions obscures, ambiguës et ambivalentes qui recroisent la foi vécue. Mais si elle jette le soupçon sur toute spontanéité expressive, elle s'arroge un pouvoir inquisitorial en contradiction avec sa fonction. En effet, étude des mouvements pulsionnels et des processus involontaires, la psychologie a pour tâche de les clarifier, de les ouvrir et de les remettre en mouvement, non pas de les détruire.

C'est en vertu même de la reconnaissance psychologique de l'homme psychique que nous nous opposons au purisme religieux qui tente certains psychologues croyants. En s'inspirant de la critique psychologique, plus particulièrement en reprenant les concepts psychanalytiques, ils voudraient libérer la grâce de la foi de toute pesanteur psychique. La distinction que fait J. Lacan[42] entre l'imaginaire et le symbolique sert d'instrument pour dépister soupçonneusement toute trace d'imagination anthropomorphique dans la représentation de Dieu et tout relent de satisfaction narcissique dans le rapport à Dieu. La foi donne-t-elle une assurance dans la vie au croyant, le voilà suspect de vouloir se rassurer. Trouve-t-il une consolation dans la conscience de la présence divine, on lui fait remarquer qu'il veut combler le manque. Dit-il que Dieu donne un sens à la vie, on lui rétorque savamment qu'il veut faire de Dieu la clé de voûte du langage qui devrait rester ouvert... Cette chasse à l'imaginaire, dans le but de produire la foi pure, n'est-elle pas une mystification psychologique? C'est vouloir remplacer la vie psychique par le savoir critique sur la vie. Et croit-on délester la foi du narcissisme en la resserrant dans une crampe de psychologie négative? On sait quelle passion narcissique de maîtrise anime pareille volonté de contrôle.

Il nous semble que ce purisme religieux renouvelle, à l'aide du dispositif psychologique, l'antique hantise de la souillure. Seulement, elle a intériorisé la souillure dans les intentions religieuses elles-mêmes. Il n'y a pas longtemps, c'était le sexe qui, dans certains milieux chrétiens, était la souillure intériorisée. Souvenons-nous du principe qu'énonçait P. Segneri: «Cette matière ressemble à la poix qui, étant maniée de telle façon que ce puisse être, encore même ce serait pour la jeter loin de soi, tache néanmoins et souille toujours»[43]. On pourrait mettre cette phrase en exergue à quelques textes écrits par des psychologues croyants, devenus les grands chasseurs, devant l'Eternel, de l'imaginaire religieux.

On comprend que les critiques psychologiques fassent hésiter le croyant; nous nous sommes suffisamment expliqué à ce sujet. Lorsque l'homme donne son assentiment de foi, ces critiques contribuent à rendre sa foi vigilante. Mais à vouloir expurger la foi de la spontanéité psychique, on installe la critique dans sa religion à titre de surmoi féroce et mortifère. Si foi religieuse il y a, elle ne peut être que l'échange qui lie l'homme et Dieu. La foi nue et «pure» serait celle d'un automate spirituel. L'homme qui voudrait la pratiquer, non seulement tarirait ses ressources, il se tordrait aussi sur lui-même dans une crampe défensive contre son psychisme rétif, au lieu d'être présent à l'Autre. Tout comme celui qui parle se laisse porter par le flot des mots qui se pressent en lui, ainsi le croyant ne peut se mouvoir vers Dieu qu'en laissant agir en lui les tendances et les expériences dans lesquelles sa foi a pris chair. Certes elles ne sont que les limbes de sa foi et il faut que l'appel divin leur imprime sa direction de sens, tout comme l'énoncé à produire opère une sélection dans le murmure de langage qui habite le locuteur. Mais sans le consentement à l'humain, avec ses désirs et son imaginaire, la foi n'est plus vie relationnelle et elle s'épuise dans un savoir sur Dieu, barré encore par une négation de toute représentation positive.

Reprenons brièvement, à titre d'illustration, un exemple de nos analyses précédentes. La confession croyante de la paternité divine renoue avec l'idée d'un Dieu puissant et protecteur telle que les angoisses et les désirs la font surgir des couches archaïques du psychisme. Entre la confiance naïve du cri au secours et la sereine conviction que Dieu orientera vers le bien les aléas de l'existence, il y a tout à la fois continuité et discontinuité. Le point de vue s'est déplacé lorsque le heurt avec le réel et le message religieux ont arraché l'homme à ses représentations et qu'il entend Dieu autrement. Ce Dieu tel qu'il se Le représentait et Le désirait pour lui, n'est plus alors que la prémonition du Dieu tel que, selon la religion, Il se manifeste. Le même nom de Père prend la valeur d'une métaphore pour signifier une correspondance plus réelle entre le Dieu du message et les désirs plus essentiels de l'homme. Conjointement la représentation de Dieu et le désir de l'homme se transforment. Le croyant se réjouira toujours de se savoir confirmé et exhaussé par une présence paternelle, puissante et protectrice. En ce sens, la foi vécue prend l'allure d'une seconde naïveté: elle est une seconde naissance du désir de bonheur, de par la conjonction entre le désir humain et la présence divine. L'imaginaire religieux s'y trouve repris dans un échange, parce que la foi s'accorde avec Dieu en tant qu'Il manifeste son identité divine, en se posant comme sujet d'une parole adressée. De manière analogue, dans les religions non bibliques, le mythe peut remplir la fonction d'un langage originaire qui vient à l'homme depuis les temps immémoriaux des dieux et qui fait entendre l'ailleurs qui fonde la croyance et l'échange.

S'il y a une chose que nous apprend la psychologie, c'est bien que les modes primordiaux des rapports à autrui demeurent sous-jacents à toute relation. Aussi est-ce avec eux et contre eux que la foi s'effectue, en se renouvelant au gré des expériences qui la secouent et en demeurant à l'écoute du message qui, selon la religion, vient de la part de Dieu. A ceux qui voudraient surveiller par le menu l'imaginaire et le désir qui leur semblent infecter une foi trop humaine, on voudrait, à la suite de Freud lui-même[44] rappeler le conseil que Schiller donne à un jeune poète, préoccupé par sa faible fécondité littéraire: «Il me semble que la racine du mal est dans la contrainte que ton intelligence impose à ton imagination... Vous autres critiques... vous avez honte ou peur des moments de vertige que connaissent tous les vrais créateurs et dont la durée, plus ou moins longue, seule distingue l'artiste du rêveur. Vous avez renoncé trop tôt et jugé trop sévèrement, de là votre stérilité». Dans le même ordre de comparaison, citons encore le poète P. Valéry: «... la partie pratique ou pragmatique du langage, les habitudes et les formes logiques et... le désordre, l'irrationalité qui se rencontrent dans le vocabulaire..., rendent impossible l'existence de ces créations de poésie absolue... La conception de poésie pure est celle d'un type inaccessible, d'une limite idéale des désirs, des efforts et des puissances du poète...»[45].

IV.2. Structures différentielles de la relation

Partons de la question que James s'est posée et qui l'a conduit dans une impasse: où saisir les expériences spécifiquement religieuses? Joie, crainte, angoisse, confiance, culpabilité... appartiennent au registres des «sentiments religieux», s'ils se rapportent à «un objet religieux». Nous reformulons ainsi la conclusion de James: chez le croyant, les sentiments religieux sont des modalités de la relation affective à l'Autre divin. Tous les sentiments qui reçoivent le coefficient religieux existent évidemment en dehors de la religion, parce que les sentiments sont les manières d'être en rapport au monde et à autrui. Tout sentiment est relationnel. La foi comme relation à Dieu se déploie dès lors naturellement dans le même registre affectif que les sentiments non religieux. La relation comme telle n'est pas un sentiment, mais elle prend corps dans les sentiments. En ce sens, les sentiments religieusement qualifiés à l'intérieur de la foi vécue, sont de quelque façon des expériences religieuses, pour autant que «sentiment» signifie par nature une conscience immédiate de la relation. Le sentiment présuppose la relation effective mais il ne la donne pas par lui-même. Les sentiments religieux ne sont pas des expériences religieuses au sens de la perception de la présence divine, mais c'est la conscience de la présence qui se remplit des modes affectifs.

Ce qui détermine ces modes affectifs de la relation, ce sont, indissociablement, d'une part, les significations du signifiant Dieu et, d'autre part, la réalité plurielle de l'existence humaine. Indissociablement, disons-nous, car les deux pôles de la relation sont en interaction. La joie exprime la dilatation de l'existence humaine; le langage sur Dieu, en évoquant sa gloire, sa bienveillance et sa fidélité, met Dieu en correspondance avec l'expérience de la joie. La joie pointe vers une plénitude d'existence et Dieu vient au-devant du mouvement qu'accomplit la joie. Cette interaction met en jeu une causalité réciproque. La joie ouvre à la saisie des qualités divines et la proclamation de celles-ci confirme et suscite même la joie. Une psychologie qui voudrait expliquer la religion selon une causalité univoque s'enferme dans l'impasse qu'elle construit artificiellement en voulant faire dériver la religion du seul psychisme.

La réciprocité causale a pour conséquence que la relation religieuse se structure d'après une logique qui est à la fois celle du psychisme et celle de la religion. Ce qu'on appelle les sentiments religieux représentent en réalité une configuration où les différents sentiments s'organisent dans une cohérence qui se noue comme relation significative à Dieu. Il en va ici comme d'une phrase où aucun des mots n'exprime le sens de la phrase, mais où le sens se dégage des rapports entre les mots. Pour mettre en évidence cette conception, prenons le cas d'une population adulte de foi catholique[46]. Les sujets avaient à répondre à des items qui expriment une large gamme de sentiments et d'attitudes envers Dieu, tels qu'on les trouve par exemple dans les textes de prière. L'analyse factorielle des réponses montre que les différents modes relationnels s'organisent dans une structure significative. Il est frappant de voir comment, chez les hommes, la conscience de la responsabilité face à Dieu est un centre autour duquel de nombreux thèmes s'organisent. Le sens du péché est le seul élément qui constitue par lui-même un facteur; une tendance au désespoir s'y exprime ainsi que la tentation de renoncer à tout idéal. La conscience du péché entre, par ailleurs, dans un rapport dynamique avec les autres éléments, ainsi qu'il apparaît dans les autres facteurs. La confiance de la foi surmonte le malaise né du péché et soutient une disposition d'attachement. Le sens du péché motive aussi la demande de l'aide divine et un effort pour tendre à la perfection. A cause du péché également on estime improbable l'expérience d'une union de nature mystique. Cela n'empêche pas de célébrer Dieu dans la prière, voire d'y éprouver une union avec Dieu qui a une tonalité mystique[47].

Bien différente est la foi vécue des femmes. Là, c'est le sens de la présence aimante de Dieu qui constitue par lui seul un facteur. C'est également cet élément qui entre dans une relation dynamique avec les autres composantes. Associé avec la confiance en l'aide divine, le sens de la présence s'oppose à la perte de toute certitude et à la crainte de la solitude. La conscience des faiblesses humaines motive l'effort pour la perfection dont le but est de ressembler à Dieu et de se trouver ainsi plus proche de Lui. L'ascèse, elle aussi, a pour finalité de favoriser la disponibilité pour une éventuelle expérience mystique. Dans l'hésitation sur les moyens pour atteindre ce but, les sujets optent pour la pratique des rites et des prières du christianisme plutôt que de suivre une voie individuelle.

De part et d'autre la variété des éléments qui composent la relation à Dieu se combinent dans une structure spécifique. Du côté des femmes, elle est plus simple, étant tout entière organisée autour de l'élément nodal qu'est le désir d'union. Chez les hommes la conscience de la présence divine n'est qu'une des lignes de force de la foi vécue, à côté de la responsabilité devant Dieu qui est l'élément nodal et dynamique dans l'organisation des modalités relationnelles.

En considérant ces structures, on saisit ce que signifie la foi dans l'existence. L'assentiment à Dieu qui s'est révélé et s'est déclaré présent à l'homme s'insère dans des dispositions dynamiques spécifiques et il les mobilise en même temps en leur proposant un sens et une finalité divine. Chez la femme, le désir d'union se trouve interpellé par la promesse de la foi. Cependant, le signifiant Dieu barre également la tendance de ce désir par un élément négatif en lui signifiant que les failles humaines maintiennent la distance et la différence entre l'humain et Dieu. La confiance de la foi soutient la conscience et le désir de l'union comme mouvement à l'intérieur d'une altérité reconnue et qui est nécessaire pour que l'union ne devienne pas la dissolution fusionnelle. Chez l'homme l'élément dynamique avec lequel la foi renoue n'est pas aussi apparent. Nous le dégageons de l'ensemble. Le sens de la responsabilité devant Dieu, avec comme conséquence la conscience prononcée du péché et les éléments que cette conscience attire et par lesquels elle se dépasse, nous donne à penser que le désir de l'homme est fondamentalement celui d'être agréé, reconnu et confirmé. On pourrait dire que la promesse de la foi, et qui est en même temps son épreuve, se formule comme suit: «Je te reconnais comme mon fils à qui j'ai confié ma création». Chez l'homme également la foi circule comme mouvement soutenu dans la tension entre la confiance et la conscience des failles humaines; mais ce qui anime ce mouvement, c'est le désir de répondre dignement à la confiance que Dieu met en l'homme en lui confiant l'existence. La foi vécue se structure différemment sur la base de deux formes différentes de désir. Bien sûr, les deux formes se retrouvent chez l'homme et chez la femme. La même humanité et la même foi qu'ils partagent se différencient néanmoins distinctement. S'il y a deux formes de désir, on peut également parler de deux modes d'amour. C'est à tort qu'on incline souvent à identifier l'amour avec la tendance à trouver la complétude dans l'union. Le désir reconnu dans un lien de filiation n'a pas la teneur affective qu'évoque volontiers le mot d'amour, mais il appartient néanmoins à la catégorie de l'amour.

Des structures différenciées de la même manière s'observent également dans une population de moines et de moniales[48]. Pour éviter tout malentendu, rappelons qu'ici encore la différence consiste dans l'accentuation d'éléments spécifiques appartenant à un fonds commun d'attitudes et de sentiments. L'abnégation ascétique et l'endurance courageuse dans la fidélité aux règles de la vie monastique dominent la spiritualité des moines. Du côté des moniales on retrouve la tension entre, d'une part, le désir d'union et de ressemblance avec Dieu et, d'autre part, l'affirmation de l'indépassable distance que creuse l'imperfection humaine; la pulsation que libère cette tension s'exprime dans un langage riche en métaphores de sensations et de variations affectives.

Avons-nous affaire à une donnée fondamentale de la psychologie différentielle de la religion? La convergence des informations recueillies auprès de groupes si différents quant à leur état de vie le fait présumer. A l'occasion d'une étude qui avait un objet tout à fait différent, l'examen de la perception symbolique des objets et des gestes du rite de l'eucharistie, J.M. Jaspard et A. Dumoulin[49] avaient d'ailleurs observé des différences entre les garçons et les filles qui présentent une similitude avec ce que nous constatons chez les adultes. Les garçons s'attachent à l'action rituelle en tant que telle, aux règles qui la régissent et à la finalité qu'est l'acte de manger; le garçon est soucieux de l'agir efficace. Pour les filles, par contre, le rite prend la signification de présentifier, par l'ensemble des signes expressifs, la personne du Christ avec lequel s'établit dès lors une relation quasi mystique d'union.

La différence sexuelle imprime sa marque sur la relation religieuse. Est-ce parce que le langage désigne Dieu sur le mode masculin et lui donne le nom de Père, ou parce que toute relation se structure différemment chez l'homme et chez la femme? En présentant Dieu au masculin, la religion le met certainement dans le prolongement de l'amour hétérosexuel de la femme; de cette manière le désir d'union semble bien le mode prédestiné sur lequel la femme vit normalement la foi religieuse. On pourrait penser que chez l'homme la foi n'est pas portée par un désir de nature sexuelle, mais, qu'au contraire, l'origine sexuelle du désir entrave plutôt son orientation vers Dieu; celle-ci exigerait une transformation par sublimation bien plus radicale[50].

Cette interprétation ne donne pas encore le sens positif du mode relationnel dont témoigne l'homme. L'importance que prend chez lui la culpabilité dans l'articulation de la relation, ne s'explique pas par une incongruence psychologique entre Dieu et le désir qui a le sens de l'amour. Nous proposons l'hypothèse que l'homme transfère sur Dieu la relation au père telle que la structure le «complexe d'Œdipe», avec sa double face. En premier lieu, le garçon s'identifie au père non seulement en vertu de l'appartenance au même sexe masculin et de la rivalité en rapport à la mère; plus essentiellement, être reconnu et valorisé comme fils est le désir propre que suscite la relation telle que la signifient les noms de père et de fils. La «loi du père» motive l'effort du fils pour la perfection en lui proposant la responsabilité d'être digne de la reconnaissance paternelle. La préoccupation de la perfection chez l'homme religieux s'inscrit dans le mouvement identificatoire. Chez la femme le désir de ressemblance prend un autre sens: elle est la condition de l'union qui est le vrai but poursuivi. En deuxième lieu, dans le complexe d'Œdipe du garçon, l'identification inaugure le conflit, en créant le désir de prendre la place de celui qu'on prend pour modèle; la culpabilité qu'engendre le conflit pousse par la suite le garçon à se réconcilier avec le père et à gagner son estime et son amour par la perfection dans le respect de la loi éthique.

Deux choses sont sûres en tout cas. Tout d'abord les vecteurs qui composent la foi vécue dérivent tout à la fois du psychisme et de Dieu tel que le présente la religion. Dans le mouvement circulaire de la relation, la structuration différenciée du désir détermine les significations que l'on privilégie dans l'être divin. Parmi les tendances humaines, Dieu, de son côté, vient actualiser et polariser celles qui sont les plus essentielles dans la spontanéité psychique : ou bien la complétude dans l'union, ou bien la reconnaissance au-delà des failles et des fautes.

En deuxième lieu, le mouvement circulaire de la relation se soutient à l'intérieur d'une tension qui maintient l'existence ouverte sur l'Autre : tension entre la proximité et la distance, tension entre la crainte et la confiance. Que l'un des pôles de ces tensions disparaisse, le mouvement vers l'Autre s'arrête. La foi comme assentiment à Dieu est une disposition active dans laquelle l'homme s'implique avec tout son psychisme.

IV.3. Figures singulières de foi vécue

Nous avons exposé ci-dessus des structures différenciées de la foi vécue telles qu'elles se dégagent par l'analyse factorielle des réponses à une série d'items variés. Cette méthode fait ressortir ce qui est spécifique à des groupes comparés entre eux. Afin de composer des portraits individuels de croyants, A. Guntern[51] a fait l'analyse de contenu, à l'aide du *Words-System*, d'interviews semi-directives de quinze prêtres-missionnaires. Ces interviews approfondies, de deux à trois heures, portaient sur la foi, sur les souvenirs de famille, sur l'éducation affective et sexuelle, sur les modes de vie, sur les tâches et les problèmes. L'analyse fait apparaître des types de foi vécue fort distincts. Cette observation est d'autant plus impressionnante que les sujets non seulement partagent la même foi et l'ont approfondie par une longue formation, mais qu'ils forment un groupe homogène par l'appartenance à la même congrégation missionnaire et par l'identité de la formation reçue dans le même institut théologique. Il nous a paru dès lors intéressant de présenter quelques types religieux que dégage la recherche de Guntern pour illustrer la pluralité de perspectives personnelles qui s'organisent à l'intérieur d'un commun engagement de foi. Dans ce qui suit, les sigles identifient des types, qu'ils soient représentés par un seul sujet ou par plusieurs.

Pour A la foi consiste à cheminer avec Dieu et à accomplir avec Lui l'histoire divine à l'intérieur de l'histoire humaine. Le rapport très personnel et dialogal avec Dieu s'exprime dans des termes qui marquent aussi une distance : Dieu est le Seigneur, le Père; le Christ est le frère de l'homme qui marche à la face du Père. L'accent porte sur l'engagement actif, en accord avec les vocables masculins, empruntés à la structure familiale, par lesquels A nomme Dieu et le Christ.

B, par contre, accentue les relations communautaires avec et entre les hommes. Il se relie à Dieu à travers les hommes et à travers «Jésus de Nazareth»; celui-ci représente l'humanité du Dieu qui est avec les hommes. Nous avons affaire ici à une foi qui monte vers Dieu par la médiation du lien avec les hommes, alors que la foi de A voit l'activité divine descendre et agir dans l'histoire.

C vit sa foi essentiellement sur le mode du désir d'une union intime avec Dieu sur qui il transfère la relation du type de l'amour conjugal. La dimension affective prévaut dans cette foi. Pour C Dieu est la réalité qu'il s'efforce de conquérir et dont il attend une plénitude qui le rende heureux. D'après l'interview cette orientation religieuse s'explique par l'effort que fait C pour trouver en Dieu l'apaisement du désir insistant de l'affection dont il s'est privé de par son engagement.

D voit Dieu essentiellement à la ressemblance de sa mère à laquelle il a toujours été profondément attaché. L'image maternelle détermine les qualités qu'il reconnaît en Dieu : la miséricorde, la compréhension de l'homme, le pardon, la bonté qui donne. L'attachement à Dieu, conçu selon l'imago maternelle, se prolonge chez D par l'identification à Dieu dans ses rapports aux hommes; sa préoccupation va «aux plus faibles» qu'il essaie de comprendre et d'entourer de bonté. Par contre, les difficultés de son rapport avec son père le portent à refuser dans la religion ce qui lui rappelle l'imago paternelle : il décline l'idée d'honorer la gloire divine ainsi que celle d'un Dieu qu'on représente sévère dans ses exigences et dans son jugement.

Lorsque le thème du Dieu Créateur domine l'orientation religieuse, deux modalités contrastées peuvent se présenter. Pour E Dieu transparaît dans la bonté, la beauté, la luminosité et la finalité de la création. Significativement, la perception esthétique de la création réduit la représentation d'un Dieu personnel et ne soutient pas un rapport intersubjectif avec Lui. F, par contre, perçoit dans la création avant tout le Seigneur qui ordonne le monde et qui, à l'instar d'un père autoritaire, impose ses exigences. Dieu est un être personnel, mais les rapports avec Lui ne sont personnels que par la conscience de la responsabilité devant son autorité. Ces deux modalités se combinent chez G, leur contradiction étant levée par leur intégration dans la foi en la rédemption par Dieu.

Citons finalement encore un type de foi distinct des précédents: H reconnaît en Dieu l'ami puissant, tout à la fois lointain, extérieur au monde et proche en tant que providence qui apporte le bonheur et le salut aux hommes. La relation à Dieu est virile et marquée par l'idée de force, mais elle est également empreinte d'affection amicale.

La disposition psychologique, résultant de l'histoire personnelle, détermine donc les caractéristiques que les sujets prélèvent préférentiellement sur l'être divin que leur propose la tradition chrétienne. La causalité psychique dans la formation de ces types de foi est assez apparente chez certains. C'est le cas pour l'assimilation de Dieu à l'imago maternelle, pour le désir d'union affective avec Dieu, pour la perception de Dieu comme Seigneur selon le modèle du père autoritaire, sans doute également pour la relation d'amitié virile avec Dieu. Pour le premier type signalé, caractérisé par le thème biblique de la marche avec Dieu et devant Lui et par celui de la réalisation de l'histoire divine, nous avons l'impression qu'il s'agit également de l'imago paternelle de Dieu, mais sans que soit explicitée la médiation de la représentation divine par la figure du père.

On remarquera que dans la plupart des types la représentation personnelle de Dieu donne explicitement le modèle pour l'engagement envers les hommes. Le mode de lien personnel avec Dieu s'accompagne d'une identification avec l'activité divine. Ce rapport dédoublé, d'attachement et d'identification, ne se retrouve pas dans deux types: le type esthétique où disparaît presque la représentation d'un Dieu personnel et le type caractérisé par le désir d'union affective; dans ce dernier cas, le sujet se replie sur lui-même à cause de la souffrance pour le manque personnel d'affection.

Aucun de ces types n'est l'équivalent absolu de la foi professée. Dans la mesure où les sujets en ont conscience, ils peuvent concilier leur personnalité religieuse avec l'appartenance à une même communauté croyante. Sinon, ils seraient l'un par rapport à l'autre, selon le mot de P. Claudel, «comme un dindon qui ne comprend rien à un canard». Mais une personnalité religieuse n'est pas la simple négation de l'autre. Elle n'est précisément religieuse que par son implication subjective dans une religion qui déborde les perspectives propres de chacun. L'idée de l'homme universel n'est qu'une imagination narcissique; seule se produit une certaine universalité en mouvement par les échanges entre les types différenciés. La tension entre la subjectivité croyante et la communauté instituée est tout à la fois indépassable, périlleuse et salutaire pour la religion et pour le croyant.

Conclusion

L'homme religieux dont s'occupe la psychologie est une réalité historique et, pour savoir comment fonctionne le psychisme dans la religion, la psychologie doit commencer par situer l'homme religieux dans les références de la religion instituée. Or ce qui est particulier à la religion chrétienne, c'est qu'elle sollicite l'assentiment à un message défini : la révélation et l'advenue de Dieu dans la parole et dans le geste du fondateur-médiateur et la permanence de l'advenue divine dans le mémorial du fondateur. C'est au rapport religieux spécifique qu'institue le christianisme que ce chapitre s'est attaché. Il représente une psychologie de la foi, au sens où on peut aussi parler d'une psychologie de l'art ou du droit. Il a essayé d'observer et d'analyser les implications personnelles de l'assentiment croyant.

Nos analyses ont fait apparaître ce qui, de la foi, se joue sur le registre fondamental des désirs et des craintes de l'homme. En effet, au détour des conflits qui jalonnent la foi et qui peuvent l'amener à la vérité de sa position, nous avons découvert la profonde dissymétrie entre la foi et l'incroyance. Le message qui traverse les désirs humains défie et divise l'homme. Désirs et crainte de se leurrer, autonomie et dépendance reconnue, exigence déçue et confiance soutenue : les aspirations et les résistances affectives les plus intimes et les plus fortes se trouvent ébranlées par le message de la foi. Le langage sur Dieu mobilise les lignes de force psychologiques et la foi s'effectue comme un rapport de confiance qui maintient en équilibre les tensions psychologiques. Mais chacun des éléments qui composent la foi en tant que mouvement relationnel est susceptible d'appeler un contre-mouvement affectif. Foi et incroyance se côtoient et s'affrontent.

De tout cela, il résulte que la foi en tant qu'assentiment personnel s'apparente à la conversion. Il y a certes des croyants qui ignorent le vertige des crises graves, des abandons et des retours; il en est peu que n'effleurent pas les doutes et que ne troublent pas les conflits.

On peut examiner les circonstances qui favorisent les conversions ou les abandons. Il nous semble que les mêmes facteurs de circonstance sont susceptibles de pousser dans un sens ou dans l'autre. Ainsi la crise de la puberté, le changement de milieu géographique et socioculturel[52], la promotion sociale et culturelle[53] ou le conflit des générations. De ces observations on peut conclure que la religion est une attitude psychologique comme les autres, influencée, comme les autres, par les mêmes facteurs. Cette conclusion, trop évidente dans sa formulation abstraite, n'avance pas notre compréhension. Ce qui importe, c'est de voir comment les circonstances déterminent la crise ou la découverte de la foi. Le changement de milieu peut conduire à l'abandon de la foi, non seulement en raison de la tendance à se conformer aux idées et aux mœurs des autres, mais aussi à cause de la suspicion d'illusion religieuse que peut jeter sur la foi le prestige humain du milieu incroyant. Inversement, un nouveau milieu peut apporter le témoignage d'une foi qu'on ignorait. D'autres éléments de psychologie religieuse peuvent également être en jeu, comme la disparition ou la présence de coutumes dans lesquelles la foi trouve à s'exprimer. Le conflit des générations, pour sa part, a son effet religieux par le contenu qui fait l'objet de l'opposition. Témoin d'une religion perçue comme trop oppressive ou comme hypocrite, la nouvelle génération affirmera son identité en s'opposant à la religion qu'elle identifie avec la perception qu'elle en a. Il arrive également qu'impressionnée par le vide religieux de la génération précédente, la nouvelle s'y oppose par un retour à la religion, comme on le constate, par exemple, en U.R.S.S.

Ces phénomènes de rupture mettent dans une lumière plus vive les oscillations que connaît pratiquement toute foi religieuse au sein du monde contemporain. Donnée par l'éducation ou assumée par une conversion, elle se confirme à travers des moments de désintégration et de restructuration qui engagent la personnalité dans ce qui lui est le plus sensible.

L'oscillation entre foi et incroyance nous fait comprendre un phénomène étrange: la honte, qui est la réticence d'avouer une croyance qu'on tient pour une faiblesse. Il faut la distinguer de la pudeur religieuse; celle-ci est une défense ou bien contre la perversion des intentions religieuses qu'entraîne leur expression trop ostentatoire, ou bien contre l'agressivité d'un regard intrusif. La honte, par contre, se soumet au jugement de dépréciation, réel ou supposé, que l'autre porte sur la religion. Certains croyants ne donneraient pas un tel pouvoir au jugement de l'autre s'ils n'étaient pas secrètement en connivence avec lui, en raison des conflits internes qui divisent leur attitude précisément en rapport à l'asymétrie entre «l'humanisme» incroyant et la foi.

Dans l'article cité, Reik stigmatise le même phénomène chez certains de ceux qui proclament leur incroyance. Pour lui, «affirmer son Athéisme et pourtant, sur le plan de l'inconscient, continuer à cautionner une croyance qu'il dénie» est une «*hypocrisie inconsciente* à l'égard de la Religion» et qui existe dans «un athéisme officiel, manifeste». Un déplacement rationalisant sert d'expression symptomatique de ce qu'on dénie et conserve: «Les Idées de Transcendance ou d'Absolu ne sont en effet rien d'autre que le déguisement d'une Religion abstraite et intellectualisée que certaines personnes ont honte de défendre sous sa forme originale» (p. 133).

En ce qui concerne l'interprétation de la religion convertie en philosophie, nous serions moins tranchant que Reik, car nous préférons ménager un espace de transition et d'hésitation entre la croyance et l'incroyance. L'intellectualisation de la religion représente aussi une manière de se dégager d'une religion qu'on perçoit trop engluée dans une préoccupation égocentrique ou dans une émotion solipsiste. C'est pour cause que, dans la transition de l'adolescence à l'âge adulte, on aime souvent libérer la religion de la puérilité qui semble l'affecter, en lui conférant une dignité philosophique.

La foi positive qui se maintient et se confirme, ou qui renaît de la foi philosophique, s'implante dans l'existence concrète. La foi vit du psychisme comme le psychisme vit de la foi. A l'encontre du purisme abstrait et verbal qui oppose l'imaginaire et la négativité de la foi, nous avons reconnu que le rapport de l'homme à Dieu se forme à l'intérieur, non pas dans la tête seule, mais de tout l'homme et que c'est à travers la pluralité des composantes psychiques que l'homme chemine vers l'Autre. D'où la pluriformité de la foi vécue et la reprise structurante de l'humain dans le mouvement vers Dieu.

On pourrait prolonger la psychologie vers une psycho-histoire de la religion et montrer que des modalités particulières de la foi vécue prédominent à certaines époques de l'histoire. L'interprétation comparative de l'iconographie religieuse à différentes époques culturelles révèle la différence des sensibilités, des représentations symboliques et des orientations croyantes d'une même foi qui s'incorpore dans ce que Ch. Péguy appelait «la durée publique». Dans la transformation récente du catholicisme, nous avons le sentiment de percevoir une bascule autour de l'axe qui, d'après nos observations citées et commentées, différencie les structures masculines et féminines. Il n'y a pas si longtemps que l'esprit collectif du catholicisme privilégiait la responsabilité devant Dieu et le devoir religieux. L'orientation ascétique, marquée par l'accent sur le péché, se poursuivait dans la tendance à la formalisation et à la rationalisation de la vie religieuse. La remise en cause de l'excès de cette forme de foi a fait apprécier et rechercher les valeurs plus mystiques de l'expérience religieuse et la spontanéité expressive de la subjectivité relationnelle.

Dans ces mutations, la psychologie reconnaît la mise en œuvre variable des composantes psychiques dans laquelle la foi prend corps et qu'elle anime. Sans doute est-il légitime de penser que la vie de la foi s'effectue également comme un mouvement renaissant en actualisant réactionnellement des virtualités qui étaient restées latentes ou qui furent réprimées. Toutefois, les raisons psychologiques de ces transformations n'en sont pas les seules causes, car les choix historiques que fait la foi s'intègrent dans le réseau complexe de différents ordres d'activités qui sont solidaires entre eux.

Acte de naissance dans l'homme, la foi ne demeure vie qu'en se renouvelant. Sa position est instable par définition. Certes, comme ne l'est aucune autre relation, elle n'est pas toujours en acte. Elle se sédimente en disposition, à l'instar de la possession préconsciente du langage ou des rapports d'amitié ou de n'importe quel engagement. Mais la disposition est une vie latente qui se meurt si elle ne s'actualise pas. Plus même, les expériences et les dispersions de la vie dissolvent la foi si elle ne se fait pas histoire de vie par les expressions qui l'actualisent. Ces expressions sont essentiellement la prière, le rite et l'engagement éthique. Ce sont à la fois les apprentissages et les pratiques de la religion.

NOTES

[1] FEBVRE L., dans son étude sur *Le problème de l'incroyance au XVIe siècle. La religion de Rabelais* (Paris, Albin Michel, 1943), montre que la position incroyante ne faisait pas réellement partie de l'horizon mental de Rabelais.
[2] Ainsi, dans l'Ancien Testament; voir BULTMANN R. et WEISER A., *Pisteuô*, dans KITTEL G., *Theologisches Wörterbuch zum neuen Testament*, B. VI, p. 174-230, Stuttgart, Kohlhammer, 1959. D'après POUILLON J., Remarques sur le verbe «croire», dans IZARD M. et SMITH P. (éd.), *La fonction symbolique. Essais d'anthropologie*, Paris, Gallimard, 1979, p. 43-51, croire a ce même sens dans la langue dangaleat; ne trouvant pas le sens spécifiquement chrétien de «croire» chez les peuples dont il étudie le langage religieux, Pouillon écrit: «En somme on peut tout traduire du verbe 'croire'... sauf ce verbe lui-même» (p. 48). NEEDHAM R., *Belief, language and experience*,

Oxford, Blackwell, 1972, montre que ni le terme de croire ni celui d'«expérience religieuse» ne sont adéquats pour exprimer la «relation spirituelle» des religions.
[3] Voir les analyses très rigoureuses des usages profane et religieux du verbe croire, dans PRICE H.N., *Belief*, London-New York, G. Allen - Humanities Press, 1969.
[4] *How to do things with words*, Oxford, University Press, 1962; trad. fr.: *Quand dire, c'est faire*, Paris Seuil, 1970.
[5] *Religion and society in tension*, p. 42.
[6] La fameuse critique du théisme que développe A. FLEW repose entièrement sur l'identification rapide entre «croire» et «regarder le monde comme si...»; cf. Theology and falsification, dans FLEW A. et MACINTYRE A. (éd.), *New essays in philosophical theology*, London, S.C.M. Press, 1955, p. 96 s.
[7] DANDEKAR R.N., Hinduism, dans *Historia religionum*, Leiden, Brill, 1971, vol. II, p. 302 s.
[8] Il n'est donc pas exact de dire du croyant chrétien que «c'est l'incroyant qui croit que le croyant croit», ainsi que s'exprime POUILLON J., *o.c.*, p. 46. Cette phrase dit très bien le regard de l'étranger sur l'attitude religieuse de ceux qui n'ont pas la conscience de croire, comme le décrit NEEDHAM R., *o.c.*
[9] BENVENISTE E., *Problème de linguistique générale*, Paris, Gallimard, 1966, chap. XXI: De la subjectivité dans le langage.
[10] VON WEIZSÄCKER V., *Le cycle de la structure*, Paris, Desclée-De Brouwer, 1958, p. 207.
[11] C'est le sens que FREUD donne à la projection telle qu'elle fonctionne dans la paranoïa; cf. *Cinq psychanalyses*, Paris, P.U.F., 1956, p. 315; *GW*, VII, 508.
[12] RIVIERE J. et CLAUDEL P., *Correspondance*, Paris, Plon, 1926, p. 65; CLAUDEL P., *Pages de prose*, Paris, Gallimard, 1944, p. 275 s.
[13] ELIADE M., *Traité d'histoire des religions*, Paris, Payot, 1949, p. 47 s.; Australian religions, dans *History of religions*, 6 et 7 (1966-1968).
[14] Leuven-The Hague, Leuven University Press et Mouton, 1981.
[15] C'est la forme d'amour que FREUD nomme anaclytique, parce que, dans sa formation, elle s'appuie structurellement sur les besoins; cf. *Zur Einführung des Narzissmus*, GW, X, 157.
[16] *The parental figures*..., p. 145 s.
[17] MITSCHERLICH A., *Vers la société sans pères. Essai de psychologie sociale*, Paris, Gallimard, 1969.
[18] On lira un exposé approfondi de cette interprétation dans DE WAELHENS A., *La psychose. Essai d'interprétation analytique et existentiale*, Louvain-Paris, Nauwelaerts, 1971, p. 67 s.
[19] Voir BLACK M., *Models and metaphors*, New York, Cornell University Press, 1962, p. 25 s; RICŒUR P., *La métaphore vive*, Paris, Seuil, 1975, p. 129 s.
[20] RICŒUR P., La paternité, dans *Le père. Interprétation*, 3 (1969), p. 173-209.
[21] HUTSEBAUT D., Belief in the existence of God and the representation of God, dans *Parental figures*..., p. 125-135.
[22] BOCQUET E., Profils de non-croyance et représentation de Dieu (mémoire de licence en psychologie, non publié), Louvain-la-Neuve, 1982.
[23] Relationship of a measure of self-actualisation to religious participation, *Journal of Psychology*, 9 (1975), p. 179-182.
[24] P.O.I. correlate of a religious inventory, *Journal of clinical psychology*, 27 (1971), p. 502-504.
[25] Some relationship between attitude toward the church and certain personality characteristics, *Journal of counseling psychology*, 15 (1968), p. 187-189.
[26] Personality differences between intrinsically religious and non-religious students, *Journal of personality assessment*, 42 (1978), p. 159-166.

[27] Voir notre ouvrage *Dette et désir*..., p. 97 s.
[28] Note on self-reports and religiosity, *Psychological report*, 4 (1958), p. 29.
[29] Chap. II, note 19.
[30] *Ausgewählte Briefe, Sämtliche Werke*, Stuttgart, H.-M. Sass, 1964, vol. XII-XIII, p. 54.
[31] *Ecrits*, Seuil, 1966, p. 797.
[32] Remarque à propos de «L'avenir d'une illusion» de Freud, *Topique*, 26 (1980), p. 127-143; trad. fr. d'un texte publié dans *Imago*, 13 (1928).
[33] *Croyances d'incroyants en France, aujourd'hui*, Paris, Le Centurion, 1977.
[34] *Le rire. Essai sur la signification du comique*, Paris, P.U.F., 1940, p. 20.
[35] *Malaise dans la civilisation*, Paris, P.U.F., 1971, p. 53, 61 s.; *GW*, XIV.
[36] Cf. FREUD A., *Le moi et les mécanismes de défense*, Paris, P.U.F., 1942, p. 97 s.
[37] Nous avons développé cette idée, en prenant appui sur le concept «complexe de Caïn», de Szondi L., dans: Ethik und Tiefenpsychologie. Vergleichende Untersuchung über den Kains- und den Oedipus-Komplex, *Szondiana*, 7 (1967), p. 212-220.
[38] Voir note 12.
[39] *La conversione religiosa*, Bologna, 1924, p. 100 s.
[40] *Erinnern, wiederholen und durcharbeiten*, *GW*, X, 126-136; trad. fr. Remémoration, répétition et élaboration, dans: *La technique psychanalytique*, Paris, P.U.F., 1970, p. 105-115.
[41] ARAGON L., *Le roman inachevé*, Paris, Collection poésie, 1956, p. 177.
[42] *Le Séminaire, livre II. Le moi dans la théorie de Freud et dans la technique de la psychanalyse*, Paris, Seuil, 1978, p. 39 s.
[43] *Le pénitent instruit* (trad. fr.), Paris, Année littéraire, 1801, p. 301.
[44] Lettre du 1.12.1788 citée dans: *L'interprétation des rêves*, Paris, P.U.F., 1967, p. 96.
[45] *Mémoires du poète*, dans *Œuvres*, T. I, Paris, Gallimard (La Pléiade), p. 1463.
[46] LEYS L., Psychologische krachtlijnen in de Godsbeleving (mémoire de licence en psychologie, non publié), Leuven, 1982.
[47] On peut comparer ces observations avec la dialectique de la loi, de la conscience personnelle, de la mort, et de la réconciliation, telle que saint Paul l'articule dans l'*Epître aux Romains*, chap. 7 et 8; nous avons analysé cette dialectique dans: Apports des données psychanalytiques à l'exégèse. Vie, loi et clivage du moi dans l'épître aux Romains 7, dans: *Exégèse et herméneutique*, Paris, Seuil, 1971, p. 109-148.
[48] VAN GINNEKEN P., Psychologische krachtlijnen in het monastieke leven (mémoire de licence en psychologie, non publié), Leuven, 1976.
[49] *Les médiations religieuses dans l'univers de l'enfant*, Bruxelles-Leuven, Lumen Vitae-Leuven University Press, 1973, p. 231 s.
[50] Interprétation présentée par VAN GINNEKEN P., o.c., p. 325-326, qui propose d'appeler le processus de sublimation chez les hommes: une méta-subjectivation, signifiant par là que Dieu, comme objet de la relation, transcende les modalités représentées d'après la relation interhumaine.
[51] *Glaubenstypen und ihre Verankerung im Menschen* (thèse de doctorat en psychologie), Louvain-la-Neuve, 1981. Publication partielle: Welcher Gott in welchen Menschen, dans *Der evangelische Erzieher*, 6 (1981), p. 440-455.
[52] MONOD V., Le voyage, le déracinement de l'individu hors du milieu natal, constituent-ils un des éléments déterminants de la conversion religieuse?, *Revue d'histoire et de philosophie religieuse*, 1936, p. 385-399.
[53] HERBERG W., *Protestant Catholic Jew*, New York, Doubleday, 1960.

Chapitre V
Les trois pratiques expressives et performatives : la prière, le rite et l'éthique

La psychologie de la religion s'intéresse beaucoup aux facteurs psychologiques qui influencent la croyance religieuse et aux effets qu'a la religion sur les attitudes envers autrui et envers la société. Elle donne moins son attention à la religion effectivement vécue et pratiquée. Lorsqu'elle s'informe des pratiques religieuses, les prières et la participation au culte, la plupart du temps elle se contente d'en noter la fréquence à titre d'indice pour le degré d'implication religieuse. L'anthropologie culturelle, par contre, va droit aux rites et aux prières, elle note soigneusement les gestes et les textes et elle s'efforce d'en interpréter les symboles et les métaphores, convaincue que la religion se manifeste essentiellement dans ces conduites spécifiques.

Si l'homme est fondamentalement l'être relationnel et si la religion effective est en rapport d'échange avec l'être divin, il appartient aussi à la psychologie de la religion de considérer pour elles-mêmes les formes pratiques par lesquelles la religion s'actualise : la prière, le culte rituel et l'éthique. En effet, une relation n'existe que dans ses actes. L'étude de ces conduites religieuses n'appartient pas qu'à la psychologie pastorale, car l'optique de la psychologie de la religion est différente ; elle vise non pas à éduquer, mais à comprendre la conduite religieuse en mettant ce qu'elle a de spécifique sous l'éclairage de ce qui est universellement humain.

Nous appelons expressives et performatives les conduites religieuses que sont la prière, le rite et l'éthique, précisément pour les caractériser en opposition à ce qui est de l'ordre des énoncés de type constatif[1]. En disant «je crois en l'existence de Dieu», l'homme donne une forme théorique à sa conviction. Il s'exprime ainsi lorsqu'il communique à autrui sa conviction de croyant. A la limite, lors d'une enquête d'opinion par exemple, en reprenant cette formule, il ne fait que donner une information sur ses convictions. Pour saisir le sens de la formulation constative citée, il faut revenir à l'énoncé proprement religieux dont elle garde la mémoire: «je crois en Dieu». En s'exprimant ainsi, le croyant donne une forme expressive à son attitude envers Dieu et il accomplit en même temps son attitude en l'assumant et en la confirmant pour lui-même et devant Dieu; en d'autres termes, son énoncé est expressif et performatif. Ces deux caractéristiques de l'énoncé religieux, d'être expressif et performatif, nous indiquent les deux faces des pratiques religieuses: elles présupposent l'attitude religieuse et elles l'effectuent. Les pratiques émergent de la disposition religieuse et, à cet égard, on peut les appeler ses conséquences; mais elles l'actualisent à leur tour et, vues sous cet aspect, loin d'être seulement des conséquences, elles sont la religion en acte de devenir. Comprendre l'homme religieux, c'est donc aussi comprendre comment il devient religieux par les pratiques performatives de son attitude. C'est l'aspect qui nous intéresse particulièrement ici.

Dans ce qui suit, nous distinguons la prière et le rite, tout en étant conscient que la frontière entre ces deux activités est mouvante. Il va de soi, en effet, que le rite inclut la prière. Quant à la prière, à la suite de M. Mauss on peut la concevoir comme «un rite religieux, oral, portant directement sur les choses sacrées»[2]. Il nous paraît néanmoins utile de réserver le terme de rite pour l'action symbolique qu'ordonne et qu'accomplit la communauté religieuse.

I. La prière

I.1. La prière par le corps et par les mots

La prière est l'activité par laquelle l'homme entre en communication avec l'être surnaturel. Cette communication peut se faire de différentes manières. La prière peut consister en un geste expressif qui fait porter l'intention par un objet symbolique: le petit tas de cailloux que font les Indiens des Andes, la fumée que les Indiens Sioux offrent en silence, le cierge qu'allument les chrétiens. Ces prières se rapprochent du rite d'offrande qui, lui aussi, reprend le schème du don symbolique et matérialise par lui l'intention de la communauté. Le seul geste corporel peut exprimer l'intention priante sans que celle-ci soit verbalisée. Par sa posture ou par son mouvement, le corps peut se faire prière, de la même manière que sans mots, mais par le langage du geste, le corps peut exprimer la reconnaissance d'autrui, l'amour ou la solidarité. Le roi David priait en dansant devant l'Autre, les chrétiens le font par la génuflexion ou par l'inclination devant Dieu, et certains peuples expriment leur intention priante par des sifflements ou des crachements. Ces prières par des postures corporelles ont également une allure rituelle, car les formes corporelles qui portent l'intention vers l'Autre sont plus ou moins stables, étant réglées par les schémas corporels, à la fois naturels et sélectivement codifiés par la tradition culturelle.

La prière orale explicite le sens qu'inaugure la prière gestuelle. Mais en retour, la voix du corps reprend les intentions verbalisées et elle les rassemble en son unité gestuelle qui est symboliquement surdéterminée. Du point de vue psychologique, nous ne mettons ni priorité ni hiérarchie entre les prières gestuelles et orales, pas plus qu'entre les gestes et les mots qui tissent les échanges entre les hommes. La psychologie nous enseigne l'unité de l'homme, être corporel et être de langage. C'est même cette unité qui fait de l'homme un être psychique; les intentions de l'esprit passent dans le corps et l'animent. La communication avec le surnaturel peut dès lors aussi bien se faire par le corps que par la verbalisation. Si la religion est un rapport de toute l'existence avec le surnaturel, il semble même normal que la prière soit l'acte expressif de l'homme en totalité.

Le psychologue s'étonne, par conséquent, devant la séparation qu'il observe souvent en Occident entre la prière verbale et le corps qui, lui, demeure inexpressif. On ne se défait pas de l'impression que le style religieux en Occident reste profondément marqué par un rationalisme dualiste et que, dans la pratique de la prière, il tient le corps pour un dispositif matériel, indispensable au fonctionnement de l'esprit, d'autant plus serviable qu'il est réduit à une neutralité amorphe. Le contraste est frappant avec l'éloquence expressive du corps dans la prière musulmane ou dans la méditation bouddhiste. Le dualisme occidental explique aussi pour une part la recherche des expériences religieuses par lesquelles on pourrait éprouver personnellement la réalité à laquelle le discours religieux prétend se référer. L'esprit désincarné, en effet, entend ou dit des mots qui sont creux de ne pas être remplis par le corps psychique. Pour que les mots qui doivent porter une intention envers l'Autre acquièrent leur poids de réalité, il faut qu'ils renouent avec les mouvements du corps. Ils s'appuient alors sur les intentions qui se sont faites chair depuis que le petit d'homme est venu au monde et sur les expressions relationnelles que le contact des hommes a inscrites dans le corps. Loin d'être un mécanisme matériel, le corps qu'est l'homme est un faisceau de dispositions actives envers autrui. L'expérience religieuse consiste ainsi, entre autres, dans l'harmonisation entre les mots qui mobilisent les intentions latentes du corps vécu et le corps expressif qui donne aux mots la densité de l'existence affective.

Si le corps ne se rend pas adéquat aux intentions proférées, au lieu d'être silencieusement soumis, il sera rétif à l'esprit qui le méprise et il fera entendre ses intentions contraires. Les ambivalences affectives sont universelles et elles jouent dans les relations religieuses aussi bien que dans les rapports humains. Beaucoup de gestes expressifs de respect, d'amitié ou d'amour en portent la trace, formés qu'ils sont par l'inversion des gestes d'hostilité potentielle en signes de bienveillance. La main nue qu'on tend est celle qui a laissé l'arme au vestiaire, et le baiser qu'on donne semble bien être le contraire de l'agressivité qui mord. La conscience est oublieuse de son passé barbare et elle se rit sans doute du rappel de celui-ci. Du moins sait-elle encore que les contraires l'emportent sur le pacte d'amitié et d'amour si les gestes qui l'expriment et l'accomplissent ne le renouvellent pas.

I.2. Les intentions de la prière allocutive

Toutes les religions semblent connaître la prière d'adoration ou d'action de grâce, mais partout les prières de demande sont de loin les plus fréquentes. Le choix du mot «prière» marque aussi expressément la fonction prévalente de la demande qui caractérise la communication avec Dieu. L'acte essentiel dans lequel se manifeste la religion présente l'homme comme le suppliant.

Confiant que l'intention significative du mot «prière» et que la fréquence de la prière de demande manifestent la nature du rapport religieux, nous nous attacherons en premier lieu à élucider la structure de la demande religieuse, en faisant abstraction du contenu de la demande. Le but que nous proposons dans cette étude consiste à dégager les éléments psychologiques qui sont impliqués dans l'activité priante et dans les réticences envers elle.

Bien sûr, le mot de prière est plurivoque, puisqu'on appelle aussi «prières» les actions de grâce, la louange de la gloire divine, la jubilation pour les beautés de la création. L'équivoque se dissipe cependant lorsqu'on restitue la demande dans son contexte allocutif qui lui donne son sens. L'homme qui exprime sa reconnaissance pour les bienfaits divins reconnaît encore sa dépendance et il demande au moins implicitement que Dieu continue de le faire jouir de sa bienveillance. La pluplart des prières font d'ailleurs alterner le souvenir reconnaissant, la proclamation de la gloire divine et la demande. Prenons exemple sur la prière de Jésus de Nazareth. Elle commence par une adresse dont la nouveauté exprime la mémoire du lien très personnel que Dieu établit avec l'homme et par lequel Il abolit les terreurs antiques. Cette remémoration allocutive accomplit un vœu profond de l'homme et elle contient dès lors le souvenir de la demande séculaire qui animait les visions nostalgiques des prophètes d'Israël. De cette remémoration reconnaissante le chrétien a procuration pour adresser ensuite ses demandes à son Dieu.

L'étymologie du mot «prière» nous rappelle la situation qui en détermine la structure. Ainsi que l'indique le mot *precarius* dont «prière» est dérivé, la prière exprime la conscience que l'homme prend, en parlant à son Dieu, de sa condition précaire. L'intention significative qui anime la prière est la conscience du manque, même si l'homme ne sait pas de quoi il y a manque et qu'il s'exprime pour le savoir. Toute communication parlante surgit sans doute autour de la conscience d'un vide et la parole adressée à l'autre contient toujours une demande, ne fût-ce que celle d'être entendu et reconnu. Les Grecs ne disaient-ils pas que les corps célestes, étant sphériques et donc parfaits, ne parlent pas mais chantent? Aux moments extatiques de l'union avec Dieu, l'homme ne parle pas non plus, mais, au dire de saint Augustin, il est transporté par «une jubilation sans mots»[3]. De courte durée, selon les mystiques, les expériences extatiques ne font qu'aiguiser le sens de la condition humaine, celle du manque.

Les privations qui poussent à prier sont de divers ordres; nous en parlerons. Il ne faut pourtant pas que l'intention de la prière soit celle de combler un vide déterminé. Certaines observations éclairent singulièrement le sens de la prière-demande. Il est des hommes et des femmes qui, consciemment, ne croient plus en Dieu, mais qui, en des moments de grande détresse existentielle, prient le Dieu dont ils dénient l'existence. Il en est même chez qui la pression interne produit continûment l'appel à Dieu, par devers leur conscience aiguë de misère et de désespoir. Ils s'en étonnent, car ils se sentent dédoublés en un personnage officiellement incroyant et une personne seconde dont la sourde présence déploie devant leur conscience l'allocution suppliante. Ils ne prient pas librement; cela prie en eux, parce que le langage religieux prend possession de leur détresse et y délivre une intention qu'ils ne veulent pas assumer. Consciemment, ils n'adhèrent pas à la visée priante qui s'impose à eux car plusieurs raisons s'opposent à la spontanéité de la demande. Ils éprouvent comme humiliante l'aveu de leur dépendance besogneuse; le vide indéterminé autour duquel cercle la demande n'engendre pas la confiance en Dieu, car ils ne voient pas comment Il pourrait suppléer au malaise de leur existence; il se peut en outre qu'un sentiment de revendication envers le Dieu apparemment trompeur vienne barrer le mouvement de confiance.

Ces observations donnent thématiquement la signification de la demande religieuse qui, dans les prières pour des bénéfices temporels, se trouve prise et enveloppée dans des intérêts immédiats. Quel que soit l'objet de la prière, elle est une communication dans un rapport asymétrique caractérisé, où l'homme se reconnaît indigent et désirant et où, même contre sa volonté, il reconnaît en Dieu l'être qui est en mesure de suppléer au manque humain et en l'écoute active duquel on a confiance. Ne pas maudire sa condition humaine, avouer sa précarité, soutenir quand même que la vie a un sens et maintenir son désir, se porter vers l'être divin, en le confessant bienveillant, actif et puissant: la prière de demande représente au fond la disposition religieuse fondamentale. Dante l'a compris lorsque, dans la *Divine Comédie*, il fait commencer son long cheminement religieux par «le cri d'humilité lancé à l'appel d'autrui dans le grand désert du monde et de la solitude intérieure..., à proprement parler, le cri de l'homme en détresse. Dante s'éveille à son indigence radicale, et par cet éveil brise le solipsisme de l'orgueil en prenant conscience que le vide qui traverse son être pourrait devenir le passage vers l'Autre »[4].

Bien sûr, le manque n'est pas premier; il se creuse dans les expériences et dans les souvenirs des moments heureux, sinon il n'y aurait pas de désir, mais seulement affirmation que rien n'a de sens. Nous pourrions reprendre ici tout ce que nous avons considéré précédemment, car la prière reporte tout à Dieu: les désirs, les expériences religieuses, les doutes et les conflits de foi. Les figures parentales et des personnages ou des objets symboliques — le berger, le soleil, la source... — présentent les appuis transférentiels pour le report. Ce qui, dans la prière, s'ajoute aux éléments que la psychologie repère dans la religion, ce n'est pas un contenu ou un dynamisme nouveau, mais un acte: celui de la parole en première personne. La prière accomplit la relation religieuse en tant que communication asymétrique.

Il n'est pas superflu d'insister un moment sur la nature de la prière, apparemment si évidente. Elle fait ressortir en pleine clarté la transformation que subit la religion par son déplacement vers l'expérience.

L'homme s'y implique bien différemment. L'expérience religieuse présuppose, bien sûr, une orientation active. Elle ne peut avoir lieu sans une attente et sans une attention qu'éveillent les références religieuses. Il faut que l'homme explore les signes du divin et qu'il mette ses sentiments en correspondance avec eux. Une prière est en germe dans cette disponibilité active. Mais, comme telle, l'expérience représente le moment de réceptivité pour ce qui advient au sujet. Cela apparaît très clairement dans l'expérience d'un sacré anonyme, vaguement divin et non repris dans l'adhésion croyante à Dieu. L'homme s'y laisse prendre par la vibration du sacré, il s'y abandonne et il cherche à s'emplir de son surplus spirituel. Quand bien même cette expérience s'exprime en un langage de célébration, en elle-même, elle n'est pas prière. Lorsqu'elle s'achève en prière, celle-ci transforme l'incubation expérientielle en parole opérante; elle convertit le désir de plénitude en demande confiante adressée à l'Autre.

Ce n'est pas par hasard que la psychologie de la religion s'est tant occupée de l'expérience religieuse. Outre le contexte culturel de la crise religieuse et de la découverte moderne de la subjectivité, il y a aussi le penchant naturel à considérer le langage sous ses aspects psychologiques d'expression et d'information. La communication se réduit alors à la transmission d'un contenu de conscience. Dans cette optique, on envisage le langage de la prière comme l'expression ou la communication à Dieu des sentiments de détresse et de confiance, d'admiration et de gratitude. De fait, il n'y aurait pas de prière si les sentiments n'ébranlaient pas l'homme, ne le mettaient pas en mouvement, comme l'indique le mot «émotion». Ils font sortir l'homme du repli en lui-même, le dessaisissent de sa suffisance et l'ouvrent à ce qui est au-delà de lui. Mais, de l'intérieur de ce qui est de nature psychique, et de ce qui la détermine psychologiquement, la prière, en tant qu'acte de parler, opère un saut et effectue une relation dans laquelle l'homme s'engage. Une comparaison se présente ici. L'amour naît dans la chaleur des sentiments et dans le manque, il se laisse séduire par les figures emblématiques du corps et il se réjouit de la présence secrète perçue dans les gestes et dans les mots. Les paroles d'amour expriment les sentiments, communiquent et célèbrent ce qui est en train de naître. Mais l'homme qui produit la parole «tu es ma femme» transforme un état subjectif en lien personnel et, selon son intention signifiante, cette parole est sans retour. L'expression des sentiments ne coûte pas une once de l'engagement personnel qu'implique cette parole. On l'appelle performative, parce que, si elle n'emporte aucun contenu subjectif nouveau, pour celui qui la dit et pour celle qui y consent, elle réalise quelque chose d'essentiellement nouveau⁵. Ainsi qu'on l'a dit: le monde s'en trouve changé. De même y a-t-il, de l'expérience exprimée à la prière, passage à un autre genre: reconnaissance explicite et engagée de Dieu tel qu'Il est dans un rapport asymétrique avec l'homme. Bien des prières ne sont sans aucun doute qu'imparfaitement la parole performative. La pression des besoins et les rumeurs d'un langage appris n'y laissent pas toujours beaucoup de place pour que le sujet en position de première personne accomplisse l'intention signifiante des mots. Occultée et inchoative, la parole performative n'y opère pas moins le passage vers l'Autre reconnu, de la même manière que dans une parole banale, l'homme se rend déjà présent à son ami; à travers ce qu'il dit, l'important est l'acte de communication.

Il y a ceux pour qui la religion priante est moins noble et plus remplie de l'imaginaire humain que la culture de l'expérience religieuse. Nous n'avons pas à décider de la vérité de ces opinions, notre tâche étant de clarifier les différences et leur portée. Une chose nous paraît sûre en tout cas: la prière comporte, d'une part, un aveu de dépendance autrement radicale que l'expérience du sacré et, d'autre part, une affirmation de confiance également bien plus fondamentale. Ces deux éléments sont aussi solidaires l'un de l'autre comme le sont les deux faces d'une feuille, car il s'y agit d'un pacte scellé entre deux êtres personnels qui s'engagent l'un envers l'autre. Tout ce que nous avons exposé sur le conflit entre l'autonomie et la dépendance et sur la crainte de l'illusion entre ici en ligne de compte et explique, dans une certaine mesure, la préférence pour l'exploration des expériences religieuses alliée à la réticence envers la prière.

Soulignons encore que l'expérience et la prière passent aussi l'une dans l'autre. En s'exprimant dans un langage de célébration, l'expérience amorce la prière et la prière par le corps se prolonge, en dessous de la parole, dans l'expérience. Mais, nous le verrons, c'est avant tout dans le témoignage du mystique que se manifeste tout à la fois la différence et l'alliance entre l'expérience et la prière. Il serait incongru d'en appeler aux mytiques pour déplacer la religion vers l'expérience.

I.3. Prière pour des bénéfices humains et prière magique

Par bénéfices humains nous entendons toutes les faveurs d'ordre non proprement religieux («spirituel») que les humains demandent à une providence surnaturelle: nourriture, pluie ou soleil, victoire dans le combat, guérison, aide en danger de mort, réussite à l'examen... Nous avons en fait considéré cette prière en traitant de la religion motivée ou fonctionnelle et nous pourrons donc être bref.

Les enquêtes de L.B. Brown[6] sur une population adolescente de 12 à 17 ans confirment ce que l'on sait d'expérience: la croyance en «l'efficacité matérielle directe» de la prière diminue avec l'âge. Toutefois, la mesure de ce recul dépend de l'éducation religieuse; ainsi, dans la population de la Nouvelle-Zélande étudiée par Brown, l'efficacité de cette prière est affirmée en ordre décroissant par les groupes confessionnels suivants: catholiques romains, protestants, anglicans. Dans tous ces groupes cependant, à l'exception des garçons protestants, «il y a toujours plus de répondants qui croient dans des effets non spécifiques de la prière que de ceux qui croient dans son efficacité matérielle directe». Ces effets non spécifiques sont d'ordre psychologique et moral: confiance, force, courage. Comparée à la croyance dans l'effet «matériel» direct, la proportion de la croyance dans l'effet qui passe par une transformation psychologique augmente avec l'âge. Les adultes auxquels Brown a également appliqué son enquête évitent les demandes directes et formulent une demande conditionnelle («si c'est ta volonté») et une prière d'offrande («nous t'offrons notre effort»).

La connaissance des déterminismes naturels élimine progressivement la croyance en une intervention surnaturelle qui interviendrait pour en modifier le déroulement. Il est normal, dans ce contexte, que la prière pour des bénéfices humains appelle l'intervention divine dans la causalité psychologique qui est en jeu. Nous pensons néanmoins qu'en des cas de réelle détresse, autrement qu'en réponse à une enquête qui éveille l'esprit critique, les hommes sont nombreux qui, sans s'appesantir sur les voies de l'efficace, s'adressent à la Providence, poussés par la spontanéité psychique que nous avons analysée précédemment.

La théologie s'interroge sur l'accord entre la providence divine et les causes naturelles ou psychologiques[7]. Le psychologue pose la question de la signification de telles prières pour l'attitude religieuse. On peut appeler un cri la prière spontanée qui s'élance depuis la détresse; le mot est ambigu, car ce cri articule une parole criée à un destinataire déterminé et il a toujours la structure de la demande. Que la demande soit criée ou réfléchie, selon l'urgence et l'importance vitale de ce qui est demandé, une telle prière n'est pas nécessairement le signe d'une religion motivée au sens développé au chapitre deux. Cela dépend de la disposition qu'a le priant à consentir ou non au non-exaucement de sa prière. Si le «selon ta volonté» ne s'avère pas être une formule rhétorique mais ratifiante, la prière est bien motivée par des intérêts humains, mais la religion ne l'est pas. Dans ce cas, la prière témoigne d'une foi en un Dieu qui est si personnellement attentif au bonheur et à la souffrance de l'homme, que non seulement Il achèvera les efforts humains dans le sens du bien, mais qu'Il intervient de temps à autre pour redresser le gâchis du monde. Ce fut la foi de nombre des plus croyants. Foi naïve? Ainsi le pensent d'autres croyants. Le psychologue laisse à chacun la liberté de ses convictions. En tout cas, rien n'autorise de porter sur cette foi un jugement psychologique d'illusion, car du non-exaucement ces croyants n'en concluent pas, révoltés, que leur prière était offerte à un abîme de silence, nommé Dieu par erreur.

Appeler magique toute prière de demande pour un bénéfice humain serait un contresens. Est magique celle du garçon de quatre ans qui répète cinq fois sa prière avant le repas, parce que son potage est trop chaud. Il ne le fait ni pour remplir le temps de l'attente ni pour que Dieu refroidisse le potage. Dans son esprit, un lien de causalité directe s'est noué entre les paroles de la prière et le refroidissement du potage. Ainsi procède toute magie: elle emprunte des paroles du registre religieux, celui qui a trait aux puissances extra-naturelles, et elle attribue à ces paroles un pouvoir immanent. La formule de la demande, souvent triturée et rendue inintelligible, se transforme en parole incantatoire. En reprenant les catégories linguistiques, nous appelons les paroles magiques non pas expressives et performatives, mais perlocutionnaires: elles visent à entraîner leur effet par leur causalité inhérente. Elles sont à l'opposé de la demande qui, dans l'accomplissement de son intention signifiante, implique le «selon ta volonté». Des états intermédiaires existent évidemment. Lorsque le priant est convaincu que son exaucement dépend de la perfection de sa prière, il semble bien lui accorder une force contraignante et concevoir Dieu comme une puissance mi-personnelle mi-diffuse que, selon leur intensité, les prières peuvent capter et infléchir.

I.4. Tout dire ou la prière à plusieurs portées

Dans le trésor des prières qu'à composé l'humanité, la liberté d'expression éclate. Elle contraste avec le sérieux guindé des études qu'ont faites sur la prière les professionnels de la vérité. Tout se dit dans les prières. Autant, sinon mieux que dans les enquêtes, l'homme religieux s'y révèle et c'est donc aussi à travers ces documents que la psychologie doit reconsidérer la religion effective.

Ecoutons les psaumes à titre d'exemple. L'homme y dit, crie, chuchote, soupire ou chante à Dieu ses pensées et ses sentiments. Y défilent l'émerveillement devant la nature, sauvage ou tendre, la remémoration de l'épopée historique, l'espoir obstiné mis dans le Sauveur, mais aussi les préoccupations et les besoins, la hantise de la persécution, la fureur de la vengeance, la déception devant le silence et l'humiliation devant l'apparente faiblesse de Dieu, l'angoisse face à la mort et l'interrogation sur le sens de la mort pour celui qui se croit divinement élu... Des prières de franches imprécations et de rébellion ne manquent pas dans la cantate de prière à plusieurs voix qu'est le livre de Job. Plus rudes encore sont parfois les prières des peuples non bibliques. Telle cette prière d'insulte d'une tribu sud-africaine : « Vous êtes inutiles, dieux ! Vous ne faites que nous ennuyer ! Bien que nous vous offrions des sacrifices, vous ne nous exaucez pas. Nous sommes privés de tout. Vous êtes pleins de haine »[8]. Toutes les expériences humaines s'y retrouvent donc, mais reprises dans le mouvement allocutif vers Dieu, à l'opposé de ce qu'était pour le jeune Hegel « la prière du matin du philosophe » : la lecture du journal. Pour ces hommes priants, toute l'existence passe par le centre qu'est Dieu et ils ont visiblement confiance que Dieu admet les hommes et les laisse parler. On en dégage la conviction que ce qui est dit importe peu, du moment que par la prière la vie réelle de l'homme s'embraye sur le circuit dialogal avec Dieu. Dans l'interrogation « Pourquoi m'as-tu abandonné ? », l'homme dit son chagrin de ne pas avoir été entendu, mais il le dit et il sous-entend donc l'écoute de l'Autre. Ainsi la prière est-elle à plusieurs portées, telle une composition musicale. La voix forte est rhapsodique, en écho au mouvement des désirs et des épreuves et à la prodigalité de l'existence. En dessous l'accompagnent et la portent les voix qui remémorent le lien, qui continuent de dire la confiance et qui demandent la manifestation de la bienveillance divine. Des moments où la voix forte rassemble tout dans un accord explicatif ponctuent ces variations thématiques. Ce serait faire preuve d'un purisme étriqué et de psychologie à œillères que de prendre les contenus de la prière à l'état isolé. Ce qui est significatif du point de vue psychologique, c'est l'amplitude des thèmes repris dans la durée du rapport dialogal. On a l'impression que l'homme contemporain a largement perdu la liberté de l'expression priante dont témoignent par exemple les prières bibliques. Des siècles de refoulement et de culture réflexive ont passé par là. Sans doute est-ce la raison pour laquelle, dans leur office, les moines continuent de prier en récitant les prières si peu théologiquement conventionnelles que sont les psaumes. Quelque chose d'analogue à une cure psychanalytique se poursuit là. On sait que la règle fondamentale de la psychanalyse est de ne pas agir mais de tout dire, de tout faire passer dans la parole adressée à celui qui écoute et qui, par ses interprétations, remet en mouvement la parole de l'analysant au moment où le non-dit le fait se rétracter, se fermer et perdre confiance. Est thérapeutique, fondamentalement, la parole qui arrache à l'oubli les pensées qui entravent la capacité d'une parole pleine adressée à autrui. La parole vraie se libère précisément à l'intérieur d'un rapport de parole et d'écoute. La capacité d'une parole allocutive se conquiert et se reconquiert par la permission donnée de la pratiquer. Mais on sait que cette pratique comporte aussi la peine d'un travail et la souffrance des renoncements et des désillusionnements. Il en va de même de la prière à plusieurs portées. La liberté de tout dire s'y oppose à l'agir; exprimer sa déception, c'est ne pas rompre le rapport et reconnaître que Dieu ne détourne pas l'oreille et n'exerce pas la rétorsion pour une parole agressive. En disant tout à Celui avec lequel on ne peut pas ruser, l'homme priant s'oblige à la vérité sur lui-même et sur son rapport à l'Autre. L'expérience des hommes apprend aussi que la permission de s'exprimer librement à Dieu a pour effet une capacité libérée de prier. Mais cette permission comporte également sa part de travail et d'endurance. Ce que les traditions religieuses appellent du nom apparemment étrange d'«exercices de prière» se compare en fait à l'exercice de la verbalisation qu'est la cure psychanalytique. Le mot «exercice» signifie que le but de la pratique de la prière est de développer la capacité de prier, de la même manière que, dans ses exercices, l'artiste a pour but de devenir artiste. La prière, considérée dans sa durée, est aussi son propre but; elle promeut la disposition de prière, de fait, celle d'actualiser la religion comme vie relationnelle.

A tout prendre, le témoignage de l'homme priant apprend au psychologue autre chose et plus qu'il ne cherche et ne trouve avec ses techniques. Il ne faudrait pas que les repères de la mesure nous fassent oublier la vie qu'ils n'enserrent pas.

I.5. L'expérience méditative

Le terme de prière peut aussi être utilisé en un sens large, pour désigner le recueillement ou la méditation que pratiquent les religions de salut, celles qui adressent leur message à la conscience personnelle et visent à la transformer, sans pour autant retirer l'homme du monde commun. Aussi bien la mise en œuvre de ces pratiques que leur but poursuivi comportent des aspects psychologiques qui nous instruisent sur les manières dont des hommes d'expérience ont cherché à devenir religieux.

Il nous paraît utile de faire une distinction entre, d'une part, le recueillement, qui est l'attention à soi-même, par laquelle on se trouve en se rassemblant (on «se cueille») et, d'autre part, la méditation qui est l'attention soutenue à un objet symbolique ou à un contenu verbal. Le recueillement n'est pas de soi religieux, mais il est un moment dans la méditation religieuse.

Le recueillement est le travail du négatif par lequel l'homme se libère de la dispersion qui l'aliène de lui-même. On réduit les stimulations sensorielles, par exemple en fermant les yeux ou en fixant le même objet. Par l'immobilité du corps ou par le mouvement égal de la marche on se détend et on se déprend des objets qui naissent des pulsions actives, afin de laisser s'installer une disposition réceptive. On impose le silence aux turbulences affectives et aux agitations des soucis quotidiens. Généralement les traditions religieuses demandent d'entourer et de soutenir le recueillement par différentes formes d'ascèse: silence, jeûne et solitude. En résumé, les techniques du recueillement sont des procédés de déconditionnement. Les pulsions poussent à chercher leurs objets de satisfaction et, dans leur développement, les sens, l'affectivité et l'intelligence se tournent activement vers le monde pour se remplir des messages du dehors. Tout en étant une question pour lui-même, l'homme est par sa spontanéité psychique orienté vers une emprise active sur le monde et avide de stimulations. Les sagesses d'inspiration philosophique et les traditions des grandes religions ont en commun le propos d'amener l'homme à la liberté dans son double aspect. Celui, négatif, de la libération de la soumission au flux des impressions et des activités recherchées; celui, positif, de se rejoindre dans la durée de son intériorité, au-delà de la dispersion. Le recueillement instaure une clôture entre soi et le monde extérieur pour que l'attention à soi-même développe la conscience de l'illusion qu'il y a à vouloir remplir le creux du désir par les stimulations éparses. La pratique du recueillement est au fond une éthique du désir.

En religion, cette éthique a pour pendant la prière méditative. Le recueillement conditionne, en la préparant et en l'accompagnant, l'attention au message religieux incorporé dans un symbole, concentré dans quelques signifiants du langage ou manifesté dans un témoin-modèle. Le recueillement débouche toujours sur une attention méditative. Même dans le bouddhisme Zen, on se fait accompagner d'un chant qui égrène des mots et des noms évoquant les vertus de respect et de bienveillance de Bouddha. Et dans la «Méditation transcendentale», on laisse se déployer le sens d'être, au plus profond de soi-même, une conscience transcendante, infinie et éternelle. Dans la tradition chrétienne, la méditation vise à faire apparaître le noyau de signification des signes religieux. On met entre parenthèses le ronron des discours qui étouffe le sens du message et, comme dans le silence originaire où les mots ont été produits pour la première fois dans leur nouveauté, on les laisse opérer leur rayonnement. Ou bien l'attention séjourne auprès d'une figure exemplaire et essaie de pénétrer, à travers les images médiatrices, dans ce qui est le principe original de sa vie. Ou encore on se concentre sur un symbole, par exemple la lumière ou le pain, pour que derrière les détails convergents se révèle le sens de l'inscription du Dieu transcendant dans l'histoire terrestre.

Ces échantillons des procédés suffisent pour nous faire comprendre comment opère la méditation et ce qu'elle entend effectuer. Elle met en œuvre ce que le mot «religion» signifie, selon une de ses étymologies reconnues: lire avec soin et rassembler (*relegere*) les signes pour s'approprier le message qu'ils enveloppent. Psychologiquement la méditation est un processus de restructuration cognitive. Dans le silence imposé au flot d'idées et de désirs habituels, l'esprit, concentré sans être crispé, se défait de ses automatismes de pensée et apprend à voir de l'intérieur des signes qu'il tient sous le regard. Les «distractions» qui traversent la méditation contribuent à la restructuration mentale, car, en faisant le va-et-vient entre les idées qui affluent et l'attention polarisée, l'esprit se pénètre précisément de la vérité de ce qu'il médite et des illusions de la manière habituelle de voir et de juger. L'identification consciente avec un modèle s'ajoute à ce processus lorsque la méditation porte sur un témoin. Quand elle s'attache à un objet symbolique, l'imagination et les sensations métaphoriques se développent dans une sorte de «rêve éveillé»[9] dirigé; mais elles se rassemblent aussi en regardant l'objet comme un geste expressif de l'intention humaine ou divine. On s'est demandé si la suppression de la conscience habituelle dans la méditation n'opère pas à l'instar de l'hypnose, de la suggestion, de la régression. Nous ne nous arrêterons pas à ces hypothèses qui rendent sans doute partiellement compte de la méditation pratiquée dans d'autres contextes mais qui n'expliquent pas le type de méditation religieuse que nous envisageons[10].

L'élément de déconditionnement signalé dans notre analyse du recueillement évoque le pendant positif d'un conditionnement. Il y a en effet une déconstruction des liens associatifs habituels de la pensée et du sentiment et la construction d'une nouvelle manière de penser et d'évaluer; en termes classiques: on forme une habitude de voir et de juger en accord avec les énoncés religieux qu'on veut ratifier. Le processus formel de conditionnement ou de formation d'habitude n'explicite cependant pas le premier but visé par la méditation religieuse, car celle-ci ne poursuit pas des effets thérapeutiques, même s'ils sont obtenus par surcroît[11]. L'intention explicite et englobante est évidemment de se relier à Dieu. Mais la finalité spécifique de la méditation est d'arriver à une certaine expérience de ce que l'on croit. Par la méditation l'homme s'intériorise la réalité divine qui a pris corps expressif dans les signes. Comme d'un sacrement, il assimile la substance de la vie divine déposée dans la quasi-corporéité des mots, dans le corps subtil d'un symbole ou dans la vie charnelle d'un modèle. L'injonction que saint Jean met dans la bouche de l'ange divin, de manger le livre de vie (*Apocalypse*, 10, 9), exprime métaphoriquement ce que fait la méditation. Il s'agit bien de la production d'une expérience religieuse, car les signes s'y remplissent d'une présence donnée à la connaisssance intuitive. Nous avons vu d'ailleurs que le terme d'expérience avait ce sens-là pour saint Bernard.

Dans une recherche expérimentale J. van der Lans[12] a essayé de vérifier l'hypothèse selon laquelle la méditation faite dans un cadre de référence religieuse produit l'expérience religieuse. Il amène un groupe expérimental et un groupe de contrôle, auquel on proposait un but thérapeutique, à pratiquer quotidiennement la méditation Zen pendant vingt jours. Les résultats comparés des deux groupes montrent que le cadre de référence religieuse est le facteur le plus déterminant dans l'aboutissement à une expérience religieuse. A vrai dire, on ne comprendrait pas par quelle spontanéité psychique la méditation non religieuse produirait l'expérience religieuse. Souvenons-nous des expériences avec les drogues mystiques! Ce qui nous paraît le plus significatif, c'est de voir confirmée expérimentalement la conception d'une tradition séculaire de méditation.

I.6. *La prière inspirée des charismatiques*

Ces derniers temps, dans les différentes confessions chrétiennes, des groupes se sont multipliés qui entendent laisser l'Esprit de Dieu diffuser ses dons (charismes), particulièrement dans la prière inspirée (sous la mouvance de l'Esprit). Les chrétiens peuvent se réclamer des promesses de Jésus-Christ et prendre modèle sur la déflagration spirituelle qui s'est produite à la Pentecôte, selon les *Actes des Apôtres*, et d'où le christianisme missionnaire est sorti et est passé sur le monde méditerranéen comme une rafale religieuse. Nous n'allons pas envisager le «mouvement» ou le «renouveau charismatique» dans toute sa complexité[13]. Nous nous bornerons à considérer l'élément le plus marquant et qui appelle ici notre attention psychologique: le style de prière de ces groupes.

La spontanéité affective et le lyrisme joyeux sont les traits caractéristiques de la prière charismatique. Cette prière se pratique en groupe et de fait, seul le groupe, tel qu'il est ordonné par ce mouvement, peut engendrer ce style de prière. La parole y est donnée à ceux qui désirent témoigner de leur conversion, de leurs initiatives inspirées par Dieu ou de leurs expériences de la présence divine dans leur vie ou autour d'eux. Ces témoignages stimulent les chants et les invocations et inversement. Certaines prières consistent à répéter longuement quelques mots simples ou seulement quelques phonèmes, comme une mélopée incantatoire: «gloire à toi», «Jésus-Christ est vivant parmi nous»... La tonalité dominante, même dans les prières de demande, est celle de la confiance joyeuse. Le mouvement veut résolument vivre et exprimer ce qu'il tient pour le noyau essentiel du christianisme: le Christ ressuscité est vivant dans son Eglise et, avec la puissance divine dont Il est revêtu, Il communique l'Esprit de Dieu pour qu'il régénère la vie de ceux qui se font disponibles. Les béatitudes proclamées par Jésus, dans le «*Sermon sur la montagne*», prennent une voix d'allégresse dans la prière charismatique: Réjouissez-vous, car Dieu vient à vous. Toute l'ordonnance des réunions vise à donner corps à cette conviction. On prie et on témoigne, on célèbre l'eucharistie et on impose les mains pour communiquer la puissance sanctifiante de l'Esprit divin; on ne discute pas les problèmes de la foi. On stimule l'engagement social-éthique et caritatif; on ne débat pas des problèmes sociaux et politiques auxquels s'affrontent les chrétiens, car on veut renouveler la vie («le renouveau charismatique») depuis sa source divine, ainsi que l'a fait le premier christianisme qui, sans attaquer directement le système social de l'esclavage ou les structures politiques de son temps, a transformé le monde.

Le message de Jésus-Christ, le modèle du premier christianisme et la grande tradition chrétienne légitiment l'option charismatique, sans l'imposer, bien sûr, comme la forme paradigmatique de la prière et de l'engagement croyant. En s'appuyant sur ces arguments, les charismatiques peuvent interpréter le «renouveau» qu'ils représentent comme l'indice de la puissance divine qui fuse dans l'Eglise; ils peuvent reconnaître dans leur prière la manifestation perceptible de l'Esprit de Dieu diffusée en eux, selon la promesse du Christ. Cette interprétation religieuse ne nous concerne que dans la mesure où elle relève de la psychologie.

De toute évidence, le phénomène charismatique est analogue à ce qui s'est produit et se produit encore dans d'autres religions. Dans la Grèce antique, l'explosion lyrique et sauvage du dionysisme s'est opposée au «... culte civique (qui) se rattachait à un idéal fait de contrôle, de maîtrise de soi, chaque être se situant à sa place dans les limites qui lui sont assignées. Le dionysisme apparaît au contraire comme une culture du délire et de la folie. Par cette folie, l'homme se libère de l'ordre qui constituait, du point de vue de la religion officielle, le domaine propre du sacré»[14]. De nos jours, la religion afro-brésilienne attire de nombreux adeptes en offrant son culte de «possession» où l'incantation des chants et le rythme enivrant de la danse amènent les fidèles à se laisser «chevaucher» par l'esprit ou par la divinité. Signalons encore le hassidisme, mouvement mystique dans le judaïsme contemporain; dans leurs assemblées, les hassidiens chantent et dansent leur joie devant le Seigneur qui les a élus, qui demeure avec eux et qui leur communique sa gloire et sa puissance, comme au temps du roi David qui lui aussi dansait triomphalement devant l'Arche. Le dieu qui est entré en l'homme — selon l'étymologie du mot : l'enthousiasme — fait éclater en lui son énergie surnaturelle et celle-ci s'exprime dans la jubilation. Parmi les folies supérieures, non pathologiques, il y a, selon Platon, la «manie divine». Thérèse d'Avila retrouve spontanément la même expression en parlant de ses «folies» (*locura*); et à certains moments de ravissement par Dieu, elle sort de sa cellule et se met à danser, comme une jeune fille espagnole ravie par l'amour, entourée des sœurs qui battent le tambourin.

L'énergie vibratoire[15] qui éclate dans ces effervescences religieuses a donné à penser à des théoriciens que les religions sont nées d'un *big bang* d'enthousiasme. Nous avons dit nos réticences. Ce qui nous paraît certain, c'est que ces phénomènes participent à des oscillations de la culture comme de l'homme entre l'administration réglée de la vie et la conscience enthousiaste d'être infiniment plus, entre *animus* et *anima*[16], entre le travail et la fête. La célébration est une des tonalités fondamentales de la religion, car la puissance mystérieuse du divin s'intériorise dans l'élément de joie. On ne saurait donc s'étonner que le christianisme lui aussi connaisse ses temps et ses lieux d'un enthousiasme inspiré. Le contexte culturel était propice à le faire éclater au moment où le mouvement charismatique prend son envol et se répand comme un feu de joie. L'époque est précisément celle qui, dans tous les domaines, réagit contre la rationalité trop disciplinée : l'encadrement éducatif trop contraignant, l'éthique qui glorifie le travail, les moules traditionnels où les arts se trouvent figés, la mode guindée des vêtements. L'imagination, l'expression de soi-même et les valeurs affectives se libèrent. Dans les Eglises, ce bouleversement se trouve en conformité avec la doctrine de l'effusion de l'Esprit de Dieu et cet accord suscite un style de prière qui consent librement à l'invasion divine.

Autrement que par la méditation, la prière charismatique tend à faire se rejoindre la croyance et l'expérience par la voie plus directe de l'affectivité. Notre analyse du deuxième type d'expérience religieuse s'applique à l'expérience charismatique. Différents éléments lui sont cependant particuliers. La répétition rythmée de quelques signifiants a l'effet que nous avons observé dans le recueillement et dans la concentration méditative; mais en tant qu'expression chantée elle met la sensation du corps et l'affectivité au diapason des mots et de cette manière elle les fait opérer leur pouvoir de signifiance. L'influence inductrice du leader du groupe, la réduction de l'esprit critique et des éléments conflictuels et l'orientation délibérée sur la communion en Dieu font du groupe uni un signe perceptible de la puissance régénératrice de l'Esprit. Les témoignages et l'enthousiasme des adhérents agissent comme des modèles d'identification. Tous les éléments sont donc réunis pour précipiter l'expérience en tant que saisie intuitive et affective du contenu de la foi. On pourrait se demander si cette précipitation ne provoque pas une flambée d'expérience imaginaire et émotionnelle, sans effet durable. Ceux qui connaissent le mouvement charismatique affirment qu'en général la participation à cette prière a pour effet durable la conscience vive de la présence divine; des recherches semblent confirmer cette opinion[17]. Nous reprenons, à titre d'hypothèse, l'interprétation que nous avons présentée à propos de l'expérience religieuse du deuxième type. L'expérience émotionnelle déconstruit les résistances affectives qui entravent la sourde aspiration à croire ou qui inhibent le plein consentement. L'expression de la foi se libère, le souvenir du bonheur éprouvé lors de ce moment de conversion et de libération affective encourage la participation au groupe et la restructuration cognitive et affective se poursuit, soutenue par l'identification au modèle.

Certains de ces processus psychologiques se trouvent renforcés dans le «parler en langues» — la «glossolalie» — qu'affectionnent bien de ces groupes, mais dont la pratique est en voie de disparition chez les charismatiques catholiques[18]. On croyait y percevoir le don miraculeux de la xénolalie et assister ainsi à la reproduction surnaturelle de la Pentecôte telle que la décrivent les *Actes des Apôtres*. Les études linguistiques ont désenchanté les coryphées du Saint Esprit musagète et polyglotte. De l'analyse phonétique de F.D. Goodman[19] il ressort, entre autres, que les glossolalistes répètent stéréotypiquement un signal auditif intériorisé et que la glossolalie n'est pas un message linguistique, car celui qui écoute n'a pas de code en commun avec l'élocuteur. Selon Goodman la glossolalie est un artefact produit par une altération de la conscience similaire à l'état de transe. En se référant aux études de Piaget, W.E. Oates[20] reconnaît dans la glossolalie la deuxième phase parataxique de l'essai infantile pour communiquer. La mise en transe, avec sa pratique linguistique, est rendue possible par le mythe du miracle, par l'attente du groupe et par l'influence de nature hypnotique qui en émane; ainsi W. Samarin[21], qui souligne les aspects sociolinguistiques du parler en langues. Une régression s'accomplit, favorisée par une sensibilité hypnotique[22]. Rien de pathologique, pourtant, affirment J.P. Kildahl et P.A. Qualben[23]; sur la base de leur examen avec des tests cliniques, ils pensent que la régression est au service du moi et ils en voient l'indice dans le fait que les glossolalistes sont significativement moins déprimés que les non-glossolalistes de ces groupes.

Arrêtons-nous un moment au terme de régression. Emprunté à la théorie psychanalytique, il est ambigu en ce qu'il suggère une pathologie ou du moins un abaissement de l'âge mental et affectif. Ce que nous pouvons conclure, après notre aperçu des études sur le phénomène de la glossolalie, c'est que, dans la prière charismatique, et plus fortement dans la glossolalie, une déliaison s'opère de la structure mentale telle que la régit l'esprit raisonnant et la volonté stratégique orientée vers des projets déterminés. Or la raison logique et calculatrice intervient tardivement dans l'organisation psychique et elle appartient aux processus que Freud appelle pour cette raison secondaires. Laisser affleurer l'affectivité et l'imagination plus déliées représente ainsi une régression topique à des virtualités psychiques que les nécessités de la vie quotidienne répriment. Loin d'être pathologique, la capacité de pareille régression est un signe de santé psychique. Il est permis de penser qu'en donnant la liberté à cette régression, la prière charismatique restaure cette santé chez bien des membres de ces groupes et que la foi religieuse y trouve son bien. Nous portons le même jugement sur le diagnostic de disposition hystérique que des psychologues ont émis sur les charismatiques. Pris dans le sens d'une typologie psychologique, ce terme n'est en rien plus péjoratif que celui de structure obsessionnelle. Celle-ci est évidemment plus familière aux esprits critiques...

I.7. La prière mystique

La psychologie de la religion s'est particulièrement intéressée aux expériences extatiques qu'attestent des mystiques. Cet intérêt presque exclusif provient sans doute de la fascination qu'exercent sur les uns les apparentes capacités para- ou supranormales de la «conscience altérée» et de l'horreur qu'inspirent à la bienséance d'esprits positivistes les « folies » mystiques. Les mystiques traversent souvent le champ visuel des psychologues comme les extra-terrestres passent par l'imagination des contemporains, séduits ou horrifiés. Les moments extatiques de la suspension des activités mentales ou même des ravissements affectifs et visionnaires ne constituent pourtant pas l'essence de la mystique et les mystiques eux-mêmes mettent en garde contre ce malentendu [24]. La mystique est un cheminement rigoureusement discipliné pour atteindre l'union de tout l'homme avec ce qui, selon les doctrines, constitue l'être véritable et essentiel. Les mystiques sont diverses: naturelles ou cosmiques, métaphysiques, bouddhistes, chrétiennes... S'il y a des stratégies communes et des expériences comparables, elles ne prennent leur véritable signification, même du point de vue de la psychologie, que situées dans leur cadre de référence. Aussi est-ce l'importance qu'accorde à la prière la mystique religieuse qui sollicite ici notre attention [25].

La méditation et la prière composent la trame de la vie des mystiques. Leur vie n'est pourtant pas celle d'un temps stationnaire, suspendu à l'immuabilité divine, comme on le croit d'habitude et comme pourrait le suggérer la régularité monotone d'une existence sans autre aventure que l'attention religieuse. La mystique est une voie, au sens d'une option sur l'existence, mais aussi au sens d'un cheminement. Les écrits mystiques s'évertuent précisément à baliser la route de l'avancée vers l'union avec Dieu et ils avertissent des pièges et des mirages qu'on y rencontre. Fins psychologues, les mystiques nous apprennent autant que les psychologues cliniciens les plus avertis sur les illusions affectives, sur la captation par l'imagination et sur la présomption de la raison. Ceci, trop brièvement dit, montre que la méditation et la prière sont pour les mystiques un véritable écolage. La restructuration mentale et affective que poursuit la méditation ne se réalise pas précipitamment, car l'économie psychique y oppose son inertie. Quant à la prière, celle du mystique combine admirablement la spontanéité expressive et la rigueur de l'intention systématique. S'y réalise de manière exemplaire ce que nous avons écrit sur la prière à plusieurs portées. C'est ce que nous voudrions encore mettre en lumière en relevant deux traits qui nous paraissent essentiels dans la prière mystique.

Les textes mystiques sont des créations littéraires. Cela est significatif pour ce que représente la mystique. Les grands écrits de la mystique allemande, flamande, espagnole et française voient le jour du XIIIe au XVIIe siècle, à l'époque où, dans l'Europe chrétienne, se développent les cultures dans les langues vernaculaires, en marge de la théologie qui, elle, s'élabore en latin, la langue savante et universelle de ce temps. La mystique participe créativement à la culture vivante[26]. Paradoxalement, après coup, on a annexé la mystique à la théologie, sous la rubrique de «théologie mystique». La mystique, cependant, ne poursuit pas le but que se donne la théologie, celui d'établir la vérité objective de la foi chrétienne. Elle la présuppose et s'y réfère; mais l'intention est d'en assimiler personnellement le contenu de vie. Il fallait pour cela combler la distance entre la culture vivante et un message clôturé à l'intérieur d'une langue étrangère et d'une haute technicité spéculative. L'éloignement culturel de Dieu approfondit la souffrance d'être séparé de Lui par la condition humaine. La mystique prend naissance dans une crise religieuse, au sens où les creux et les fissures dans l'ensemble culturel et religieux appellent une mutation. Pour faire de l'enseignement chrétien la substance de leur existence, les mystiques ont recours à tout le registre que déploie la langue enrichie par les expressions des sentiments, par les métaphores du corps symbolique, par la poésie de la nature et par les symboles des demeures humaines. Lecteurs de la Bible, ils transcrivent les événements du peuple élu en histoire de l'âme, elle aussi en lutte avec l'ange de Dieu, guettée par les idoles et tentée, dans la traversée de son désert, de «retourner aux marmites de l'Egypte».

Si l'intellection mystique de Dieu se gagne dans le laboratoire intime de «l'âme», c'est néanmoins en faisant virer les expériences, les saveurs et les expressions du monde vers le centre divin. Pour caractériser l'expérience religieuse des mystiques, nous n'invoquerions pas d'abord les moments de ravissement, mais leur manière de faire habiter les signifiants religieux dans la prose et la poésie du monde; équivalemment: de se dire, dans la méditation, dans la prière et dans les conversations spirituelles, pour entrer progressivement, avec leurs pensées et leur sentiments, dans le sens du message et se laisser transformer par lui. N'est-il pas significatif que les maîtres mystiques aient écrit des œuvres littéraires, véritables guides de prière et de méditation? L'expérience des mystiques est dans le mouvement même qu'ils retracent dans leurs textes. Sans doute n'est-ce pas par hasard non plus que les grands textes mystiques appartiennent à une époque culturelle et religieuse déterminée. Ils ont créé une forme de foi originale: celle d'une foi en quête de l'expérience de la foi.

Un deuxième trait de la prière mystique mérite d'être relevé: la prière de demande se transforme en désir de Dieu et le désir de Dieu prend la forme de la demande. Dans la sixième strophe de son *Cantique Spirituel*, Jean de la Croix nous donne bien la quintessence de la prière mystique: «Donne-toi enfin pour de vrai. Ne m'envoie plus désormais des messagers qui ne savent pas me dire ce que je désire». La prière commune de l'humanité, celle de la demande qui part du manque à avoir et à être, prend Dieu non seulement pour allocutaire, mais pour l'objet même de la demande. La motivation se déplace des bénéfices humains vers le Dieu désiré. En ce sens, la demande qui porte les désirs humains se fait elle-même désir. Le désir, en effet, est le mouvement de l'aspiration humaine qui est conditionné par les rémanences des jouissances, mais qui est inconditionnel dans sa tension à surpasser tout manque. L'ascèse des mystiques est la mise en œuvre de leur désir. Des dispositions psychologiques, plus ou moins ambiguës, les prédestinent à la poursuite obstinée d'un désir qui ne veut pas céder aux captations des choses limitées. De là, chez les mystiques de toutes les tendances, bouddhistes ou chrétiens, les énoncés, apparemment de sonorité mélancolique, sur la vanité et la fugitivité des choses, ombres et images de ce qu'ils désirent. On comprendrait cependant mal leur quête si on l'attribuait simplement à une incapacité psychologique d'aimer, de jouir et de se réaliser. L'expérience clinique montre que pareille déficience psychologique, habitée inconsciemment par des désirs imaginaires de nature mégalomaniaque, conduit à se faire le centre dépressif du monde, mais qu'elle ne soutient pas l'endurance du cheminement mystique. La circularité de la causalité psychique trouve ici également son application. Dans la mystique chrétienne, c'est le mot «Dieu», signifiant dans son contexte, qui cause le désir mystique, en opérant la différence entre Dieu et ce qu'Il n'est pas et en gravant dans le désir un manque finalisé.

Le Dieu des mystiques est celui qui, par la promesse incluse dans sa révélation, les autorise à Le désirer. Mais Il demeure l'Autre et, par conséquent, c'est lui qui doit prendre l'initiative de s'unir à l'homme. Le désir du mystique chrétien va vers Dieu, non seulement en se libérant pour son advenue, mais aussi en tendant vers Lui. Le désir mystique n'est pas pure attente disponible[27]. La conscience de la différence absolue entre l'homme et Dieu, la foi en un Dieu personnel et la confiance croyante en sa parole de promesse, soutiennent un désir actif et le transmuent en une prière de demande, ponctuée et relancée par l'expérience d'union. On peut relever de nombreuses analogies entre les mystiques monothéistes et les autres; mais la prière signe la différence entre l'orientation et le sens de l'expérience des uns et des autres.

II. Le rite

II.1. Religion rituelle ou religion sans rites?

Le statut du rite dans la religion fait problème. D'après ce qu'elles en laissent voir, les conduites et les convictions religieuses se déplacent entre deux pôles: la cristallisation de la religion dans le rite et la conviction que le rite n'est plus indispensable à une religion spirituelle et intériorisée. Les religions archaïques se concentrent dans leurs rites et les études d'anthropologie culturelle sur les religions se consacrent avant tout à l'observation et à l'interprétation de leurs rites. Dans le judaïsme, par contre, une tension se produit entre, d'une part, la religion du temple et du rite sacrificiel et, d'autre part, le prophétisme qui convoque pour une religion intériorisée: «Je veux la piété et non le sacrifice, la connaissance de Dieu plutôt que des holocaustes», dit Yahvé par la bouche du prophète Osée (6, 6). Mahomet le rappelle: «On n'atteint point Dieu avec leurs (des animaux) chairs et avec leurs sangs; mais il est touché de votre crainte pieuse». (*Sourate* 22, 38). Renouant avec l'exigence prophétique, des Eglises protestantes ont pratiquement remplacé le culte rituel par un culte de prières et par «le service de la parole», au point de mettre la chaire de vérité au centre de perspective dans le temple, à l'ancienne place de l'autel. Pour le catholicisme, pour l'anglo-catholicisme et pour l'Eglise orthodoxe, par contre, le rite eucharistique demeure le centre de la vie religieuse et, loin de s'opposer à la spiritualisation de la religion, le rite en exprime, selon ces Eglises, la réalisation accomplie.

La tension entre le rite et l'intériorisation de la religion touche au fondement de celle-ci. Il serait cependant incorrect d'opposer simplement les deux pôles, puisque l'effort de plusieurs Eglises chrétiennes est de les réunir dans un «culte en Esprit». Notre propos n'étant pas théologique, nous prenons cette conception en compte, sans la discuter ou l'argumenter, car elle ne peut pas être étrangère ni aux problèmes que rencontre le rite ni aux formes qu'il prend.

Il est aisé de constater, en effet, que la participation au rite religieux, de tout temps plus réduite dans le christianisme que dans les religions dites archaïques, décline ces derniers temps. Il y a même quelque chose de paradoxal dans le fait que des Eglises présentent le culte eucharistique comme le centre de la vie religieuse, que l'Eglise catholique en fait une obligation religieuse, et que, dans une très grande partie de la population qui se déclare chrétienne, voire catholique, moins de 20 % des croyants assistent régulièrement au culte. Leur religion serait-elle plus «intériorisée»? Pensent-ils comme Kant qui, assistant aux funérailles d'un ami, ne voulait pas entrer dans le temple pour marquer son refus des «pratiques superstitieuses»? Les motivations de ceux qui s'abstiennent du culte sont sûrement plus complexes et plus obscures. Les raisons qui soutiennent la pratique religieuse ne sont pas toujours non plus simples ni transparentes; sinon, comment comprendre les observations que nous avons rapportées au chapitre deux, d'après lesquelles il y a, dans certaines populations aux U.S.A., une corrélation curvilinéaire entre la pratique religieuse et l'intolérance?

Une étude des motivations explicites et des raisons plus ou moins inconscientes pour la non-participation au culte serait fort instructive et elle est du ressort de la psychologie de la religion. Ne disposant pas de recherches sur lesquelles nous appuyer, nous ne la ferons pas ici. Des enquêtes qui ne nous donnent que des indices chiffrés ne suffisent pas pour déceler le sens de conduites où se croisent tant d'éléments différents. Ce que nous pouvons faire, c'est analyser la signification du rite du point de vue psychologique, de nous interroger sur l'influence qu'a la vraie ou fausse spiritualisation sur la mise en œuvre du rite et d'essayer de comprendre les comportements à la lumière de ces analyses.

Notre étude s'attachera donc au mode opératoire du rite et elle ne concernera qu'indirectement les individus. Nous envisagerons ce que de soi, le rite représente pour la religion ainsi que les problèmes qui apparaissent autour du rite dans le contexte culturel et psychologique actuel. La nature même du rite nous prescrit cette option, car le rite, comme réalité symbolique, précède l'individu et il ne se prête pas à un accès psychologique direct. Il s'y passe bien plus que le pratiquant ne le sait clairement lui-même.

Notre retour à l'individu, à partir de la fonction rituelle, ne méconnaît pas une donnée psychosociale de très grande importance et sur laquelle nous attirons d'abord l'attention, parce qu'elle fait apercevoir l'opacité du lien entre la croyance religieuse et sa pratique rituelle. Selon toutes les observations dont nous avons connaissance, au moins dans le milieu catholique, la tradition familiale est déterminante pour l'assistance au culte. A de rares exceptions près, observent la pratique dominicale ceux qui l'ont apprise par l'exemple et par l'éducation dans leur famille. Nombre de ceux que leurs parents y avaient accoutumés abandonnent la pratique ou ne l'observent qu'irrégulièrement; mais l'inverse ne se voit que rarement, en dépit de toute la formation que donne la catéchèse et malgré les années de pratique que favorisent éventuellement le milieu scolaire et le mouvement de jeunesse. A cela, il y a certainement plusieurs raisons, religieuses, sociologiques et psychologiques. On peut penser que l'éducation familiale à la pratique du culte forme le sens du devoir religieux, tel que nous l'avons considéré au chapitre deux, et que cette dimension ne se développe pas dans le cas contraire. Sans doute le modèle présenté s'intériorise-t-il également, car, dans le domaine religieux comme dans les autres, l'homme en devenir acquiert son identité par une identification largement préconsciente aux modèles parentaux, ceux qui lui sont les plus proches et qui marquent le plus fortement ses attitudes essentielles. S'il en est ainsi, les parents non pratiquants représentent ce que, du point de vue de l'assistance au culte, nous appelons un contre-modèle.

Les enquêtes sociologiques nous apprennent aussi que le milieu agit à l'instar d'une famille élargie: des croyants cessent leur assistance au culte en émigrant d'un milieu familier vers un lieu étranger. Invoquer «l'habitude» pour rendre compte de ces faits n'est qu'ouvrir une question, le plus souvent même la masquer par un mot poudreux. Tout d'abord, il serait paradoxal que l'absence ou l'extinction de la pratique rituelle n'ait aucune signification proprement religieuse. A supposer même que l'«habitude» prévaut sur l'intention proprement religieuse, n'entraînera-t-elle pas une attention plus soutenue à la religion et une certaine appropriation progressive des significations religieuses? Autant que l'habitude contraire aura l'effet inverse? Sur la base de nos recherches, nous croyons en tout cas pouvoir affirmer qu'il y a des corrélations positives entre la pratique religieuse et le degré de conviction dans la foi. Mais la question la plus importante est de savoir ce que le mot «habitude» recouvre. Sa connexion intime avec le rite se signale dans l'usage d'appeler «rites», «habitudes» ou «coutumes» les pratiques réglées de la vie privée ou publique.

II.2. *Le rite: action symbolique qui différencie et qui unifie*

Nous ne considérerons que les rites religieux. Ils représentent d'ailleurs la forme originaire du rite et ils demeurent le modèle spécifique. Notre optique est évidemment anthropologique, mais nous tiendrons compte de la conception religieuse concernant l'efficacité surnaturelle du rite, car elle préside à l'organisation du rite.

L'efficacité est intrinsèque au rite: le rite est supposé produire par lui-même un effet. Pour l'actant du rite, la réalité n'est plus la même après le rite. Cela ne veut pas dire qu'il a la conscience expérencielle de l'effet du rite, de la même manière qu'il a une connaissance perceptuelle du réel habituel. Bien au contraire, ce que produit le rite est d'un autre ordre et la connaissance du changement effectué fait partie de la mise en œuvre du rite. Les chrétiens qui célèbrent l'Eucharistie savent qu'ils prennent part au corps et au sang du Christ, non pas par une sorte d'intuition directe, mais en vertu de ce que signifie pour eux l'ensemble du rite. Quand bien même la connaissance de l'efficacité rituelle ne s'exprime pas par le terme de croyance, elle est toujours un savoir porté par un langage et par des gestes qui sont symboliques et qui se réfèrent à une réalité transcendante.

Nous y insistons : c'est le rite qui produit son effet. Bien sûr, ceux qui accomplissent le rite ont la conscience intentionnelle de mettre le rite en œuvre selon son intention signifiante. Mais on méconnaît le rite si on ne le décentre pas de l'individu et si on ne voit pas qu'il est destiné à transformer l'individu. Le rite vient d'en amont de l'individu et celui-ci le reprend et l'actualise. Les chrétiens qui célèbrent l'Eucharistie ont l'intention de le faire «en mémoire» de «la dernière Cène» de Jésus-Christ. On n'explique donc pas le rite par la psychologie, puisqu'il a son autonomie par rapport à ceux qui le pratiquent; mais on peut étudier ce que le rite réalise en l'homme, ce qui rend celui-ci disponible pour l'action rituelle et ce qui, en raison de certaines lignes de force culturelles et psychologiques, défigure le rite ou lui fait perdre sa signifiance.

II.2.1. Le monde et le divin

La caractéristique fondamentale du rite religieux est de relier l'existence et le monde au surnaturel en faisant de la matière du monde et du geste humain le symbole de l'agir divin. La communauté de l'Eglise qui, par le prêtre officiant, consacre le pain et le vin, en fait le symbole de l'humanité divinisée de Jésus-Christ. Comparons ce rite avec la bénédiction de la nourriture avant le repas. L'homme y exprime sa reconnaissance pour les dons du Créateur; il dit aussi la louange de Dieu, car il reconnaît dans la nourriture le signe symbolique de la générosité divine. Mais il n'a pas l'intention d'opérer une transformation symbolique du pain. On peut appeler «rite» la prière de table car elle ressemble au rite par son aspect formel de coutume stylisée par une tradition. Cependant, comme elle ne met pas en œuvre une intention d'opération symbolique, cette pratique n'est qu'un rite au sens faible, dérivé, du terme. La comparaison avec le vrai rite profane du baptême d'un navire aidera à percevoir ce que signifie l'opération symbolique. La personnalité officielle qui donne son nom au bateau et brise une bouteille sur sa coque au moment où il glisse vers la mer, accomplit un rite qui est dérivé du rite religieux. Ce faisant, il donne une identité au navire qui, à partir de ce moment, n'est plus simplement une machinerie utile, mais est devenu un représentant de la nation dont il porte le drapeau. Son statut est modifié et, sur les mers, il se présente avec une identité connue qui confère le droit à la faire reconnaître.

L'efficacité est inhérente à l'action symbolique du rite. Celle-ci exprime la similarité symbolique entre deux réalités, comme le fait la prière à table; dans les deux cas on reconnaît dans le pain le signe de Celui qui a dit, par la bouche du psalmiste: «Interroge la terre, et elle te répondra par du blé et du vin». Mais le rite est en outre une action qui a pour intention de transformer le signe en présence opérante du signifié du signe. L'opérativité du rite peut se comparer à celle qu'a la métaphore dans l'ordre du sens, à condition qu'on maintienne la différence entre sens et réalité. De même que la métaphore n'est pas une comparaison mais la production d'une nouvelle signification, ainsi le rite est la production d'une nouvelle réalité, celle de la conjonction, dans le réel terrestre lui-même, entre le terrestre et le surnaturel. Interpréter le rite comme étant seulement la production de sens serait le réduire à une métaphore, alors qu'il transforme le statut du réel. Le fait que le rite appartient à l'ordre des signes attire sur lui l'intérêt actuel pour la sémiologie et porte des auteurs à y voir avant tout «une des effectuations actuelles du système des signes qu'est une langue»[28]. Trop générale, cette formulation omet de relever qu'en plus de la production de sens par le signe, le rite, par ce qui lui est spécifique, est du côté de la parole performative en acte d'énonciation.

La performativité du rite tient évidemment à son insertion dans son ordre symbolique. Celui-ci n'est pas seulement un sens, mais une réalité qui transcende le réel sur lequel opère le rite. C'est à cette réalité que se réfèrent l'ensemble de signes — langage, symboles, prescriptions éthiques — que nous avons appelés le système symbolique[29]. Ainsi la nation dont le navire porte le drapeau est une réalité symbolique qui transcende les individus. C'est de cette réalité symbolique que le rite tire son efficacité, car c'est la réalité symbolique — Dieu dans la religion monothéiste — qui agit par les personnes qui la représentent et par les gestes et les matières symboliques qui l'évoquent.

En raison de la croyance en l'action surnaturelle, le rite est une des conduites religieuses les plus significatives. S'y manifeste que Dieu — ou le divin — n'est pas le principe abstrait de la raison théorique mais le centre énergétique et transcendant de la vie humaine et du monde. Dire que le rite est «une opération dont l'efficacité supposée est simulée» par «quelqu'un qui prend les rites au sérieux sans trop y croire»[30], appartient au genre d'anthropologie culturelle pratiqué par le fameux musée de propagande athée à Léningrad. Certes, on sait que dans maints rites accomplis par des tribus africaines, les hommes terrorisent les femmes en les faisant croire à l'invasion physique des esprits qu'évoquent les sons et les masques effrayants. En jouant les esprits, les initiés expriment leur conscience de n'être que les lieutenants des esprits et ils s'amusent à inculquer le sérieux du rite aux femmes naïves qui, non initiées, seraient incapables d'accorder un statut de réalité à ce qui ne se manifeste pas dans le réel physique. Quelque chose d'analogue à cette difficulté de penser le réel non physique se trouve dans les réactions des chrétiens que scandalise la formulation «présence symbolique»[31] pour désigner la «présence réelle» du Christ dans l'Eucharistie. Jadis, les légendes sur le sang miraculeux que répandait l'hostie profanée rappelaient même, en traits rouges, la réalité de la présence corporelle. Ce réalisme ingénu n'implique cependant pas nécessairement une croyance en un ritualisme magique au sens péjoratif du terme. Cela dépend de l'effet recherché et de la conception qu'on a du mode opératoire du rite; nous y reviendrons. Une conceptualisation différenciée du statut symbolique du rite n'est pas indispensable à sa pratique selon son intention signifiante. Il est propre au rite de donner à exercer son intention sans que la croyance fasse les distinctions qu'élabore la raison analytique. De même que, selon Kant, les symboles donnent à penser, le rite donne à vivre et à penser par l'action accomplie à l'intérieur du système symbolique.

Selon sa structure, le rite requiert les mêmes conditions qu'Austin indique pour qu'une parole soit réellement performative, autrement dit pour qu'elle entraîne son effet: l'officiant du rite doit avoir la compétence et l'intention. La compétence consiste ici dans le pouvoir que lui confère l'ordre symbolique, en dernière instance: le surnaturel. Généralement des signes — vêtement, masque, emblème — manifestent que l'actant du rite n'agit pas en individu qui s'autorise de lui-même, mais qu'il remplit une fonction qui lui est déléguée par l'instance surnaturelle. En un sens précis, le rite est donc une action théâtrale. Ce qui s'y passe a lieu sur une autre scène que celle de la vie quotidienne. Les participants se transforment en acteurs d'un événement surnaturel. Non pas qu'ils jouent l'événement comme s'il avait lieu, en le simulant; ils l'actualisent en le mettant en scène. Ils se savent à la fois humains et repris dans l'action divine qu'ils représentent. Le rite différencie et unifie l'homme et Dieu.

Tout rite a ainsi la nature d'une initiation; la personne qui participe à l'accomplissement de l'action rituelle reçoit un nouveau statut et elle se définit par rapport à un centre qui n'est plus sa subjectivité ni ses liens sociaux, mais qui transcende le terrestre. Le rite fait devenir l'homme ce que, d'une manière cachée et en attente, il est au cœur de son être. L'opposition entre le sacré et le profane ne définit pas correctement la sacralisation qu'effectue le rite, car le rite ne rend pas sacré n'importe quoi, mais essentiellement l'homme qui y est prédestiné; les objets et les lieux ne sont sacralisés que par leur participation à la transformation de l'homme. En sacralisant l'homme, le rite ne supprime pas la nature humaine, mais il établit un lien entre l'homme et Dieu. La signification première du mot symbole (du verbe grec *sumballein* : mettre ensemble) se réalise par là : il unit dans la différence reconnue.

II.2.2. Le temps et l'espace

Le rite présuppose l'homme investi d'un pouvoir qu'il ne tire pas de lui-même. Il faut donc aussi que le rite lui donne le pouvoir. Ce paradoxe se résout par la transmission du pouvoir et du rite. On ne fabrique pas le rite, même si on le modifie dans ses aspects secondaires; on le reçoit avec l'autorisation et la mission de le perpétuer. Aussi tout ordre rituel comporte son rite d'initiation qu'accomplit la communauté des initiés. L'initiation confère à l'homme une nouvelle identité. Il n'est plus la simple subjectivité contingente, née d'une rencontre fortuite entre deux humains, flottant au vent du hasard. Il se retrouve assumé dans une histoire significative qui transcende les aléas et la fugitivité de la vie biologique. Considéré sous cet aspect, l'initié reproduit à son tour un statut d'existence qui vient de plus haut et qui passe par les générations successives. Aussi le nom donné lors de l'initiation et qui scelle l'identité conférée, appelle-t-il souvent un ancêtre, signifiant par là l'appartenance à une communauté qui enveloppe les générations. Dans le christianisme, le nom d'un saint donné lors du baptême symbolise également l'appartenance au peuple sanctifié par l'initiation.

Passage symbolique à la réalité surnaturelle, l'initiation opère et exprime en symboles éloquents la coupure d'avec l'ordre naturel. Il faut que le candidat consente à mourir à son ancienne identité, en fait une non-identité qu'en opposition à l'ordre symbolique on peut appeler imaginaire : une existence faite d'impressions sans références transcendantes, appuyée sur des liens biologiques et non pas sur une histoire qui a sens. Bien sûr, ces oppositions ont un sens plus absolu dans les civilisations que l'ordre surnaturel pénètre de part en part. Dans le christianisme, l'initiation n'inscrit pas moins le baptisé dans une histoire qui transcende tout l'ordre symbolique humain et qui vise à lui donner sa valeur absolue en l'assumant dans l'histoire divine. On le sait, le baptême, lui aussi, symbolise et réalise symboliquement la mort et la naissance à la nouvelle identité, celle de membre « du peuple de Dieu ». L'accès à la nouvelle identité ne peut que passer par la mort, car la mort est la loi immanente à la vie naturelle. L'initiation comporte la coupure d'avec cette vie et, par conséquent, le consentement à son destin mortel pour que, dans le néant ainsi créé, puisse s'implanter la nouvelle vie qui transcende la nature mortelle. Il n'y a jamais de symbole sans « une déformation cohérente »[32] qui détruit de quelque manière ce qui est purement naturel pour que, dans le naturel transformé, apparaisse l'ordre symbolique évoqué par le symbole. Le rite de l'initiation accomplit le plus intensément cette opération symbolique par la mort. Elle se reproduit cependant dans le rite central de la religion : le sacrifice. Qu'un animal soit tué, l'encens brulé, une nourriture mise à part ou la boisson versée, toujours une destruction symbolise la mort, condition pour que le sacrifice soit une opération symbolique. Mais la mise à mort réelle n'aurait pas le sens d'une action symbolique. Dire que le sacrifice complet serait le suicide par offrande est un contre-sens. L'accès à l'ordre symbolique ne peut se faire que par la mort symbolique. S'il y a mise à mort réelle d'un être humain, c'est encore la famille ou la communauté qui l'exécute par la médiation du sacrificateur.

Parce qu'action symbolique, passage à l'identité surnaturelle, tout rite a un caractère d'initiation. Là se trouve, croyons-nous, l'explication de la coutume universelle de marquer par un rite les moments de transition dans la nature. Est-ce un simple besoin de solenniser et de ritualiser ces moments ? Nous pensons que c'est la transition elle-même qui crée « le besoin » : elle appelle le rite, par sa signification même, car ces temps forts ouvrent la vie quotidienne sur une autre réalité. En tant qu'expérience d'un commencement ou d'une fin, ces temps de rupture renvoient à ce qui transcende l'individu. Sur ce point, nous nous opposons à l'interprétation fonctionnaliste de J. Cazeneuve[33] qui, en reprenant l'idée freudienne de la liaison défensive[34], explique les rites de passage comme une défense contre l'angoisse provoquée par les changements, ces temps où les puissances du monde échappent dangereusement à la règle. Cette explication s'appliquerait sans doute aux sacrifices humains des Aztèques qui nourrissent par le sang sacrificiel le soleil supposé défaillant. Mais l'interprétation de Cazeneuve contredit la visée du rite de passage : d'opérer la transition à la vraie identité. Ainsi, dans le christianisme également, le rite sacralise cinq grands moments qui représentent, chacun, un événement et un avènement : la naissance, l'entrée dans l'âge adulte, le mariage, la maladie qui achemine vers la mort et la mort. Ces césures dans le temps où la vie se renouvelle sont des moments d'initiation à l'ordre surnaturel.

Nous pourrions appeler ces moments les points de capiton entre le terrestre et Dieu. Ceux que la sociologie religieuse nomme les «pratiquants saisonniers» demandent au minimum de sacraliser ces temps de transition.

Le calendrier rituel du christianisme s'organise autour des temps forts qui sont les moments transitionnels de la vie de Jésus-Christ. Le rite chrétien, en effet, unit la vie de l'homme avec l'histoire que Dieu accomplit dans son messager, le prototype de l'humanité. Chaque «sacrifice eucharistique» remémore et réactualise symboliquement le moment culminant de la transition-initiation de Jésus : le passage par la mort vers l'union plénière avec Dieu. Le calendrier inscrit aussi ces deux temps — le temps de la vie et le temps de la mort initiatique de Jésus — dans le temps naturel sur lequel se réglaient les calendriers rituels pré-chrétiens et qui garde toujours pour l'homme de ces lieux le sens d'une transition symbolique : le solstice de l'hiver (naissance de Jésus), le printemps (Pâques), le commencement de l'été (la Pentecôte et le temps de l'Eglise), l'entrée dans l'hiver (jour des morts et perspective de la fin du temps ou «des cieux nouveaux et de la terre nouvelle»).

En nouant le temps humain et naturel sur la vie créatrice et génératrice de Dieu, le rite rassemble également l'espace sur le point central où il se relie verticalement avec ce qui le transcende[35]. Le lieu où le rite s'accomplit et où les hommes dispersés se réunissent devient le lieu focal de l'espace habité. Ce n'est pas parce qu'un lieu est géographiquement central qu'on y célèbre le rite; c'est le rite qui crée le centre symbolique et qui induit éventuellement le choix d'un lieu spatialement et visiblement central.

II.2.3. *Le corps rituel*

Baptiser, manger, boire, oindre, imposer les mains, toucher... : à peu d'exceptions près, le rite est une action symbolique par le corps et sur le corps. Pour être bien connu, cela n'en manque pas moins de nous interroger chaque fois que nous y sommes attentifs. Pourquoi ne pas simplement inscrire au registre de l'Eglise ceux qui décident d'y adhérer et qui prononcent leur acte de foi? Pourquoi ne pas poursuivre l'intériorisation de la religion? Qu'est-ce que les gestes ajoutent à l'expression de la foi en paroles? Bien sûr, d'après la religion, l'efficacité des rites demeure liée à leur forme instituée. Quand bien même la religion adapte ses rites à un nouveau milieu culturel, elle en réfère néanmoins l'origine à l'instance plus ou moins surnaturelle qui les a légués aux hommes. Nous pouvons néanmoins nous interroger sur la signification intrinsèque de l'implication du corps dans les rites tels qu'ils fonctionnent.

Deux éléments solidaires appellent l'attention du psychologue : il s'agit d'une action et d'une action qui est symbolique. Considérons d'abord le symbolisme. Le rite met en jeu le corps tel qu'il est inséré dans les éléments de son monde : l'eau, la lumière, la nourriture, l'huile comme moyen thérapeutique ou cosmétique. On bien le rite consiste dans le contact du corps au corps, comme dans l'imposition des mains. Il y a là un langage par le corps que développe le langage verbal du rite en créant les métaphores. Ainsi se produit activement le sens nouveau que la religion entend apporter : la nouvelle naissance, l'eau vive qui désaltère la soif du désir, Dieu-lumière qui triomphe des puissances ténébreuses. Mais si le rite ne visait qu'à produire les métaphores dans lequelles se disent les sentiments et les croyances, il pourrait, avec l'évolution de la culture vers une conscience plus intériorisée, se transformer en expressions de langage, ainsi que les déploient les prières. Les matières et les gestes rituels garderaient cependant les fonctions de représentation iconique et d'expression participative qui revivifient les métaphores ; car les métaphores s'usent si l'homme n'accomplit pas activement la production de leur sens en les faisant naître de son corps expressif associé aux mots. Encore ces fonctions du rite pourraient-elles être relayées et sont-elles pour certains mieux réalisées par l'art religieux. Mais le sens des rites, d'après les religions, n'est pas seulement de recréer les significations religieuses ; en tant qu'actions symboliques ils remémorent des événements pour les réeffectuer au présent. Ce que disent les métaphores, les rites le réalisent. Que l'action s'accomplisse aussi par le corps et sur le corps et non seulement par le langage, nous paraît correspondre à la psychologie de l'action. D'une part, l'action émane de l'homme entier, corps et parole ; d'autre part, en portant sur le corps, le rite donne à l'homme entier son nouveau statut. Ce sont les deux aspects que nous allons expliciter davantage.

Le sens de la transformation qu'opère le rite se conçoit, ou plutôt se vit d'abord dans les gestes mêmes. Les anthropologues le savent bien qui dégagent le sens d'un rite en l'observant et en le mettant dans son contexte. Ils n'accordent qu'une importance secondaire aux interprétations que fournissent les informateurs. Comme tout symbole, le rite donne à penser, parce que la signification activement exercée excède la conscience explicite qu'en prennent les pratiquants. Les chrétiens qu'interrogerait un ethnologue sur « le sacrifice de l'Eucharistie » le décevraient sans aucun doute bien souvent. Et le journaliste qui leur tendrait le micro après «la messe» pour recueillir des informations sur le sens de leur pratique n'entendrait souvent que des débris d'explication peu révélateurs. N'est-ce pas habituellement le cas lorsqu'on invite les hommes à dire en quelques phrases le sens des actes signifiants qu'ils accomplissent dans et par le corps? Ainsi paraissaient-elles bien pauvres les réponses de plusieurs mères qu'un intervieweur de la radio interrogeait un jour sur les raisons qu'elles avaient eues de donner la vie. Dans une cure psychanalytique, par contre, le temps est donné d'une parole libre; viennent alors peu à peu les représentations affectives, profondément inscrites dans la conscience corporelle et formant tout un réseau de sens, leur sens personnel, qui ne peut jamais se dire abruptement.

Les intentions signifiantes habitent les gestes corporels de par la profondeur historique des souvenirs affectifs qui s'y sont inscrits. Le schéma du corps physiologique ou du corps instrumental ne suffit pas à expliquer pourquoi le symbolisme adhère si étroitement au corps. On ne comprend pas le mystérieux symbolisme de l'acte de boire en invoquant la nécessité physiologique d'absorber une certaine quantité de liquide. A travers les cultures, l'acte de boire garde un remarquable sens symbolique et rituel: «par ce rite, l'homme acquiert pouvoir, dépassement de soi (virilité, fertilité, même promesse d'immortalité pour Dyonisos), et signe d'appartenance au groupe social»[36]. Qu'est-ce qui, dans le corps, peut donner cet étrange surplus de sens que ne donne pas à l'acte de boire la causalité physiologique? Ce ne peut être que le lien entre le moi actuel et les expériences libidinales précoces dont le psychisme conserve la mémoire et qui demeurent en lui les expériences prototypiques de la jouissance, du lien avec le monde et avec autrui, et de l'introjection de ce qui est bon. Manger et boire, ce sont les formes primordiales de consentir libidinalement au monde et à autrui, d'en faire une partie de soi ou, ce qui revient au même, d'étendre la subjectivité en investissant affectivement l'autre et ce qu'elle/il donne à boire et à manger. Aussi Freud peut-il affirmer que la prise orale constitue le premier mode de l'identification, ce processus par lequel la personnalité se forme en s'assimilant des traits de personnalité ou la position relationnelle de ceux qui servent de modèles[37]. Ce processus se développe sur la base du schème corporel de l'assimilation orale. S'il en est ainsi, on comprend l'importance universelle du boire et du manger dans les rites; ils renouent avec le schème symbolique de l'identification orale. La psychologie clinique aboutit à la même réhabilitation du corps symbolique que l'analyse du rite. Si on parvient à restaurer un peu le rapport au réel et à désaliéner le schizophrène, c'est en restituant à son langage l'expérience des intentions libidinales du corps; son moi et son monde se reconstituent à partir des sensations et des significations primordiales qui furent profondément troublées lors de leurs formations précoces[38]. Ce qui paraît bien étrange devant la raison abstraite et utilitaire prend un sens fondamental pour le psychologue qui sait combien profondément le corps libidinal et expressif structure les rapports significatifs au monde et à autrui. Pour effectuer la transformation de l'homme en faisant inhabiter en lui la vie divine, le rite fait accomplir le geste symbolique de manger le corps du Christ et de boire son sang, tout comme de nombreux autres rites sacrificiels font boire et manger ce qui est rendu sacré par le sacrifice. Ce faisant, le rite instaure aussi la communauté entre ceux qui communient (s'unissent) à la même réalité surnaturelle.

L'explication par le symbolisme corporel ne donne pas encore l'entière signification du corps rituel. Le rite agit aussi sur le corps. C'est dans le corps périssable qu'il inscrit la marque d'une identité surnaturelle. On ne peut plus clairement manifester que l'homme n'a pas seulement son corps, mais qu'il est aussi son corps, qu'il est une existence corporelle. Le rite contient la prémonition d'une victoire sur la mort, plus réelle que l'inscription du nom sur la pierre tombale. Pour le christianisme la communion au corps et au sang du Christ confère cette victoire en habilitant le corps pour sa résurrection; le « moi » divinisé sera toujours le moi corporel, celui sur lequel le rite a corporellement enté son identité de nature divine. Une expression du saint Paul dit de manière lapidaire la métamorphose surnaturelle du moi corporel: « votre corps est le temple de l'Esprit du Dieu ».

Par l'implication symbolique du corps, le rite s'adresse aux désirs de l'homme. Renaître pour une vie plus glorieuse, apaiser sa faim de bien-être, fêter la lumière qui triomphe des puissances de corruption, guérir le corps souffrant et condamné à dépérir...: les fantasmes profonds qui mettent en scène les désirs remplissent les expressions symboliques des gestes et les matières du rite. Par là, le rite renoue avec ce qui est sacré pour l'homme. Le sacré, en effet, consiste dans les valeurs qui sont essentielles à la personne et qui composent un champ transitionnel entre, d'une part, ce qui est contingent, insignifiant en fin de compte et, d'autre part, le surnaturel. En mobilisant les dynamismes expressifs du corps de désir, les rites illustrent aussi la remarque d'E. Cassirer: « le contenu du religieux n'a pas sa racine la plus profonde et la plus authentique dans l'univers de la représentation, mais dans celui des affects et de la volonté »[39]. Le corps, en effet, est le noyau du « je peux » et du « je sens ».

II.2.4. La symbolique d'en dessous et d'en haut

L'importance du corps rituel ne doit pas nous faire oublier l'autre moitié du symbolisme du rite: le système symbolique en dehors duquel il n'y a pas de symbole. L'immersion dans l'eau et la sortie de l'eau n'ont pas le même sens dans le baptême chrétien et dans le bain rituel de l'hindouisme, quand bien même l'intention signifiante des deux rites assume des connotations symboliques analogues, liées au corps et à l'élément naturel. Le rite, en effet, est une action qui fait entrer l'homme corporel dans un ordre qui le transcende. De cette manière, le rite apporte aussi un sens aux expressions symboliques du corps et aux désirs qui s'y coulent. Dire que le rite interprète la symbolique est trop ambigu. Il ne dévoile pas seulement la signification qui est immanente et latente dans les gestes corporels et dans les représentations de désir; il les transforme en leur imposant une signification qu'ils ignoraient. Aussi le rite est-il une initiation qui marque, par la rupture de la mort symbolique, le passage à un autre ordre. La conjonction de la symbolique d'en bas et de celle d'en haut détermine les moments actif et passif dans le déroulement du rite. La volonté de naître à une nouvelle vie s'exprime par l'entrée dans l'eau baptismale; mais on ne se baptise pas soi-même. La nouvelle vie n'est pas en continuité avec le désir; l'homme ne peut que la recevoir de celui qui a la compétence de donner la nouvelle vie en baptisant. L'interprétation proposée par C.G. Jung occulte ce point capital en ramenant la symbolique rituelle à une archéologie psychologique.

Les deux dimensions du symbolisme, la symbolique émergeant du corps et des éléments et l'ordre symbolique, contribuent chacune à donner une forme stable au rite. C'est cependant en vertu de son rattachement à l'ordre symbolique que le rite est une institution. On s'est demandé, à ce propos, comment les symboles peuvent demeurer immuables à travers les changements culturels. Comment le pain, par exemple, peut-il avoir la même valeur symbolique dans une société d'abondance que dans une société où il est la nourriture substantielle? La même objection a été faite à propos de métaphores dont le sens premier ne correspond pas à une réalité de notre culture quotidienne. La métaphore du «bon pasteur» garde-t-elle son effet de sens pour des gens qui ne rencontrent plus de berger en chair avec son troupeau? Cette objection, naturelle de nos jours, part d'une conception trop naturaliste du symbole. Les contes de fées ou les mythes n'ont-ils pas une valeur symbolique? Et les figures d'antan qui fascinent et qui intriguent les lecteurs des romans historiques? Une recherche[40] nous a en tout cas démontré que, pour des chrétiens éloignés de toute civilisation pastorale, la figure du berger conserve pleinement sa valeur symbolique. A l'encontre d'une psychologie positiviste, la culture nous montre que la métaphore et le symbole, comme réalités culturelles transmises, créent et entretiennent leur pouvoir évocateur. Ils agissent comme les signifiants du langage qui induisent, eux aussi, le sens des valeurs sémantiques dont la culture les a chargés. Les rites créent leur postérité symbolique à condition que leur mise en forme et le langage qui les interprète continuent de leur insuffler le pouvoir d'évocation poétique.

Faisons le point. La symbolique du corps et des éléments naturels déterminent pour une part la forme du rite. Ce qui motive la permanence de sa forme concrète, c'est la référence à l'institution. Dans le christianisme, l'énonciation explicite de la référence à l'institution historique renforce encore la stabilité des rites. Malgré la diminution de pouvoir symbolique direct qu'entraîne le changement du milieu culturel, le symbolisme peut se maintenir parce que la tradition fait des symboles et des métaphores des signifiants qui propagent leur signification. C'est parfois en opposition à la dévalorisation des réalités quotidiennes que le rite restaure le sens des éléments et des gestes élémentaires: le pain, l'eau et la lumière.

II.3. *Fonctionnement et dysfonctionnement du rite*

II.3.1. *Entre deux seuils*

Nous appliquons au symbole ce qu'A. Malraux a dit de l'art: il soumet la réalité du monde à «une déformation cohérente» et, en conséquence, il n'acquiert sa valeur symbolique que par la tension entre la réalité et la déformation. En dessous d'une certaine présence de réalité en chair, la figure n'est plus symbolique parce qu'elle ne mobilise pas l'intention signifiante qui s'enracine dans le corps et dans son habitat. Mais passé un certain seuil, il n'y a plus de symbole non plus; trop pleine, la réalité ne renvoie plus au-delà d'elle-même. Il y a des manières de pratiquer le rite eucharistique qui lui font tellement perdre sa figure d'un repas en commun que le savoir théorique doit remplacer la lisibilité du symbole. Lorsque le rationalisme et le dualisme diffusés dans la culture ont imprégné la pensée théologique, celle-ci a favorisé la réduction de la substance charnelle du rite à une manipulation technique, au point que l'antique expression «instrument de grâce» a reçu une signification presque technologique. A l'autre extrême, le réel absorbe le symbole. Illustrons cela par une observation. Pour donner corps au symbolisme eucharistique, dans une foule de jeunes en pèlerinage, on fait passer en abondance des plateaux de petits pains consacrés, à la manière dont on fait circuler la nourriture lors d'une fête champêtre. Que voit-on? Les assistants en font une fête et se lancent joyeusement les petits pains consacrés. Dans ce cas, la mise en scène et la matière symbolique créent une atmosphère de fête qui provoque l'ambivalence affective et l'inversion. La fête, en effet, peut présenter l'occasion privilégiée pour donner libre cours à l'ambivalence affective. Songeons aux fêtes qui sont des parodies; celle, par exemple, où l'on humilie le seigneur et où on affuble le manant des insignes seigneuriaux. Le «rite de moquerie» qu'ont décrit les ethnologues nous montre aussi les ressorts intimes de l'ambivalence affective; ainsi y a-t-il des rites funéraires où une bande de jeunes font irruption, à un certain moment, pour lancer des insultes et des obscénités à la famille en deuil. Tout pouvoir qui domine l'homme — Dieu, l'autorité, la mort — excite la tendance à la subversion. Lorsque le rite supprime la barre du négatif qui transforme l'élément naturel en signe de ce qui le transcende, il semble se parodier lui-même et, tournant le rite en fête, il induit l'inversion. Pour que le rite demeure symbolique, il doit rester en deçà d'un certain seuil de réalité naturelle. Prendre sans plus modèle sur la fête pour illustrer le rite est un contresens psychologique. Les coutumes qui associent le rite et la fête les différencient en séparant dans le temps le repas rituel et celui des nourritures terrestres.

II.3.2. *Ritualisme et spontanéité expressive*

On distingue les rites uniques, celui de l'initiation et celui de la mort, et les rites répétitifs qui s'incrivent dans le temps cyclique et ponctuent la durée de la vie. Du point de vue des générations successives, cependant, tout rite est répétitif dans son intention et dans sa forme instituée et transmise. Au sens que Kierkegaard[41] a donné au terme, répéter signifie: réactualiser un événement divin et faire de l'homme présent le contemporain de cet événement du passé. Or, dans le contexte contemporain, le caractère répétitif du rite fait problème parce qu'il ne s'accorde pas avec la recherche de l'expression spontanée. Il est significatif, à cet égard, que, dans l'usage actuel, le mot «rite» prend souvent la connotation péjorative d'un formalisme suranné, vidé de sa signifiance[42].

Les sociétés archaïques s'attachent à la mémoire des événements mythiques et des signes qui fondent leur permanence et elles sont dès lors très rituelles. Récemment l'Occident a connu le temps de la rupture où l'on voulait casser les formes transmises pour libérer l'expression créatrice de ses contraintes. On se souvient des vernissages d'expositions, dans différentes capitales, où les artistes qui exposaient brisaient leurs sculptures ou déchiraient leurs toiles, signifiant par la destruction de l'objet esthétique leur refus de laisser se lier l'imagination novatrice. A la limite on aurait aimé procéder à un nettoyage culturel par le vide pour délester l'homme des archives culturelles qui encombrent sa mémoire et qui inhibent la spontanéité de ses expressions. Mais comment s'exprimer dans une fulguration hors temps, sans le secours de formes reçues? «Le temps est un guide boîteux», dit B. Gracian[43]; il avance et il met un pied dans l'avenir en prenant appui sur un pied qui est dans le passé.

En estimant que les rites hérités sont les rémanences de signes dont le magnétisme s'est épuisé, on a demandé la création de nouveaux symboles religieux qui donneraient à l'homme religieux d'exprimer plus spontanément ses propres sentiments et expériences. Il y a sûrement une requête psychologiquement justifiée dans cette demande, mais aussi le «mythe» d'une créativité qui tire de soi le prodige de symboles inédits. Le malaise par rapport au rite signale que, par sa forme trop stéréotypique ou artificielle et par son langage trop doctrinal, il s'est trop coupé de la culture vivante et qu'il n'invite pas à refaire le geste expressif qui l'a fait naître. Passé de main en main par ceux qui «administrent le sacré», comme le dit Durkheim à propos de la religion établie[44], le rite risque en effet de s'user comme une vieille monnaie. Mais on ne crée pas des symboles comme on fabrique de nouvelles générations d'objets techniques. Les symboles naissent de l'accord entre, d'une part, le corps expressif et son milieu naturel et, d'autre part, le langage qui rend les gestes et les choses emblématiques en y incarnant ses significations. Si on réclame de nouveaux symboles, c'est, entre autres, parce que la pratique ritualiste des rites a fait se perdre la signifiance des symboles et des gestes élémentaires. C'est aussi parce que le langage ne fait pas la transition entre l'expérience du sacré dans le monde et l'événement divin célébré et réactualisé par le rite.

Il reste que le rite, même réanimé, remémore le legs religieux et répète les événements divins. Il inspirera toujours l'ennui à ceux qui l'approchent plus avec le désir d'expériences révélatrices qu'avec la foi qui vise à participer à son action symbolique. Pour que la majorité des croyants pratiquent régulièrement leurs rites, il faut vraiment que la foi ou la tradition soient fortes. Le surnaturel chrétien se communiquera toujours en des formes plutôt discrètes. Les rites de possession qui amènent les esprits à chevaucher les hommes en transe atteignent plus intensément l'homme, en dépit de leur répétition. Le rite chrétien ne peut que décevoir la nostalgie d'expériences religieuses intenses de ceux qui, comme A. Artaud, sont à la recherche d'«... un noyau d'hommes capables d'imposer cette notion supérieure du théâtre qui nous rendra à tous l'équivalent naturel et magique des dogmes auxquels nous ne croyons plus...»[45].

II.3.3. Du rite à la foi intériorisée dans l'éthique

Une conviction religieuse incline également à reléguer le rite parmi les vestiges du passé religieux : des croyants estiment que la véritable foi se pratique dans l'engagement éthique et non pas dans les rites récurrents. Moins engagés, d'autres ne tiennent pas moins l'honnêté éthique pour l'essentiel de leur praxis religieuse et ils ne voient pas ce que la pratique rituelle apporterait de plus à leur vie. D'autres encore revalorisent le rite en lui donnant la signification de symbole et d'inspiration pour une éthique selon les exigences de la foi.

Comme toujours, nous entrons dans ce débat dans la mesure où il nous révèle une vicissitude de l'homme religieux et où, à notre tour, nous pouvons y apporter quelque éclairage. L'antiritualisme ou la réinterprétation du rite qui prennent pour centre d'intérêt l'éthique religieuse font partie du vaste mouvement culturel et psychologique qu'est l'intériorisation des vérités et des normes de conduite. Pour saisir la signification de ce mouvement, il est utile de se reporter à l'origine de l'éthique. Les premières prescriptions éthiques étaient rituelles en ce qu'elles posaient les conditions de la participation au rite. Le principe qui les régissait était celui de la pureté requise par l'approche du surnaturel. Ainsi la loi biblique interdit-elle le meurtre parce que le contact avec le sang versé infecte l'homme d'une souillure incompatible avec la communication avec Dieu. Deux idées, universellement présentes dans les religions anciennes, dominent cette conception de l'éthique : la communication avec le surnaturel se fait essentiellement par le contact qu'établit avec lui le rite et la communication avec les puissances antagonistes de Dieu, celles du chaos et du mal, se fait également par le contact. De là les multiples prescriptions qui interdisent le contact avec tout ce qui souille, c'est-à-dire ce qui fait communiquer l'homme avec les puissances du mal. Et les anciens en voyaient les manifestations au-delà de ce qui nous paraît appartenir à l'éthique religieuse, par exemple dans les animaux «impurs». Aussi les rites de purification, pratiquement disparus dans le christianisme contemporain, ont-ils la fonction importante de mettre dans l'état requis pour la communication avec ce qui est sacré; songeons à la coutume des mahométans de se laver le visage et les mains et de se déchausser avant d'entrer dans le lieu sacré. Ce fut une profonde révolution religieuse que fit Jésus en éliminant radicalement l'ancienne idée de la souillure et en proclamant que ce sont les pensées et les intentions mauvaises, celles qui viennent du cœur, qui rendent impur (*Evangile de Matthieu*, 15, 1-20)[46]. En déplaçant aussi radicalement l'éthique vers les intentions qui commandent les actes, il l'a intériorisée, achevant ainsi un processus déjà commencé par les prophètes. De la même manière Jésus a-t-il remplacé le culte attaché à un lieu sacré par l'«adoration véritable» de Dieu, «en esprit et vérité» (*Evangile de Jean*, IV, 19-24). Le premier christianisme a repris l'enseignement éthique et religieux de Jésus quant à la réelle impureté, celle du cœur. Il a également posé ses conditions éthiques pour la participation au rite eucharistique; on ne prend pas part au Corps du Christ sans adopter la disposition éthique qui lui est conforme. En ce sens le rite central du christianisme fonde lui aussi une éthique rituelle: celle, précisément, qui est intériorisée.

Les deux principes fondamentaux du christianisme sont ainsi à l'origine du mouvement qui aboutit à tenir la pratique rituelle pour religieusement accessoire, voire insignifiante. La communication avec Dieu se fait par la foi en Jésus et celle-ci transforme l'adoration de Dieu en adoration «en esprit et vérité». L'éthique, pour sa part, se détache de son lien originel avec le rite et elle devient même la pratique religieuse la plus signifiante, celle qui rend vraie la foi et sur laquelle l'homme sera finalement jugé (*Evangile de Matthieu*, 25, 31-46). Le centre religieux étant ainsi déplacé, les rites n'ont plus la signification prévalente qu'ils ont dans la plupart des anciennes religions.

L'intériorisation religieuse du christianisme ne déritualise pourtant pas la religion, puisque Jésus a légué à ses fidèles le rite eucharistique et qu'il leur a enjoint de le célébrer en sa mémoire. Pour que l'intériorisation motive l'omission de ce rite, il faut que d'autres facteurs s'y ajoutent et axent la religion chrétienne exclusivement sur sa dimension éthique. De fait, l'évolution de la culture occidentale a orienté vers le discrédit du rite en faisant basculer l'intérêt de ce que l'homme attend de Dieu vers ce qu'il a pour tâche de réaliser lui-même: instaurer le règne éthique par l'organisation d'un monde meilleur et plus digne de l'homme. De concert avec un dépérissement du sens symbolique et avec la forme ésotérique qu'a prise le culte, la rationalité de l'idéologie du progrès a donné aux croyants «antiritualistes» les arguments pour identifier la foi avec l'entreprise sociale et éthique de l'homme. On mesure la radicalité du changement culturel si l'on songe aux fantastiques dépenses en travail, en argent et en ingéniosité que le moyen âge a consacrées à la construction des cathédrales; c'était pour lui une œuvre religieuse de la plus haute signification que de créer les signes visibles du contenu spirituel de la culture. M. Douglas souligne que l'antiritualisme est habituel dans les mouvements utopiques. On y remplace la fonction symbolique, dit-elle, par la chaleur du sentiment et par l'effervescence révolutionnaire[47]. On le comprend : les symboles, surtout les actions symboliques du rite, présentent plus de sens que ce que l'homme ne conçoit rationnellement et ils réfèrent à une réalité qui excède ce que l'homme peut réaliser, alors que l'imagination utopique réintègre l'excédant symbolique dans un avenir qui est à la portée des efforts humains. Lorsque s'est épuisé le grand mythe du progrès qui a animé la sécularisation, il a encore laissé derrière lui l'idée que l'action efficace sur le monde a plus de réalité et de sens que l'action symbolique. Le privilège donné à l'action utile est une retombée de la sécularisation et elle contribue fortement à rendre le rite marginal dans la vie religieuse de nombreux contemporains plus ou moins croyants.

II.3.4. La réinterprétation éthique du rite

Il y a des croyants qui, dans la ligne de l'intériorisation éthique de la foi, donnent une signification essentiellement éthique au rite et qui sont dès lors heurtés par son fonctionnement effectif. Pour eux, la participation à l'Eucharistie représente la célébration de la mémoire de Jésus de Nazareth, non pas la remémoration actualisante de la mort et de la transition de Jésus vers sa pleine divinisation. Jésus est le maître et le modèle de l'éthique évangélique et sa mort n'est que la manifestation, tout comme sa vie, du don de sa personne aux hommes. La foi dans la transformation surnaturelle par la participation au Corps du Christ cède à l'identification avec le modèle éthique que représente Jésus. A l'exemple des disciples, on prend le repas avec lui, tel qu'il survit dans l'esprit des croyants par le rappel de sa personnalité. Ce remaniement du sens du rite veut aussi réagir contre une préoccupation morale et religieuse pour son propre salut individuel et centrer la morale chrétienne sur les exigences sociales qui en découlent.

Dans cette optique, la participation à la communauté de culte pose le problème de la vérité de l'éthique rituelle. On estime contradictoire avec le sens du rite de le célébrer avec des croyants qui ne sont pas solidaires dans le même engagement. On retrouve ainsi l'antique lien entre l'éthique et le rite, mais la pureté exigée s'intériorise dans l'intention d'un engagement constructif et elle n'est plus une condition pour le contact avec Dieu mais pour la formation d'une communauté symbolique. On reproche à la pratique habituelle d'endormir la conscience morale en donnant une bonne conscience hypocrite. On répugne aussi de participer à une assemblée qui n'est qu'une fiction de communauté de culte, puisqu'elle occulte les conflits sociaux-politiques qui divisent les croyants[48]. Le rite qu'on veut célébrer devrait démentir la théorie de la religion qu'a avancée Marx: d'abord une propédeutique à la formation de la fraternité humaine, la religion qui se maintient en devient l'illusion, car elle ne relie les hommes, dans la reconnaissance réciproque, que par la médiation d'une idée sans réalité, une idée, par conséquent, qui les aliène de la réalité qu'ils ont à construire. Au contraire d'une religion qui «est le cœur d'un monde sans cœur», le rite doit instaurer la religion qui fait de la mémoire de Jésus la puissance d'une transformation effective du monde.

De quelque manière, ceux qui célèbrent le rite dans cette intention mettent en œuvre une des significations importantes du symbolisme rituel: la constitution d'une vraie communauté, fondée sur des symboles communs, ainsi qu'une certaine effectuation du lien avec Dieu. Mais la réinterprétation éthique du rite évince évidemment un élément capital qu'ont, depuis les origines, le baptême et l'eucharistie dans la tradition chrétienne: la transformation surnaturelle de l'homme. Ce qui pour l'interprétation éthique fait problème dans l'étique rituelle et dans la constitution de la communauté, prend un sens à l'intérieur de la foi dans l'opérativité surnaturelle du rite. Pour cette foi, la communauté du culte est la préfiguration d'une fraternité humaine de réconciliation et de reconnaissance, car celle-ci ne se réalisera pleinement que lorsque Dieu aura triomphé des puissances de la division, de la violence et de l'aveuglement. En différenciant la terre des hommes et «le règne de Dieu», le rite les unit aussi dans l'action symbolique. Bien sûr, en préfigurant la fraternité humaine qui transcende les conflits, il en confie aussi la réalisation à la responsabilité des croyants. Et en présentant l'accomplissement plénier de cette communauté comme excédant l'avenir historique de l'humanité, le rite comporte le danger d'amortir les exigences de sa propre éthique et de démobiliser les volontés d'engagement. La conscience critique des illusions de l'utopie, par contre, préserve du ressentiment qui démobilise autant et de l'intolérance qui sacrifie les hommes d'aujourd'hui au rêve d'une humanité future. Interprété selon sa finalité transcendante, le rite impose une éthique de la tolérance qui n'accuse et ne rejette pas ceux avec lesquels on ne s'accorde pas dans les options éthico-sociales.

La conscience de ces ambiguïtés et de ces conflits qui sont inhérents à la religion rendent difficile une pratique des rites qui fait sens pour la vie. Sans doute la variation des types de communautés rituelles permet-elle une pratique en vérité. L'excédant du sens du symbolisme rituel s'en dégagera, contre les étroitesses des interprétations trop rationnelles et contre les illusions des intériorisations trop affectives et imaginaires. Ce qui préserve l'excédant de sens du symbolisme rituel, c'est, bien sûr, la croyance en son opérativité surnaturelle. Mais à cet égard, la méfiance envers ce qui paraît de la magie renforce l'infléchissement vers l'interprétation éthique.

II.3.5. Magie et efficacité rituelle

Magie: pour l'esprit rationaliste, le mot est l'emblème de la puérilité primitive. Les études récentes ont montré que les rapports entre la magie et la raison sont beaucoup plus subtils que ne le pensaient les ethnologues du passé, imbus de leur supériorité rationnelle; sous le nom de magie, le rationalisme scientifique ou vulgarisé ne continue pas moins de disqualifier comme prérationnelles les civilisations dites primitives. Assez naturellement, ce jugement doit s'étendre à toute croyance dans l'efficacité des rites, car, si on fait du travail rationnel sur les causes naturelles le canon de l'efficacité réelle, le maniement rituel des symboles ne peut qu'être magique. Les milieux religieux se sont défendus contre cette suspicion et ils ont réagi avec le souci anxieux de départager l'efficacité du rite et la croyance magique. Mais en opposant simplement les deux, on reprend et on consacre l'ancien concept de magie alors que seule la discussion de ses présupposés peut dissiper les équivoques.

Considérons d'abord la conception et l'explication rationaliste de la magie. L'opposition qu'on a faite entre les conduites rationnelles et magiques prolonge celle que la théologie mettait depuis longtemps entre le vrai culte et la «superstition». Selon la formulation remarquablement pénétrante de saint Thomas d'Aquin[49], la superstition emploie les choses comme des signes au lieu de les utiliser comme des causes qui produisent leurs effets naturels. Le pacte avec le démon illustre ce procédé, car les effets attendus ne peuvent être attribués ni aux causes naturelles, ni à Dieu. Les sacrements eux aussi utilisent les choses comme des signes; mais ce sont des signes que Dieu lui-même a institués et auxquels il a lié son pouvoir. Par la suite, les théories qui attachent un sens péjoratif à la magie partent également de la conviction que la magie attribue à des signes l'opérativité qui revient en réalité à des causes. Dans cette optique, Freud[50] présente une explication psychologique qui nous semble la théorie la plus complète. D'après lui, la magie est une action imaginaire qui émane de la toute-puissance de la pensée, autrement dit: de la croyance dans la réalisation des désirs ou des craintes. La magie ressemble donc aux rêves qui, eux aussi, sont des réalisations imaginaires du désir, éventuellement des représentations traumatisantes. La magie représente cependant déjà un second stade du développement psychique, dans l'individu et dans l'histoire de l'humanité, puisqu'au lieu d'halluciner seulement la réalisation des pensées, la magie recourt aux gestes, prononce des mots et emploie des choses. Toutefois, la magie en reste à la représentation extériorisée de l'action et elle croit accomplir l'action en la mimant. En manipulant les signes d'une action, la technique de la magie suit les voies habituelles des associations entre les signes, comme le fait également le rêve: celle de la ressemblance ou celle de la contiguïté. Ainsi Freud peut-il donner un fondement psychologique aux observations de G.J. Frazer concernant les mécanismes de la magie. La religion constitue un moment encore plus avancé du développement de la civilisation, puisque, pour elle, les modifications désirées du monde naturel dépendent de l'influence qu'ont sur lui des êtres indépendants de l'homme. Dans leurs pratiques rituelles, les religions reprennent cependant la conduite magique qui appartient au stade préreligieux. Nous laissons de côté l'explication par la culpabilité que Freud avait donnée du rite religieux lorsqu'il l'avait comparé aux rites de la névrose obsessionnelle[51].

Dans ses études sur le stade magique de la représentation du monde chez l'enfant, J. Piaget a pratiquement repris l'interprétation freudienne, mais il pousse beaucoup plus loin l'analyse des caractéristiques épistémologiques de la pensée et de l'action magiques. Pour Piaget aussi... «les gestes sont des symboles au même titre que les mots, les noms ou les images, et, du moment que, pour l'enfant, tout signe participe du signifié ou tout symbole adhère aux choses elles-mêmes, les gestes sont conçus comme efficaces autant que les mots ou les noms»[52].

Personne ne contestera qu'il y a un développement de la pensée opératoire, dans la civilisation comme dans l'individu qui appartient à une civilisation de raison critique et scientifique. Mais aussi bien la psychologie de l'enfant que l'anthropologie culturelle ont abandonné l'idée simple, héritée d'A. Comte, que la pensée magique n'est qu'une approximation imaginaire et égocentrique de la pensée rationnelle. Attribuer sans plus une croyance réaliste à la pensée «magique» de l'enfant semble bien être une vue d'adulte qui projette ses propres concepts sur l'enfant[53]. Et loin d'éliminer la pensée symbolique en la transformant, le progrès de rationalité et l'enrichissement du langage rendent l'enfant progressivement capable d'une perception et d'une pensée distinctement symboliques[54]. Quant aux peuples «primitifs», on juge plutôt primitive la conception, encore reprise par Freud, selon laquelle «ne sachant presque rien d'eux-mêmes et rien des objets qu'ils percevaient autour d'eux et dans le monde entier... (ces peuples) s'imaginaient que toute chose était douée d'une vie pareille à la leur »[55]. Ainsi que l'écrit J. Baudrillard, penser que le primitif ignorant croyait « s'insérer par ses pratiques magiques, dans la chaîne des causalités nécessaires de l'ordre naturel », c'est là une « réécriture vulgaire de la magie... toujours dominée par le préjugé d'une nature et d'un homme séparés, d'une nature et d'une société séparées, puis repensées 'par analogie', et par l'image d'un primitif naïf/malin, rationnel/irrationnel, qui force cette nature à produire tantôt en la transformant par le travail, tantôt en la manipulant par les signes ». Ces civilisations ont une pensée rationnelle, mais elles ne conçoivent pas la production de la récolte, par exemple, sur le seul mode de l'enchaînement des causalités naturelles, car « les fruits de la récolte... viennent, comme par surcroît, du maintien de l'échange (de la cohérence symbolique du groupe avec les dieux et la nature) »[56]. En d'autres termes : la pensée et la pratique « magiques » ne se juxtaposent ou ne s'opposent pas à la pensée et au comportement rationnels, mais la magie les intègre dans une vision religieuse où les causes naturelles, humaines et surnaturelles collaborent. Encore faut-il distinguer entre différents types de rites qu'on a appelés magiques. Ceux qui méritent plus spécifiquement cette appellation, ce sont les moyens magiques « de s'opposer à la sorcellerie et à d'autres forces mystiques qui empêchent les entreprises humaines d'atteindre leur but »[57].

Il fallait évoquer la nouvelle évaluation de la magie des civilisations « primitives », afin de dissiper les grossiers malentendus qui pèsent sur la question du rapport entre la magie et la croyance en l'efficacité des rites. En reprenant les interprétations récentes que nous venons d'exposer, on peut dire qu'il n'y a pas d'opposition entre magie et rite religieux. Aussi M. Douglas[58] peut-elle, sans donner un sens péjoratif à cette expression, rapprocher la magie et la croyance en l'efficacité surnaturelle des rites; elle distingue ainsi la fonction magique du rite et sa fonction d'expression symbolique. Si les rites magiques impliquent la croyance dans la collaboration entre les puissances surnaturelles, la causalité naturelle et le travail de l'homme, on peut y voir, en effet, une parenté avec la foi chrétienne dans l'efficacité des actions symboliques que sont les sacrements. Dans la pratique, cependant, les croyants n'adoptent pas le terme de magie pour désigner leurs rites; seuls l'utilisent des anthropologues qui comparent les différentes religions ou ceux qui veulent marquer, par ce terme, qu'ils ne croient pas en l'efficacité des rites. Mais en s'exprimant ainsi, ce serait faire preuve de rationalisme étriqué que de donner à ce terme le sens péjoratif qui appartient au passé infantile de l'anthropologie culturelle. Cela dit, on ne fera pas que le cliché de l'idée de magie ne renforce l'incroyance ou le scepticisme envers l'idée d'une efficacité qui demeure en dehors de toute vérification possible. L'ancienne conception anthropologique de la magie reste d'autant plus tenace dans les esprits que, depuis l'interprétation freudienne, «magie» est aussi devenu la catégorie psychologique pour désigner un comportement caractérisé par une telle surestimation des représentations de désir qu'on fait comme si le désir s'accomplissait automatiquement. Dans son interprétation de la vie inconsistante de J.J. Rousseau, J. Starobinski décrit bien ce comportement magique: «... le recours à la magie constitue... une façon d'atteindre aux fins sans mettre en œuvre les moyens normaux: il rejoint son but par la vertu d'un saut instantané qui élude le contact avec l'obstacle et supprime toutes les étapes intermédiaires. La magie est le royaume des actes immédiats; ... le désir de Rousseau cherche à s'accomplir sans accepter les gênes que la condition humaine lui impose. Il veut être instantanément..., sans avoir eu à apprendre, par l'effet d'une grâce immanente qui résulterait de l'intensité même du désir»[59].

En souvenir de l'ancienne conception et en se référant à la catégorie psychologique, la littérature chrétienne a repris le terme de magie, dans son sens péjoratif, pour caractériser des pratiques et des croyances qui ne correspondent pas (entièrement) à l'intention signifiante des rites. Ainsi A. Godin: «La mentalité magique se manifeste, chez des enfants et des adultes, lorsqu'une relation de causalité est affirmée ou supposée entre un objet ou un comportement, matériellement envisagé, et divers effets obtenus sur un plan supérieur (moral, spirituel) sans qu'il y ait effort adéquat sur ce plan»[60]. Cet emploi du mot «magie» embrouille évidemment les discussions. Personnellement nous préférons appeler «imaginaire» cette mentalité, en la distinguant de «symbolique».

En tenant présente à l'esprit la signification de l'action symbolique rituelle, on peut appliquer deux critères pour distinguer les pratiques qui dévient vers la «mentalité magique», autrement dit: vers son interprétation imaginaire. En premier lieu, est imaginaire la pratique du rite qui lui accorde une efficacité quasi mécanique, en supposant que l'action divine adhère à la matérialité des mots et des signes rituels. Un bel exemple est la pratique de certains exorcistes d'antan qui s'appliquaient à épurer les péchés des possédés en les forçant à prendre «les Saintes Espèces» «à hautes doses»[61]! Est de même nature, sans aller aussi loin, le recours au rite (sacrement) dans le but d'obtenir un effet spirituel, pardon des péchés, grâce divine, sans que la disposition intérieure soit mise en consonance avec l'effet attendu. En deuxième lieu, nous croyons pouvoir appeler imaginaire la pratique qui cherche à obtenir, par le rite, un bénéfice essentiellement naturel; par exemple: recevoir l'Eucharistie pour réussir dans une entreprise humaine.

Nous devons cependant nuancer notre jugement. De toute évidence, il y a toujours un certain degré de conformité avec l'intention du rite. Il ne s'agit jamais d'une pratique purement imaginaire, puisque le croyant s'adresse toujours à Dieu et qu'il a donc une certaine conscience de demander que Dieu accorde le bienfait espéré. En réalité, les pratiques se situent sur un continuum entre, d'une part, un seuil minimal d'action symbolique, auquel se superpose un maximum de croyance imaginaire et, d'autre part, un point asymptotique de si parfaite conformité à l'action symbolique que le désir humain en est entièrement transformé par le message religieux.

La structure du rite nous donne le critère pour départager les différentes croyances dans l'efficacité surnaturelle du rite. L'action symbolique implique une circumincession ou une compénétration de l'action de l'homme et de l'action divine. Pour que le rite ne dévie pas vers un usage plus ou moins imaginaire (magique), il faut dès lors que l'intention humaine coïncide avec l'intention divine. Or cette coïncidence ne se réalisera que si l'homme habite réellement la symbolique du rite, puisque le symbolisme rituel est le mode propre de communiquer avec Dieu. La déformation de la mise en œuvre du symbolisme rituel crée dès lors une distance entre l'intention du pratiquant et l'intention signifiante du rite. Inversement, l'intention adéquate cherchera à restituer au symbolisme rituel sa pleine expressivité. Si la suspicion de «magie» est si répandue, c'est, entre autres, parce qu'elle a été nourrie par des habitudes rituelles qui devenaient presque des simulacres d'action symbolique. L'observation qu'A. Dumoulin et J.M. Jaspard[62] ont faite sur des enfants nous paraît avoir une portée psychologique générale dans ce contexte. Dans leur perception du rite, les garçons commencent par privilégier l'action rituelle et ils l'interprètent dans le sens d'un événement miraculeux, sens que les auteurs appellent magique. Les filles, par contre, sont plus attentives à la représentation évoquée par le rite: Jésus prenant le repas avec ses disciples. A ce moment le rite n'est pas, pour elles, une action; il n'a qu'une fonction iconique. Vers dix ans, les deux groupes combinent la fonction iconique et la fonction opératoire du rite et, à ce moment, on peut parler d'une véritable perception symbolique. La fonction iconique corrige la perception miraculeuse de l'action, et la fonction opératoire donne à la fonction iconique la valeur d'un symbolisme efficace.

Pour conclure, illustrons encore la croyance imaginaire dans la pratique rituelle, en considérant un exemple. Soit une célébration eucharistique où les pratiquants n'ont pas la conscience de ce que nous avons appelé l'éthique rituelle: l'exigence, proposée par leur religion, de tendre à réaliser une société humaine selon les normes de leur éthique, et dont la communauté rituelle devrait en principe représenter la figure symbolique et le commencement effectif. Il faut bien croire que ces pratiquants vivent peu ou prou la célébration communautaire de manière imaginaire, puisque l'intention véhiculée par les paroles et par les gestes demeure dissociée d'une part importante de la vie effective des pratiquants. Sans doute y a-t-il une conformité partielle avec la symbolique polyvalente du rite. Il y a croyance imaginaire (magique) dans la mesure où l'homme croit que l'action divine s'accomplit en dépit du décalage qu'il y a entre la disposition humaine et celle que requiert le signe rituel. Ce décalage est habituellement méconnu, car l'empire de l'imaginaire dans le désir est aussi fort dans ce domaine que partout ailleurs.

III. L'éthique

Au fil de nos développements, nous avons vu se nouer plusieurs liens entre la religion et l'éthique. Nous nous bornerons ici à recenser ces liens et à prolonger ce rappel par quelques commentaires psychologiques sur les difficultés, sur la formation et sur la réalisation de l'éthique religieuse. Par sa complexité, la conduite éthique relève, sans doute plus qu'aucun autre domaine, de divers champs d'étude. Nos propos limités appellent des compléments que pourrait donner une étude pluridisciplinaire, mieux encore: interdisciplinaire[63].

III.1. *L'éthique: la dimension de conséquence*

Née de la matrice religieuse, l'éthique s'est rendue autonome, avons-nous dit. Pour l'homme religieux, elle reste néanmoins une conséquence et une condition de son expérience et de sa foi religieuses. Elle en est la vérification aux deux sens du mot: elle confirme les intentions religieuses en les actualisant dans la vie et elle constitue l'épreuve qui donne à voir si ces intentions prennent effectivement corps dans les rapports humains.

Lors de notre analyse de l'expression «le sacré», une particularité s'est imposée à notre attention: avoir le sens du sacré, c'est, entre autres, reconnaître à la personne humaine une dimension de profondeur qui a un sens religieux, indépendamment de la référence explicite à Dieu. Or, ce qui est sacré impose le respect et l'obligation de le défendre. Ainsi le sens du sacré qui habite l'homme coïncide avec la conscience d'un devoir éthique. Cette observation nous rappelle la conception de Kant qui déclarait la loi morale «sacrée», en raison de son caractère *a priori* et inconditionnel. D'après nous, la nature sacrée de la loi morale est dérivée de la nature sacrée de la personne; la foi formule de manière absolue, et donc abstraite, l'exigence de reconnaître le caractère sacré de la personne[64].

La confession de la paternité divine a une portée éthique encore plus nette, puisque, sous le nom de Père, on attribue à Dieu les qualificatifs «autorité», «qui donne la loi», «norme», «juge». Du reste, l'étude sur la représentation de Dieu, rapportée au chapitre I, nous montre que, pour la population étudiée et qui est en majorité croyante, le sens de la responsabilité devant Dieu, conjoint avec la confiance, constitue le sous-facteur le plus accentué dans le concept religieux de Dieu. Au chapitre IV, nous avons vu que cette responsabilité prend plus d'acuité et qu'elle engendre plus de culpabilité chez les hommes que chez les femmes.

En tant qu'il est impliqué dans le sens du sacré et dans la confession de la paternité divine, le principe éthique de la religion est tout à la fois intrinsèque et extrinsèque. Le caractère sacré de la personne fait de l'homme lui-même le principe et l'objet de l'éthique. Dieu qui a le nom de Père vient sanctionner ce principe intrinsèque, en l'explicitant sous la forme d'une loi énoncée avec autorité et en convoquant l'homme devant son jugement. Le principe extrinsèque qu'est l'autorité divine donne une force absolue au caractère inconditionnel qui appartient déjà à la qualité sacrée de la personne. Cette force absolue se marque dans la formulation négative de la loi, telle que la promulgue, par exemple, le texte biblique: «tu ne tueras point». En réalité, la face négative que comportent l'autorité et surtout le jugement est déjà présente dans le sacré, puisqu'il impose le devoir de le respecter et de le défendre. Par sa négativité, la loi divine, comme toute éthique du reste, incite l'homme à transformer positivement sa nature pulsionnelle en une disposition conforme au sacré de la personne humaine, à la volonté de Créateur et à l'offre d'une filiation divine.

La solidarité indéclinable entre l'éthique et la religion est manifeste dans le rite. L'intériorisation de l'éthique a détaché celle-ci de son lien originaire avec le rite, en transformant la pureté rituelle en la pureté des intentions éthiques. Il reste que le rite central du christianisme, celui de la célébration eucharistique, symbolise, entre autres, la communauté humaine transformée par l'éthique religieuse. La vérité de l'action symbolique qu'est le rite exige l'engagement pour la réalisation progressive du règne éthique que la communauté célébrante symbolise et préfigure.

En lui-même, l'engagement de foi demande également un travail de vérité qui est fondamentalement éthique et dont l'homme aura dès lors à rendre compte, selon la religion. Soutenir son désir religieux en dépit de la crainte de l'illusion, renoncer au désir illusoire d'une expérience religieuse qui garantisse la loi, accepter de ne pas se suffire et aller contre sa volonté de radicale autonomie, ne pas céder au ressentiment, consentir à reporter à l'après-histoire divine la satisfaction des désirs de bonheur, malgré les rêves utopiques et impatients d'un bonheur terrestre...: la foi demande une incessante fidélité à la parole révélante du message religieux. Le reconnaître, ce n'est pas porter un jugement sur les individus; c'est relever la démarche éthique qui appartient à la structure interne de la foi.

III.2. Plaisir et déplaisir

Il y a inévitablement un malaise par rapport à l'éthique religieuse. L'homme n'est jamais en convenance simple avec aucune éthique, car toutes imposent des contraintes. Qu'on le reconnaisse ou qu'on le dénie, l'obligation de respecter les règles éthiques comporte toujours un désagrément. Mais la religion confère un caractère absolu aux obligations éthiques et elle le signifie clairement par un langage tranchant qui ne permet pas d'émousser la contrainte inconditionnelle de l'éthique. Le mot de péché pèse aussi plus lourd que celui de faute ou de faille, car il double le regret pour ses propres imperfections et méfaits par le regard et la voix de Celui à qui on doit répondre de ce qu'on a fait de son frère, ainsi que Caïn en a fait l'expérience, d'après le récit symbolique de la Bible.

La nature passionnelle du débat que suscite la contrainte éthique se manifeste dans des oppositions paradoxales, qui défient la raison philosophique mais qui sont révélatrices des conflits psychologiques en jeu. A l'éthique de la loi on oppose celle de la liberté; des chrétiens enchaînent en opposant la liberté des enfants de Dieu selon le Nouveau Testament à la Loi de l'Ancien Testament. Des psychanalystes promulguent l'éthique du désir et on y sous-entend volontiers une libération de l'éthique de l'obligation. Pour dissiper le malaise, on propose aux chrétiens de substituer la morale « par plaisir » à la morale « par devoir », ou d'assumer le devoir par plaisir. Mais ces propositions gardent malgré tout un relent de sacrifice et elles rappellent l'ancien conseil, maintes fois décrié comme masochiste, « de faire des sacrifices pour faire plaisir à Dieu ». Le caractère paradoxal de ces antithèses, publiques et privées, idéologiques et intérieures à chacun, se retrouve dans la double attitude envers la loi. Ainsi que le remarque très justement D. Coppieters de Gibson: « D'une part, l'idée de loi... est violemment rejetée par la sensibilité morale contemporaine... D'autre part, le concept de loi (dans des sens, il faut le reconnaître, assez multiples et parfois flous) joue un rôle capital dans diverses sciences humaines qui se trouvent à la pointe de la culture contemporaine, comme, par exemple, la psychanalyse, l'anthropologie culturelle, la sociologie, la linguistique, la sémiologie, l'économie, pour ne rien dire bien entendu du droit lui-même... »[65].

Limitons-nous à la signification psychologique du débat, plus strictement même à sa portée pour la psychologie de la religion. Nous commençons par prendre les oppositions au sérieux, car elles traduisent un conflit psychologique incontournable et, sous les contradictions conceptuelles, nous reconnaissons des tentatives pour réconcilier les oppositions qui clivent l'homme et qui, de nos jours, en rendent maints allergiques à la religion. Les solutions verbalement réconciliatrices ne leur donnent pourtant pas le change. Nous y avons insisté à plusieurs reprises: la religion entre en conflit avec la volonté d'autonomie et de liberté, et la sexualité contient une force d'athéisme. Comment le méconnaître lorsque Freud lui-même souligne le malaise qu'instille, dans la civilisation, la tendance naturelle des passions humaines, de la sexualité en particulier, à s'opposer aux renoncements qu'exige toute culture[66]? Ce qui provoque l'allergie particulière envers les lois éthiques de la religion, c'est évidemment la référence à une autorité extrinsèque à l'humanité.

Au fond de toutes ces oppositions, il y a l'antinomie entre le plaisir et le déplaisir. Ce couple régit la conscience que la vie prend d'elle-même dans l'affectivité, note Aristote[67]. Sans nécessairement se le formuler en toute clarté, celui qui accepte une éthique résout le conflit entre, d'une part, la tendance naturelle des pulsions au plaisir et, d'autre part, le déplaisir que cause le devoir d'y renoncer dans une certaine mesure. L'homme éthique, en effet, trouve un certain bien-être, une forme de plaisir donc, à agir en la qualité d'homme raisonnable, honnête, généreux ou fidèle à ses promesses. Cette solution du conflit ne supprime pas sans plus le déplaisir, mais elle l'accepte comme le prix à payer pour le plaisir plus élevé que celui donné par l'assouvissement du désir orienté vers le plaisir immédiat. L'incapacité de faire le travail de cette solution représente une grave psychopathologie : la psychopathie. Si nous considérons les oppositions évoquées ci-dessus à la lumière du travail qu'impose l'antinomie plaisir - déplaisir, nous devons conclure que, dans les formulations paradoxales du débat, les hommes cherchent à éprouver le sens et le bien-être (le plaisir transformé) personnels que leur donne l'éthique. Pour cette raison, ils acceptent volontiers l'expression « les valeurs morales », toute floue qu'elle soit, mais ils donnent plutôt un sens péjoratif à « morale », mot qui, au contraire de celui apparemment plus noble d'éthique, évoque « les moralisateurs ». Le philosophe pourrait faire remarquer à bon droit qu'une éthique de la liberté n'est éthique et liberté que lorsqu'on ne se laisse pas aliéner par les passions sauvages mais qu'on leur impose sa propre loi, ainsi que le signale l'étymologie du mot fascinant « autonomie ». Mais on ne se donne sa propre loi qu'en vertu d'un principe qui transcende de quelque manière l'arbitraire d'une volonté emportée par tous les désirs que font germer les passions et l'imagination.

L'autonomie éthique ne supprime pas le conflit plaisir - déplaisir, mais la solution éthique donne une satisfaction narcissique, au sens positif de ce terme. Comparée à cette éthique humaine, l'éthique religieuse n'est pas nécessairement plus exigeante. Mais elle maintient une norme dédoublée, celle de l'humanité de l'homme et celle de la loi divine. Ces deux normes n'imposent pas forcément des règles différentes. Pour le croyant, en tout cas, la loi divine et l'exigence qu'impose l'humanité de l'homme coïncident en principe. Reste que, selon l'éthique religieuse, l'homme n'est pas le seul juge de ses actes, que Dieu est même la norme et le juge qui a l'autorité suprême sur lui. Le conflit qui est inhérent à toute éthique peut dès lors prendre plus d'acuité par rapport à l'éthique religieuse. S'il est contradictoire avec le message religieux de proposer un Dieu terrible et vengeur, il serait malhonnête de nier, par connivence ou par bienséance, que, d'après le christianisme, Dieu est aussi le juge des actions humaines. L'incroyant comme le croyant se demanderaient d'ailleurs quel sérieux aurait encore la foi en Dieu si Dieu était le *Deus otiosus* qui se désintéresse des options humaines. Nous avons de nouveau affaire aux attitudes contradictoires que provoque la fonction paternelle. Freud lui-même, tout en estimant que l'idée de péché diminue la valeur de la vie, admire néanmoins les prophètes; ce sont des figures hautement paternelles, dit-il, qui ont fortement contribué à « la spiritualisation » de la civilisation[68].

Le problème général et essentiel de l'éthique religieuse est cependant de savoir si, dans sa religion, l'homme parvient à résoudre le conflit entre le plaisir et le déplaisir par un processus analogue au narcissisme éthique que nous avons évoqué. Pour qu'il y réussisse, il faut que la foi religieuse ait une valeur intrinsèque et soit éprouvée comme un élargissement et une confirmation de l'existence. Dans ce cas, le lien avec Dieu vaut le prix du renoncement éthique à payer. Alors l'éthique religieuse aura elle aussi le sens d'une libération et d'une autonomie plus grandes. Le signe qui permet de vérifier ce caractère intrinsèque de la religion, c'est le regard que porte le croyant sur autrui et sur le monde. Lorsque le désir de Dieu n'augmente pas le sens du caractère sacré de toute personne humaine ou lorsque la pratique rituelle ne développe pas l'éthique rituelle, il est légitime de douter de l'intention proprement religieuse de la religion.

Il va sans dire que l'homme n'est pas à ce point religieux qu'il atteigne spontanément la jouissance religieuse qui résout heureusement les conflits. Aussi est-il normal que, vue du dehors, l'évocation de la loi et du jugement de Dieu paraisse une violence exercée sur l'autonomie de l'homme et contraire à son droit au plaisir. L'impression qui se dégage de certains types d'attitude religieuse renforce d'ailleurs la résistance contre ce qui paraît une aliénation religieuse. Ce sont les pratiques religieuses que commande d'abord la peur de la punition divine, l'obscurantisme qui censure la liberté intellectuelle, la méfiance, mêlée d'une secrète jalousie, envers le plaisir, la répression vétilleuse de la sexualité... Ces attitudes provoquaient la célèbre parole de Nietzsche: «bien plus libérés devraient êtres ces libérés (Erlössten)».

III.3. La formation de l'attitude éthique

La combinaison, dans l'éthique religieuse, d'autonomie et d'hétéronomie fait présumer que sa formation s'accomplit selon les processus que les psychologues ont relevés dans le développement de la conscience morale en général. Une attitude d'éthique religieuse qui ne s'appuie pas sur les principes humanitaires ne pourrait pas réaliser l'unité entre la foi en Dieu et le regard religieux sur l'homme. Les mêmes stades que la psychologie cognitive et génétique de L. Kohlberg[69] a distingués dans la formation du jugement moral doivent normalement se retrouver chez les croyants comme chez les incroyants: 1) morale basée sur l'obéissance et sur l'évitement de la punition; 2) égoïsme instrumental et réciprocité égocentrique; 3) jugement moral qui prend pour repère l'approbation des autres; 4) morale qui prend pour normes l'ordre social et l'autorité; 5) morale qui obéit à la loi conçue comme contrat social; 6) jugement d'après les principes moraux. Notons que des recherches récentes[70] tendent à montrer que les stades 5 et 6 ne succèdent pas strictement aux stades 3 et 4, mais s'y juxtaposent. De fines recherches pourraient montrer, croyons-nous, que l'attitude religieuse donne un appui à cette progressive formation du jugement moral, mais aussi que le développement psychologique, réglé par l'évolution des structures cognitives à l'intérieur du contexte social et culturel, influence la transformation de l'attitude religieuse. Un jugement moral qui reste dominé par l'approbation sociale (le stade 4) ne peut pas manquer de pervertir la relation à Dieu. D'après nos observations, d'ailleurs, des adolescents croyants convaincus se réfèrent, dans leurs jugements moraux, tout à la fois à leur propre conscience et à Dieu, alors que ceux qui restent indécis quant à l'assentiment de foi se réfèrent d'abord à l'opinion morale du milieu de leur âge[71].

La formation de la conscience morale comporte plus que le développement du jugement moral étudié par la psychologie cognitive. La conscience morale, en effet, est un jugement pratique immédiat; elle n'est pas à chaque instant la solution de la sorte de dilemmes que propose Kohlberg; sinon, il resterait encore un clivage entre le jugement et l'attitude[72]. L'expression «la voix de la conscience» nous indique que, plus que par l'apprentissage, la conscience se forme par l'intériorisation de la voix entendue qui propose et impose les normes. Freud appelle «surmoi» cette voix intériorisée, parce qu'elle est devenue une instance interne du moi lui-même et qu'à l'intérieur du moi elle exerce l'observation, l'autorité et le jugement de ceux qui ont présidé à sa formation. Aujourd'hui on donne souvent un sens péjoratif au terme de surmoi; il serait le persécuteur qu'une société répressive aurait distillé à l'intérieur de l'homme. Pour Freud, par contre, la formation du surmoi est la condition pour l'établissement d'une conscience morale qui réconcilie l'individu, porteur de pulsions anarchiques, avec la société civilisée[73]. Cette dérive de la signification du terme «surmoi» révèle l'extraordinaire susceptibilité pour tout ce qui a le nom de loi, même chez ceux qui accusent les injustices des autres.

L'identification aux modèles est un élément très important dans l'intériorisation des principes éthiques. Le modèle est une personne qui présente un comportement ou un mode de relation que l'on admire et s'approprie. Les premiers modèles sont évidemment les parents. Par leurs relations différenciées entre eux et avec l'enfant, ils suscitent en lui les modes de relation qui correspondent à ceux dont il a été lui-même l'objet ou qu'il a vu se nouer entre les parents. Sur cette base, complétée et corrigée par d'autres modèles, se forme essentiellement la conscience morale, croyons-nous. Parallèlement à ces identifications, accompagnées par l'intériorisation de la voix qui énonce les principes, peut s'accomplir une identification avec la disposition que Dieu manifeste envers les hommes. Dans cette relation comme dans celle avec les parents, un échange se fait normalement entre les deux positions du sujet, telles que les structure la grammaire : la position en deuxième personne, celle de la personne à qui on s'adresse, et la position en première personne, celle du sujet qui s'adresse à autrui. La position divine dont l'homme est le bénéficiaire forme en lui la disposition qu'il adoptera envers autrui. Ce processus s'exprime par exemple dans la prière: «pardonne-nous nos péchés comme nous pardonnons à ceux qui nous ont offensés». L'homme religieux est censé pardonner parce qu'il s'est assimilé l'attitude de la bienveillance divine pour lui; la demande rappelle ce processus à la conscience et signale la contradiction qu'il y aurait à dissocier la disposition divine envers le croyant et son propre comportement envers les autres.

Des modèles humains médiatisent l'identification avec Dieu. Dans le christianisme, Jésus-Christ est évidemment le modèle par excellence. La tradition exprime l'identification avec lui par les termes «imitation de Jésus-Christ» et «suivre Jésus-Christ», car, en dehors de la terminologie psychologique, le mot «identification» suggère l'idée d'une égalité, alors que, d'après le christianisme, Jésus demeure un modèle trop transcendant pour que l'homme puisse prétendre l'égaler.

III.4. Idéal et réalité

Des recherches qui ont essayé de vérifier si la formation religieuse influence effectivement l'attitude morale, aboutissent à des conclusions positives[74]. Cela ne prouve évidemment pas que le comportement des croyants soit plus moral que celui des incroyants. La situation est sans doute variable d'après les domaines de l'éthique: celui du comportement sexuel et celui de la justice sociale. Des facteurs multiples et complexes influencent le jugement et le comportement moraux. L'enseignement religieux qui inculque les exigences éthiques peut privilégier la morale individuelle et ne pas éveiller suffisamment la conscience pour la dimension sociale de l'éthique; on sait que, ces derniers temps, les milieux catholiques, par exemple, sont devenus bien plus conscients de leur responsabilité morale par rapport à l'intégration raciale et à la justice sociale. Les mentalités et les pratiques du milieu exercent également une énorme pression sur le comportement moral, de sorte que la distance entre l'attitude et le comportement est bien variable. Enfin, l'adhésion religieuse elle-même se situe variablement sur un continuum très étendu et la mesure de l'intégrité de la foi doit normalement se répercuter dans le comportement moral. Des études qui ne font pas de distinction entre les différentes populations n'apprendraient rien de sérieux concernant l'influence réelle de la religion sur la moralité. On sait que la religion peut aussi donner une bonne conscience qui dispence d'une bonne foi morale; il y a des incroyants, par contre, qui, n'ayant pas ce moyen pour mettre leur conscience en sommeil, mettent toute leur dignité humaine dans leur éthique.

Une évaluation globale de l'influence qu'exerce la religion sur l'éthique nous semble aléatoire. M. Ellul se pose à ce propos «une question pour moi insoluble»: «comment se fait-il que le développement de la société chrétienne et de l'Eglise ait donné naissance à une culture, un ensemble institutionnel et des mentalités exactement inverses de tout ce que la Bible et l'Evangile nous proclament?»[75]. Question qui le conduit à poser cette autre question, qui n'est plus philosophique: «Qui est donc cet homme-là?»[76]. A cette voix forte, pascalienne, répond une autre voix forte, non moins pascalienne, celle d'A. Solsjenitsyne à qui l'horreur d'une société désacralisée a fait découvrir la dimension religieuse de l'homme, indispensable, d'après lui, pour préserver le sens de l'humanité de l'homme. Ces voix donnent à penser et elles éveillent les consciences. Nous n'allons pas leur répondre, ni renchérir sur elles; nous avons vu trop de fils se croiser dans le tissu que nous avons tissé tout au long de ces pages.

NOTES

[1] *How to do things with words*, Oxford, University Press, 1962; trad. fr.: *Quand dire, c'est faire*, Paris, Seuil, 1970.
[2] *Œuvres*, KARADY V. (éd.), vol. I, *Les fonctions sociales et le sacré*, Paris, éd. de Minuit, 1968, p. 355; voir aussi BASTIDE R., L'expression de la prière chez les peuples sans écriture, dans *La Maison-Dieu*, 109 (*Approches de la prière*), 1972, p. 98-122.
[3] Voir chapitre III, note 57.
[4] DRAGONETTI R., *Dante pèlerin de la Sainte-Face*, Gent, Romanica Gandensia, 1968, p.42.
[5] Voir chapitre IV, note 4.

[6] BROWN L.B., Ego-centric thought in petitionary prayer: a cross-cultural study, dans *Journal of Social Psychology*, 68 (1965), p. 197-210; repris dans *Lumen Vitae* (Cahiers de psychologie religieuse IV), 1967, p. 67-88.
[7] Dans *Lumen Vitae*, 1967, p. 17-23, GODIN A., présente un aperçu très clair des différentes positions.
[8] Prière citée par BASTIDE R., *a.c.*, p. 113.
[9] Procédé développé à des fins thérapeutiques par DESOILLE R., *Le rêve éveillé en psychothérapie*, Paris, P.U.F., 1945; MASTERS R.E.L. et HOUSTON J. ont repris cette technique dans le but d'amener à l'expérience religieuse, *Mind games. The guide to inner space*, New York, Delta, 1972.
[10] On lira un bon aperçu critique des différentes conceptions psychologiques sur ce sujet dans VAN DER LANS J., *Religieuze ervaring en meditatie* (thèse de doctorat en psychologie), Nijmegen, Faculté de psychologie, 1978, chap. II.
[11] VAN DER LANS J., o.c., p. 144-205.
[12] VAN DER LANS J., o.c., p. 265 s.
[13] On trouvera de précieuses informations et une évaluation psychologique dans LAURENTIN R., *Le pentecôtisme chez les catholiques*, Paris, Beauchesne, 1974; GODIN A., *Psychologie des expériences religieuses. Le désir et la réalité*, Paris, Le Centurion, 1981, chap. 4.
[14] VERNANT J.-P., *Mythe et pensée chez les Grecs. Etudes de psychologie historique*, Paris, Maspero, 1969, p. 269.
[15] Expression que nous empruntons à BACHELARD G.
[16] Voir la belle parabole de CLAUDEL P., *Pages de prose*, Paris, Gallimard, 1944, p. 99-101.
[17] GODIN A., *o.c.*, p. 112; KILDAHL J.P., *The psychology of speaking in tongues*, New York, Harper & Row, 1972.
[18] GODIN A., *o.c.*, p. 116.
[19] Phonetic analysis of glossolalia in four cultural settings, *Journal for the Scientific Study of Religion*, 8 (1969), p. 227-239.
[20] *Glossolalia: tongue speaking in biblical, historical and psychological perspective*, New York, Abingdon Press, 1967, p. 78 s.
[21] Glossolalia as learned behaviour, *Canadian Journal of Theology*, 15 (1969), p. 60-65.
[22] KILDAHL J.P., *o.c.*, p. 38.
[23] C'est une des conclusions de leur recherche, présentée en résumé dans KILDAHL J.P., *o.c.*
[24] JEAN DE LA CROIX, *La nuit obscure*, L. II, chap. 1 et *La montée du Carmel*, L. II, chap. 16; THERESE D'AVILA, *Le château intérieur*, 6ᵉ demeure, 3; 7ᵉ demeure, vers la fin.
[25] Pour une interprétation psychologique plus générale du phénomène mystique, nous nous permettons de renvoyer à notre ouvrage *Dette et désir*, Paris, Seuil, 1978, 3ᵉ partie.
[26] DE CERTEAU M., *La fable mystique. XVIᵉ-XVIIᵉ siècle*, Paris, Gallimard, 1982, insiste à raison sur la situation culturelle de la mystique chrétienne. En jouant sur l'ambiguïté de «fable-parole» et en substituant régulièrement le concept formel de l'«Autre» à «Dieu», de Certeau semble cependant ramener la mystique à la structure formelle d'une parole sur l'impossible réel, comme si les mystiques ne témoignaient pas d'une réelle expérience de Dieu et comme si cette expérience n'était pas, pour eux, plus importante que... la fable.
[27] Chez SAGNE J.-Cl., Du besoin à la demande ou la conversion du désir dans la prière, dans *La Maison-Dieu*, 109 (1972), p. 87-97, certaines formules («La prière, comme l'espérance, se définirait comme *l'attente de Dieu*», p. 95) semblent reprendre l'opposition faite par NYGREN, entre *eros* et *agapè* et imposer l'idéal, contradictoire selon nous, d'un désir désintéressé.

[28] MARTY Fr., Le rite et la parole, dans: *Le rite*, Paris, Beauchesne, 1981, p. 69.
[29] Voir notre *Interprétation du langage religieux*, Paris, Seuil, 1974, p. 199. Voir aussi CHAUVET L.-M., *Du symbolique au symbole. Essai sur les sacrements*, Paris, Cerf, 1979.
[30] SMITH P., Aspects de l'organisation des rites, dans: *La fonction symbolique*, Paris, Gallimard, 1979, p. 141.
[31] Formulation que nous avons proposée dans: Dimensions anthropologiques de l'Eucharistie, dans: *L'Eucharistie, symbole et réalité*, Gembloux-Paris, Duculot-Lethielleux, 1970, p. 7-56.
[32] MALRAUX A., *Les voix du silence*, Paris, N.R.F.-Gallimard, 1951, p. 337, à propos des «maîtres qui donnèrent à Byzance son premier accent décisif»: «... ils entendaient [la hiérarchie du monde] transformer, non pas en se soumettant aux formes vivantes, mais en employant certaines d'entre elles pour atteindre une autre déformation cohérente — chargée d'une autre signification».
[33] *Sociologie du rite*, Paris, P.U.F., 1971, p. 143.
[34] FREUD expose cette fonction défensive de liaison qu'accomplit l'appareil psychique par les processus secondaires entre autres dans: *Au-delà du principe de plaisir*, chap. VII, *Essais de psychanalyse*, Paris, Payot, 1951, p. 72 s.
[35] Voir ELIADE M., *Traité d'histoire des religions*, Paris, Payot, 1949, p. 321 s.
[36] ARCHAMBAULT J.C., Le corps de l'alcoolique, dans: *Le corps en psychiatrie*, JEDDI E. (éd.), Paris, Masson, 1982, p. 105.
[37] *Trois essais sur la théorie sexuelle*, Paris, Gallimard, 1962, p. 95; *GW*, V, 98-99.
[38] Voir PANKOV G., *L'être-là du schizophrène*, Paris, Aubier, 1981.
[39] *Philosophie der symbolischen Formen*, vol. II, Oxford, Br. Cassner, 1954, p. 262.
[40] CORVELEYN J., Onderzoek naar de betekenis van enkele religieuze symbolen, aangeboden door middel van een voorstellings- en/of een verbaal inductie-gegeven (mémoire de licence en psychologie, non publié), Leuven, 1974.
[41] Voir TIELSCH E., *Kierkegaards Glaube*, Göttingen, Vandenhoeck & Ruprecht, 1964, p. 292 s.
[42] Ainsi SHILS E., Les rites et l'état de crise, dans: *Le comportement rituel chez l'homme et l'animal*, trad. fr., Paris, Gallimard, 1971, p. 307-311.
[43] *L'homme de cour*, Paris, éd. Champ libre, 1972, p. 71.
[44] *Sociologie et philosophie*, Paris, P.U.F., 1924, p. 135.
[45] *Le théâtre et son double*, Paris, Gallimard, 1964, p. 45.
[46] KRISTEVA J., dans: *Pouvoirs de l'horreur. Essai sur l'abjection*, Paris, Seuil, 1980, présente une analyse sémiotique et psychologique approfondie de la souillure et de sa transformation éthique par Jésus. Voir surtout p. 69-154.
[47] DOUGLAS M., *Naturel symbols. Explorations in cosmology*, London, Barrie & Jenkins, 1973, pp. 16-17, 119.
[48] GODIN A., *Psychologie des expériences religieuses. Le désir et la réalité*, Paris, Le Centurion, 1981, p. 162 s., insiste sur le danger qu'il y a à couper le rite de la réalité humaine en méconnaissant les divisions conflictuelles. «Célébrer le conflit», en le rattachant au mystère de vie et de mort, constituerait, pense-t-il, une forme d'expérience religieuse.
[49] *Summa theologiae, secunda secundae*, qu. 96, art. 1.
[50] *Totem et tabou*, 3ᵉ partie.
[51] Nous avons fait une analyse critique de cette conception dans notre *Dette et désir*, p. 134 s.
[52] *La représentation du monde chez l'enfant*, Genève, Delachaux Niestlé, 1926, p. 143.
[53] Voir les considérations critiques de MERLEAU-PONTY M. sur les présupposés de Piaget: *Maurice Merleau-Ponty à la Sorbonne* (Résumé des cours), *Bulletin de psychologie*, 18 (nov. 1964), p. 128 s.

[54] Voir la recherche de DUMOULIN A. et JASPARD J.-M., *o.c.*, voir chap. IV, note 49.
[55] Nous citons MALLARME St., *Les dieux antiques*, Paris, Gallimard, 1925, p. 2.
[56] *Le miroir de la production*, Paris, Casterman, 1973, p. 68-69.
[57] EVANS-PRITCHARD E.E., *La religion des primitifs à travers les théories des anthropologues*, Paris, Payot, 1971, p. 131.
[58] *O.c.*, p. 26-30; LEVI-STRAUSS Cl., *La pensée sauvage*, Paris, Plon, 1962, p. 292-293, semble lui aussi supprimer la distinction entre rite et magie. Selon la conception de Lévi-Strauss, la religion et la magie sont deux modes symboliques (et pré-scientifiques!) de relier l'homme et la nature: la religion confère des pouvoirs humains à la nature («humanisation des lois naturelles»), la magie traite «certaines actions humaines *comme si* elles étaient une partie intégrante du déterminisme physique» («naturalisation des actions humaines»).
[59] J.-J. Rousseau. *La transparence et l'obstacle*, Paris, Gallimard, 1971, p. 79.
[60] *O.c.*, p. 41-42; voir aussi POYER J.-M., *Psychologie et théologie*, Paris, Cerf, 1967, p. 195 s.
[61] Conseil donné par le P. Milleriot S.J. (fin 19e siècle), selon SUMMERS M., dans sa traduction anglaise du *Malleus Maleficarum*, London, Pushkin, 1978, p. 175, note.
[62] *O.c.*, voir chap. IV, note 49.
[63] *La loi dans l'éthique chrétienne*, COPPIETERS DE GIBSON D. (éd.), Bruxelles, Facultés Universitaires Saint-Louis, 1980, présente une étude interdisciplinaire sur un élément essentiel de l'éthique. Dans une perspective psycho-pédagogique, on peut lire la publication interdisciplinaire *Toward moral and religious maturity*, Morristown (New Jersey), Silver Burdett Cy, 1980.
[64] Nous avons approfondi cette idée dans: Religie en ethiek, *Tijdschrift voor filosofie*, 44 (1982), p. 211-231.
[65] *La loi dans l'éthique chrétienne*, p. 7.
[66] *Malaise dans la civilisation*, Paris, P.U.F., 1971, p. 54 s.
[67] *Rhétorique*, II, 1378 a.
[68] *Moïse et le monothéisme*, Paris, Gallimard, 1948, 2e partie, chap. 3 et 4.
[69] Cf. Moral stages and moralization. The cognitive developmental approach, dans: LICKONA T. (éd.), *Moral development and behavior. Theory, research and social issues*, New York, Holt, Rinehart & Winston, 1976, p. 31-53; voir également POWER F.Cl. et KOHLBERG L., Religion, morality and ego development, dans: *Toward moral and religious maturity*, p. 343-372.
[70] BERGLING K., *Moral development. The validity of Kohlberg's theory*, Stockholm, Almqvist & Wiksell, 1981.
[71] HUTSEBAUT D., Reference figures in moral development, dans: *Toward moral and religious maturity*, p. 193-221, présente et commente les résultats des recherches faites à ce sujet au Centre de psychologie de la religion, Université de Leuven.
[72] Notre contribution dans: *Toward moral and religious maturity*, porte sur cette question; voir p. 89-114.
[73] *L'avenir d'une illusion*, p. 17: «Ce renforcement du surmoi est un patrimoine psychologique de haute valeur pour la culture».
[74] ARGYLE M. et BEIT-HALLAHMI B., *The social psychology of religion*, London-Boston, Routledge & Kegan Paul, 1975, p. 122.
[75] L'étrange subversion du christianisme, dans: *Qu'est-ce que l'homme? Hommage à Alphonse De Waelhens*, Bruxelles, Facultés Universitaires Saint-Louis, 1982, p. 275.
[76] *Ibid.*, p. 293.

Postface

Nous n'avons pas inscrit notre travail sous l'intitulé «psychologie de la religion», même si les disciplines scientifiques ont consacré cet intitulé et bien que nous en ayons la charge à l'université. Intitulé trompeur, avons-nous dit. Hérité d'une psychologie débutante, il suggère le projet naïvement présomptueux d'une explication de la religion par la psychologie. Notre parcours convainc le lecteur, espérons-le, de la fondamentale inadéquation de la psychologie et de la religion. La situation de la religion n'est pas exceptionnelle à cet égard : rien de ce qui est humain n'est purement psychologique, encore que tout le soit de quelque manière. Ce dont il s'agit en réalité, sous la rubrique canonique «psychologie de la religion», c'est de l'homme religieux. Plus exactement : de l'homme qui, dans le contexte culturel où notre psychologie s'est placée, est interpellé par les signes religieux venant d'une histoire immémoriale et se trouve devant des conceptions rivales de l'existence. Le principe que nous avons proposé, en fait celui que la réalité impose à la psychologie, ne met pas l'homme religieux d'un côté, et de l'autre côté, l'incroyant. Car, pas plus que tous les discours qui s'entrecroisent, le message religieux ne laisse intact celui qui n'y consent pas. La négation ou l'hésitation sont encore des positions.

Le croyant fait le saut vers les rivages divins. Dans le battement du message religieux, il perçoit une lueur qui éclaire son expérience. Le saut qu'il accomplit n'est pas, pour lui, un acte gratuit. Il a ses raisons, mais elles ne sont pas des expédients qui lui enlèvent toute inquiétude, car la réalité divine ne se laisse pas emparer. Comprendre vraiment l'homme religieux consisterait à entrer à fond dans ses raisons de croire. Nous nous sommes borné à les évoquer discrètement, juste assez pour disposer des références nécessaires à notre entreprise limitée, qui est psychologique et non pas herméneutique. De même avons-nous signalé les raisons que d'autres ont de ne pas croire, sans nous installer, cependant, dans les arguments qui étayent leur refus.

Comme le suggère la métaphore du saut, le croyant se rassemble dans sa parole de foi et de prière, dans l'action symbolique et éthique. Il y accomplit un mouvement qui l'unifie avec le mystère divin. A ce moment, son désordre intérieur se convertit en un geste simple. Mais il est toujours un mouvement par lequel la foi se construit, en réagissant contre des vues partielles et en se transformant pour devenir en accord avec elle-même. Nous avons écouté les rumeurs discordantes que l'homme porte en lui; nous avons suivi les chemins de détour et d'errance qu'il emprunte lorsqu'il guette les signes divins et que leur étrange familiarité incite ses désirs et ses craintes. Aussi le mouvement qui court à travers nos chapitres est-il sinueux. Nous nous sommes entêté à suivre les cheminements de l'homme et de les éclairer. Face au mystère qu'invoque la religion, la conscience humaine manifeste l'épaisseur de ses racines affectives, de ses structures, de sa vie imaginaire. La charge qu'assume la psychologie, c'est d'éclairer les membrures du psychisme, au risque de mettre mal à l'aise.

Ce qui serait réellement oppressif, ce serait de mettre sur les épaules des hommes le fardeau d'une exigence puritaine. De mieux comprendre l'homme qui se cherche, libère précisément de la présomption qui attend de lui une limpidité souveraine. Nous avons montré la force et les ambivalences des motivations. Elles insèrent la religion dans la vie psychique. On ne les dépasse qu'en les assumant et en les transformant. Ce qui fait leur obscurité et leur impureté, c'est la demande d'une gratification immédiate et assurée. Loin d'y avoir dénoncé une perversité religieuse, nous y avons reconnu une intention de tâtonnement. Les désirs d'une protection providentielle, d'une force qui régénère la vie, d'un pardon qui réconcilie, d'une vie qui sauve de la mort : tous ces désirs sont impatients et à courte vue; mais c'est avec eux que la religion opère, car ils ouvrent l'homme à ce qui, d'après la foi, leur sera donné d'une autre manière. Pour passer à cette autre manière, l'homme doit en même temps conserver ses désirs et dépasser certaines illusions et déceptions.

A travers les lignes incertaines que trace souvent la claudication religieuse et que retracent nos analyses, nous avons lu la droite écriture qu'inscrit le signifiant capital de la religion : celui de Dieu. Il préexiste à l'interrogation et à la quête de l'homme et il est le point cardinal sur lequel s'oriente l'étude psychologique de l'homme qui s'y rapporte, positivement et négativement. Il polarise sur lui les motivations, mais il fait aussi sauter au visage les ambiguïtés d'une foi mêlée aux désirs mal décantés. Plus gratuites sont les expériences dans lesquelles Dieu fait signe, dans le halo du sacré qui entoure les dimensions mystérieuses du monde et de la personne, parfois dans la significance fulgurante que prennent les mots. Cela nous a conduit au cœur de la relation religieuse : l'option de foi, travaillée par les contestations internes; elles obligent à l'élucidation, en vue de trancher entre les raisons oppositionnelles. Mais la religion n'est pas une théorie du monde. Elle est vie et ses pratiques rassemblent l'existence pluridimensionnelle dans l'échange actualisé avec Dieu; nous y avons retrouvé, condensé, tout ce que nous avions analysé.

Un travail analytique ne présente pas un raccourci de la vie et il ne laisse pas dans l'ombre les moments négatifs. La psychologie n'offre pas une vue simplement positive qui soutiendrait l'homme dans ses convictions, quelles qu'elles soient. Elle a au moins le mérite de faire regarder distinctement les positions auxquelles on croit devoir s'arrêter dans le voyage de la vie. Aussi aimerions-nous que cette postface soit une préface aux expériences qu'apporte la vie.

Index

Acquaviva S., 133
Adorno T.W., 80
Allport G.W., 38, 44, 48, 66, 78, 79, 105, 107, 158
Alpert R., 177
Angelus Silesius, 161
Aragon L., 255
Archambault J.C., 314
Argyle M., 33, 106, 107, 315
Ariès Ph., 106
Aristote, 36, 307
Arnold M., 107, 186
Artaud A., 294
Assoun P.-L., 184
Augustin, 39, 132, 160, 172, 196, 226, 261
Austin J.L., 192, 284

Bachelard G., 313
Bachs J., 143
Baruffol E., 108
Bastide R., 312, 313
Bataille G., 118
Batson C.D., 32
Baudrillard J., 301
Beit-Hallahmi B., 33, 106, 107, 315
Bellah R., 9, 75
Benson P., 82
Benveniste E., 254
Berger P., 32, 91, 107
Bergling K., 315

Bergson H., 123, 184, 232
Bernard, 119, 182, 271
Black M., 254
Bocquet E., 254
Brown L.B., 90, 105, 265, 313
Bruner J., 154
Bultmann R., 253

Carrier H., 109
Cassirer E., 290
Castaneda C., 176
Cattell R., 94
Cazeneuve J., 286
Chantepie de la Saussaye P.D., 185
Chauvet L.-M., 314
Clark W.H., 178, 187
Claudel P., 196, 237, 249, 254, 313
Clayton R.R., 25
Cohen S., 178
Comte A., 300
Coppieters de Gibson D., 307, 315
Corveleyn J., 314
Couturier G., 185
Cox H., 133, 134

Danblon P., 106
Dandekar R.N., 254
Dante A., 262
Darwin C.H., 219
Davidson J.M., 187

de Certeau M., 313
Deconchy J.-P., 32, 108
Deikman A.J., 186
Delooz P., 60, 105, 106
Deman M., 186
Demerath N.J., 105
De Neuter P., 106, 185
De Pauw M.-J., 186
De Sanctis S., 238
Desoille R., 313
Desroches H., 32
De Waelhens A., 106, 138, 254
d'Harcourt Ph., 105
Ditman K., 178
Dobbelaere K., 32
Dostoïevski F., 77, 96
Douglas M., 296, 301, 314
Dragonetti R., 312
Dricot J., 107
Duméry H., 108
Dumoulin A., 246, 303, 315
Durkheim E., 11, 12, 13, 28, 74, 75, 76, 77, 125, 126, 130, 294
Dux G., 32

Einstein A., 166, 229
Eliade M., 127, 129, 254, 314
Ellul L., 107, 312
Engels F., 109
Evans-Pritchard E., 13, 105, 128, 187, 315

Febvre L., 253
Feifel H., 71, 106
Feuerbach L., 217, 231
Finnegan R., 185
Flew A., 254
Flournoy T., 19
Fortmann H., 186
Fowler J.W., 105
Frazer G.J., 300
Freud A., 255
Freud S., 9, 12, 13, 22, 41, 43, 45, 49, 50, 51, 52, 55, 57, 59, 66, 67, 69, 70, 71, 76, 83, 84, 85, 86, 89, 91, 95, 98, 99, 104, 108, 123, 139, 165, 174, 175, 198, 199, 208, 211, 216, 217, 219, 221, 224, 225, 227, 234, 242, 254, 275, 289, 299, 300, 307, 308, 309, 314
Fromm E., 8, 9, 37

Gallup Poll, 59

Geertz Cl., 14, 15
Gellner E., 185
Gillen L., 108
Gillespie J.M., 105
Gladden J.W., 25
Glock C.Y., 24, 27, 33, 97, 99, 114, 119, 167, 170, 171, 192
Goddijn W., 33
Godin A., 32, 71, 72, 106, 302, 313, 314
Goldman R.J., 105
Goodman F.D., 274
Gracian B., 294
Graff R.W., 214
Greeley A., 186
Guntern A., 94, 108, 247

Harman W., 187
Harms E., 105
Havens J., 178
Hay D., 186
Hayman M., 178
Hegel G.F., 162, 267
Heidegger M., 187
Heraud M., 230
Herberg W., 255
Herlin M., 186
Hésiode, 69
Heyne M., 125
Hilliard F.H., 107
Hjelle C.A., 214
Hobbes T., 49
Hocking W.E., 123, 184
Hölderlin F., 143
Hood R.W., 158
Horton R., 185
Houston J., 179, 187, 313
Houtart Fr., 58, 105
Hubert H., 125
Husserl E., 19, 92
Hutsebaut D., 47, 53, 105, 107, 185, 254, 315
Huxley A., 177

James W., 12, 13, 22, 28, 120, 121, 122, 123, 124, 126, 127, 130, 153, 159, 167, 176, 181, 242, 243
Jaspard J.-M., 106, 246, 303, 315
Jaspers K., 106
Jean, 231, 237, 271, 296
Jean de la Croix, 161, 172, 277, 313
Jeffers F.C., 106

Jones E., 51, 217
Jung C.G., 80, 107, 127, 129, 291

Kant I., 127, 128, 215, 279, 284, 305
Kaufmann G., 186
Kierkegaard S., 293
Kildahl J.P., 275, 313
Klages L., 63
Klein M., 55
Kohlberg L., 309, 310, 315
Kristeva J., 314
Kroll W., 125
Kübler-Ross E., 67, 106
Kuhlen R.G., 107

Lacan J., 219, 240
Ladd C.E., 214
Ladrière J., 32
Laurentin R., 313
Lauwers J., 32
Leary T., 177, 187
Leclaire S., 106
Lee R., 109
Lester D., 106
Leuba J., 108
Lévi-Strauss Cl., 315
Leys L., 255
Lickona T., 315
Lindenthal J., 48
Lübbe H., 32
Luckmann T., 9, 91, 107

Magni K.G., 67, 68, 106
Mahomet, 279
Mallarmé S., 315
Malraux A., 292, 314
Manselli R., 107
Marcel G., 63
Marty Fr., 314
Marty M.E., 109
Marx K., 9, 45, 97, 98, 104, 109, 298
Maslow A., 66, 157, 164, 214
Masters R.E.L., 179, 187, 313
Matthieu, 296
Mauss M., 125, 258
McClain E., 214
McDonagh E., 107
Mc Keon D.M., 108
Merleau-Ponty M., 108, 186, 314
Mitscherlich A., 254
Mogar R.E., 187
Molière J.-B., 36

Monod V., 255
Montaigne M.E. (de), 93
Morisy A., 186
Mouroux J., 184
Munn C.Z., 77
Murray H., 214
Myers F., 167

Needham R., 253, 254
Newton Malory H., 32
Nietzsche F., 6, 83, 107, 123, 309
Nuttin J., 91
Nygren A., 313

Oates W.E., 275
O'Dea Th., 81
Olievenstein Cl., 181
Orens E., 144, 160, 164, 186
Osarchuck M., 61
Osée, 279
Otto R., 124, 126, 127, 128, 129, 130, 131, 132, 152, 226

Pahnke W.N., 178, 179, 180
Pankov G., 314
Parsons T., 8, 75
Pascal B., 93, 117
Paul, 196, 226, 290
Péguy Ch., 252
Peters R.S., 104
Peyrefitte A., 108
Pfister O., 84
Piaget J., 134, 275, 300
Pin E., 106
Platon, 216, 273
Popper K., 32
Portz A., 62, 106
Pouillon J., 107, 253, 254
Power F.C., 315
Poyer J.-M., 315
Price H.N., 254
Pruyser P.W., 32

Qualben P.A., 275

Reik Th., 223, 224, 225, 226, 227, 252
Remy J., 105
Rendtorff T., 32
Richard R., 186
Richards W.A., 178
Richelle M., 104
Ricœur P., 104, 185, 254

Rilke R.M., 70
Rivière J., 196, 254
Rokeach M., 93, 94, 95, 96
Rorschach H., 144
Ross J.M., 107
Rousseau J.-J., 302

Sagne J.-Cl., 313
Salman D.H., 181
Samarin W., 275
Sartre J.-P., 63, 108
Savage C., 178
Schillebeeckx E., 9
Schiller J., 242
Schleiermacher Fr., 126, 127
Schmidtchen G., 107, 186
Segneri P., 241
Servais E., 105
Shakespeare W., 85
Shils E., 314
Sholem G., 51
Shöström E., 214
Simon M., 185
Ska B., 106
Smets H., 32
Smith P., 314
Smith R., 125
Snijder W., 214
Söderblom N., 125, 126
Soljenitsyne A., 77, 312
Spilka B., 82, 104
Staal F., 187
Starbuck E.D., 108
Stark R., 24, 27, 33, 114, 119, 167, 170, 171, 192
Starobinski J., 302
Stickler G., 105
Storaloff M.J., 178
Stouffer S., 48
Strauss E., 186
Struening E., 104
Strunk O., Jr., 216
Summers M., 315
Sünden H., 117

Swenson W.M., 106
Szondi L., 107

Tamayo A., 186, 199
Taminiaux J., 184
Tatz S.J., 61
Tennison J.C., 214
Thérèse d'Avila, 273, 313
Thomas d'Aquin, 107, 299
Tielsch E., 314
Tilliette X., 108
Tufari P., 32

Ungern J., 170, 186

Valéry P., 242
Vanaerde M., 47
Van Bunnen Chr., 185
van der Lans J., 186, 187, 271, 313
Van Ginneken P., 255
Van Tillo G., 33
Vercruysse G., 26, 28, 51, 192
Vergote A., 32, 104, 105, 107, 109, 184, 185, 186, 199, 254, 255, 314, 315
Vernant J.-P., 313
Von Gebsattel V.E., 106
Von Weizsäcker V., 254
Von Wright G.H., 104

Weber M., 77, 156, 186
Weima J., 187
Weiser A., 253
Welford A., 47
Wilson B., 72, 105, 109
Windelband W., 125
Wittgenstein L., 156
Wolff Chr., 93
Wundt W., 125

Young J., 105
Yourcenar M., 106

Zaehner R.C., 179, 187
Zuesse E.M., 141, 185

Table des matières

PREFACE 5

CHAPITRE I: RELIGION ET PSYCHOLOGIE 7

I. *La religion* 8
    I.1. Un phénomène culturel spécifique 8
    I.2 La religion: système symbolique, institution sociale et vie subjective . 11

II. *La psychologie de la religion* 15
    II.1. L'optique de la psychologie 15
    II.2. Neutralité bienveillante et critique 19

        II.2.1. Neutralité méthodologique 19
        II.2.2. Le jugement de vérité psychologique 21
        II.2.3. L'auto-implication du psychologue 21

III. *Pour une psychologie dynamique* 23
    III.1. L'ordre religieux 24
    III.2. Une psychologie qui étudie conjointement la religion et l'incroyance 28
    III.3. Nos perspectives psychologiques et leur articulation 29

CHAPITRE II: LES MOTIVATIONS ET LEURS AMBIVALENCES 35

I. *L'explication psychologique par la motivation* 35
    I.1. Critique du concept de besoin religieux 36
    I.2. Motivation et intention 40
    I.3. Les lieux motivationnels de la religion 43

II. *Les désirs aux prises avec l'impuissance* 45
    II.1. Désir de vie 46
        II.1.1. Les faits 46

II.1.2. Interprétation	49
II.1.3. Confirmation et effets des processus analysés	52
II.1.4. Conclusion	57
II.2. Mort et désir de survie et de récompense	58
II.2.1. Une interprétation populaire	58
II.2.2. Recherches empiriques	59
II.2.3. La nature paradoxale de la mort	61
II.2.4. Observations et interprétations	65
L'homme devant la mort	65
La croyance en l'au-delà	68
III. *L'éthique et les raisons sociales*	74
III.1. Ethique et religion	74
III.2. La dimension sociale de l'éthique	75
III.2.1. Fonction et motivation sociales de la religion	75
III.2.2. Intolérance et conservatisme religieux	77
III.3. La dimension personnelle	81
III.3.1. Motivation éthique de la religion	81
III.3.2. Le sentiment de culpabilité	83
III.3.3. Le sens de la dette et la pratique religieuse	86
III.3.4. Dette et angoisse de culpabilité	87
III.3.5. La culpabilité refusée	89
IV. *Motivation cognitive et dogmatisme*	90
IV.1. Motivation cognitive	90
IV.2. Le dogmatisme	92
IV.3. Interprétation	95
V. *La religion comme compensation pour les frustrations*	97
Conclusion	101
CHAPITRE III: L'EXPERIENCE RELIGIEUSE	111
I. *Définition et classification*	112
I.1. Définition	112
I.2. Classification d'après le contenu	114
I.3. Les modalités de l'expérience religieuse	116
II. *Théories de la religion comme expérience affective*	120
II.1. William James: une psychologie empiriste des sentiments religieux	120
II.2. Rudolf Otto: une philosophie idéaliste des sentiments religieux	124
II.3. Fable et réalité dans la question du sacré	130
III. *La perception religieuse du monde et le sens du sacré*	132
III.1. Evanescence du sacré?	132
III.2. Recherches sur la perception religieuse du monde	135
III.2.1. Les situations d'aperception thématique	135
III.2.2. Recherches approfondies sur la perception religieuse de la nature	143
III.2.3. La perception religieuse de la musique	146
III.3. La signification des mots «sacré» et «le sacré»	147
III.3.1. L'adjectif «sacré»	148
III.3.2. Le substantif «le sacré»	149

III.4. Interprétation 153
    III.4.1. La structure de l'expérience religieuse perceptive 153
    III.4.2. Signification: l'expérience religieuse comparée à la motivation 155
    III.4.3. L'ambiguïté de l'expérience religieuse perceptive 158
    III.4.4. Conditions 163
        - psychologiques 163
        - culturelles 165
        - religieuses 166

IV. *La quasi-perception sans médiation perceptuelle du surnaturel* 167
    IV.1. Observations 167
    IV.2. Le problème 168
    IV.3. Interprétation 170
        IV.3.1. Influence du milieu 170
        IV.3.2. Les enjeux du désir 171
        IV.3.3. Expérience vraie ou illusion? 175

V. *Expérience religieuse induite par les drogues?* 176
    V.1. A la recherche de la drogue mystique 176
    V.2. Observations de mystique expérimentale 178
    V.3. Interprétation 179

Conclusion 181

CHAPITRE IV: FOI ET INCROYANCE 189

I. *La foi qui s'affronte à l'incroyance* 191
    I.1. Croyance et foi 191
    I.2. L'asymétrie de la foi et de l'incroyance 193

II. *La représentation de Dieu* 197
    II.1. Au nom du Père 197
    II.2. Les figures parentales 199
    II.3. La représentation de Dieu 204
    II.4. Interprétation 206
    II.5. Le nom du Père à la croisée de la foi et de la non-croyance 208

III. *Les conflits* 212
    III.1. Autonomie et dépendance 213
        III.1.1. L'ambiguïté du concept d'autonomie 214
        III.1.2. La toute-puissance du désir et le désir de toute-puissance . 216
        III.1.3. Derrière le conflit entre la science et la foi 218
        III.1.4. Prématuration et sexualité 220
        III.1.5. Le fantasme du Dieu jaloux 221
        III.1.6. La solution croyante du conflit 222
    III.2. L'équivoque du désir et la peur de l'illusion 223
    III.3. Ressentiment et réconciliation 229
        III.3.1. Le ressentiment contre la vie 230
        III.3.2. Ressentiment et pardon 234
    III.4. L'utopie religieuse et la foi dépouillée de l'idéalisation 236

IV. *La foi au sein de l'humanité pluriforme* 239
    IV.1. L'humain dans la foi et le fantôme de la foi pure 240

IV.2. Structures différentielles de la relation 242
IV.3. Figures singulières de foi vécue 247

Conclusion 250

CHAPITRE V: LES TROIS PRATIQUES EXPRESSIVES ET PERFORMATIVES: LA PRIERE, LE RITE ET L'ETHIQUE 257

I. *La prière* 258
   I.1. La prière par le corps et par les mots 258
   I.2. Les intentions de la prière allocutive 260
   I.3. Prière pour des bénéfices humains et prière magique 264
   I.4. Tout dire ou la prière à plusieurs portées 266
   I.5. L'expérience méditative 268
   I.6. La prière inspirée des charismatiques 271
   I.7. La prière mystique 275

II. *Le rite* 279
   II.1. Religion rituelle ou religion sans rites? 279
   II.2. Le rite: action symbolique qui différencie et qui unifie 281
      II.2.1. Le monde et le divin 282
      II.2.2. Le temps et l'espace 285
      II.2.3. Le corps rituel 287
      II.2.4. La symbolique d'en dessous et d'en haut 291
   II.3. Fonctionnement et dysfonctionnement du rite 292
      II.3.1. Entre deux seuils 292
      II.3.2. Ritualisme et spontanéité expressive 293
      II.3.3. Du rite à la foi intériorisée dans l'éthique 295
      II.3.4. La réinterprétation éthique du rite 297
      II.3.5. Magie et efficacité rituelle 299

III. *L'éthique* 304
   III.1. L'éthique: la dimension de conséquence 304
   III.2. Plaisir et déplaisir 306
   III.3. La formation de l'attitude éthique 309
   III.4. Idéal et réalité 311

POSTFACE 317

INDEX 321

TABLE DES MATIERES 325

PSYCHOLOGIE ET SCIENCES HUMAINES
collection publiée sous la direction de MARC RICHELLE

1. Dr Paul Chauchard
   LA MAITRISE DE SOI, 9ᵉ éd.
5. François Duyckaerts
   LA FORMATION DU LIEN SEXUEL, 9ᵉ éd.
7. Paul-A. Osterrieth
   FAIRE DES ADULTES, 16ᵉ éd.
9. Daniel Widlöcher
   L'INTERPRETATION DES DESSINS D'ENFANTS, 9ᵉ éd.
11. Berthe Reymond-Rivier
    LE DEVELOPPEMENT SOCIAL DE L'ENFANT ET DE L'ADOLESCENT, 9ᵉ éd.
12. Maurice Dongier
    NEVROSES ET TROUBLES PSYCHOSOMATIQUES, 7ᵉ éd.
15. Roger Mucchielli
    INTRODUCTION A LA PSYCHOLOGIE STRUCTURALE, 3ᵉ éd.
16. Claude Köhler
    JEUNES DEFICIENTS MENTAUX, 4ᵉ éd.
21. Dr P. Geissmann et Dr R. Durand
    LES METHODES DE RELAXATION, 4ᵉ éd.
22. H. T. Klinkhamer-Steketée
    PSYCHOTHERAPIE PAR LE JEU, 3ᵉ éd.
23. Louis Corman
    L'EXAMEN PSYCHOLOGIQUE D'UN ENFANT, 3ᵉ éd.
24. Marc Richelle
    POURQUOI LES PSYCHOLOGUES?, 6ᵉ éd.
25. Lucien Israel
    LE MEDECIN FACE AU MALADE, 5ᵉ éd.
26. Francine Robaye-Geelen
    L'ENFANT AU CERVEAU BLESSE, 2ᵉ éd.
27. B.F. Skinner
    LA REVOLUTION SCIENTIFIQUE DE L'ENSEIGNEMENT, 3ᵉ éd.
28. Colette Durieu
    LA REEDUCATION DES APHASIQUES
29. J.C. Ruwet
    ETHOLOGIE: BIOLOGIE DU COMPORTEMENT, 3ᵉ éd.
30. Eugénie De Keyser
    ART ET MESURE DE L'ESPACE
32. Ernest Natalis
    CARREFOURS PSYCHOPEDAGOGIQUES
33. E. Hartmann
    BIOLOGIE DU REVE
34. Georges Bastin
    DICTIONNAIRE DE LA PSYCHOLOGIE SEXUELLE
35. Louis Corman
    PSYCHO-PATHOLOGIE DE LA RIVALITE FRATERNELLE
36. Dr G. Varenne
    L'ABUS DES DROGUES
37. Christian Debuyst, Julienne Joos
    L'ENFANT ET L'ADOLESCENT VOLEURS
38. B.-F. Skinner
    L'ANALYSE EXPERIMENTALE DU COMPORTEMENT, 2ᵉ éd.
39. D.J. West
    HOMOSEXUALITE
40. R. Droz et M. Rahmy
    LIRE PIAGET, 3ᵉ éd.
41. José M.R. Delgado
    LE CONDITIONNEMENT DU CERVEAU ET LA LIBERTE DE L'ESPRIT
42. Denis Szabo, Denis Gagné, Alice Parizeau
    L'ADOLESCENT ET LA SOCIETE, 2ᵉ éd.
43. Pierre Oléron
    LANGAGE ET DEVELOPPEMENT MENTAL, 2ᵉ éd.
44. Roger Mucchielli
    ANALYSE EXISTENTIELLE ET PSYCHOTHERAPIE PHENOMENO-STRUCTURALE

45 Gertrud L. Wyatt
   LA RELATION MERE-ENFANT ET L'ACQUISITION DU LANGAGE, 2ᵉ éd.
46 Dr Etienne De Greeff
   AMOUR ET CRIMES D'AMOUR
47 Louis Corman
   L'EDUCATION ECLAIREE PAR LA PSYCHANALYSE
48 Jean-Claude Benoit et Mario Berta
   L'ACTIVATION PSYCHOTHERAPIQUE
49 T. Ayllon et N. Azrin
   TRAITEMENT COMPORTEMENTAL EN INSTITUTION PSYCHIATRIQUE
50 G. Rucquoy
   LA CONSULTATION CONJUGALE
51 R. Titone
   LE BILINGUISME PRECOCE
52 G. Kellens
   BANQUEROUTE ET BANQUEROUTIERS
53 François Duyckaerts
   CONSCIENCE ET PRISE DE CONSCIENCE
54 Jacques Launay, Jacques Levine et Gilbert Maurey
   LE REVE EVEILLE-DIRIGE ET L'INCONSCIENT
55 Alain Lieury
   LA MEMOIRE
56 Louis Corman
   NARCISSISME ET FRUSTRATION D'AMOUR
57 E. Hartmann
   LES FONCTIONS DU SOMMEIL
58 Jean-Marie Paisse
   L'UNIVERS SYMBOLIQUE DE L'ENFANT ARRIERE MENTAL
59 Jacques Van Rillaer
   L'AGRESSIVITE HUMAINE
60 Georges Mounin
   LINGUISTIQUE ET TRADUCTION
61 Jérôme Kagan
   COMPRENDRE L'ENFANT
62 Michael S. Gazzaniga
   LE CERVEAU DEDOUBLE
63 Paul Cazayus
   L'APHASIE
64 X. Seron, J.L. Lambert, M. Van der Linden
   LA MODIFICATION DU COMPORTEMENT
65 W. Huber
   INTRODUCTION A LA PSYCHOLOGIE DE LA PERSONNALITE, 2ᵉ éd.
66 Emile Meurice
   PSYCHIATRIE ET VIE SOCIALE
67 J. Château, H. Gratiot-Alphandéry, R. Doron et P. Cazayus
   LES GRANDES PSYCHOLOGIES MODERNES
68 P. Sifnéos
   PSYCHOTHERAPIE BREVE ET CRISE EMOTIONNELLE
69 Marc Richelle
   B.F. SKINNER OU LE PERIL BEHAVIORISTE
70 J.P. Bronckart
   THEORIES DU LANGAGE
71 Anika Lemaire
   JACQUES LACAN, 2ᵉ éd. revue et augmentée
72 J.L. Lambert
   INTRODUCTION A L'ARRIERATION MENTALE
73 T.G.R. Bower
   DEVELOPPEMENT PSYCHOLOGIQUE DE LA PREMIERE ENFANCE
74 J. Rondal
   LANGAGE ET EDUCATION
75 Sheila Kitzinger
   PREPARER A L'ACCOUCHEMENT
76 Ovide Fontaine
   INTRODUCTION AUX THERAPIES COMPORTEMENTALES
77 Jacques-Philippe Leyens
   PSYCHOLOGIE SOCIALE, 2ᵉ éd.

78 Jean Rondal
VOTRE ENFANT APPREND A PARLER
79 Michel Legrand
LE TEST DE SZONDI
80 H.J. Eysenck
LA NÉVROSE ET VOUS
81 Albert Demaret
ETHOLOGIE ET PSYCHIATRIE
82 Jean-Luc Lambert et Jean A. Rondal
LE MONGOLISME
83 Albert Bandura
L'APPRENTISSAGE SOCIAL
84 Xavier Seron
APHASIE ET NEUROPSYCHOLOGIE
85 Roger Rondeau
LES GROUPES EN CRISE ?
86 J. Danset-Léger
L'ENFANT ET LES IMAGES DE LA LITTERATURE ENFANTINE
87 Herbert S. Terrace
NIM, UN CHIMPANZE QUI A APPRIS LE LANGAGE GESTUEL
88 Roger Gilbert
BON POUR ENSEIGNER ?
89 Wing, Cooper et Sartorius
GUIDE POUR UN EXAMEN PSYCHIATRIQUE
90 Jean Costermans
PSYCHOLOGIE DU LANGAGE
91 Françoise Macar
LE TEMPS, PERSPECTIVES PSYCHOPHYSIOLOGIQUES
92 Jacques Van Rillaer
LES ILLUSIONS DE LA PSYCHANALYSE
93 Alain Lieury
LES PROCEDES MNEMOTECHNIQUES
94 Georges Thinès
PHENOMENOLOGIE ET SCIENCE DU COMPORTEMENT
95 Rudolph Schaffer
COMPORTEMENT MATERNEL
96 Daniel Stern
MERE ET ENFANT, LES PREMIERES RELATIONS
97 R. Kempe & C. Kempe
L'ENFACE TORTUREE
98 Jean-Luc Lambert
ENSEIGNEMENT SPECIAL ET HANDICAP MENTAL
99 Jean Morval
INTRODUCTION A LA PSYCHOLOGIE DE L'ENVIRONNEMENT
100 Pierre Oleron et al.
SAVOIRS ET SAVOIR-FAIRE PSYCHOLOGIQUES CHEZ L'ENFANT
101 Bernard I. Murstein
STYLES DE VIE INTIME
102 Rondal/Lambert/Chipman
PSYCHOLINGUISTIQUE ET HANDICAP MENTAL
103 Brédart/Rondal
L'ANALYSE DU LANGAGE CHEZ L'ENFANT
104 David Malan
PSYCHODYNAMIQUE & PSYCHOTHERAPIE INDIVIDUELLE
105 Philippe Muller
WAGNER PAR SES REVES
106 John Eccles
LE MYSTERE HUMAIN
107 Xavier Seron
REEDUQUER LE CERVEAU
108 Moreau/Richelle
L'ACQUISITION DU LANGAGE
109 Georges Nizard
ANALYSE TRANSACTIONNELLE ET SOIN INFIRMIER
110 Howard Gardner
GRIBOUILLAGES ET DESSINS D'ENFANTS, LEUR SIGNIFICATION

111 Wilson/Otto
LA FEMME MODERNE ET L'ALCOOL
112 Edwards
DESSINER GRACE AU CERVEAU DROIT
113 Rondal
L'INTERACTION ADULTE-ENFANT
114 Blancheteau
L'APPRENTISSAGE CHEZ L'ANIMAL
115 Boutin
FORMATION ET DEVELOPPEMENTS
116 Húsen
L'ECOLE EN QUESTION
117 Ferrero/Besse
L'ENFANT ET SES COMPLEXES
118 R. Bruyer
LE VISAGE ET L'EXPRESSION FACIALE
119 J.P. Leyens
SOMMES-NOUS TOUS DES PSYCHOLOGUES?
120 J. Château
L'INTELLIGENCE OU LES INTELLIGENCES?
121 M. Claes
L'EXPERIENCE ADOLESCENTE
122 J. Hayes et P. Nutman
COMPRENDRE LES CHOMEURS
123 S. Sturdivant
LES FEMMES ET LA PSYCHOTHERAPIE
124 A. Pomerleau et G. Malcuit
L'ENFANT ET SON ENVIRONNEMENT
125 A. Van Hout et X. Seron
L'APHASIE DE L'ENFANT
126 A. Vergote
RELIGION, FOI, INCROYANCE

Hors collection

Paisse
PSYCHOPEDAGOGIE DE LA LUCIDITE
Paisse
ESSENCE DU PLATONISME
Collectif
SYSTEME AMDP
Boulangé/Lambert
LES AUTRES, L'EXPRESSION ARTISTIQUE CHEZ LES HANDICAPES MENTAUX

Manuels et Traités

2 Thinès
PSYCHOLOGIE DES ANIMAUX
3 Paulus
LA FONCTION SYMBOLIQUE ET LE LANGAGE
4 Richelle
L'ACQUISITION DU LANGAGE
5 Paulus
REFLEXES-EMOTIONS-INSTINCTS
Droz-Richelle
MANUEL DE PSYCHOLOGIE
Hurtig-Rondal
MANUEL DE PSYCHOLOGIE DE L'ENFANT (Tome 1)
Hurtig-Rondal
MANUEL DE PSYCHOLOGIE DE L'ENFANT (Tome 2)
Hurtig-Rondal
MANUEL DE PSYCHOLOGIE DE L'ENFANT (Tome 3)
Rondal-Seron
LES TROUBLES DU LANGAGE (DIAGNOSTIC ET REEDUCATION)